Impressum

albanien
ein faszinierendes Reiseland für Wohnmobile

hobo-team.de – Martina Kaspar & Günther Holzmann
3. komplett überarbeitete und aktualisierte Auflage 2016

Rruga Adria 9
9706 Ksamil
Albanien

Texte, Recherche, Bilder:
Martina Kaspar

Layout, Bilder, Gesamtgestaltung:
Günther Holzmann

Quelle Karten:
OSM; Freytag-Berndt und Artaria KG

Wir drucken in Deutschland.

Dieses Werk, einschließlich aller seiner Bilder ist urheberrechtlich geschützt. Jede Verwertung der Inhalte bedarf der schriftlichen Zustimmung der Autoren.

Die reisetechnischen Informationen zu diesem Reiseführer stammen grundsätzlich aus eigenen Erfahrungen. Geschichtshistorische Daten, Fakten zu Flora und Fauna, Politik, Wirtschaft und Kultur sowie die Hintergrundinformationen zu den Exkursen wurden sowohl im Internet wie auch in repräsentativer Lektüre eingehend ermittelt. Hierbei dienten als Quellen die offiziellen Angaben des albanischen Tourismusverbandes, die Internetseiten der Städte, Kommunen und öffentlichen Organisationen, Wikipedia und deren Einzelnachweise als auch die Literatur renommierter, internationaler Fachautoren. Alle Informationen wurden sorgfältig recherchiert und auch mehrfach überprüft. Dennoch weisen wir im Rahmen des Produkthaftungsgesetzes darauf hin, dass für die sachlichen und inhaltlichen Angaben keinerlei Haftung, Garantie und Verantwortung übernommen werden kann.

Wir freuen uns über Eure Meinung. Sämtliche Anregungen, Verbesserungsvorschläge, Infos, Kritik und Kommentare bitte per E-Mail an: **info@hobo-team.de**

Die beiden Autoren und Herausgeber des Reiseführers leben seit 2012 in Albanien und bereisen seit 2011 das Land sehr intensiv, daraus ist dieser Reisebegleiter entstanden. Um den vorliegenden Wohnmobilführer aktuell zu halten, werden die Routen im Zuge ihrer häufigen Tourenaktivitäten immer wieder überprüft und ergänzt. Daher wird das Handbuch in regelmäßigen Intervallen neu aufgelegt.

Titelbild: Zekate-Haus in Gjirokastër
ISBN: 978-3-00-053191-0
Cover hinten: Fähre bei Butrint über den Vivar-Kanal; Uhrturm in Gjirokastër; Transportmoped

Inhalt - Informationsteile

- 1 Impressum
- 2 Inhalt - Informationsteile
- 3 Inhalt - Ortsverzeichnis
- 4 Vorwort
- 6 Highlights und Top-Tipps
- 8 Benutzerhinweise
- 9 Albanien im Überblick
- 10 Geschichtlicher Überblick
- 13 Land und Leute, Wirtschaft und Politik, Kunst und Kultur
- 21 Natur und Umwelt
- 22 Essen und Trinken
- 25 Einkaufen in Albanien
- 27 Anfahrtswege
- 169 Nationalparks in Albanien
- 173 Touristische Entwicklung
- 174 Routenvorschläge + Karte
- 176 Camping- und Stellplätze
- 181 A-Z Anreise bis Zoll
- 189 am Rande bemerkt...
- 191 kleiner Sprachführer
- 194 die Autoren
- 195 Eindrücke
- 196 Übersichtskarten der Städte

Essays - weitere Informationen

- 35 der Kanun
- 40 Skanderbeg
- 43 Bunker in Albanien
- 48 die Blutrache
- 53 Mary Edith Durham
- 59 Arm und Reich
- 60 Bars, Cafés und Kaffee
- 67 Mutter Theresa
- 70 Atheistischer Staat
- 75 Bektashi-Orden
- 81 Umweltschmutz und -schutz
- 84 Erdöl in Albanien
- 87 Via Egnatia
- 91 Ismail Qemali
- 97 alte Mercedes
- 105 Pyramidenskandal
- 109 Çaj Mali
- 116 griechische Minderheit
- 132 Ismail Kadare
- 134 Enver Hoxha
- 139 Ali Pasha Tepelena
- 141 die Gebrüder Frashëri
- 158 Mjaft!
- 161 Bodenschätze und Bergbau

Inhalt - Ortsverzeichnis

Antigonea	138	Këlcyrë	140	Piqeras	117
Apollonia	85	Koman-Fähre	51	Pogradec	150
Ardenica	84	Korça	153	Porto Palermo	115
Bajram Curri	57	Krrabë-Pass	96	Prespa-See	152
Bashtova	82	Kruja	72	Preza	74
Belsh-Dumreja	97	Ksamil	123	Pukë	58
Benja	164	Kukës	58	Qeparo	116
Berat	98	Laç	44	Razëm	37
Borsh	116	Lagune Kuna	42	Rozafa-Festung	34
Bunec	117	Lagune Patok	44	Sarandë	120
Burrel	146	Lagune Tale	42	Sari Salltik	74
Butrint	125	Lagune Vain	42	Semanit	87
Byllis	104	Lehza	39	Shëngjin	41
Dajti	70	Leskovik	164	Shkodër	29
Dardha	160	Libohova	131	Sofratika	132
Dhërmi	110	Livadh	113	Spille	81
Divjakë-Karavasta	82	Llaman	114	Skutari-See	37
Drilon	151	Llogara-Pass	108	Syri i Kaltër	130
Durrës	77	Lukovë	118	Tepelena	139
Elbasan	93	Maligrad	152	Theth	49
Ersekë	163	Mesi-Brücke	36	Tirana	61
Fier	83	Mesoptam	129	Valbona	53
Finiq-Phoiniqe	129	Ohrid-See	147	Vau i Dejës	45
Fushë Arrëz	58	Orikum	107	Velipoja-Viluna	38
Gjipë	111	Osum-Canyon	103	Vermosh-Tamarë	47
Gjirokastër	133	Palasë	109	Vithkuq	161
Himarë	112/114	Përmet	166	Vlorë	88
Jal	111	Perondi	102	Voskopoja	159
Kamenica	161	Peshkopi	144	Vuno	111
Kap Rodon	76	Petrele-Festung	69	Zvërnec	92

Vorwort

Albania - Go Your own Way!
Geh´ Deinen eigenen Weg!

Das Unbekannte entdecken

„Ausgerechnet Albanien" - das ist die erste Reaktion vieler Menschen, wenn sie von den Reiseplänen ihrer Freunde, Familienmitglieder oder Kollegen erfahren. Entsetzen und Empörung mischen sich mit Angst und Unverständnis. Ausgerechnet in ein Land, über das eine Menge Vorurteile und Halbwahrheiten existieren, niemand so richtig Bescheid darüber weiß und das aber seinem schlechten Ruf einfach nicht gerecht werden möchte. Wenn sie Albanien hören oder lesen, denken viele Europäer bei diesem jungen Reiseland immer noch an Kriminalität, Drogenschmuggel und Blutrache. Tatsächlich jedoch kann man das kleine Westbalkanland als eine der sichersten Urlaubsdestinationen Europas bezeichnen - bekräftigt durch ein Statement der Vereinten Nationen. Kriminalität gegenüber Fremden ist so gut wie nicht bekannt. Als Gast genießt man Privilegien und den besonderen Schutz der überaus freundlichen und zuvorkommenden Bevölkerung. Und wer sich ohne Vorurteile, Skepsis und Misstrauen auf einen Besuch des kleinen, unbekannten Staates einlässt, wird trotz der immer noch verbreiteten Armut Großartiges erleben und von seiner faszinierenden Vielfalt sehr überrascht sein: Unberührte, wilde und bizarre Gebirgslandschaften, weite Täler und Ebenen, vielfältige Lagunen, traumhafte Küstenabschnitte neben ursprünglichen Dörfern. Lebendige, dynamische und bunte Städte mit modernster Architektur und prunkvollen Bauten neben Handwerksvierteln und orientalischen Märkten. Zahlreiche Museen und imposante Bauwerke wie Kirchen, Klöster und Moscheen sowie unzählige antike Kulturdenkmäler. Hinzu kommt eine Bevölkerung, die jeden Besucher mit ihrer Herzlichkeit, Hilfsbereitschaft, und Gastfreundschaft, die in Europa längst nicht mehr selbstverständlich sind, in seinen Bann ziehen wird. All dies zeichnet dieses kleine Juwel auf dem westlichen Balkan aus und das ist längst nicht alles. Albanien bietet glasklare, tiefblaue Meeresbuchten, üppige Flora und Fauna mit seltenen Pflanzen- und Tierarten.

Beeindruckende und mächtige Flussläufe in mannigfaltigen Niederungen, Thermalquellen, tiefe Schluchten und Höhlen. Glasklare Seen und rauschende Wasserfälle sowie 15 geschützte Nationalparks mit wertvollen Naturschätzen und ein reiches kulturelles Erbe aus der Illyrer-Zeit, der griechisch-römisch geprägten Hochkultur und der osmanischen Lebensform. Nicht umsonst hat die UNESCO ihr wertvolles Prädikat gleich vier mal vergeben. Die dynamische Minimetropole Tirana mit ihrem bunten Nachtleben rundet das überraschend vielgestaltige Bild ab. Alles Voraussetzung für einen unvergesslichen Urlaub und eine gelungene Reise in eines der noch letzten Urlaubsparadiese der Erde. Bald ist es 30 Jahre her, dass Albanien durch seinen Diktator Enver Hoxha über 40 Jahre lang fast komplett von der Außenwelt abgeschnitten war. Familien wurden zerrissen, Traditionen der Riegel vorgeschoben und ein Austausch mit anderen Ländern und vor allem Kulturen fand in dieser Zeit so gut wie nicht statt. Damals war sogar der Besitz von privaten Fahrzeugen verboten und die Ausübung jeglicher Religion untersagt. Die lange Zeit der Isolation weicht allmählich aber mit großen Schritten

Vorwort

einer Annäherung an den Rest der westlichen Welt. Seit einigen Jahren schon befindet sich das Land in einer rasanten Entwicklungsphase zur Moderne, man kann nur staunen, wie dieser Fortschritt gemeistert wird und die Albaner sind sehr stolz darauf. Dennoch blieben bis jetzt auch die Traditionen und alten Werte der Bevölkerung weitestgehend erhalten. Inzwischen entfaltet sich ein (nicht immer sanfter) Tourismus, welcher jedoch noch merklich in den Kinderschuhen steckt und auch oft mit den einhergehenden Schattenseiten zu kämpfen hat. Einsame Strände gibt es in der Hochsaison schon lange nicht mehr und mancherorts gehört einfach ein wenig laute Musik dazu. Die Chance auf eine architektonisch harmonisch bebaute Küste hat man vielerorts bereits verpasst. Doch die, einen sanften, stabilen Tourismus zu schaffen wurde noch nicht vertan. Mit einer gezielten Unterstützung und strenger Kontrolle der Regierung, die Entwicklung im vernünftigen Rahmen zu halten, birgt die touristische Zukunft enorm viel Potential. Immer mehr Touristen aus West- und Mitteleuropa entdecken das kleine Land als Urlaubsregion und verlieren dabei ihr Herz an das letzte Geheimnis Europas. Doch Albanien ist immer noch ein Stück weit Abenteuer, man findet Gegebenheiten vor, welche anderswo schon lange nicht mehr existieren. Es ist ein Land mit Ecken und Kanten, mit Vor- und Nachteilen. Nichts ist perfekt. Die Infrastruktur hat bei weitem noch keinen EU-, geschweige denn westeuropäischen Standard, vieles ist noch spartanisch und das Reisen mühsam. Albanien ist ein Land für Entdecker und Individualisten, für Genießer, die ohne großen Luxus auskommen.

Für alle, die etwas Außergewöhnliches schätzen und etwas Spezielles suchen. Für Menschen, denen Originalität und Herzlichkeit wichtiger sind als Postkartenidylle und durchorganisierte Perfektion. Albanien muss man langsam bereisen, um all die kleinen Besonderheiten zwischen den großen Sehenswürdigkeiten nicht zu übersehen und sei es, den Schafhirten am Wegesrand freundlich um ein Foto zu bitten.

„Durim" - Geduld ist eines der wichtigsten Wörter, die man schon zu Beginn seiner Reise lernen sollte. Albanien ist ein Land der gepflegten Langsamkeit. Ein altes albanisches Sprichwort besagt: „Einer, der sich ständig beeilt, kommt immer zu spät." Mit einer Ausnahme: Man sollte das Land bald besuchen, bevor Massentourismus und Pauschalurlauber Albanien für sich beanspruchen und den Reiz des ursprünglichen Charakters bis zur Unkenntlichkeit zerstört haben. Noch findet man hier genau das, was man andernorts in Europa bereits schon vergeblich sucht und kann die Heimreise mit einem Wohnmobil voll wunderschöner Erlebnisse und Erinnerungen antreten. Und Zuhause dann mit gutem Gewissen bekräftigen: "JA - ausgerechnet Albanien - jetzt!"

Albania - go your own way! So wirbt der nationale albanische Tourismusverband auf seiner umfassenden Internetseite - man mag es dem großartigen, kleinen Land wirklich wünschen!

Wir wünschen Euch viel Freude beim Reisen!

Martina Kaspar + Günter Kohl

Highlights & Top-Tipps

Diese sehenswerten Ziele sind mit dem Wohnmobil problemlos zu erreichen und gehören zu den beeindruckendsten und schönsten Destinationen des Landes.

Shkodër   Seite 29   *Highlight*
Berechtigterweise eine der faszinierendsten und schönsten Städte des Landes.

Festung Rozafa   Seite 34   *Top-Tipp*
Bedeutende, antike Burganlage vor toller Alpenkulisse mit einem traumhaften Blick über die Stadt Shkodra, den Skutari-See sowie die Flüsse Buna, Drin und Kir.

Skutari-See   Seite 37   *Highlight*
Größter See des Balkans, umrahmt von anmutiger und schroffer Berglandschaft.

Nordalbanische Bergregion - Täler   Seite 46   *Highlight*
Der Reiz einer fast unberührten Alpenlandschaft mit spektakulären, alpinen Eindrücken; Wandern inmitten hoher Berge, tiefer Wasserfälle, glasklarer Gebirgsflüsse.

Koman und Drin - Fähre   Seite 51   *Highlight*
Eine Miniausgabe der skandinavischen Hurtigrouten - ein atemberaubendes Fährabenteuer über den tief türkisgrünen Koman-Stausee in den Osten des Landes.

Festung Petrele   Seite 69   *Top-Tipp*
Mittelalterburg und romatische Restaurants mit Blick auf Tirana und Umgebung.

Tiranas Dajti-Express   Seite 70   *Top-Tipp*
Mit der Seilbahn auf Tiranas Hausberg - Albaniens Minimetropole von ganz oben.

Kruja   Seite 72   *Highlight*
Die bedeutendste Festung des Nationalhelden Skanderbeg in beeindruckender Berglage mit original Mittelalterbazar und zwei der sehenswertesten Landesmuseen.

Sari Salltik   Steite 74   *Top-Tipp*
Mystische Wallfahrtsstätte hoch oben auf dem Bergmassiv über Kruja mit einem sehr eindrucksvollen Blick auf die Stadt und bei gutem Wetter bis zur Adriaküste.

Kap Rodon   Seite 76   *Highlight*
Gleich mehre kulturelle und landschaftliche Besonderheiten auf kleinstem Raum: einsame Kapspitze, Kirchenjuwel, Skanderbeg-Festung und sehenswerte Großbunker.

Festung Bashtova   Seite 82   *Top-Tipp*
Geisterfestung südlich von Durrës, sehr einsam inmitten einer Wiesenlandschaft.

Apollonia   Seite 85   *Highlight*
Imposante und zweitwichtigste Ruinenstadt mit Kloster in der Mitte des Landes.

Klosterinsel Zvërnec   Seite 92   *Top-Tipp*
Die klösterliche Inselidylle inmitten einer der schönsten Lagunenlandschaften lädt zu kleinen Wanderungen ein; inkl. bizarre Küstenformationen und Badebuchten.

Markt in Elbasan   Seite 95   *Top-Tipp*
ein buntes, quirliges Treiben inmitten der appetitlichsten Produkte der Region.

Berat   Seite 98   *Highlight*
UNESCO-Weltkulturerbestadt mit drei geschichtsträchtigen und überaus sehenswerten Stadtteilen - Entdeckungstour in der "Stadt der tausend Fenster".

Berat Aussichtspunkt   Seite 99   *Top-Tipp*
Der schönste Blick von der Altstadt Berats auf die Siedlungen am Fuße des Hügels.

Highlights & Top-Tipps

Osum-Canyon   Seite 103   *Highlight*
Eine der absolut eindrucksvollsten Naturbesonderheiten im Herzen Albaniens, für die Abenteurer evtl. kombiniert mit einer spektakulären Canyonwanderung.

Archäologiepark Byllis   Seite 104   *Top-Tipp*
Wichtiges antikes Zentrum inmitten grandioser Landschaft mit Blick auf die Vjosa.

Albanische Riviera   Seite 106   *Highlight*
Eindrucksvoller Küstenabschnitt mit malerischen Bergdörfern, traumhaften Badebuchten mit tiefblauem Wasser und imposant hohen Gebirgszügen im Hintergrund.

Canyon und Strand von Gjipë   Seite 111   *Top-Tipp*
Ein abgelegener, weißer Traumstrand mit Canyonwanderung und Robinson-Feeling.

Alt-Himarë   Seite 112   *Top-Tipp*
Ein fast verlassenes Bergdorf mit unbeschreiblich viel Entdeckungspotential - alte Steinhäuser, noch ältere Kirchen, verwilderte Gärten und ein Traumblick.

Festung Ali Pasha - Porto Palermo   Seite 115   *Top-Tipp*
Ali Paschas geräumige Katakomben, ein verlassener U-Boot-Hafen, weite Agavenfelder und ein sensationeller Blick über Teile der albanischen Riviera-Küste.

Festung Lëkurzi in Sarandë   Seite 121   *Top-Tipp*
Einer der schönsten Aussichtspunkte über weite Teile der südlichen Riviera und Korfu.

Ausgrabungsstätte Butrint   Seite 125   *Highlight*
UNESCO-Weltkulturerbe & DAS Flaggschiff unter den albanischen Archäologieparks.

Syri i Kaltër   Seite 130   *Top-Tipp*
Das blaue Auge Albaniens - ein Karst-Quellphänomen inmitten eines Platanenurwaldes.

Gjirokastër   Seite 133   *Highlight*
UNESCO-Weltkulturerbe - eine osmanische Festung über der mystischen Altstadt mit den schönsten Wehrhäusern des Landes und steilen, verwinkelten Gassen.

Ausgrabungsstätte Antigonea   Seite 138   *Top-Tipp*
Viel zuwenig beachtetes Archäologiehighlight in den Bergen östlich von Gjirokastër, einsam gelegen mit einem tollen Blick auf die Dropull-Ebene und die Stadt.

Peshkopia   Seite 144   *Top-Tipp*
Eine liebenswerte Provinzhauptstadt im Osten - erwacht aus dem Dornröschenschlaf.

Ohrid- und Presparegion   Seite 147   *Highlight*
Grenzübergreifende UNESCO-Weltnaturerbe-Landschaft im Herzen des Balkans.

Pustec und Maligrad   Seite 152   *Top-Tipp*
Eines der schönsten und ursprünglichsten Dörfer Ostalbaniens direkt am Prespa-See lädt zu einem Besuch der kleinen Insel mit bemerkenswerter Felsenkirche ein.

Korça   Seite 153   *Highlight*
Die Wiege der Kultur und Literatur und absolut berechtigte Hauptstadt des Bieres.

Voskopoja   Seite 159   *Top-Tipp*
Korças bedeutende Vorgängersiedlung mit sehenswerten, alten Kirchenbauten und Häusern inmitten einer ansprechenden Berglandschaft mit viel Wanderpotential.

Benja & Lengarica-Canyon   Seite 164   *Highlight*
Schönste Steinbogenbrücke des Landesteils, warme Schwefelquellen mit mehreren Badebecken und Canyonwanderung vor einer absolut eindrucksvollen Gebirgskulisse.

Informationen zur Benutzung

Albanien ist ein Land, welches immer noch über eine für europäischen, gewohnten Standard unzureichende Straßenqualität verfügt, obwohl in den letzten Jahren viel verbessert wurde, ebenso wurden die Sicherheitsrichtlinien nahezu optimiert, das betrifft zumindest die wichtigsten Hauptverkehrswege in Nord, Mitte und Süd. Um das gesamte Land diesbezüglich auf ein akzeptables Niveau zu stellen, wird es noch einige weitere Jahre dauern. Man muss bedenken, dass der Straßenbau in Albanien durch die geologische Struktur enorme Kosten verursacht und einen großen Teil des Staatsetats verschlingt. Viele, auch aktuelle Landkarten, enthalten sogenannte „Rote Hauptstraßen", meist werden sie für asphaltierte Verbindungsstraßen gehalten und nicht selten findet man sich auf einer zeitraubenden und unwegsamen Schotterpiste bzw. Nebenstraße wieder. Diese Routen beschreiben wir im Reiseteil nicht. Dieser Reiseführer soll dazu beitragen, solchen unliebsamen Überraschungen vorzubeugen und möchte dem Wohnmobilisten ein verlässlicher Begleiter sein und ihn sicher durch dieses faszinierende Reiseland führen. 30 Jahre Gespann-Erfahrung lassen uns in diese Zielgruppe hineinversetzen. Den derzeit empfehlenswertesten Kartenbegleiter findet man in der Karte von freytag & berndt, Maßstab 1:150.000, in diesem Handbuch dient sie als Grundlage zum Auffinden der beschriebenen Orte mittels Planquadrate. Sie kann versandkostenfrei (Aufpreis Österreich, Schweiz Euro 2,--) über unsere Homepage www.hobo-team.de erworben werden.
Der erste Teil des Wohnmobilführers beinhaltet ausführliche, allgemeine Informationen sowie Daten zu Kultur und Geschichte, Flora und Fauna, Geographie, Politik und Gesellschaft. Ihm folgt der umfassende Reiseteil mit Routeninformationen, Beschreibung der Sehenswürdigkeiten sowie Anfahrtswege und Parkmöglichkeiten, zudem ein detaillierter Überblick der für Wohnmobile tauglichen Campingplätze mit GPS-Daten und Platzbeschreibung. Ebenso werden die schönsten und sinnvollsten Stellplätze erwähnt. Aufgelockert wird dieser Teil mit interessanten Zusatzinformationen zu Land & Leuten, sogenannte Essays (farbig). Im dritten Teil findet man Routenvorschläge mit Routenkarte, wertvolle Hinweise von A-Z, nochmals eine Camping- und Stellplatzübersicht, einen kleinen 3-seitigen Sprachführer sowie Übersichtskarten der wichtigsten Städte mit Kennzeichnung der Sehenswürdigkeiten.
Auf die Beschreibung von Restaurants wurde bewusst verzichtet, in Albanien kann man überall ausgezeichnet für relativ wenig Geld speisen. Apropos Restaurants: Des öfteren nennen wir auch Stellplätze bei guten Lokalen. In der Regel wird dann erwartet, dass man auch dort isst, oft kann man dafür umsonst nächtigen.
Eine Reise durch Albanien erfordert viel Zeit und Geduld. Man kommt nur langsam voran und es sollte respektiert werden, dass der Tourismus hier noch in den Kinderschuhen steckt und die Infrastruktur noch nicht weit vorangeschritten ist. Reisende, die erwarten, dass hier alles bereits so gut durchstrukturiert ist wie in anderen Teilen Europas, sollten ihre Urlaubspläne für Albanien evtl. nochmals um einige Jahre verschieben. Auch setzen wir bei unseren Lesern, die sich an das Abenteuer Albanien wagen, eine gewisse organisatorische Selbständigkeit voraus.
Bei der Reiseplanung sollte man unbedingt berücksichtigen, dass die Reisegeschwindigkeit mit einem Wohnmobil in vielen Landesteilen selten über 40 km/h liegt, eher bei 25-30 km/h.
Wichtig: Die Routeninformationen zu Beginn des Kapitels vorab lesen! Die Anfahrtsbeschreibungen liest man meist unterhalb der Besichtigungsziele.
Albanien entwickelt sich rasant schnell in alle Richtungen, so können die Örtlichkeiten (besonders an den Küstenabschnitten) sowie die Anfahrtswege innerhalb kürzester Zeit etwas anders aussehen als beschrieben. Auch bei Informationen aus dem Internet ist das Datum von Wichtigkeit um aus dem Wert der Information Nutzen ziehen zu können. Dies bitten wir zu berücksichtigen, ebenso die Angaben zu Preisen und Öffnungszeiten, auch diese können sich schnell ändern. Gerade im letzten Jahr mussten wir leider in bestimmten Bereichen enorme Preisanstiege (z.B. Fähre in Butrint, Parkplatzgebühren, ...) feststellen.
Unser Reiseführer lebt nicht nur von den laufenden Änderungen, welche wir durch unsere Reisen im Land in regelmäßigen Abständen in aktuelle Ausgaben einbringen, sondern auch von den Erfahrungen unserer Leser. Daher unsere Bitte: Schreibt uns, was sich geändert hat und auch was man besser machen kann: **info@hobo-team.de**.
Auf unserer Homepage werden wir dieses Handbuch auch nach dem Druck im Mai 2016 aktuell halten. Wichtige, zusätzliche Informationen und Nachträge unter:

www.hobo-team.de/aktuelle Meldungen
Das Inhaltsverzeichnis befindet sich am Anfang des Buches - Seite 2+3!

Albanien im Überblick

Name: Republika e Shqipërisë
Staatsform: Parlamentarische Republik
Staatsoberhaupt: Bujar Nishani (seit 2012)
Regierungschef: Edi Rama (seit September 2013, Ex-Bürgermeister von Tirana)
Unabhängigkeit: 28.11.1912 Befreiung vom Osmanischen Reich;
29.11.1944 Befreiung vom faschistischen Regime

Sprache: Albanisch (indogermanisch)
Fläche: 28.748 km²; **Küstenlinie:** 362 km
Länge/Breite: ca. 360/140 km

Hauptstadt: Tirana (ca. 900.000 EW mit Vororten, 630.000 EW ohne)
Weitere größere Städte: Durrës, Vlora, Elbasan, Shkodra, Fier, Korça, Berat, Pogradec, Gjirokastra, Saranda, Kukës, Lezha, Peshkopia;
internationaler Flughafen: Tirana, „Nënë Tereza" (Mutter Teresa)
Staatsgrenzen und angrenzende Länder: Montenegro (MNE), Kosovo (RKS), Mazedonien (MK), Griechenland (GR);
Einwohnerzahl: 3,2 Millionen, Tendenz leicht steigend; 1,2 Millionen leben als Gastarbeiter im Ausland;

Bevölkerung: 90% Albaner, 0,9% Griechen, Rest Roma, Aromunen, Mazedonier, Balkan-Ägypter, Montenegriner;
Bevölkerungsdichte: 111/km²
Religion: 59% Muslime (davon 3% Bektashi), 17% Christen (römisch-katholisch, albanisch-orthodox, protestantisch), 5,5% Gläubige ohne Zugehörigkeit, 3% Atheisten; Rest nicht zu ermitteln;

Klima: subtropisch mediterran geprägt mit heißen, trockenen Sommern und gemäßigten, regenreichen Wintern, in den Bergen alpin mit reichlich Schnee;
Höchste Berge: Jezerca in den Alpen mit 2.694 Meter, alleinig in Albanien; Korab-Massiv mit 2.764 Meter, Grenzberg zu Mazedonien;
Längster Fluss: Schwarzer Drin mit 282 Kilometer, entspringt im Ohrid-See, fließt bei Shkodër in die Buna;

Wirtschaftswachstum: ca. 2 %, Inflationsrate: ca. 1,6 % durchschnittlich;
Bruttoinlandsprodukt pro Kopf: € 3.415 (2014)
Arbeitslosenquote: ca. 18 % (Ende 2015);
Jedoch geben die offiziellen Zahlen nicht annähernd den weitaus höheren Grad der Unterbeschäftigung auf dem albanischen Arbeitsmarkt wieder. So gelten zum Beispiel die Angehörigen von Kleinbauernfamilien nicht als arbeitslos, auch wenn ein halbes Dutzend erwachsene Familienangehörige zusammen kaum zwei bis drei Hektar Land bebauen. Zahlreiche nicht registrierte Arbeitslose werden von ihren im Ausland arbeitenden Familien unterstützt.
Landeswährung: ALL Albanischer Lek (1 € = 139 Lek, 2016 in den Wechselstuben, in den Banken etwas weniger, recht stabil);

Zeitzone: MEZ, Deutsche Zeit; **Vorwahl:** +355; **Internetkennung:** .al

Autokennzeichen: AL (rot = alt - bis 2011; blau = neu - ab 2011)

Mitgliedschaften: u.a. UNO, OSZE, Europarat, NATO, WTO, CEFTA, BSEC, OIC;

Geschichtlicher Überblick Albaniens

Die Albaner sind ein bemerkenswertes Volk. Stolz, selbstbewusst, ehrgeizig, fleißig und sehr gastfreundlich. Seit jeher sind sie Realisten und doch stets voller Illusionen. Um Einblicke in ihr Verhalten zu bekommen, und um es zu verstehen, muss man deren Geschichte kennen. Und diese ist lang und tiefgründig und überaus spannend.

Urgeschichte - Das Gebiet des heutigen Albaniens gehört zu den am ältest besiedelten Regionen Europas. Die Funde gehen bis in die Altsteinzeit zurück. Ausgrabungsstücke bei Shkodër und Sarandë weisen ein Alter von bis zu 100.000 Jahren auf. Für die jüngere Steinzeit (30.000 - 10.000 v. Chr.) konnten über das ganze Land Siedlungen nachgewiesen werden. Im Neolithikum, der Bronze- und Eisenzeit (6.000 - 1.000 v. Chr.) entstand bereits eine gewisse Zivilisation, belegbar durch Entdeckungen typischer Gerätschaften und Höhlenmalereien. Damals war das Land schon reich bevölkert und es siedelten sich vereinzelt die ersten illyrischen Stämme an.

Die Illyrer - Bis heute ist die Herkunft dieses indogermanischen Volkes nicht vollständig geklärt und auch die Abstammung der Albaner von ihnen nicht zweifelsfrei erwiesen. Keinerlei Texte oder Inschriften lassen eindeutige Schlüsse zu. Sie waren jedoch eine überaus hoch entwickelte Kultur und ihre Siedlungen glichen Städten oder Festungen, welche über das ganze Land und den gesamten Westbalkan verteilt lagen. Man fertigte bereits Schmuck aus Edelmetallen und eigene Münzen. Die Illyrer bildeten etliche kurzlebige Staaten und Königreiche, ihre Hochzeit lag um das 6/5. Jahrhundert v. Chr. 350 v. Chr. wurde Shkodër Hauptstadt des Illyrischen Reiches. Die einflussreichsten Herrscher von ihnen waren König Agron (250-230 v. Chr.) und Königin Teuta (230-228 v. Chr.). Als wahre angenommene Nachkommen der Illyrer gelten die nordalbanischen Völker, bewiesen ist dies jedoch bis heute nicht.

Die Antike - In der Zeit vom 7./6. Jhd. v. Chr. bis 300 n. Chr. geriet das Land zunehmend unter fremde Einflüsse, welche die Illyrer aus ihren Siedlungsgebieten verdrängten. An der Küste entstanden die ersten griechischen Kolonien und 627 v. Chr. wurde das heutige Durrës gegründet. Kurz darauf folgten Lezha, Apollonia und Butrint. Es entstand eine rege Handelsbeziehung zwischen Illyrern und Griechen. Besagte Königin Teuta gefährdete mit einer eigenen Flotte die Handelsbeziehungen der Römischen Republik, woraufhin es 229 v. Chr. zum ersten Römisch-Illyrischen Krieg kam. Die vollständige Angliederung Illyriens an das Römische Reich erfolgte aber erst 27 n. Chr. und zusammen mit Dalmatien und Pannonien entstand die Provinz Illyricum. Zu dieser Zeit breitete sich auch das Christentum in Albanien aus. 395 n. Chr. wurde das Römische Reich geteilt, der nördliche Teil Albaniens gehörte nun zum Westteil, der südliche zum Oströmischen bzw. Byzantinischen Reich. Diese Aufteilung hat auch bis heute Auswirkungen auf die Religionen. Im Norden herrscht unter den christlichen Glaubensrichtungen die römisch-katholische Kirche vor, im Süden die orthodoxe Konfession. Es folgte bis 565 n. Chr. eine Zeit der Völkerwanderung, Goten fielen in das Gebiet ein, große Teile der Siedlungen wurde in Kriegen zerstört. Um 600 n. Chr. drangen erstmals slawische Stämme in das Territorium vor. Unter der Einwanderung der Slawen im 7. und 8. Jhd. wurden die letzten illyrischen Bevölkerungsanteile in den Südwesten des Landes verdrängt. Das Weströmische Reich zerfiel komplett und ganz Illyricum gehörte zum Byzantinischen Reich.

Das Mittelalter - In der Zeit von 850 - 1018 n. Chr. konnten die Bulgaren ihr Großreich auf weite Teile des Balkans ausdehnen, so auch auf das albanische Gebiet. Die heute mazedonische Stadt Ohrid wurde anstelle von Durrës unter der bulgarischen Kirchenorganisation Bischofssitz. Ab 940 erfolgte eine schrittweise Rückeroberung durch das Byzantinische Reich, es entstanden die ersten, byzantinischen Kirchenbauten wie z.B. die frühchristliche Basilika in Butrint. 1081 drangen Normannen in das Territorium ein und die ersten Kreuzzüge fanden statt. Ab 1190 konnte sich um Kruja das erste, von den Byzantinern unabhängige Fürstentum Arbanon behaupten. Es bestand bis zum Jahr 1216. Als nach dem vierten Kreuzzug das Byzantinische Reich zerfiel, entstanden etliche kleine Fürstentümer bzw. wurden viele Landesteile von unterschiedlichen Fremdmächten beherrscht. Nicht unbedeutenden Einfluß auf die Region hatte Karl I. von Anjou, König von Neapel. 1343 konnte Zar Dušan weite Teile des Gebietes unter serbische Herrschaft stellen. Nach seinem Tod 1388 erlangten die Fürsten für kurze Zeit ihre Stellung zurück. Ab 1392 gewannen die Venezianer über ausgedehnte Küstenabschnitte des Landes die Befehlsgewalt und wirkten dem Einrücken der Osmanen entgegen. Diese, welche bereits 1389 in der Schlacht von Amselfeld (heutiges Kosovo) die Herrschaft über Teile Serbiens und Albaniens gewannen, drangen unaufhaltsam vor und konnten den Venezianern bald bedeutende Städte wie Lezha und Shkodër abnehmen.

Geschichtlicher Überblick Albaniens

Das Osmanische Reich - Vorrangiges Ziel der Osmanen war, deren Großreich zu schützen, zu erweitern und den inneren Frieden zu erhalten. Mit deren Vorrücken flohen viele Albaner in abgelegene Regionen. Die Einnahme von Gesamtalbanien durch die Osmanen dauerte aber sehr lange und konnte nur etappenweise vollzogen werden. Erst Jahre nach Skanderbegs Tod konnten sie um 1478/79 endlich auch Nordalbanien unter die Machtgewalt des Sultanats stellen. Es folgten fast 450 Jahre osmanische Fremdherrschaft, nur ganz wenigen Stämmen im abgeschiedensten Norden gelang es, sich dem direkten Einfluss zu entziehen, diese verharrten in ihren archaischen Traditionen. Die Mehrheit des albanischen Volkes trat, weniger aus Überzeugung, sondern bewogen durch wirtschaftliche und gesellschaftliche Vorteile, zum Islam über. Nicht selten erlangten die „Neu-Islamisten" Ansehen und machten im Sultansstaat Karriere. Sämtliche Beys, die Verwalter der Sandschaks, stammten aus albanischen Familien und das Amt wurde innerhalb der Familie vererbt. Viele der zerstörten Städte wurden im osmanischen Stil wieder aufgebaut und florierten unter den überregionalen Handelsbeziehungen. Ende des 18., Anfang des 19. Jhd. geriet das Osmanische Reich in eine tiefe Krise und sah sich zu umfassenden Reformen gezwungen. Immer mehr Randbezirke entzogen sich der Kontrolle der Zentralmacht. Die Reformen riefen verstärkt Widerstand und bewaffnete Aufstände unter den Muslimen gegen die osmanischen Truppen hervor. Der Posten eines Beys wurde fortan nur noch auf Eignung vergeben. Die nun schlechte Wirtschaftslage veranlasste viele Albaner zur Emigration, bevorzugte Länder waren Italien, Bulgarien, die Vereinigten Staaten und sogar Istanbul. Eine weitere Folge war, dass die neue Freiheitsbewegung "Rilindja" (Wiedergeburt) bis 1850 immer mehr Anhänger gewann. Ihr Ziel war es, das Nationalbewusstsein der Albaner zu mobilisieren, um sich aus der Osmanischen Herrschaft zu befreien. Da es aber zu dieser Zeit kaum mehr entsprechende Zielgruppen gab, waren die Voraussetzungen ungünstig. Eine wichtige Rolle spielten die Geistlichen und die wenigen, verbliebenen Kaufmannsfamilien aus dem Norden, damals die einzigen mit einer höheren Bildung. Um 1900 waren 90% der Albaner Analphabeten. Nachdem nach dem russisch-türkischen Krieg im Berliner Kongress 1878 die Grenzen auf dem Balkan neu gesetzt wurden, war das albanische Staatsgebiet immer noch das einzige europäische Land unter osmanischer Herrschaft. In der Folgezeit begannen Intellektuelle mit der Vereinheitlichung einer albanischen Schriftsprache und die ersten albanischsprachigen Schulen entstanden. Um die Jahrhundertwende entstand erneut eine Krise, als die Osmanen brutal gegen die Auflebung der Nationalbewegung vorging. Die letzten Jahre unter osmanischer Herrschaft herrschten nur noch Chaos, Raub und Mord, bürgerkriegsähnliche Zustände. Die Länder Serbien, Montenegro und Griechenland versuchten, das albanische Gebiet unter sich aufzuteilen. Dieses Chaos nutze die Führung der Nationalbewegung und endlich, am 28. November 1912 konnte Ismail Qemali in Vlorë die Unabhängigkeit verkünden, er wurde erster Präsident des Landes. Der junge Staat wurde am 13. Mai 1913 auf der Londoner Botschafterkonferenz von den Großmächten anerkannt und im Dezember 1913 legte man die Grenzen fest. Kosovo bildete einen eigenen Teilstaat. Zur Bedingung machte man, dass Albanien ein Fürstentum sein solle und man entsandte den deutschen Prinz Wilhelm zu Wied. Er konnte sich jedoch nicht durchsetzten und blieb nur wenige Monate im Amt.

Die Kriege im 20. Jhd. - Während des Ersten Weltkrieges war das neutrale Albanien von mehreren Großmächten besetzt. Der Norden und die Mitte von österreich-ungarischen Truppen, der Süden von Italienern und der Südosten von Franzosen, später von den Griechen. Um nach Kriegsende einer Aufteilung zu entgehen, stimmte Albanien unter der damaligen Führung von Turhan Pascha einem italienischen Protektorat zu, was aber international umstritten war. Im Kongress von Lushnje wurde 1920 ein neuer Präsident bestimmt und Tirana wurde Hauptstadt. Unter der neuen Führung erwirkte man den Rückzug der Besatzungsmächte. Im Dezember 1920 wurde Albanien als souveräne Macht anerkannt. Die Zwischenkriegszeit war mit großen Problemen behaftet. Keine der schnell wechselnden Regierungen konnte sich durchsetzten, ihre Vorsitzenden waren meist nur Anführer lokaler Stämme oder Großgrundbesitzer. Die Volkspartei um den Geistlichen Fan Noli, der für kurze Zeit Ministerpräsident war, konnte durch den nordalbanischen Stammesführer Ahmed Zogu mit Hilfe Jugoslawiens und der steuerbefreiten Großgrundbesitzer 1924 gestürzt werden. Zogu versuchte nach italienischem Vorbild grundlegende Reformen durchzuführen. Dabei führte er das Land immer mehr in wirtschaftliche und politische Abhängigkeit Italiens. 1928 ließ sich Zogu zum König ausrufen. Etliche seiner großen Reformprojekte konnten nur mit Hilfe italienischer Unterstützung Erfolg verbuchen. Diese Abhängigkeit brachte ihm viel Kritik ein, Gegnern entledigte er sich konsequent durch die Todesstrafe.

Geschichtlicher Überblick Albaniens

Ab Mitte der 30er Jahre versuchte der König sich erfolglos aus der italienischen Abhängigkeit zu lösen. Als im April 1939 Albanien von italienischen Truppen besetzt wurde, floh Zogu. Italiens Einfall in Griechenland entpuppte sich als Fehler, denn die stärkeren Griechen schlugen zurück und besetzten daraufhin weite Teile Südalbaniens. 1943 bildete sich aus den diversen Partisanengruppen mit Hilfe Jugoslawiens die Nationale Befreiungsarmee Albaniens. Enver Hoxha war zu dieser Zeit schon Generalsekretär der kommunistischen Partei. Nachdem 1943 bereits die Italiener kapitulierten, konnte bis November 1944 das gesamte Land ohne fremde Hilfe durch die Nationale Befreiungsarmee von den Deutschen befreit werden. 30.000 Albaner kamen bei den Kämpfen ums Leben.

Die Sozialistische Volksrepublik - Nach dem Krieg übernahmen die Kommunisten unter der Führung Hoxhas die Macht, am 02.12.45 fanden die ersten Wahlen statt, aus der die KP als Sieger hervorging. Oppositionsparteien wurden nicht zugelassen und deren Vorsitzende beseitigt. Im Januar 1946 wurde die Volksrepublik Albanien ausgerufen. Aus den zuverlässigsten Partisanen bildete man die albanische Geheimpolizei, sie stand in den kommenden 40 Jahren der Partei bei umfassenden Säuberungsmaßnahmen zur Seite. Zum engsten Verbündeten in den ersten Nachkriegsjahren wurde Jugoslawien, mit dem eine Vielzahl von Wirtschaftsabkommen geschlossen wurde, u.a. auch in Form von Nahrungsmittelunterstützung. Zu den ersten umfangreichen und Anerkennung bringenden Maßnahmen beim kleinen Volk zählte die große Bodenreform, in der sämtlicher Großgrundbesitz unter landlosen Bauern aufgeteilt wurde. Nachdem sich herausstellte, dass Tito das Land als siebte Teilrepublik annektieren wollte, brach man 1948 die Beziehungen unter Berufung auf nicht mehr vereinbare politische Ansichten von heute auf morgen ab und die Grenzen blieben für die nächsten 40 Jahre verschlossen. Sämtliche Verträge wurden gekündigt und die Anhänger Titos angeklagt, inhaftiert oder exekutiert. Doch selbst die profitablen Wirtschaftsbeziehungen zur Sowjetunion waren nur bis Dezember 1961 von Dauer. Die Reformen von Stalins Nachfolger Chruschtschow waren mit Hoxhas marxistisch-leninistischer Denkweise nicht mehr vereinbar, woraufhin die UdSSR die Beziehungen abbrach. Wobei das Bündnis mit Russland die effektivste Phase der kommunistischen Ära war. Sämtliche bedeutenden infrastrukturellen Investitionen wie beispielsweise der Bau der Eisenbahn fiel in diese Zeit. Der Bildungsstandard konnte enorm gehoben werden, 1957 entstand in Tirana die erste Universität. Die Gleichberechtigung der Frauen erfuhr einen gewaltigen Schub nach vorne, viele Ämter waren mit weiblichen Parteimitgliedern besetzt. 1968 trat Albanien aus dem Warschauer Pakt aus, Beziehungen zu anderen westlichen Staaten wurden kaum unterhalten. Neuer Verbündeter der nächsten 10 Jahre wurde die Volksrepublik China. Das neue Bündnis konnte jedoch die ausfallende Wirtschaftshilfe nicht kompensieren, es fehlte an Fachkräften und Ersatzteilen für die russischen Maschinen, der Verfall der Industrialisierung setzte ein. Nach dem Tod Mao Zedongs 1976 wiederholte sich die Geschichte ein drittes Mal und Hoxha brach die Beziehungen zu China 1978 komplett ab. Es folgten Jahre des absoluten Alleinganges und der Isolation. In dieser Zeit entstanden die Unmengen der Bunker. Enver Hoxha starb 1985, seine bisherige Politik wurde von seinem Nachfolger Ramiz Alia noch bis 1990 fortgesetzt, begleitet von einer außenpolitischen Öffnung und wirtschaftlichen Reformen. Allumfassend gesehen, waren die 40 Jahre Diktatur kulturell und wirtschaftlich betrachtet ein gewaltiger Modernisierungsschub des gesamten Systems.

1990 bis heute - Trotz der Abgrenzung konnte man an der Küste und ganz im Süden europäisches Fernsehen empfangen. Motiviert durch die politischen Veränderungen im Ostblock, fanden vermehrt antikommunistische Aktivitäten und Demonstrationen statt. Aufgrund der unsicheren wirtschaftlichen und politischen Situation flohen tausende Albaner nach Griechenland und Italien. Im Dezember 1990 wurde die erste demokratische Partei gegründet. Die Wahlen 1991 gewann jedoch mit Manipulationen erneut die Partei der Arbeit, erst 1992 konnten sich die Demokraten unter Sali Berisha durchsetzten. Die radikalen Wirtschaftsreformen brachten jedoch kaum soziale und wirtschaftliche Verbesserungen, der Transformationsprozess war gescheitert. Die Unzufriedenheit der Bevölkerung gipfelte 1997 in den bürgerkriegsähnlichen Ausschreitungen nach dem Zusammenbruch der Pyramidensysteme. Unter OSZE-Aufsicht wurden im selben Jahr freie Wahlen abgehalten, die Sozialistische Partei Albaniens, hervorgegangen aus der Partei der Arbeit, übernahm die Macht. Unter ihnen erholte sich mit Hilfe der Europäischen Union die Wirtschaft zusehends. 1998 trat die neue Verfassung in Kraft. Nach mehrheitlichem Machtwechsel bestimmen auch derzeit die Sozialisten unter Edi Rama mit umfassenden und umstrittenen Reformprogrammen die Politik.

Land und Leute

Überblick - Albanien ist mit seinen 28.748 km² knapp so groß wie Belgien und hat mit derzeit etwas mehr als 3,2 Millionen Einwohnern in etwa so viele wie Hamburg und München gemeinsam. Die Küstenlänge beträgt 362 Kilometer. Im nördlichen Teil an der Adria überwiegen in den beliebten Ferienorten Velipoja, Shëngjin, Durrës und Vlorë die Sandstrände, wohingegen südlich des Llogara-Passes der Küstenabschnitt der Riviera entlang des Ionischen Meeres mit weißen Kies- und Sandbuchten sowie glasklarem Wasser lockt. An der engsten Stelle beträgt die Entfernung zu Italien nur 71 Kilometer. Korfu ist bei Sarandë nur knapp drei Kilometer entfernt. Das überaus bergige Land liegt im Durchschnitt 700 Meter ü.d.M., die Bergregionen machen fast 70% seiner Fläche aus. Die Küstengebiete im Norden bilden eine schmale Schwemmlandebene mit zahlreichen Lagunen. Hier ist auch der Bevölkerungsanteil am dichtesten. Einerseits siedeln sich die Menschen hier um die Industrieregionen der großen Städte an, zum anderen ist das Land gerade da sehr fruchtbar. Die manchmal sehr unzugänglichen Bergregionen sind nur mäßig erschlossen und relativ gering besiedelt. Im Norden und im Osten Albaniens liegen die höchsten Berge, der Korab im mazedonischen Grenzgebiet misst 2.764 Meter, in den sogenannten Albanischen Alpen ist der Mali i Jezercës mit 2.694 die höchste, vollständig im Land liegende Erhebung. Die hohen Berge der Gramoz-Kette südöstlich von Korça gehören bereits zu Griechenland, doch auch ganz im Süden erreichen die Berggipfel Höhen von über 2.000 Meter. Albanien hat 11 größere Flüsse von denen der Schwarze Drin mit 282 Kilometern der längste ist. Er entspringt am Ohrid-See. Die meisten münden in die Adria, viele werden auch zur Energieerzeugung genutzt. Dieser Erzeugungszweig produziert 97% der Energiemen-

ge, deckt aber nur fast 2/3 des Bedarfs, der Rest wird importiert. Grund hierfür sind die trockenen Sommermonate. Allein 2012 und 2013 konnte aufgrund der erhöhten Regenmenge erstmals Strom exportiert werden. Weitere große Flüsse sind der Osum, Shkumbin, Devoll, Seman, Drinos, die Buna und Vjosa. Der Ausbau der Wasserkraftwerke ist weiterhin ein ganz großes Thema, in Planung sind bereits die ersten Windkraftanlagen. Albanien besitzt Anteile am größten See des Balkans, dem 368 km² großen Skutari-See und am tiefsten, ältesten und klarsten See des Balkans, dem Ohrid-See mit einer Tiefe von 289 Metern. Dieser bildet mit den beiden Prespa-Seen ein einzigartiges Naturschutzgebiet.

Klima - Das Klima in Albanien ist typisch submediterran geprägt. Die Winter sind an der Küste regenreich und mild, in den Bergregionen herrscht eine alpine Wetterlage mit reichlich Schnee. Viele Dörfer sind monatelang von der Außenwelt abgeschnitten. Der Sommer ist in den Küstenregionen und den Ebenen sehr heiß, meist weht jedoch ein angenehmer Wind. Südlich des Llogara-Paßes werden im Schnitt 300 Sonnentage gezählt. In der Regel fallen hier im Juli und August so gut wie keine Niederschläge. In den Bergregionen ist es in der warmen Jahreszeit angenehm und ideal zum Wandern, es können jedoch stets unerwartet Gewitter auftreten. In den Nächten ist es kühl. Die Jahresdurchschnittstemperatur beträgt 16 Grad, die Niederschlagsmenge etwa 1.200 Millimeter. Die Badesaison beginnt bereits Mitte April und dauert bis Anfang November. Beste Reisezeit sind Mitte April bis Mitte Juni, sowie September und Oktober. Zu diesen Zeiten ist es weitgehend trocken und nicht übermäßig heiß.

Der Staat - Die Staatsform Albaniens bildet eine parlamentarische Republik, die Gesetze verabschiedet das Parlament, in welches alle vier Jahre 140 Abgeordnete gewählt werden. Das Staatsoberhaupt ist der Präsident, er wird auf fünf Jahre gewählt. Die Regierung ist dem Ministerpräsidenten unterstellt. Seit 1998 gilt eine durch Volksabstimmung anerkannte Verfassung nach deutschem Vorbild. Insgesamt gibt es derzeit 7 Parlamentsparteien und 35 weitere politische Organisationen. Zu einer Regierungsbildung wird ein Koalitionspartner benötigt. Die beiden großen Parteien beeinflussen weitgehend die Politik, wobei sich die Demokratische Partei und die Sozialistische Partei mit der Regierungsbildung in der Vergangenheit meist abwechselten und die jeweils unterlegene die Opposition bildete. In den letzten Jahren gewann die Sozialistische Bewegung für Integration (LSI) immer mehr Einfluss und bildet einen wichtigen Koalitionspartner. Ideologisch und inhaltlich gibt es nur wenig große Unterschiede, religiöse Absichten werden nicht vertreten. In der Vergangenheit gab es bei Wahlen immer wieder Unregelmäßigkeiten, die Abläufe sind sehr undurchsichtig und es entstehen Vorwürfe der Manipulation und Wahlfälschung, was nicht selten zu politischen Krisen führt. Mehrfach mussten Urnengänge annulliert und wiederholt werden. 2005 übernahm die Demokratische Partei die Regierung, jedoch ohne die Mehrheit im Parlament erreicht zu haben. Bei den Parlamentswahlen 2009 wurde der Ablauf von Abgesandten der EU begleitet und für ordnungsmäßig erklärt. Das war ein bedeutender Schritt Albaniens in Richtung europäischer Richtlinien. Dennoch folgten im Anschluss Vorwürfe der Wahlfälschung seitens der Sozialisten und es kam zu zahlreichen Protesten und anfänglichen Boykotten der Parlamentssitzungen. 2013 konnte man die siebten Parlamentswahlen seit dem Sturz des kommunistischen Regimes als relativ ruhig und geordnet bezeichnen. Die Wahlbeteiligung lag lediglich bei nur 53,5% von den insgesamt 3,3 Mio. wahlberechtigten Albanern, die Repräsentanz kann durchaus in Frage gestellt werden. Nachdem 2005 und 2009 die Demokraten als die „Allianz für Arbeit, Wohlfahrt und Integration" die Wahlen für sich entscheiden konnten, ging diesmal die „Allianz für ein europäisches Albanien" (Sozialisten) mit 57,7% der abgegebenen Stimmen als klarer Sieger hervor. Das brachte ihnen 84 Sitze im Parlament ein. Die Demokraten kamen auf 56 Sitze und bilden die Opposition. Tiranas Ex-Bürgermeister Edi Rama als Ministerpräsident und großer Reformer hat mit seinem stark proeuropäischen Kurs einen harten, nicht bei allen Bürgern befürworteten Weg beschritten. Neben dem Aufräumen mit der kommunistischen Vergangenheit, ist eines seiner vorrangigsten, langfristigen Ziele der Beitritt in die Europäische Union. Konnte Ende 2011 noch keines der 12 geforderten Kriterien erfüllt werden, ist Albanien nun seit 24. Juni 2014 offizieller Beitrittskandidat, 2027 soll es soweit sein. Seit 2010 können albanische Staatsangehörige ohne Visum bis zu 90 Tage in die 25 EU-Staaten und die Schweiz, sowie Norwegen und Island einreisen. Auch gibt es seit 1993 ein Gesetz, welches nach internationalem Standard die Menschenrechte schützt und die Grundfreiheiten sichern soll, nach einem Bericht von Amnesty International immer noch mit unzureichenden Resultaten. Albanien ist Mitglied in zahlreichen internationalen Organisationen. Seit 2006 besteht mit der Europäischen Union ein Stabilisierungs- und Assoziierungsabkommen. Albaniens Militär wird seit 2001 professionell ausgebildet. Die Armee besteht aus 14.500 Soldaten und 5.000 Reservisten. Zudem gibt es eine Republikanische Garde für Ordnungsdienst und Objektschutz. Die staatliche Polizei hat derzeit etwa 12.500 Mitarbeiter, wovon jedoch die meisten bei einem Regierungswechsel ausgetauscht werden.

Die Bevölkerung - Bei der Volkszählung 2011 wurden 2.831.741 Einwohner ermittelt, die offizielle und aktuelle Angabe aus dem Jahr 2015 lautet auf 3.195.862, was einen beachtlichen Zuwachs ergab, der Trend ist aber nach einem Hoch 2013 wieder rückläufig. Die Geburtenrate sank vorübergehend auf 1,32 Kinder von dem vor 1990 geburtenreichsten Land Europas. Die steigende Bevölkerungszahl begründet sich auch aus der Rückwanderung im Ausland lebender Arbeiter aufgrund steigender Perspektiven in Industrie, Wirtschaft und Tourismus. Zahlreiche Albaner aus Italien oder den USA erkennen hier ihre Chancen. Trotz der ehemalig starken Emigration (1 Million in 15 Jahren) nahm die Quote der städtischen Bevölkerung zu, inzwischen macht der Anteil hier über 53% aus. 1990 lebte die Mehrheit noch auf dem Land, hier sind inzwischen schon viele Dörfer verlassen bzw. nur noch von älteren Leuten bewohnt. Tirana ist mit seinen Außenbezirken die größte Stadt Albaniens, hier leben inzwischen über 900.000 Menschen, 1990 waren es nur 250.000. Weitere große Städte sind Durrës, Elbasan, Vlorë, Shkodër, Fier, Korça. Das Land ist eingeteilt in 12 Verwaltungsbezirke und 36 Kreise, die von Stadtämtern und Kommunen verwaltet werden. Nach der Reform der Verwaltungsgliederung anlässlich der Kommunalwahlen 2015, wurden die ursprünglich 373 Gemeinden auf 61 reduziert, die jeweils einen Bürgermeister stellen. Auch in Albanien gibt es jetzt eine Frauenquote: von den 1595 bestimmten Gemeinderäten müssen 50% Frauen sein.

Ethnien und Religionen - Die Bevölkerung Albaniens ist ethnisch recht homogen. Mit knapp 90% stellen die Albaner den größten Anteil dar. Die Griechen bilden mit 0,9% die größte Minderheit, sie leben hauptsächlich im Süden des Landes. Darauf folgen Roma und Aromunen mit jeweils 0,3%, sie verteilen sich hauptsächlich auf die größeren Städte. Die restlichen Anteile ergeben sich aus Mazedoniern, Montenegrinern und Balkan-Ägyptern. Die Albaner unterteilt man in zwei große ethnische Gruppen, die der Gegen im Norden und der Tosken im Süden. Sie unterscheiden sich sowohl in Sprache, Kultur und Religion. Der Anteil der griechischen Bevölkerung nimmt stetig ab, viele griechische Dörfer im Süden sind heute verlassen oder nur noch von älteren Menschen bewohnt. Die Griechen waren bereits zu kommunistischer Zeit als ethnische Gruppe bestätigt und es gab wenig Spannungen mit dem albanischen Volk. Im Süden gibt es etliche griechische Sprachinseln, wie zum Beispiel Himarë. Es existieren auch griechischsprachige Schulen, Universitäten und Radiosendungen. Die restlichen Minderheiten sind im Land soweit geduldet und auch anerkannt und können ungehindert ihre Sprache sowie Kultur ausüben. In der Regierung gibt es seit einigen Jahren einen Minister für Integration, der sich für deren Belange einsetzt. Nach 1990, als die Zeit des atheistischen Staates vorbei war, konnte die Bevölkerung zu ihren religiösen Wurzeln zurückkehren, sämtliche Glaubensrichtungen sind jetzt anerkannt. Die letzte Volkszählung in 2011 ergab, dass 56,7% dem Islam angehören, 10,03% sind römisch-katholisch, 6,75% orthodox, 2,5% atheistisch, 2,09% gehören dem Bektashi-

Generationen an der Bushaltestelle

Land und Leute

Orden an (der im weiteren Sinn dem Islam zugehörig zählt), 0,14% sind Protestanten bzw. evangelisch und 5,49% machten keine Angaben. Die Verhältnisse verschieben sich immer mehr zu Gunsten des christlichen Glaubens. Vor dem 2. Weltkrieg betrug der Anteil der Islamisten fast 70%, der Bektashi-Orden nahm davon gut 20% ein. Muslime sind im ganzen Land präsent, während im Norden eher die Katholiken vertreten sind und im Süden die orthodoxen Christen. Es wird viel in den Bau von neuen Religionshäusern investiert, viele Gelder kommen aus dem Ausland. Die gegenseitige Toleranz ist sehr hoch, oft werden sogar religiöse Feiertage gemeinsam gefeiert und Schulferien entsprechend angepasst. In den Schulen wird übrigens weder Religion noch Ethik unterrichtet.

Bildung - Von den politischen Krisen in den 1990ern waren auch die Ausbildungsstätten stark betroffen. Viele staatliche Schulen wurden damals geschlossen und die finanziellen Mittel stark reduziert. Inzwischen kommen aus dem Ausland zahlreiche Fördergelder für Spezial- sowie Privatschulen und das Budget hat man in den letzten Jahren auf über 13% erhöht. Das gesamte Bildungssystem wurde reformiert und umstrukturiert. So beträgt seit 2008 die Pflichtschulzeit neun Jahre (was aber immer noch weit unter dem europäischen Durchschnitt liegt) und die Einschulungsrate stieg innerhalb weniger Jahre von 68% auf knapp 91%. Die Anzahl der Universitäten und Fakultäten geht ständig nach oben und die Einschreibungsquote nimmt stetig zu. Staatliche Fördermittel erhöhen hierbei den Anreiz und seit 2009 hat sich die Anzahl der Studierenden fast verdoppelt. Von den knapp 4.000 Bildungseinrichtungen sind 60 Hochschulen und Universitäten. 2009 waren es nur 26. Doch die Sorge um die steigenden Anforderungen des Landes an hochqualifizierten Kräften decken zu können bleibt. Viele junge Leute ziehen es auch weiterhin vor, Bildung im Ausland zu erwerben, da hier die Angebote vielfältiger und attraktiver sind.

erkennt man hier eine gewisse Bildungsmüdigkeit ? ? ? ? ?

In der Regel kehren aber nur sehr wenige zurück, denn anschließend eröffnen sich dort die besseren Karriereaussichten und Verdienstmöglichkeiten. Im Bereich der Grundbildung muss noch etliches reformiert werden. Gerade die Fremdsprachenkenntnisse sind mehr als unzureichend. Unter den Jugendlichen unter 15 Jahren sprechen nur sehr wenige englisch. Auch kommt es in ländlichen Gegenden immer noch sehr häufig vor, dass Bildung nicht die nötige Wertschätzung erfährt. Hier zählt jede helfende Hand zur Arbeit auf dem Feld zum Erhalt der Grundversorgung der Familien.

Wirtschaft - Der Weg in die offene Marktwirtschaft gestaltet sich seit dem Ende der sozialistischen Planwirtschaft als schwierig und langwierig und Albaniens Wirtschaft gilt immer noch als eine der am wenigsten entwickelten in Europa. Daran haben auch durchgreifende Reformen bislang noch nicht die erhofften Resultate erbracht, das BIP pro Kopf beträgt nur 40% des EU-Durchschnitts. Probleme, die der wirtschaftlichen Entwicklung im Weg stehen, sind die immer noch schwache Infrastruktur (die aber große, schnelle Fortschritte verzeichnen kann), die Armut, politische Vergangenheit und Korruption. Die durchschnittlichen Monatsgehälter steigen nur ganz langsam und unwesentlich (derzeit liegen sie bei etwa € 310,--), dennoch kann von Jahr zu Jahr ein geringfügiges Wirtschaftswachstum verzeichnet werden. Obwohl die Arbeitslosenrate stetig sinkt, ist sie mit derzeit 18% enorm hoch. Hierbei sei erwähnt, dass man mit o.g. Durschnittseinkommen nicht unter der Armutsgrenze liegt! Das ist aber nur eine offizielle Quote. In der Landwirtschaft Tätige gelten als erwerbstätig, auch wenn sie mit ihrer Arbeit gerade mal den eigenen Bedarf decken können. Ebenso hoch ist der Anteil der Armen, sprich der Menschen, die nicht mal € 100,--/Monat zur Verfügung haben. Doch auch diese Quote ist in den letzten Jahren deutlich gesunken. Bis nach dem Zweiten Weltkrieg gab es in dem damals infrastrukturell kaum entwickelten Land fast nur Landwirtschaft und kleine Handwerksbe-

triebe. Während der kommunistischen Ära fand zwar eine gewisse Industrialisierung statt, dennoch blieb die Landwirtschaft im Großgrundbesitz weiterhin der wichtigste Wirtschaftszweig, es wurden großflächig Olivenhaine, Obstplantagen und Weinberge angelegt. Zu Hoxhas Zeiten entstanden auch etliche Bergwerke und Fabriken und das Straßensystem wurde erweitert. Ebenso die Entstehung der ersten Wasserkraftwerke fiel in diese Zeit und die Sumpfgebiete in den großen Küstenebenen wurden trockengelegt und gelten heute als die fruchtbarsten Gebiete des Landes. Nach dem Ende des Sozialismus und einer großen Auswanderungswelle kam fast die komplette Wirtschaft zum Erliegen. 1992 begann die erste demokratische Regierung unter Sali Berisha mit einem umfassenden Reformprogramm, welches schon bald erste Erfolge zeigte. Erst wurde die kleineren Betriebe privatisiert und gefördert, dann die großen staatlichen. Ende der 1990er Jahre erlebte das Land durch den Zusammenbruch der Pyramidensysteme, in dem ein Großteil der Bevölkerung ihren gesamten Privatbesitz verlor, einen erneuten wirtschaftlichen Rückschlag und die Inflationsrate erreichte über 32%. Nach der Jahrtausendwende konnte durch eine sehr liberale Wirtschafts- und Steuerpolitik ein enormes Wirtschaftswachstum erzielt werden das sogar 2009, zur Zeit einer internationalen Krise, immer noch 3% erreichte. Leider profitieren in erster Linie ausländische Investoren von den staatlichen Anreizen. In der Zeit bis 2010 wurde hauptsächlich in private Bautätigkeiten investiert, in Landwirtschaft hingegen kaum. Inzwischen ist die Inflationsrate auf etwa 2% gesunken. Die Staatsverschuldung ist aber mit über 70% des BIP (derzeit etwa 27,43 Mrd. € real) enorm hoch, hauptsächlich verursacht durch die Investitionen im Straßenbau und dem unzureichenden Steuersystem. Am meisten beklagt von Unternehmen wird die fehlende Rechtssicherheit und der Mangel an Fachkräften. Fast 45% der Erwerbstätigen sind heute in der Landwirtschaft tätig, 19% des BIP werden in diesem Sektor erwirtschaftet, die Erträge fließen aber hauptsächlich in den Eigenbedarf. 25% der Landesfläche werden bewirtschaftet. Erst ab 2014 konnte ein kleiner Teil der landwirtschaftlichen Produkte exportiert werden. Um diesen Sektor produktiv ausweiten zu können, fehlt es hauptsächlich an geeigneten Maschinen, innovativen Bewirtschaftungsmethoden und fehlenden internationalen Absatzmärkten. Höhere Investitionssummen (auch in Maschinen und Weiterverarbeitungsmöglichkeiten), verbesserte Produktionsabläufe und Qualitätsverbesserungen sollen dem entgegenwirken und so das BIP erhöhen. In der Fischerei und Muschelzucht kann man seit einigen Jahren einen enormen Zuwachs verzeichnen. Dosenfisch zählt zu den wichtigsten Exportgütern. Zu den nennenswertesten Rohstoffen gehören Kupfer, Kohle, Nickel und Erdöl. War Albanien zu kommunistischer Zeit ein wichtiger Chromproduzent, werden heute nur noch etwa 320.000 Tonnen davon verarbeitet. Viele Rohstoffe werden aufgrund der erschwerten Abbaubedingungen nicht gefördert. Seit einigen Jahren spekuliert man über Goldvorkommen. Bekleidung, Schuhe, Lederprodukte gehören neben Maschinen und chemischen Erzeugnissen zu den wichtigsten Industrieprodukten, 15% des BIP werden in diesem Sektor erwirtschaftet. War bislang die Holz- und Papierverarbeitungsindustrie von Bedeutung, stellt sich die Frage, was aus ihr mit dem 10jährigen Abholzungsverbot geschehen soll. Albanien ist immer noch ein Land mit einer sehr instabilen Stromversorgung und Stromausfälle sind besonders in abgelegenen Regionen an der Tagesordnung. Erst 1970 wurde das letzte Dorf an das Stromnetz angeschlossen. 97% der produzierten Energie stammt aus Wasserkraftwerken, wodurch sich aber eine gewisse Abhängigkeit von ausreichender Niederschlagsmenge ergibt. Die drei größten Wasserkraftwerke liegen am nordalbanischen Fluss Drin. Am Devoll entstehen drei neue Werke, die nach Fertigstellung die Energieengpässe ausgleichen sollen. Bei sämtlichen Projekten sind ausländische Firmen beteiligt. Im Gespräch sind Windparks und Wärmekraftwerke. Durch stetig steigenden Bedarf (aktuell etwa 10 Milliarden kWh) müssen immer wieder große Mengen importiert werden. Knapp 17% der elektrischen Energie wird inzwischen von privaten Betreibern produziert. Der Dienstleistungssektor, zu dem auch der Tourismus zählt, stellt den größten Wirtschaftszweig Albaniens. Knapp 58% vom BIP werden hier durch ihn erwirtschaftet, die Banken erbringen den größten Anteil, gefolgt von den Telekommunikationsgsellschaften, auch der Tourismus nimmt von Jahr zu Jahr eine bedeutendere Rolle ein, diese Branche verzeichnet aktuell die höchsten Zuwachsraten an Einnahmen. Erfolg versprechend sind ebenfalls Dienstleistungen für den Export, so arbeiten inzwischen über 50 albanische Callcenter für mehrere italienische Firmen. Sogar der Ein-Mann-Kiosk mit seinem übersichtlichen Warenangebot zählt zum Dienstleistungssektor. Albanien ist auf Importe angewiesen, das Handelsbilanzdefizit mit etwa 20% des BIP ist

Ein-Frau-Kiosk - Kaugummi, Zigaretten und Sonnenblumenkerne

entsprechend hoch, sinkt jedoch aufgrund steigender Exporte merklich. Eingeführt werden hauptsächlich Nahrungsmittel, Maschinen, Chemikalien und Textilien für die Weiterverarbeitung. Exportiert werden lediglich Rohstoffe, Kleidung und seit einigen Jahren Energie (trotz des hohen Eigenbedarfs) sowie ganz wenige landwirtschaftliche Produkte, hier vor allem Tabak und Kräuter. Die wichtigsten Handelspartner sind Italien, Griechenland, Deutschland, Spanien, die Türkei und China. Albanien ist Europas größter Exporteur von Salbei und Rosmarin.

Kunst und Kultur - Albanien konnte sich seine eigenständige Kultur trotz der langwährenden Einflüsse fremder Völker sehr gut erhalten und bildet auch heute einen wichtigen Anteil an der Gesamtkultur des Balkans. Kultur erhielt und entwickelte sich vor allem in den armen und abgeschiedenen Gebieten recht gut. Hier spielen seit jeher Volklore, Tänze, Gesänge und mündlich übertragene Epen (unter anderem zählt auch der Kanun dazu) eine große Rolle. In vielen Bergdörfern werden zahlreiche Traditionen bei Festen gepflegt. Auch bei Hochzeiten und politischen Veranstaltungen sind traditioneller Tanz und Musik ein wichtiger Bestandteil. Dabei gibt es wieder große Unterschiede zwischen der Bevölkerung aus dem Norden und dem Süden. Ebenso der Mittelbereich Albaniens zeichnet sich durch eigene Lebensformen aus. In der südlichen Region der Tosken um Vlorë gehört sogar der Isopolyphone Gesang zu einem immateriellen Weltkulturerbe. Selbst zur Zeit des Kommunismus wurden Bräuche gepflegt, wenn auch oft für politische Zwecke. Auch haben viele Städte eigene musikalische Stilrichtungen, alle immer begleitet mit typischen Instrumenten. Kostüme und Trachten spielen eine große Rolle und sind sehr aufwendig und farbenfroh gestaltet. In zahlreichen ländlichen Regionen gehört die Tracht noch zur Alltagskleidung, wenn auch in etwas einfacherer Form. Alljährlich finden im ganzen Land Folklorefestivals statt, sowie Theater- und Musikevents. Vertreter der zeitgenössischen albanischen Musik nehmen inzwischen sogar am Vorentscheid zum Eurovisions Song Contest teil. Seit 1952 werden auch Filme produziert, welche aber meist nur in die kleinen, einheimischen Kinos gelangen.

In Albanien ist es üblich, dass Mann und Frau an aussergewöhnlichen Fest- und Feiertagen oder zu besonderen Anlässen die orts- und stammesübliche Tracht oder auch typisch albanisch schlicht schwarz/rot tragen. Wobei das Tragen der Landesfarben hauptsächlich von jungen Frauen gepflegt wird.

Land und Leute

Auch in der bildenden Kunst gibt es bemerkenswerte Künstler, Onufri aus dem 16. Jhd. war ein herausragender Ikonenmaler, seine aussagekräftigen Werke bereichern die albanischen Kirchen. Kolë Idromeno war ein bedeutender Maler des 19. Jahrhunderts, seine realistischen Werke zieren viele albanische und auch internationale Museen. Zahlreiche Statuen auf öffentlichen Plätzen Albaniens erschuf der Bildhauer Odhise Paskali, er starb 1985. Das Skanderbeg-Denkmal auf dem gleichnamigen Zentralplatz in Tirana stammt von ihm. Unter den Schriftstellern ist vor allem der international ausgezeichnete Ismail Kadare bekannt. Auch die Frashëri-Brüder machten sich einen literarischen Namen. Kunst findet man ebenso in der Architektur. Zahlreiche historische Ortskerne zeigen Meisterwerke der osmanischen und venezianischen Baukunst. Die Städte Berat und Gjirokastër gehören wegen ihrer beispiellosen Optik zum UNESCO-Weltkulturerbe. Viele Orte werden durch einzigartige Baustile geprägt, wie z.B. in Korça die Gründerhäuser im Jugendstil der Jahrhundertwende. In den Hafenstädten findet man vor allem italienische Einflüsse. Auch viele Museumsbauten weisen einen unverwechselbaren, markanten Stil auf, so z.B. das Historische Museum in Shkodra oder das Ethnografische in Kruja. Und nicht vergessen sollte man die vielen bunt bemalten Wohnblocks in Tiranas Innenstadt. Nachdem Edi Rama, selbst bekennender Künstler der Malerei, im Jahr 2000 als damaliger Bürgermeister der Hauptstadt deren farbenfrohe Aufpeppung veranlasste, sind richtige Kunstwerke entstanden. Diese werden zwischenzeitlich von vielen Städten kopiert, um die einheitliche Plattenbauweise aus der kommunistischen Zeit zu kaschieren. Zu den modernsten, architektonisch sehenswertesten Bauwerken gehören das ABA-Business Center, die Twin-Tower, der TID-Tower, sowie der zur Zeit noch im Bau befindliche 4-ever Green Tower (85 Meter Höhe) mitten im Zentrum von Tirana.

das Taiwan-Center und der neue 4-ever Green Tower - Kontraste

Natur und Umwelt

Durch die vielen unberührten Landschaften und klimatisch günstigen Bedingungen konnte sich in Albanien eine reiche Artenvielfalt entwickeln und erhalten. Das Land verfügt nur über eine geringe Bevölkerungsdichte und bietet somit Tieren und Pflanzen viele ungestörte Lebensräume, die sie anderswo schon lange nicht mehr vorfinden. In der albanischen Flora gibt es mehr als 3.221 Arten, 489 davon sind nur auf dem Balkan beheimatet und 40 sogar in Albanien endemisch. Die Wälder des Landes bestehen zu 20% aus Eichen, den Rest bilden Tannen, Buchen, Birken, Kiefer- und Ahornarten, teilweise auch seltene. An den Flüssen und im Landesinneren wachsen zahlreich wilde Mandel-, Nuss- und Kastanienbäume, im südlichen Bergland trifft man auch öfter auf die seltene Steineiche mit ihren skurril-hübschen Früchten. An den nördlichen Küstenabschnitten wachsen Pinien, während man südlich des Llogara-Passes eher Zitrusbäume, Palmen und Zypressen vorfindet. Auch Lorbeer und Eukalyptus sind hier sehr verbreitet, überall im Land gedeihen Feigen und verschiedenste Olivensorten, welche auch eine Erwerbsgrundlage vieler Menschen bilden. Die mediterranen Pflanzen wachsen bis zu einer Höhe von 800 Meter, die Baumgrenze befindet sich erst in 2.000 Meter Höhe. Albanien bietet in den Bergen Lebensraum für Wölfe, Luchse, Wildschweine, Bären, Füchse und Hirsche. Leider findet auch hier bereits eine drastische Bestandsminderung statt. Die fischreichen Gewässer beherbergen über 260 Süß- und Salzwasserfischarten, darunter sehr schmackhafte Forellen- und Karpfensorten, sowie Aale und Seebarsche. An der Küste kann man noch Delphine beobachten, manchmal auch Robben und Seehunde. Trotz negativer Umwelteinflüsse und unzureichender Abwasserregelung sind die Gewässer hier noch sauberer als anderswo in Europa. Es existieren über 350 Vogelarten, unter anderem auch Falken, Milane und Adler. In den Lagunen zeigt sich manchmal noch der seltene Krauskopfpelikan. Viele Zugvögel finden in Albanien ihr Winterquartier. Ebenso ist das Land auch Heimat zahlreicher Amphibien- und Reptilienarten wie Echsen, Salamander und Schildkröten. In feuchten Gebieten trifft man außerdem auf Schlangen, giftig sind nur die Kreuzotter und Sandviper. Leider ist Albaniens Artenvielfalt stark bedroht, einige Tier- und Pflanzenarten sind bereits verschwunden, zahlreiche andere werden ihnen mit zunehmender Industrialisierung folgen. Grund hierfür ist mitunter auch der illegale Holzabbau, unkontrollierte Fischerei und Jagd sowie die Überweidung großer Agrarlandschaften. Immerhin aber stieg in den letzten Jahren der Anteil von unter Naturschutz gestellten Gebieten auf über 10%. 2016 wurde per Gesetz der komplette Holzabbau für die nächsten 10 Jahre verboten. Ein teilweises Jagdverbot soll den Bestand gefährdeter Tiere sichern. Es existieren 14 Nationalparks und eine Meeresschutzzone, viele davon gelten bereits als ausgezeichnete Wandergebiete, wie Theth, Valbona, Prespa und Llogara. Albanien liegt am Grünen Band Europas und im Blauen Herzen des Kontinents.

....die Artenvielfalt wird hier sicher erhalten....

 **Essen und Trinken**

Albaniens Küche ist, obwohl meist sehr einfach, überaus abwechslungsreich und ausgesprochen lecker. Das reicht von der typisch mediterranen Mittelmeerküche über traditionelle Hirtengerichte, Balkan- und Orientspeisen bis hin zu den besten Pizzas im europäischen Raum. Sie ist verwandt mit vielen anderen Balkanküchen, insbesondere der türkischen. Fast 500 Jahre Fremdeinfluss prägen die Speisezubereitung. Dennoch hat aber auch jede Region, gerade in den ländlichen und abgelegenen Gebieten, ihre eigenen Gerichte, manchmal beeinflusst durch die Nachbarländer und deren Verwendung von speziellen Gewürzen. Knoblauch wird, im Gegensatz zu anderen Mittelmeerländern, sparsam verwendet.

An den Küstenabschnitten dominiert das leichte Speiseangebot, meist mit frischem Fisch und Meeresfrüchten sowie saisonalem, gegrilltem Gemüse wie Zucchini, Auberginen und Kartoffeln. Oft gehört ein Salat aus Tomaten, Gurken und Oliven mit einem Klecks Zaziki dazu. Frisches Brot ist auch selbstverständlich.

Zu den Grundnahrungsmitteln gehören Reis, Kartoffeln, Mais, Weizenprodukte, Gerste, Roggen, Bohnen und andere Hülsenfrüchte sowie verschiedenste robuste Kohlarten, Frucht-, Blatt- und Wurzelgemüse (perime). Stets gibt es ein gutes Angebot an saisonalen Früchten (fruta). Natürlich alles bio, sehr günstig, frisch und wirklich geschmackvoll. Wer auf dem Markt kauft, erwirbt seine Produkte dabei direkt beim Erzeuger und unterstützt deren geringes Einkommen. Fisch (peshke) gibt es durch die Küstenlage und die zahlreichen Flüsse und Binnengewässer überall frisch. Das Fleischangebot (mish) beinhaltet alles vom Geflügel (pule) über Schwein (derri), Rind und Kalb (lope, viçi), Ziege und Lamm (dhi und qengji), auch sämtliche Innereien werden geschmackvoll verwertet und sind durchaus einen Versuch wert. Zubereitet mit ausgewählten Gewürzen wie Paprika, Pfeffer und Kreuzkümmel und Kräutern wie Petersilie, Basilikum, Oregano und Minze sind die Gerichte allesamt Köstlichkeiten. Wichtigste Zutat in der albanischen Küche ist das Olivenöl. Schafs- und Ziegenkäse gibt es in unendlich vielen, schmackhaften Varianten. Milchprodukte werden meist in Form von dickflüssigem Joghurt angeboten. Und selbst an feinsten Wurst- und Räucherwaren mangelt es nicht, hier sollte man jedoch darauf achten, ob es sich nicht um italienische Importprodukte handelt. Die besten Stücke gibt es in und um Shkodër. Bei den Süßspeisen dominiert der orientalische Einfluss, je süßer, desto besser.

Albanisches Nationalgetränk ist der Raki. Ein Schnaps, gebrannt hauptsächlich aus Trauben, jedoch oft auch aus Maulbeeren, Pflaumen, Birnen oder Wacholder, je hochprozentiger, desto beliebter. Wer im Dorfladen kauft, bekommt in der Regel selbstgebrannte Produkte zu sehr günstigen Preisen. Aniçe ist eine ebenso hochprozentige, gute Spirituose, dem griechischen Ouzo ähnlich. Albanien kann bereits auf eine Jahrhunderte alte Weinbaukultur zurückblicken, die im Ausland aber nicht bekannt ist, obwohl die Tropfen fast durchwegs gut schmecken. Eine der typischsten Sorten ist der albanische Merlot oder Riesling. Gute Anbaugebiete gibt es um Berat und Përmet. Der Skënderbeu-konjak (albanische Schreibweise!) gehört neben dem Raki ebenfalls zu den Nationalgetränken. Einheimisches Bier der Marken Tirana, Stela, Korça, Norga oder Elbar ist sehr schmackhaft. Die Korça-Brauerei produziert unterschiedliche Sorten, darunter auch dunkles Bier. Boza wird in manchen ländlichen Gegenden gerne getrunken, ein Gemisch aus Bulgur (Weizenschrot), Wasser, Zimt und Vanille. Albanische Buttermilch ist ebenfalls sehr delikat und erfrischend. Berühmt ist der Bergtee aus der Pflanze des syrischen Gliedkrautes - den Caji-Mali gibt es überall im Land. Türkischer Kaffee oder Espresso sind in Albanien nicht nur Liebhabern der bitteren Bohne sehr zu empfehlen. Das Mineralwasser stammt aus etlichen landeseigenen Produktionsstätten, das beste mit den wertvollsten Mineralien ist angeblich das Qafshtama aus dem Nationalpark in der Nähe von Kruja.

Essen und Trinken

In den größeren Ortschaften und Städten hat sich die Gastronomie bereits voll entwickelt. Besonders in Tirana nimmt die Zahl der Spezialitätenrestaurants mit fremdländischer Küche rasant zu. Hingegen gibt es in abgelegenen Dörfern oft nur eine Bar oder ein Restaurant mit genau einem Gericht, im wahrsten Sinne auf Bestellung. Die Zutaten hierfür werden erst dann im Dorfladen besorgt, nicht selten ist der Dorfladen selbst die Bar oder auch andersrum.

Die Mahlzeiten stellen ein wichtiges gesellschaftliches und kulturelles Ereignis dar. „Kuvendim" heißen diese überaus beliebten Zusammenkünfte bei denen endlos über Gott und die Welt geplaudert wird. Selbst Geschäftstreffen werden nicht im Büro abgehalten, schließlich geht es viel angenehmer.

Das Frühstück fällt in Albanien eher dürftig aus, meist nur ein starker Kaffee, Wasser (und ein Glas Raki), Gäste hingegen werden jedoch fürstlich bewirtet. Die Hauptmahlzeit der Albaner ist je nach Familientradition und Jahreszeit das Mittag- oder späte Abendessen zwischen 14 und 16 Uhr oder ab 20 Uhr. Es besteht aus mehreren Gängen. Ein Salat aus Tomaten, Gurken, Paprika und Oliven fehlt selten. Hinzu kommt ein Gericht aus Teigwaren mit Beilagen. Kartoffeln, Reis oder Hülsenfrüchte mit Gemüse, Fleisch oder Fisch bzw. ein deftiger Eintopf gehören als Hauptgericht ebenfalls dazu. Das späte Abendessen fällt dann etwas sparsamer aus, meist bestehend aus kalten Zutaten. Brot wird stets ausreichend gereicht. Verbreitet sind auch Meze, viele kleine Speisen auf extra Tellern, die während der Mahlzeiten gereicht werden, ähnlich den italienischen oder griechischen Vorspeisen. Die Zubereitungsarten reichen von gegrillt, gebraten, gefüllt oder gekocht bis hin zu geräuchert, gepökelt und getrocknet. Anschließend darf natürlich ein Raki zur Verdauung nicht fehlen.

Die Zubereitungsarten der Fische und Meeresfrüchte an der Küste müssen italienische Konkurrenz nicht fürchten. Muscheln in Weinsauce, gefüllte Tintenfische und gegrillte Fischplatten mit mariniertem Gemüse sind hier beliebte Spezialitäten. Ebenso saftig gebratene Steaks vom Lamm und Rind sowie raffinierte Nudelgerichte werden den internationalen Bedürfnissen gerecht. An den Binnenseen sollte man unbedingt die heimischen Forellen, Aale und Karpfen probieren. Nicht nur gebraten oder gegrillt, auch getrocknet und geräuchert sind sie ein Genuss. Als besondere Delikatesse gilt der Koran, eine schmackhafte Forellenart aus dem Ohrid-See. In den zahlreichen Fischrestaurants in den Lagunen speist man ebenfalls hervorragend. Sehr zu empfehlen sind die in der Lagune Patok nahe Lezha, hier sitzt man gemütlich in kleinen Stelzenhäuschen und genießt den Blick auf die Fischeridylle. An vielen Straßenrestaurants werden Spanferkel frisch gegrillt und mit einer Auswahl an Gemüsen und Salaten serviert. Ebenso alltäglich ist das Angebot an Hähnchen vom Grill bzw. den ganzen Schafsköpfen, welche entgegen des Anblicks jedoch köstlich schmecken. Die Schnellimbissbuden bieten neben Souflaki und Gyros hauptsächlich Byrek an, Blätterteigtaschen gefüllt mit Feta oder Spinat, manchmal auch mit anderem Gemüse oder Fleisch und Zwiebeln. Alles zu sehr günstigen Preisen. Alle Regionen haben ihre unterschiedlichsten Zubereitungsarten der Gerichte mit saisonal wechselnden Zutaten. Manche Orte rühmen sich mit den besten Zickleins Albaniens, einer davon ist das kleine Dorf Dukat südlich von Vlorë. Auch das berühmte Fërgesë Tirana, ein schmackhafter Eintopf aus Gemüse, Leber, Quark, Ei und Gewürzen, regional immer unterschiedlich zubereitet, sollte man unbedingt einmal probieren. Die fertigen Gewürzmischungen im Glas eignen sich auch hervorragend als Brotaufstrich. Pilav - eine Art Reiseintopf - ist ebenfalls im ganzen Land verbreitet und unterliegt unterschiedlichsten Zubereitungsarten, wie auch die zahlreichen Qofte-Variationen, mit Gewürzen und Schafskäse verfeinerte Hackfleischteilchen. In der Regel speist man in allen Restaurants vorzüglich - und nicht nur dort! Wer die authentische albanische Küche kennenlernen möchte, sollte kleine, unscheinbare Lokale in den Dörfern oder Seitenstraßen der Städte suchen.

Essen und Trinken - Spezialitäten

Byrek – gefüllte Teigtaschen aus Blätter-, Strudel- oder Filoteig mit einer würzigen Füllung aus Schafskäse, Hackfleisch, Spinat, Zwiebeln und anderem Gemüse. Als beliebter Snack kalt oder warm immer und überall erhältlich. In manchen Regionen gibt es auch süsse Variationen.

Fasule/Pasul – würziger Eintopf aus grünen Bohnen (je nach Saison auch mit dicken, weißen Bohnen – dann Burani genannt), Karotten, Knoblauch, Kartoffeln, Paprikapulver; oft mit gekochten Lamm- oder Rindfleischstücken.

Fërgesë Tirana – ein beliebtes Hauptgericht bestehend aus gebratener Leber, Paprika, Tomaten, Quark und Käse, in einer Auflaufform mit Ei überbacken.

Fli – in mehreren Schichten gebackenes, rundes Weißbrot mit Joghurt-Füllung.

Lakër – Kohlsuppe mit Kartoffeln, Kalb oder Lamm – ein typisches Wintergericht.

Oshmare Korçe – ein typisches Gericht aus der Region um den Ohrid-See aus Maismehl, Eiern, Käse und Zwiebeln, in Butter als Art Schmarrn zubereitet, süß oder pikant. Oft als Frühstück.

Qofte – gegrillte oder gebratene Hackfleichvariationen (eine Art Ćevapčići) als Bällchen, Röllchen, Fladen aus Lamm- oder Rindfleisch. Verfeinert mit Knoblauch, Kräutern oder Käse.

Sarma auf albanische Art – Hackfleisch und Reis mit viel Pfeffer gewürzt, umhüllt mit Wein- oder Kohlblättern. Neben der leckeren warmen Variante auch eingelegt erhältlich.

Tarator – kalte Gurkensuppe. Gurken, Knoblauch, Dill, Olivenöl und zerstampfte Walnusskerne werden in eiskalten, flüssigen Joghurt eingerührt und mit frischem Weißbrot serviert.

Tavë Elbasani – gebackenes Lammfleisch (manchmal auch Rind oder Kalb) mit einer pikanten Sauce aus Dickmilch oder Joghurt, serviert mit Reis. Hauptsächlich in der Region um Elbasan bekannt.

Turli – ein würziger Gemüseeintopf aus gemischten Gemüsen der Saison (meist Kraut, Kartoffeln, Karotten, Zwiebeln, Mais), oft mit Fleisch oder Wurst.

Turshia – eingelegtes und mariniertes Gemüse (vor allem Kraut, grüne Tomaten, Paprika, Auberginen, Peperoncini etc., teilweise vorher gebraten) mit Essig, Salz, Pfeffer, Knoblauch, Zwiebeln, Petersilie, anderen Kräutern und Gewürzen.

Baklava – Blätterteiggebäck mit Nüssen und Zuckersirup.

Eklëra – Brandteiggebäck mit Frucht- oder Puddingfüllung und Schokoüberzug.

Halva – Zimt-Grießspeise, Schoko- oder Vanilleguß – den Griechen abgeschaut.

Sheqërpare (Zuckergeld) – gebackene Teigklößchen in Zuckersirup eingelegt.

Tischknigge: Zu den Mahlzeitbeginn findet in ländlichen Gegenden oft noch ein Tischgebet statt. Überall aber wünscht man sich „**Ju bëftë mirë!**" für einen gesegneten Appetit. Wörtlich heißt das, es soll euch gut munden. Erwidert wird das mit „Faleminderit, edhe ju! – danke euch auch! Ist man in ländlichen Gegenden zu Gast kommt man fast um einen (oder mehrere) Nachschlag nicht umhin, auch wenn man ohnedies schon satt ist. Eine Ablehnung wirkt beleidigend und unhöflich und Reste in Topf und Pfanne werden nur ungern gesehen. Gerne wird man die Frage „A je ngjopur?" – Bist du satt? ohne weiteres bejahen und den obligatorischen Raki (meist mehrere!) zur Verdauung gerne annehmen.

Einkaufen

Die alltäglichen Dinge und Souvenirs - Die kleinen und großen Märkte in allen Ortschaften des Landes sind immer einen Halt wert und ein besonderes Erlebnis. Bunte Obst- und Gemüsestände locken mit saisonalen, günstigen Angeboten in Bio-Qualität. Oft gibt es hier auch frischen Fisch, aromatischen Käse sowie köstliche Fleisch- und Wurstwaren. Auf den weitläufigeren Bazaren zudem alle erdenklichen Dinge des täglichen Gebrauchs und billige Kleidung. In den größeren Städten existieren gleich mehrere Tagesmärkte mit unterschiedlichem Angebot. In Tirana lohnt sich ein Besuch des bunten „Pazar i Ri", 200 Meter östlich vom Skanderbeg-Platz. Einer der authentischsten (und günstigsten) Märkte des Landes findet täglich in Elbasan statt. Ab 14.00 Uhr lichtet sich das Treiben.

Jedes noch so kleine Dorf hat mindestens einen Tante-Emma-Laden, welcher die täglichen Bedürfnisse an Brot, Milch, Eiern, Obst und Gemüse, nützlichem Kleinkram und natürlich selbstgebranntem Raki decken kann. In den Provinzstädten existieren daneben gut sortierte, günstige Kleinsupermärkte, die auch gängige Hygiene-, Babyartikel und Tiernahrung anbieten. In den großen Städten Tirana, Durrës, Vlorë und Fier entstanden bereits richtig große Einkaufszentren. Das TEG (Tirana East Gate) im Osten Tiranas, das QTU (Qëndra Tregtare Univers) gibt es gleich in mehreren Großstädten, der City-Park (mit Auto-Center) an der Autostrada Tirana-Durrës, das Flagship-Center in Durrës, das Riviera in Vlorë - hier findet man ganz nach europäischem Vorbild alles unter einem Dach: Elektronikshops, Schuhgeschäfte, Designerkleidung, Spielzeugläden, Juweliere, Drogerien, Dekoläden sowie die Filialen großer Supermarktketten wie Conad und Carrefour. Hier bekommt man fast alles, jedoch ausnahmslos zu EU-Preisen. Elektronikartikel (u.a. Mobiltelefone und Computer) gibt es in Albanien nicht unbedingt viel günstiger, da hier keine „No-Name"-Produkte angeboten werden sondern fast nur Markenware renommierter Hersteller. Ebensowenig kann man auf billige „Designerkleidung" und Schuhe hoffen. Bei Letzteren muss man erwähnen, dass alles, was in naheliegender Zukunft in Deutschlands Läden zu kaufen sein wird, hiesige Produzenten ein halbes Jahr eher von den Italienern abgeschaut haben. Wer auf Markenware keinen so großen Wert legt, findet auf den Märkten und in kleinen Shops auch absolut Modisches im italienischen Stil zu günstigen Preisen.

Einkaufen

In den Randbezirken der großen Städte eröffnen zudem immer mehr Outlet-Stores mit mehr oder minder interessanten Angeboten. Was Souvenirs betrifft, wird man in jeder Stadt (und an den touristischen Einrichtungen) fündig. Das Angebot reicht von Kitsch über Nützliches bis hin zu Antiquitäten, welche tatsächlich oft noch aus der osmanischen Ära oder der Kommunismuszeit stammen. Ebenso gibt es handgefertigte Kunstgegenstände und Schnitzereien, Keramikartikel und kulinarische Besonderheiten. Viele Künstler haben inzwischen ihre eigenen Galerien und die Stilrichtungen sind vielfältig. Die größte Auswahl an oben Genanntem findet man auf dem berühmten Mittelalterbazar in Kruja. Hier gibt es auch handgewebte Teppiche und Stoffe, filigranen Silberschmuck, Trachten und vieles mehr. Zum Angebot zählt auch jede Menge chinesischer Billigramsch. Handeln gehört hier unbedingt zum Geschäft, anderswo sollte jedoch angesichts der ohnehin geringen Löhne darauf verzichtet werden. Für Kunstinteressierte gibt es in den Städten Shkodra, Tirana, Korça, Pogradec und Gjirokastra private Ateliers mit Objekten für wirklich jeden Geschmack. Bücher in anderen europäischen Sprachen findet man in Tirana in der Buchhandlung Adrion im Gebäude der Oper. Wer Zeit hat, sollte unbedingt dem Baumarkt „Megatek" an der Schnellstraße Tirana-Durrës einen Besuch abstatten. Dieses Angebot und die Auswahl erwartet man in diesem Land nicht und lässt das Herz jedes Heimwerkers höher schlagen. Jedoch gibt es bei den Elektrowerkzeugen keine „billigen" Eigenprodukte, sondern nur Firstclass-Werkzeuge fast auf deutschem Preisniveau.

Die an den Strassenständen erhältlichen, regionalen Produkte sind meist sehr günstig, von ausgezeichneter Qualität und zudem recht gute Mitbringsel. Hier bekommt man Honig und Bienenprodukte, Olivenöl, Käse, Obst (oft auch getrocknet), Kräuter, Caj Mali - den sehr beliebten Bergtee, Korbwaren und vieles mehr. Wer hier kauft, unterstützt dabei direkt das ohnehin sehr geringe Einkommen der produzierenden Familien. Man sollte jedoch unbedingt vorher nach dem Preis fragen, besonders in Rrogozhina zwischen Durrës und Fier werden von Touristen für das Obst am Strassenrand oft überhöhte Preise genommen.

Anfahrtswege

Wohnmobil-/PKW-taugliche Anreisemöglichkeiten und Grenzübergänge:
Der gängigste Landweg von Süddeutschland über die Alpen bis nach Albanien führt über: München, Salzburg, Villach, Ljubljana (SLO), Zagreb, Split, Dubrovnik (HR), Herzeg Novi, Budva, Bar, Podgorica bzw. Ulcinj (MNE). **Von Österreich** auch über: Wien, Budapest (H), Belgrad (SRB), Skopje (MK) bzw. Graz, Maribor (SLO), Zagreb (HR), weiter wie oben. **Von der Schweiz:** Zürch, Mailand, Venedig, Triest (I), Rijeka, Zadar, Split, Dubrovnik (HR).
In folgenden Ländern fallen Straßenbenutzungsgebühren an (2016):
Österreich: Vignette € 8,30/10 Tage, € 10,-- und € 6,50 für Tauern- und Karawankentunnel. Für Wohnmobile über 3,5 Tonnen findet man die aktuellen Bestimmungen unter: www.asfinag.at/maut/maut-fuer-lkw-und-bus;
Slowenien: € 15,-- Vignette/7 Tage, € 30,--/1 Monat, für Wohnmobile über 3,5 Tonnen wird eine entfernungsabhängige Maut fällig.
Kroatien: Autobahngebühr etwa € 45,-- (entfernungsabhängige Gebühr pro km).
Montenegro: € 8,50 Fähre in der Verige-Meerenge, € 5,-- für den Sozina-Tunnel.

Über folgende Grenzübergänge (im Uhrzeigersinn von Nord nach Süd) sind die Straßen in gutem bzw. Top-Zustand und und mit dem Wohnmobil problemlos passierbar. Alle anderen GÜ mögen zwar auf den Karten über Hauptverkehrswege führen, gehen aber in Albanien über kurz oder lang in unbequeme Strecken (Pisten, Schlaglöcher, etc.) über.
Von Montenegro: Sukobin (E851) - Muriqan (SH41), südlich des Skutari-Sees; Bozaj (M18/E762) - Hani i Hotit (SH1), nördlich des Skutari-Sees;
Vom Kosovo: Gjakovë (M9-1) - Qafë Morinë Richtung Bajram Curri (SH22); Vërmicë (R7) - Morinë (A1), Richtung Kukës; **Achtung:** Im Kosovo gilt die Grüne Versicherungskarte nicht, hier muss eine extra Grenzversicherung abgeschlossen werden. Kosten ab € 20,--.
Von Mazedonien: Kjafasan (E852/A2) - Qafë Thanë (SH3), westlich des Ohrid-Sees; Shën Naum (P501) - Tushëmisht (SH64), südlich des Ohrid-Sees; Stenje (R1307) – Goricë (SH79), westlich des Großen Prespa-Sees;
Von Griechenland: Kristallopigi (GR2) - Bilisht/Kapshticë (SH3, E86); Konitsa (ab GR20) - Leskovik/Tre urat (weiter nur über die SH 80!!!); Ktismata (E853) - Kakavia (SH 4); Ab Igoumenitsa: Sagiada - Konispol/Qafë Botë (SH97 sehr gut ausgebaut) (Auf albanischer Seite, führt auch eine Nebenstrecke mit vielen Schlaglochpassagen nach Butrint (SH98) und die Pontonfähre für die sehr kurze Überfahrt am Butrint-Kanal ist inzwischen unverschämt teuer, WoMos ab € 10,--)

Mit der Fähre von Italien gibt es inzwischen einige Möglichkeiten die vorab aber eingehend im Internet geprüft werden sollten (oft nur in der Hochsaison): Triest - Durrës, Ancona - Durrës, Bari - Durrës, Brindisi - Durrës, vorwiegend mit Adria-Ferries bzw. Ventouris. In der Hochsaison gibt es auch Angebote nach Sarandë. (www.directferries.de/faehren_von_italien_nach_albanien.htm). Die Einreise von Süden über Griechenland bietet sich im Zusammenhang mit einer Fährverbindung über Venedig oder Triest – Igoumenitsa (Nordgriechenland) an. Die Gesellschaft Minoan ist hier die beste Wahl, in der Hochsaison verkehrt sie aber oft nur ab Ancona. Alternativen bieten Superfast und Anek. Von Igoumenitsa bis zum GÜ Konispol sind es etwa 30 Kilometer, die nächste Stadt in Albanien ist Sarandë. Über folgende Internetseiten sind sämtliche Verbindungen abrufbar: **directferries.com, agemar.it, aferry.de, minoanlines.com, anek.gr.** Die Preise schwanken stark je nach Saison. „Camping on Board" ist seit einiger Zeit aus Sicherheitsgründen nur mehr sehr eingeschränkt verfügbar.

Nordalbanien

Im Norden des Landes zeigt sich Albanien von seiner ursprünglichsten und ungezähmtesten Form. Die traditionellen Lebensweisen der aufgeschlossenen Bevölkerung und spektakuläre, teils unberührte Naturschönheiten ziehen immer mehr Besucher an und sind inzwischen auch für Wohnmobilisten absolut keine unerreichbaren Ziele mehr!

Bis zu 2.700 Meter hohe, teilweise auch im Sommer mit Schnee bedeckte Berge bieten selbst von der Ferne einen imposanten und Sehnsucht erweckenden Anblick. Glasklare Flüsse durchziehen die Gebiete, kleine Dörfer lockern die vielfältige Landschaft mit ihrer einzigartigen Flora und Fauna auf und kulturträchtige Städte laden zu ausgiebigen Erkundungstouren ein. Diese Region birgt unzählige Überraschungen und die alten, überlieferten Bräuche und Sitten der Bevölkerung haben sich hier erhalten wie nirgendwo sonst im Land. Die Bewohner sind stolz, ehrhaft, selbstbewusst und sehr gastfreundlich, obwohl sie zu den Ärmsten in Albanien gehören. Die Hand zum Gruß gehört hier zum Selbstverständnis. Und nirgendwo sonst im Land trifft man auf eine so große Anzahl in Tracht gekleideter Menschen, die sie auch ganz selbstverständlich im Alltag tragen. An den sandigen Küstenabschnitten des Nordens findet man (zumindest außerhalb der Saison, siehe S. 185 A-Z: Reisezeit) noch abgelegene Flecken und Ruhe, die Lagunen beherbergen einen enormen Artenreichtum. Zahlreiche kulturelle Besonderheiten bietet die Stadt Shkodër in der Ebene des Skutari-Sees und deren überaus reizvolle Umgebung. Selbst die abgelegenen Alpentäler mit ihrer unvergleichlichen Schönheit unterliegen mittlerweile ebenfalls der touristischen Erschließung, der Anfahrtsweg in das östlichste Tal, nach Valbona, ist inzwischen komplett asphaltiert. Und für diejenigen unter den Wohnmobilisten, welche das Abenteuer der Albanischen Alpen in den Herzen der nördlichsten Täler Vermosh und Theth unbedingt erleben möchten, gibt es mittlerweile Möglichkeiten. Minibusse fahren die Strecken regelmäßig ab Shkodër und die Campingplätze bieten organisierte Touren an. Wer diese entlegenen Ziele ansteuert, sollte den Besuch in diese einzigartigen Landstriche unbedingt mit ausgedehnten Wanderungen verbinden (Beschreibungen siehe weiter unten).

Routeninformationen: GÜ Hani i Hotit/Bozhaj - Shkodër: 35 km, neu ausgebaute Schnellstraße SH1; GÜ Muriqan/Sukobin - Shkodër: 18 km, Straße geteert, akzeptabler bis guter Zustand, in MNE neu ausgebaut; Shkodër - Lezha: 38 km, Schnellstraße SH1 in gutem Zustand, etappenweise Ausbauarbeiten; Shkodër - Kukës: 158 km, Nationalstraße in relativ gutem Zustand, kurvig und zahlreiche Höhenunterschiede, durch den Bau der A1 von Rrëshen nach Kukës kaum befahren; weitere Infos siehe Anfahrtsweg jeweiliger Ort.

Campingplätze: Lake Shkodra Resort (bei Omarë nördlich von Skodër), Camping Legjenda (Skodër, südl. vom Zentrum nahe der Brücke Richtung Lezha) Camping Albania (Barbullush/Bushat, zwischen Shkodër und Lezha), Laguna e Vilunit (Velipoja am Strand), Riviera Shëngjin (Lezha Richtung Shëngjin).

Stellplätze: Strand von Velipoja (Laguna e Vilunit), an den Ufern des Skutari-Sees bei Zogaj und Bajzë, Lagune bzw. Strand Tale, Lagune Patok, Laç (vor dem Kloster), in Mjedë das Restaurant „DEA", Kleinkirche bei Kallmet, Parkplatz an der Burg von Lezha, in Pukë das Hani Përparim Laçi (Guesthouse & Camping).

Nordalbanien

Shkodër (Landkarte 1:150.000 von freytag & berndt E 5) (Highlight)

Allgemeines und Geschichte - Shkodër ist mit etwa 142.500 Einwohnern die fünftgrößte Stadt Albaniens. Als ethnische Minderheiten leben hier verhältnismäßig viele Roma und etliche Montenegriner. Sie erstreckt sich landschaftlich überaus reizvoll im Vorland der Albanischen Alpen in der Ebene des Skutari-Sees am Mündungsdelta des Drin, des Kir und der Buna über eine Fläche von etwa 1.300 Hektar. Im Nordosten erheben sich die imposanten Gipfel der Malësia e Madhë (Großes Bergland) bzw. der Albanischen Alpen. Das sonst sehr fruchtbare und ertragreiche Land um die Stadt ist im Frühjahr oft von Überschwemmungen betroffen, da die Flüsse das Schmelzwasser aus den Bergen nicht komplett aufnehmen können. Shkodër ist eine der interessantesten, wenn auch immer noch chaotischsten (dies sollte man sich bei einer Durchfahrt stets vor Augen halten!) Städte des Landes und darf auf keinem Besuchsprogramm fehlen. Inzwischen ist sie durch gut ausgebaute Straßen von den montenegrinischen Grenzübergängen Hani i Hotit (via Podgorica, nördlich des Skutari-Sees) und Muriqan (südlich des Sees) zu erreichen. Auch ist durch die grenznahe Lage zu Montenegro ein moderner europäischer Einfluss deutlicher zu erkennen als in jeder anderen Stadt im Norden.

Hat Shkodër während der kommunistischen Ära viel von ihrem ursprünglichen Glanz verloren, wird inzwischen viel unternommen, um das Stadtbild zu verschönern, historische Örtlichkeiten zu restaurieren und die touristische Infrastruktur zu verbessern. Als Sitz der albanischen Katholiken verfügt die Stadt über eine Erzdiözese und einen Lehrstuhl des Jesuitenordens. Shkodër ist auch ein wichtiges Kultur- und Bildungszentrum. Es gibt an die 25 Kindergärten und über 20 Grund- und weiterführende Schulen. In der Universität, welche 1957 als zweite nach Tirana gegründet wurde, kann man neben Naturwissenschaften, Sprachen, Jura und Volkswirtschaft inzwischen auch ein Studium der Tourismusindustrie absolvieren. Shkodër ist die einzige Stadt bzw. Siedlung des Landes, welche während ihrer fast 2.500 Jahre alten Geschichte immerwährend Einfluss auf die politischen Geschehnisse des Landes nahm. Ihre Lage war stets und ist auch heute noch von großer strategischer Bedeutung, viele der Handelswege aus dem Westen kreuzten sich hier. Schon im 2. Jahrtausend v. Chr. war die Umgebung Shkodras besiedelt. Inschriften auf dem Festungshügel Rozafa, wo sich der alte Kern der Stadt befindet, belegen eine illyrische Herrschaft im 4. Jhd. v. Chr. Später regierten von hier bedeutende illyrische Persönlichkeiten wie Königin Teuta und König Agron ihr Reich. 229 v. Chr. wurde das Illyrische Königreich erstmals von den Römern angegriffen und 168 v. Chr. übernahmen diese endgültig die Herrschaft über deren Gebiet. Nach der Jahrtausendwende gehörte die Sadt Shkodër zur römischen Provinz Dalmatien. Als das Christentum auf der Balkanhalbinsel Einzug hielt, wurde im 4. Jhd. in der Stadt ein Erzbistum gegründet. Ende des 6. Jhd. eroberten Slawen die Region. Im Mittelalter konnte dann das Fürstentum der Zeta ihre zum Serbischen Reich

Nordalbanien

Ende 2015 noch unrenoviert - nicht mehr lange?

gehörende Herrschaft über das Gebiet ausdehnen und das Adelgeschlecht der Balsha (Balšić) ernannte Shkodër zu ihrer Hauptstadt. 1393 besetzten für ganz kurze Zeit die Osmanen den Ort und ab 1396 gehörte er zur Republik Venedig, unter der Shkodër zu einer bedeutenden Handelsstadt wurde. 1479 wurde Shkodër nach langwierigen Kämpfen endgültig von den Osmanen erobert, es dauerte jedoch sehr lange, bis sich die Stadt von den Schäden erholte und erneut den Status einer florierenden Handelsstadt erhielt. Bis zum Ende des 16. Jhd. konvertierten fast alle Einwohner zum Islam. Während des 18. Jhd. erlangte die gesamte Region unter der Herrschaft eines abtrünnigen Paschas vorübergehend eine Autonomie gegenüber dem Osmanischen Reich. Gegen Ende des 19. Jhd. gewann Österreich-Ungarn einen nicht unwesentlichen, aber unerwünschten Einfluss unter der katholisch verbliebenen Bevölkerung der Umgebung. Zur gleichen Zeit weitete die aufstrebende Nationalbewegung „Rilindja" (Wiedergeburt) ihren Wirkungskreis aus und Shkodër entwickelte sich zu einem ihrer wichtigsten Zentren. 1879 wurde von ihr hier die erste albanische Zeitung veröffentlicht. Damals lebten bereits über 40.000 Menschen hier. Der Katholizismus breitete sich weiter aus und es wurden mehr und mehr katholische Schulen eröffnet. Während des Balkankrieges 1912/13 gelang es kurzfristig den Montenegrinern die Stadt für sich zu beanspruchen, doch kurz darauf wurde sie dem unabhängig gewordenen Albanien zugesprochen. Im Ersten Weltkrieg erfolgte eine Besatzung durch die Österreicher, gefolgt von den Franzosen, welche Shkodër aber 1920 an Albanien zurückgeben mussten. Bevor Tirana ihren Hauptstadtstatus festigen konnte, war Shkodër die bedeutendste Stadt des Landes. Im Zweiten Weltkrieg war Shkodër die letzte Stadt, welche von den deutschen Besatzungstruppen geräumt wurde. Während der Kriege und der kommunistischen Ära verlor Shkodër viel von ihrem einstigen Reichtum. Das Erdbeben von 1979 tat sein Übriges. 1990 fanden hier heftige Demonstrationen gegen die verbliebenen kommunistischen Politiker statt. Im gleichen Jahr wurde nach über 30 Jahren Religionsverbot das Ende dieser Bestimmung erklärt. Heute ist von Shkodras schwerer Vergangenheit kaum mehr etwas zu erkennen. Als politisches, kulturelles und wirtschaftliches Zentrum des Nordens wird dem ehrwürdigen Ort wieder nicht zu übersehender Wohlstand verliehen. Einer der bedeutendsten Tourismusmagnete ist der komplett erhaltene historische Ortskern aus der späten Türkenzeit. Inzwischen aufwendig restauriert, gilt er heute als eine der wichtigsten Sehenswürdigkeiten der Stadt. Viele Künstler und Theater geben Shkodër ihren besonderen Flair und das Engagement der Stadtverantwortlichen macht aus ihr ein Beispiel für den Erhalt von alter Tradition und Architektur im Einklang mit modernen Einflüssen.

Sehenswertes (etwa 2,5 Stunden, ohne Museen) - Ausgangspunkt ist der zentral gelegene Sheshi Demokracia, hier thront seit wenigen Jahren ein futuristisches Säulenmonument mit Springbrunnen, welches das Denkmal der fünf Helden (Opfer des Partisanenkampfes 1944) ersetzt hat. Besonders frühmorgens, wenn unzählige Fahrradfahrer den Kreisverkehr durchqueren, scheint

das shkodranische Chaos perfekt. Etwas zurückversetzt vom Platz liegt das **Migjeni-Theater** mit seiner rosafarbigen Fassade und der neoklassizistischen Säulengalerie. 1880 inszenierte man hier das erste, in albanischer Sprache verfasste Theaterstück. Migjeni war einer der bedeutendsten albanischen Dichter des frühen 20. Jhd. Vom runden, ockergelben Bau aus sendet seit Anfang der 1980er Jahre **Radio Shkodër**. Der trutzige **Uhrturm** aus dem 19. Jhd. direkt gegenüber ist eines der Wahrzeichen der Stadt. Nebenan ließ sich der englische Adlige Lord Paget 1889 ein Wohnhaus erbauen, heute ist darin ein Café untergebracht. Östlich vom Zentrum befindet sich die neue, markante **Hauptmoschee "Ebu Bekr"**, in ihrem Baustil an die Hagia Sofia in Istanbul erinnernd. 1994 von einem arabischen Scheich finanziert, bietet sie auf 650 m² Platz für über 1.300 Gläubige. Die beiden Minarette sind 41 Meter hoch. Die ursprüngliche Moschee wurde vom kommunistischen Regime niedergerissen. 150 Meter nordöstlich von der Moschee, in der Rr. Hasan Riza Pasha, gelangt man zur **Orthodoxen Kathedrale** aus dem Jahr 2000 mit ihrer ansprechend gestalteten Fassade. Der hölzerne Vorgängerbau fiel 1998 einem Sprengstoffanschlag zum Opfer. 100 Meter östlich, in der Rruga At Gjergi Fishta, liegt die neu restaurierte **Franziskanerkirche** aus dem 19. Jhd. mit einem schlanken Glockenturm. In unmittelbarer Umgebung befindet sich der Stadtteil "Gjuhadol" mit der gleichnamigen Straße sowie dem beliebten und quirligen **Fußgängerboulevard "Kolë Idromeno"**, benannt nach einem erfolgreichen Maler, Architekten und Fotografen aus dem späten 19. Jahrhundert. Hier liegt der bereits erwähnte historische Teil Shkodras aus dem 18. und 19. Jhd. mit aufwendig restaurierten Häusern und Villen, vielen sieht man die alten Zeiten nicht mehr an. Wer sich in die kleinen Seitengassen begibt, kann sich von den Originalen noch einen guten Eindruck verschaffen. Es gibt zahlreiche Bars, Cafés und gute Restaurants. Im abgelegeneren Teil dieses Bezirks konzentrieren sich die Ateliers, Werkstätten und Galerien der bildenden Künstler. Es existieren Pläne, den gesamten Altstadtbereich autofrei zu gestalten. Am südlichen Ende der Rr. Gjuhadol steht der imposante Bau der **katholischen Stephanskathedrale** mit prächtiger, aber schlichter Innenausstattung. Sie ist die größte auf dem Balkan ihrer Art und wurde nach einem endlosen Genehmigungsverfahren mit dem damaligen osmanischen Statthalter 1865 fertiggestellt. Während des Kommunismus diente sie als sportliche Mehrzweckhalle und heute werden darin des öfteren klassische Konzerte ausgetragen. Sie bietet Raum für über 11.000 Menschen. 1993 wurde die, wie sie auch genannt wird „Große Kirche", von Papst Johannes Paul II. geweiht. Zur Sonntagsmesse kann man hier noch viele Menschen in ihrer typisch nordalbanischen Tracht beobachten. Eine weitere bedeutende Moschee befindet sich stadtauswärts

Richtung Süden am Sheshi Parruce. Der gleichnamige Bau ist ebenfalls neueren Datums (2007), wurde aber originalgetreu mit zwei schlanken Minaretten nach ihrer Vorgängerin erbaut, diese ließ man zu Hoxhas Zeiten abreißen. Weiter stadtauswärts überquert man den Sheshi Balshaj. Die dort errichtete kleine **Moschee** ist **mit den reichen, bunten Verzierungen** am Gebetsraum und der Ornamente am Minarett die wohl schönste Shkodras. Dahinter liegt die islamische Schule Medreseja "Haxhi Sheh Shamia". Ebenfalls zu erwähnen gilt das **Denkmal Isa Boletinis**, eines kosovarischen Freiheitskämpfers gegen die Türken (1864-1916), zu finden am Sheshi Perash an der Zufahrt zur Rr. Edith Durham. Auf dem Weg vom Zentrum zur Burg Rozafa liegt rechter Hand der **ehemalige historische Bazar**. Es war einst ein exklusives Einkaufsviertel und Handwerkszentrum. Hier befinden sich die "Wurzeln" Shkodras. Nach diversen Erdbeben im 19. Jahrhundert verlagerte man das Zentrum in nördliche Richtung wo es heute ist. Auch hier finden bereits Renovierungen statt, der Stadtteil soll in seiner Exklusivität wiederbelebt werden, die meisten neu errichteten Shops stehen jedoch leer. Einzig ein täglicher, bunter Lebensmittelmarkt sorgt hier für etwas Umsatz. Am Fuß des weithin sichtbaren Burghügels gelegen, ist im Osten in einem Wiesengelände die teuer restaurierte **Bleimoschee** zu besichtigen. Das

Gebetshaus aus dem Jahr 1774 ist das älteste, größte und aufwendigste seiner Art, das sich in Albanien erhalten hat. Der durch Erdbeben und Überschwemmungen stark in Mitleidenschaft gezogene Bau wurde von Grund auf renoviert, nur auf eine Neuerrichtung des 1967 bei einem Blitzschlag zerstörten Minaretts wurde verzichtet. Seit 2013 ist die Moschee auch innen zu besichtigen, der Schlüssel wird vom Hofbesitzer gegenüber verwaltet. Hier sollte man das Wohnmobil an der Hauptstraße parken und vom ausgeschilderten Abzweig den 10-minütigen Fußmarsch in Kauf nehmen.

Museen - Das **Historische Museum** befindet sich in einem typischen, sehr gepflegten Anwesen aus der Türkenzeit. Es liegt nordwestlich vom Zentralplatz, zu erreichen über die Rr. Gjylbegajt und Oso Kuka durch ein Bazarviertel hindurch. Hier wohnte und arbeitete die bedeutende Kaufmannsfamilie Kuka aus dem 19. Jhd. Daher gehört der Bau selbst ebenfalls zum Ausstellungsgut des Museums, der Zweck der multifunktionellen Bauweise wird sehr anschaulich dargestellt. Damals konzentrierte sich das gesamte Wirken einer Familie, in der jedes Mitglied wichtige Aufgaben erfüllte, um ein großzügig angelegtes Areal mit Gärten und Bereichen für das Vieh. Im Erdgeschoss werden Exponate aus illyrischer und römischer Zeit präsentiert. Im Obergeschoss der Wohneinheiten ist die **Ethnografische Abteilung** untergebracht und verfügt über eine ansehnliche Sammlung von Trachten und Musikinstrumenten. Die Wände und Decken sind kunstvoll verziert. Etliche andere Exponate reichen zurück bis zur Steinzeit. Ebenso ausgestellt sind zahlreiche Dokumente und Schriften. Manche Infotafeln auch auf Deutsch. Eintritt 150 Lek, geöffnet Mo-Fr von 8-15h, Sa+So geschlossen. Die Marubi Fototek wurde 1858 von Pjetër Marubi gegründet, einem politischen Flüchtling, von ihm stammt das erste, in Albanien aufgenommene Foto. Das Studio beherbergt eine sehenswerte Kleinreihe, ausgewählt aus über 150.000 Bildern und Negativen, mit wichtigen Momenten aus der neueren Geschichte, insbesondere der politischen Ereignisse in der Region um Shkodër und den gesellschaftlichen Wandel der Bevölkerung, bis hin zur Unabhängigkeit von den Türken. Politische Führer, die reiche Oberschicht, einfache Menschen und ihr Alltag waren bevorzugte Motive. Die Kollektion dreier Generationen über beinahe 100 Jahre ist eine der wichtigsten geschichtlichen Dokumentationen Europas und wird auch von der UNESCO gefördert. Seit 2001 gilt die Sammlung als nationales Kulturerbe. Die Bilder werden in wechselnden Ausstellungen präsentiert. Zu finden ist sie in der Rr. Nuri Bushati, nordöstlich vom Zentrum, Eingang im Hinterhof. Eintritt 130 Lek, geöffnet Di-Sa von 8-16h, So+Mo geschlossen.

Park & Ride - Zwischenzeitlich existiert eine östliche sowie eine westliche Umgehungsstraße, um das lebhafte und chaotische Zentrum der Stadt zu umfahren, sie sind jeweils von Norden und Süden kommend mit „Unaza" ausgeschildert. Hier bieten sich immer wieder sehr gute Gelegenheiten, das Wohnmobil sicher abzustellen. Weitere zentrale Parkmöglichkeiten bieten sich meist recht gut in der Rruga Teuta, gegenüber der Großen Moschee, ansonsten etwas außerhalb vom Zentrum an den südlichen Ausfallstraßen. Ebenso geeignet ist die Rruga Edith Durham, hier auch vor dem hervorragenden Restaurant „Tradita". Wer sein Wohnmobil an einem außerhalb gelegenen Campingplatz stationiert hat, kann den Besuch Shkodras mit einem oft verkehrenden Minibus in Betracht ziehen. Das **Tourist Info Center** mit vielen brauchbaren Informationen und Tipps liegt nahe des Zentralplatzes in der Rruga Teuta gegenüber der Moschee Ebu Bekr.

Veranstaltungen: Jedes Jahr im Februar findet in Shkodra ein farbenfroher, mehrtägiger Karneval mit fröhlichen Straßenumzügen und viel Musik statt. Am 06. Mai wird der Tag der Blumen und Lieder begangen und im Juni werden das Skutari-Seefest, das nationale Kinder-Liederfestival und das Jazz-Festival gefeiert.

die alte, einspurige Holzbrücke über die Buna, gegenüber die Romasiedlung und die südlichen Ausläufer des Skutari-Sees

Camping Lake Shkodra Resort (GPS 42°08'18.3"N 19°28'01.7"E) in Omarë/Vrake, etwa 10 km nördlich von Shkodër in Richtung Hani i Hotit, oder 8 Kilometer von Koplik, ausgeschildert. Zufahrtsweg von der SH1 etwa 900 Meter, gut geschottert. 2013 eröffneter, großer englisch-albanisch geführter Platz auf einer gepflegten Wiese direkt am Ostufer des Skutari-Sees mit direktem Seezugang, gilt als einer der Top-Ten Campingplätze Europas. Sehr saubere sanitäre (behindertengerechte) Einrichtungen, Waschmaschine, Rezeption mit Mini-Shop. Das Restaurant bietet exzellente internationale und albanische Spezialitäten. Täglich frisches Brot und Frühstück. Platz für mindestens 80 Wohnmobile. Sehr hilfsbereite und kompetente Betreiber. W-Lan, Trinkwasser, Fahrradverleih, Grill, Organisation von Minibussen und vielen Touren in die Alpenregionen sowie viele zusätzliche Informationen. Geöffnet vom 01.04. - 31.10. € 14,-- (€ 16,--); www.lakeshkodraresort.com

Camping Legjenda (GPS 42°02'36.2"N 19°29'20.0"E) direkt in Shkodër, südlich vom Zentrum, nahe der großen Brücke über die Buna. Als traditioneller Restaurantbetrieb mit exzellenter Küche schon 10 Jahre existent, 2015 zum Campingplatz erweitert. Ruhig gelegen, schattige Wiesenstellplätze, neue, saubere sanitäre Einrichtungen, Waschmaschine und Trockner, großes Sportareal, Fahrradverleih und Tourenangebot in die nähere Umgebung, Trinkwasser, W-Lan. Kleiner Minimarkt mit Lebensmitteln und allen möglichen Dingen des täglichen Gebrauchs. Platz für 60 Wohnmobile. Ganzjährig geöffnet. € 17,50; www.campinglegjenda.com

Camping Albania (GPS 41°55'26.5"N 19°32'29.6"E) in Barbullush/Bushat, Barbullush, etwa 20 Kilometer südwestlich von Shkodër, gut ausgeschildert (ca. 350 Meter vom Abzweig nach Koman), etwas abseits, aber idyllisch in einem Dorf gelegen. Erster Campingplatz Albaniens, 2008 eröffnet. Sauber und modern mit gutem Restaurant und neuem Pool, behindertengerechte Sanitäranlagen. Stellplätze, je nach Wetter, entweder auf einem kleinen Kiesareal oder auf der großen Wiese hinter dem Haus. Leider kaum Schatten, jedoch überdachte Aufenthaltsplätze. Die Betreiber sind eine holländische Familie. Platz für etwa 40 Wohnmobile, W-Lan, B & B, geöffnet vom 01.04. – 31.10. € 14,--; www.camping-albania.eu

Sehenswertes in der Umgebung - Rozafa-Festung (Top-Tipp)
(etwa 1 Stunde) - Auf dem der Stadt vorgelagerten, 130 Meter hohen und steilen Hügel befindet sich direkt im Delta der Flüße Buna, Drin und Kir die gut erhaltene Festung Rozafa, ein weiteres Wahrzeichen der Stadt Shkodër. Bereits im 4. Jhd. v. Chr. gründeten die Illyrer hier oben eine Vorgängersiedlung, welche sich während der Römerzeit bis zum heutigen Stadtgebiet ausdehnte. Einige, für deren Bauweise charakteristisch, lose zusammengesetzte Steinquader findet man

unmittelbar am Eingangsbereich. Da strategisch günstig gelegen, hatte die Burganlage auch unter den Byzantinern und Venezianern große Bedeutung, während dieser Epoche erreichte sie die Größe von über 4 Hektar. 1479 von den Türken erobert, war sie bis spät in das 17. Jhd. bewohnt und wurde bis zur Besetzung durch die Montenegriner 1913 militärisch

Nordalbanien

genutzt. Der Name der Festung beruht auf einer alt überlieferten Legende. "Die Bautätigkeiten wollten einfach kein Ende nehmen, so wurde beschlossen, dass die Frau der drei verbrüderten Bauherren, welche am nächsten Tag zu allererst das Essen bringt, eingemauert werden soll, um die für das Bauwesen verantwortlichen Götter gnädig zu stimmen. Die beiden älteren der Brüder weihten ihre Ehefrauen ein, so traf es die junge Rozafa. Sie erklärte sich bereit dazu, unter der Bedingung, dass ein Auge, ein Arm, eine Brust und ein Bein freiblieben, um ihr Neugeborenes zu bewachen und zu halten, zu stillen und zu wiegen." Mit einem Umfang von 900 Meter bietet die dreiecksförmige Anlage eine Vielzahl von sehenswerten Resten aus großen Epochen. Im Eingangsbereich liegen die riesigen Gewölbe mit ihren Vorratsnieschen. Die imposante Kathedrale ist bis über die Höhe der großen Fensterbögen erhalten, sie wurde später, zur Zeit der Türken, in eine Moschee umgebaut. Das Minarett ist begehbar. Im Inneren der Festung liegt das Kommandantenhaus, es beinhaltet auch das Museum (Eintritt 200 Lek) mit interessanten, historischen Dokumenten und Gegenständen aus der Illyrer- und Römerzeit. Ein weiterer Innenhof beherbergte die Wohnhäuser, Lagerhallen und das Gefängnis. Tief unter dem Boden liegen die Zisternen. Es existieren sogar unterirdische Gänge, welche die Anlage mit der Stadt verbanden. Ein Besuch

Der Kanun

Dieses Gesetzesbuch beschreibt die lange Zeit mündlich überlieferten Gewohnheitsrechte der nordalbanischen Völker, deren Ursprünge man bereits in der vorrömischen Zeit vermutet. Es existieren verschiedene Formen des Kanun, am gebräuchlichsten ist der des Lekë Dukagjin, benannt nach einem mächtigen Fürsten und Wegbegleiter Skanderbegs, wobei die Bezeichnung Lekë eher auf das albanische Wort für Gesetz „Lek" verweist. Da die Menschen der Regionen, welche diese Gesetzte praktizieren, lange Zeit mehr oder weniger von der Außenwelt abgeschottet waren, konnte sich die Ausübung der Regeln bis heute erhalten. Zwar wurden zu Zeiten des Kommunismus die Praktiken strikt verboten, doch nach dessen Zusammenbruch fanden sie wieder regelmäßig Anwendung. Grundlage des Kanun ist das Leben in einer Großfamilie und deren Ehre, meist sind das die drei Generationen, die vom ältesten Mann angeführt werden. Als wesentlicher Bestandteil werden in der sogenannten Besa in erster Linie, bezugnehmend auf die Ehre der Familie, Rechte und Pflichten, Blutrache, Gastrecht, Sicherheit und Frieden sowie Treue und Loyalität genau definiert. In Ausnahmefällen konnte die Besa sogar die Blutrache außer Kraft setzen. Genau geregelt werden auch die Bereiche Schuld-, Ehe-, Erb-, Straf-, Kirchen- und Jagdrecht, zudem der Schutz von Frauen, Kindern und Geistlichen. Frauen besitzen keinerlei Rechte sondern nur Pflichten (wobei die Gleichberechtigung bereits in der modernen Verfassung verankert ist). Eine Ausnahme bilden die sogenannten „Eingeschworenen Jungfrauen". Sie versprechen niemals sexuelle Kontakte einzugehen, haben dafür aber die kompletten Rechte und auch Pflichten eines Mannes, tragen Männerkleidung und sogar Waffen. Die Richtlinien des Kanun sind so sehr im Denken der jeweiligen albanischen Stämme verwurzelt, dass es oft zu Konflikten mit den aktuellen, modernen Gesetzen kommt. Immer noch werden Streitigkeiten auf Versammlungen der Familienoberhäupter eines Dorfes geregelt. Auch kommt es unter im Ausland lebenden Albanern immer wieder zur Missachtung der jeweiligen Landesgesetze durch die Ausübung ihrer Gewohnheitsrechte.

der Burg ist auch aufgrund der grandiosen Sicht auf das Umland lohnenswert, dazu können einige der wuchtigen Mauern bestiegen werden. Der Skutari-See, die Flüsse und die Stadt Shkodër wirken von hier besonders einladend. Die Sicht reicht weit über die Ebene bis hin zu den ersten Gipfeln der Albanischen Alpen. Das Gebäude östlich des Hügels ist die bereits beschriebene Bleimoschee. Im Nordwesten kann man noch die alte, abenteuerliche, einspurige Holzbrücke sehen, über die man

bis Ende 2011 von Montenegro kommend in die Stadt einfuhr. Diese dient jetzt noch als Fußgängerbrücke und Verbindung von der Stadt ins Romaviertel. Inzwischen wird der Verkehr über die mehrspurige, hochmoderne neue Brücke geregelt. Sogar auf die Kilometer bis Wien und Berlin wird hingewiesen.

Anfahrt zur Burg: Vom Zentrum Richtung neue Buna-Brücke ist die Zufahrt nach links ausgeschildert. Man muss am Kreisverkehr an der Brücke wieder in die Stadt zurück und dann rechts abfahren. Unter der Woche bzw. außerhalb der Saison findet man in der Regel Parkplätze direkt unterhalb der Festung (kleine Womos). Ansonsten muss man am offiziellen Bus-/Burgparkplatz weiter unten parken und den Hügel zu Fuß erwandern. Dies ist auch für größere Wohnmobile ratsam, die Wendemöglichkeiten oben sind sehr eingeschränkt. Eintritt 300 Lek, geöffnet 8-18h.

Mesi-Brücke (Karte 1:150.000 von freytag & berndt: E 5)

Auf dem südlichen Weg in das Theth-Tal findet man etwa 8 Kilometer von Shkodër, in schöne Landschaft mit Aussicht auf die Bergwelt gebettet, eine bemerkenswert gut erhaltene Steinbogenbrücke aus der Mitte des 18. Jahrhunderts. Die Ura e Mesit liegt an einem in der Verganheit wichtigen Handelsweg von Shkodër in das heutige Kosovo. Mit über 108 Metern Länge überspannt sie das Flussbett des Kir und ist somit die längste und auch bedeutendste Brücke in Albanien aus dieser Zeit. Sie ist bis zu 4 Meter breit und hat 15 Durchlässe. Der mittlere Bogen ist 18 Meter hoch und 21 Meter breit. Eine weitere Besonderheit liegt in der "abgewinkelten" Bauweise - sie führt nicht gerade über den Fluss, sondern ist in der Mitte nach rechts abgeknickt. Ursprünglich besaß sie anstelle der kleinen Rundbögen Treppenaufgänge und war steil, später wurden aufgrund der Hochwasserprobleme die äußeren Bögen nachgesetzt und der Verlauf etwas begradigt.

Anfahrt: Vom Sheshi Demokracia in Shkodër 1 Kilometer nach Norden, hier rechts in die Rr. Levizia Postribës, der Straße etwa sechs Kilometer folgen, im Ort Mes an der Gabelung ein paar Meter nach rechts unten fahren. Die Zufahrt wurde erst kürzlich saniert. Weiter ist die Straße noch ein paar Kilometer asphaltiert, geht aber bald in die Piste nach Theth über und ist ab da für Wohnmobile absolut nicht mehr geeignet. Ab Teerstraßenende beginnt eine der schönsten und anspruchsvollsten 4x4 Strecken Albaniens.

Razëm (Razma) (Karte 1:150.000 von freytag & berndt: C 5)

Für einen sehr schönen und abwechslungsreichen Tagesausflug, z. B vom Lake Shkodra Resort aus, bietet sich Razma/Razëm an, auf dem Weg nach Bogë bzw. in das Theth-Tal gelegen. Der Ort liegt etwa 1.060 Meter hoch, inmitten einer sanften, ansprechenden Berglandschaft. Schon zu kommunistischer Zeit war die überschaubare, in sich funktionierende Ansiedlung eine Art Kurort, damals noch mit bescheidenen Unterkünften. Heute dient Razma hauptsächlich den Albanern als komfortabler Erholungsort, nachdem um 2008 ein exklusives Wellness-Hotel (Natyral Razma Resort) mit Pool, Sauna, Restaurant und allen Annehmlichkeiten gebaut und die Straße dorthin komplett asphaltiert wurde. In der Zwischenzeit entstanden weitere, recht einladende Unterkünfte mit einem gutem Speiseangebot. Sehr empfehlenswert von hier aus sind Wanderungen in die unmittelbare Umgebung, so führt z.B. ein leichter Weg von der zentralen, neuen Brunnenanlage Richtung Norden. Gute Stellplatzmöglichkeiten bietet der große Parkplatz des Resorts und die neue Kulla e Arte. **Anfahrt:** Von der SH1 ab Koplik sind es etwa 11 Kilometer bis zum Abzweig in Dedaj, bis Razëm gesamt 23 Kilometer. Der Weg führt über das Dorf Vrith mit wechselnd schönen Aussichten auf die Ebene.

Skutari-See (Karte 1:150.000 von freytag & berndt: D/E 4) (Highlight)

Der Skutari-See ist mit 370 km² der größte See der Balkanhalbinsel. Die Oberfläche kann nach der Schneeschmelze sogar bis zu 540 km² betragen. Er ist 48 Kilometer lang, 14 Kilometer breit und nur bis zu 9 Meter tief. An manchen Stellen wird der See von unterirdischen Quellen gespeist, diese sind teilweise bis zu 44 Meter tief. Ein Drittel des Sees gehört zu Albanien, der Rest zu Montenegro. Im Südwesten trennen die bis zu 1.600 Meter hohen Berge des montenegrinischen Rumija-Gebirges das Gewässer von der etwa 20 Kilometer entfernten Adria. Östlich, auf albanischer Seite, erstreckt sich oft sumpfiges Flachland, hier ist der See auch nur an wenigen Stellen zugänglich, wie z.B in Koplik und Bajzë.

Sonnenuntergang am Strand des Camping Lake Shkodra Resort

Das Klima am See ist submediterran geprägt, die Temperatur des Gewässers kann im Sommer bis zu 27 Grad betragen. Baden ist ab Mai möglich. Seit 2005 steht der albanische Teil des Gebietes unter Naturschutz, der montenegrinische ist seit 1983 als Nationalpark ausgewiesen. Der See ist Rückzugsgebiet für zahlreiche, auch seltene Vogelarten, das Gewässer sehr fischreich. Angler sollten hier unbedingt ihr Glück versuchen. Bei einer Anreise nach Albanien über Muriqan bietet die montenegrinische Straße oberhalb des Seeufers wunderschöne Ausblicke auf zahlreiche Klosterinselchen und die bereits in Albanien liegende Bergwelt. Überhaupt ist eine komplette Umrundung des Naturwunders sehr empfehlenswert. Gerade der montenegrinische Anteil am See, der als Nationalpark ausgewiesen ist, bietet enorm viel Besichtigungspotential (eine ausführliche Beschreibung liefert unser „pocket-guide montenegro". Die 9 Seiten über den Skadarsko jezero auf montenegrinischer Seite schicken wir gerne auch als PDF per E-Mail für € 2,--). Der Abschnitt über Hani i Hotit ist ebenfalls eine landschaftlich reizvolle Strecke, die ufernahen Berge spiegeln sich oft in Originalfarben im See. Die beiden idyllisch gelegenen Dörfer Shirokë und Zogaj, westseitig des Sees (an der großen Brücke in Shkodër ausgeschildert, 2 Kilometer bis Shirokë, 10 Kilometer bis Zogaj), am Fuße des 593 Meter hohen Tarabosh-Berges, eignen sich gut für einen kurzen Badeaufenthalt, die zahlreichen Ausflugslokale bereiten sehr gute Fischgerichte. Hier ist das Wasser auch weitaus klarer als am Ostufer des Sees. Etliche Hotels bieten auf ihren Parkplätzen auch Übernachtungsmöglichkeiten für Wohnmobile. Diese sind meist nicht ausgewiesen, daher einfach fragen. In Zogaj gibt es einen kleinen, einfachen Stellplatz mit Bademöglichkeit: „Kafe Thëllezit". Die Zufahrt ist jedoch wegen der eingeschränkten Wendemöglichkeit nur für kleine Wohnmobile geeignet. Camping an der Ostseite direkt am See: "Lake Shkodra Resort", am Stadtrand: "Camping Legjenda", in Barbullush: "Camping Albania", Seite 34.

Velipoja und Viluna-Lagune (Karte 1:150.000 von freytag & berndt: F 4)

Wer von Norden nach Albanien einreist und zuerst ans Meer möchte, dem bietet sich ein Abstecher durch landwirtschaftlich geprägtes Gebiet zum weiten Strand von Velipoja nahe der Stadt Shkodër an. Ursprünglich war das an der Mündung der Buna gelegene Lagunengebiet ausschließlich als Naturreservat ausgewiesen. Doch längst schon hat man das touristische Potential des schönen weißen, 10 Kilometer langen Sandstrandes nördlich der Viluna-Lagune erkannt. Inzwischen wurde der Strandbereich vom Reservat abgegrenzt, es gehören nur noch das Sumpfgebiet nördlich davon am Buna-Delta und Teile der südlich angrenzenden Lagune mit Kiefern- und Pinienwäldern zum RAMSAR-Konventionen geschützten Bereich. Nicht nur viele seltene Vogelarten haben hier ihr bedrohtes Rückzugsgebiet, auch der rar gewordene Goldschakal und etliche Amphibienarten. Der Tourismus hat hier bereits großflächig Einzug gehalten, wenn auch etwas weniger durchgeplant und ohne ganz so scheußliche Bausünden versehen wie an anderen Strandabschnitten des Landes. Inzwischen wurde auch der schöne Nachbarstrand von Baks-Rrjollë erschlossen. In der Hochsaison ist Velipoja hauptsächlich von Einheimischen und Urlaubern aus dem Kosovo frequentiert. Außerhalb der heißen Hochsommermonate kann man hier aber durchaus sehr angenehmen und ruhigen Strandurlaub verbringen. Das Wasser ist klar, blau, sauber und lädt zum Baden und Surfen ein.

der Strand von Velipoja und die Lagune

Einkaufsmöglichkeiten gibt es in einigen Dorfläden. Südlich an das Strandgebiet schließt sich die 300 Hektar große Viluna-Lagune an. Der fischreiche Meeresabschnitt bietet ideale Bedingungen zum Angeln. Auch hier kann man Vögel beobachten, in den Wassergräben tummeln sich Fischotter. Bis zum großen Kanal ist der Weg gut befahrbar, hier gibt es Parkplätze, im Restaurant „Laguna e Vilunit" hervorragende Fischgerichte. Über eine Brücke gelangt man in einen Pinienwald. Von hier sind Wanderungen über das Dorf und den Strand Baks-Rrjollë bis zum Naturmonument „Rëra e Hedhur" möglich, eine 2 Kilometer breite, unmittelbar an der Küstenlinie hoch aufragende Großdüne. Mückenschutz nicht vergessen.
Anfahrt: Der ausgeschilderte Abzweig befindet sich etwa 5 Kilometer südlich von Shkodër, ab hier sind es noch 26 Kilometer bis zum Strand von Velipoja.

Camping „Laguna e Vilunit", (GPS 41°51'47.1"N 19°26'31.5"E), einfacher, größerer Platz, zum o.g. Restaurant gehörend, schattige Stellplätze im Pinienwald. Einfache sanitäre Anlagen, geöffnet auch außerhalb der Saison. € 10,--/€ 12,--.
facebook.com/Bar-Restorant-Laguna-e-Vilunit-camping-450510071791701
Ansonsten bieten auch andere Restaurants und Hotels Stellplätze, gut am Strand steht man in Baks-Rrjollë (**Achtung:** im Sand nicht zu weit vorfahren).

Lezha (Karte 1:150.000 von freytag & berndt: G 5)
Allgemeines und Geschichte - 27.000 Einwohner zählt die Kleinstadt zwischen Shkodër und Tirana, direkt an der belebten SH1 in der weiten Zadrima-Ebene gelegen.

der Ausblick von der Burg bis zur Lagune Kuna

Dieser für die Albaner doch recht bedeutende Ort (Stichwort Skanderbeg) lohnt sich durchaus für einen kurzen Besichtigungsstopp. Lezha kann auf eine interessante und bedeutende Geschichte verweisen und in ihrer unmittelbaren Umgebung befinden sich wunderschöne Naturbesonderheiten. Auch sie gehört zu den ältesten Städten des Balkans. Bereits im 8. Jhd. v. Chr. erbauten die Illyrer auf dem Hügel 410 Meter ü.d.M. eine Siedlung. Wenig später wurden hier griechische Kolonisten sesshaft und gaben dem Ort den Namen Lissos. Zu dieser Zeit entstanden vermutlich auch auf dem niedriger gelegenen Gelände die ersten Bauten. 209 v. Chr. konnte Lissos von den Illyrern zurückerobert werden, doch 168 v. Chr. folgten die Römer und der Ort gewann durch den in unmittelbarer Nähe gelegenen Hafen schnell Bedeutung als Handelsstadt. Dieser Status blieb der Stadt während des gesamten Mittelalters erhalten. 1240 entstand hier Albaniens erstes Franziskanerkloster. Im 14. Jhd. gehörte das Gebiet nach einer kurzen Herrschaft des Serbischen Reiches verschiedenen Fürstenclans und wurde 1393 an die Republik Venedig abgetreten. Alessio, wie es fortan hieß, wurde ein wichtiger Stützpunkt im Salzhandel mit Serbien. 1444 erlangte die Stadt historische Bedeutung, als sich Skanderbeg hier mit montenegrinischen

Fürsten zur Liga von Lezha vereinigte, um gemeinsam gegen die Osmanen vorzugehen. Nach 25 Jahren Kampf gegen den Feind starb der heute als Nationalheld verehrte 1468 hier in Lezha, er wurde nahe der Akropolis in der St.-Nikolaus-Kirche begraben. 10 Jahre später konnten die Osmanen ihren Sieg über die Stadt feiern, plünderten sie, zerstörten die Kirche mit Skanderbegs sterblichen Überresten und fertigten aus seinen Knochen angeblich Kräfte bringende Amulette. Einmal noch mussten sie Lezha von 1501 bis 1506 an die Venezianer zurückgeben, bis sie dann über 400 Jahre lang dem Sultanat unterstand. In dieser Zeit verlor Leç enorm an wirtschaftlicher Bedeutung, was der Stadt Shkodër zugute kam. Zur kommunistischen Ära entstanden zahlreich Fabriken, welche heute aber kaum noch in Betrieb sind. Lezha ist immer noch römisch-katholischer Bischofssitz.

Skanderbeg - Gjergj Kastrioti (1405 - 1468), ein albanischer Fürst aus dem Adelsgeschlecht der Kastrioti, erlangte durch seine Verteidigung des damaligen albanischen Staatsgebietes gegen die Osmanen bereits zu Lebzeiten Ruhm. Schon in sehr jungen Jahren wurde er an den Hof des osmanischen Sultans verschleppt und islamisch erzogen. Man gab ihm den Namen Iskender, wovon sich sein späterer Name ableitete. 1438 wurde er als Bey von Murad II. zurück nach Albanien in die Nähe von Kruja entsandt. Als sein Vater 1443 in einem Kampf bei Niš von den Osmanen ermordet wurde, desertierte er, konvertierte zurück zum Katholizismus und ermächtigte sich der Festung von Kruja, die seit jeher Adelssitz der Familie war. Er verbündete sich mit albanischen und montenegrinischen Fürsten zur Liga von Lezha und verteidigte die nächsten 18 Jahre mit nur 10.000 Mann große Teile Nordalbaniens erfolgreich gegen die Türken. Einen kurzweiligen Waffenstillstand nutze er für Reisen nach Italien, wo er erfolgreich um finanzielle Unterstützung warb. König Alfons von Neapel bedachte ihn zudem mit einer großzügigen Pension und Ländereien in Süditalien, wohin später seine Nachkommen flohen. Bis zu seinem natürlichen Tod 1468 hielt er einer Belagerung Krujas durch die Osmanen stand. Er wurde in Lezha begraben und sein nur 12 jähriger Sohn übernahm die Nachfolge. Es sollte aber noch 10 weitere Jahre dauern, bis die Türken diesen Landesteil endgültig unter ihre Herrschaft bringen konnten. Sein kämpferischer Erfolg machte ihn in ganz Europa berühmt, der Papst würdigte ihn mit dem Titel Athleta Christi, verliehen für außerordentliche militärische Verdienste und Verteidiger des Christentums. Im Lande wird er als großer Nationalheld verehrt und seine Figur ist der Held vieler Romane und Filme. Eine sehr interessante und wirklich spannende Lektüre über die Belagerung Krujas durch die Osmanen stammt von Ismail Kadare: Die Festung.

Sehenswertes (ca. 2 Stunden) - Bedeutendster Zeitzeuge ist das **moderne Mausoleum** um die Ruinen der besagten St.-Nikolaus-Kirche, die nach der Zerstörung und Plünderung als Moschee genutzt wurde. Um die 1981 eingeweihte Gedenkstätte Skanderbegs wurde sehr schlicht eine Betonhalle mit Glasdach errichtet und die ausgestellten Bilder zeigen die Stationen seines langen Kampfes gegen die Osmanen. Eine Gedenkminute vor den Repliken seines Helmes und Schwertes (die Originale befinden sich im Kunsthistorischen Museum in Wien) ist sicher angebracht bei der Vorstellung, wie weit in Europa die Türken damals ohne seinen Einsatz wohl vorgedrungen wären. Eintritt 200 Lek, geöffnet 8-20h. Auf dem umzäunten Ausgrabungsgelände rund um das Memorial sind noch die Reste eines Tempels, des Stadttores, einer Basilika und eines Baptisteriums zu sehen, unten am Fluss Drin Teile einer Hafenmauer. Sehr bemerkenswert ist die Festung hoch oben über der Stadt. Die **Burganlage** beherbergt sehenswerte und gut erhaltene Mauerreste aus der Antike, der byzantinischen Epoche, dem Mittelalter und der osmanischen Zeit, in der sie nach Umbauten und Erweiterungen ihren heutigen Umfang erhielt. Seit 1966 werden hier immer wieder Ausgrabungen vorgenommen. Von hier oben bietet sich ein toller Blick auf die Stadt und bei gutem Wetter sogar bis zur Küste. Man erreicht das Areal über zwei ausgeschilderte (einer vom Memorial abgehend, ein weiterer ab der Zentralstraße), neu gepflasterte Anfahrtswege. Evtl. sind diese mit ihren engen Kurven für größere Wohnmobile nicht geeignet, zu Fuß erreicht man die Festung in ca. 15 Minuten. Etwa 150 Meter südlich vom Memorial am Zentralplatz befindet sich eine **Steintafel zum Gedenken der Liga von Lezha**. Das neue Denkmal in unmittelbarer Nähe gibt Rätsel auf. Skanderbeg als Gott? Auf der anderen Seite der Staatsstraße SH1, auch sehr gut von der Burg aus zu sehen, liegt der restaurierte und erweiterte Bau des von den **Franziskanern im 13. Jhd. gegründeten Klosters**. Genau genommen war es Franz von Assisi auf seiner Heimkehr aus Syrien. Das imposante Kirchenschiff der alten Klosterkirche ist im Inneren mit sehenswerten Fresken ausgestattet. Lezha ist eine angenehme kleine Stadt, ein Bummel durch die Gassen gewährt Einblicke in das typisch nordalbanische Kleinstadtleben. Geeignete Parkmöglichkeiten gibt es rund um den Zentralplatz, die Hauptstraße in östliche Richtung sollte man mit großen Wohnmobilen meiden, es wird recht eng.

Camping Riviera Shëngjin (GPS 41°47'09.3"N 19°37'41.0"E) etwa 1,5 Kilometer vom Abzweig von der SH1 nach Shëngjin südlich von Lezha. Stellplätze hinter dem Hotelkomplex, großer Pool und gutes Restaurant vorhanden, einfache aber saubere sanitäre Einrichtungen, teilweise auch die Bäder des Hotels nutzbar. Waschmaschine, W-Lan. Ganzjährig geöffnet. € 14,50; www.rivierashengjin.com

Shëngjin (Karte freytag & berndt 1:150 000 G 5)

Die kleine Stadt nordwestlich von Lezha mit nur etwa 4.000 Einwohnern liegt am Fuße der bis zu 560 Meter hohen Hügelkette Mali i Rencit in einer Sackgasse und verfügt über etliche Strandabschnitte. Sie hat als drittgrößte Hafenstadt des Landes aber nur eine geringe Bedeutung für die Wirtschaft. Jährlich werden hier lediglich knapp 400.000 Tonnen Güter umgeschlagen. Hauptsächlich dient Shëngjin als Importhafen für Erdöl, welches hier auch gelagert wird. 2006 brannten einige der Öltanks ab und das ausgeflossene Öl verseuchte kurzfristig die Lagunen der Umgebung und den Strand. Der Hafen dient dem Kosovo als Freihandelshafen und im Sommer existiert ein Personen-Fährverkehr mit Brindisi und Bari. Shëngjin wurde zwar schon in der Antike von den Römern als Hafen genutzt, sogar Julius Cäsar landete schon hier, er verlor jedoch spätestens zu osmanischer Zeit seine Wichtigkeit.

Die erlangte er erst zu k.u.k.-Zeiten wieder. Trotzdem war Shëngjin bis Ende des 20. Jhd. lediglich ein kleiner, verträumter Fischerort. Dann aber zog der feine Sandstrand die ersten Badegäste an und der Ort entwickelte sich rasant zu einem beliebten Feriendomizil. Mit dem Geld der Gäste boomte auch die Bautätigkeit und es entstanden recht flott zahlreiche, leider mitunter auch hässliche Betonbauten als Hotels, Ferienwohnungen und Restaurants. Inzwischen dehnt sich die Touristenzone auch auf die bisher unzugänglichen nördlichen Strandabschnitte aus. Während der Sommermonate verbringen hauptsächlich Urlauber aus dem Kosovo hier ihre Ferien. Ein Besuch Shëngjins lohnt sich aufgrund des nördlich gelegenen **Naturmonuments „Rana e hedhur", einer riesigen Sanddüne** die aber nur zu Fuß über gut 2,5 Kilometer zu erreichen ist (vgl. Velipoja). Das Gebiet südlich von Shëngjin beherbergt am Mündungsdelta des Drin mehrere Lagunen und geschützte Naturreservate mit einer reichen Tierwelt.

Lagunen-/Naturreservate Kuna, Vain & Tale , Strand von Tala

Südlich von Shëngjin befinden sich drei unterschiedlich geprägte Feuchtgebiete am Drin-Mündungsdelta, sie sind alle ausgeschildert. Das Lagunensystem, zu dem 1.087 Hektar Sumpf, 185 Hektar Wald und 557 Hektar Sandstrand gehört, unterliegt aufgrund ihres vom Aussterben bedrohten Artentums den RAMSAR-Naturschutzkonventionen. 135 Vogel- und 60 Fischarten teilen sich das Naturreservat. In der Tat kann man hier mit etwas Glück die inzwischen selten gewordenen Krauskopfpelikane und andere außergewöhnliche Vogelarten erblicken. An den Wochenenden und in der Saison werden geringe Gebühren erhoben. Kuna, erreichbar über die kleine Hafenstadt Shëngjin, ist die nördlichste und auch ursprünglichste Lagune. Bis zum Reservat ist der Weg gut befahrbar, dann kann man das wirklich idyllische Gebiet über kleine

Wege und Dämme zu Fuß erkunden. Der Abzweig liegt an der Zufahrt nach Shëngjin, beim Hotel Rafaelo Richtung Süden abgehend. Das Feuchtgebiet von Vain erreicht man entweder ab Ishull-Lezhë, 2,5 Kilometer südlich von Lezha rechts abzweigend. Hier befindet sich nach 3 Kilometer das Resort Sebastiano, welches bei Besuch des sehr guten Restaurants den Garten als Stellplatz zur Verfügung stellt. Oder nochmals 2 Kilometer weiter ebenfalls nach Westen abzweigend. Hier

sind die Wege durch die Riedsumpflandschaft und Fischeridylle bis zum Strand nur bei Trockenheit von kleinen Wohnmobilen befahrbar (besser ab Tale zu Fuß erkunden). Der Großstrand von Tala mit seinem breiten Sandabschnitt und südlichste Lagunenteil ist mit dem Wohnmobil problemlos zu erreichen. Der Abzweig liegt 10 Kilometer südlich von Lehza, die Straße hier bis zum Ende fahren und rechts abbiegen. Am angrenzenden, 5 Kilometer langen, 50 Meter breiten Sandstrand hat man bereits begonnen, eine Touristenzone anzulegen. Hier (41°41'55.1"N 19°35'20.3"E) befinden sich auch Hoxhas-Aushängeexemplare - etliche begehbare Großbunker. Mit diesen war vor kurzem ein touristisches Projekt geplant, dies hat sich jedoch, wie so oft in Albanien, aufgrund Nachbarschaftsstreitereien buchstäblich „im Sande" verlaufen, sehenswert sind sie dennoch. Im Sommer stellt das Restaurant Spiranza Stellplätze und sanitäre Einrichtungen zur Verfügung. Ansonsten kann man gut am Strand übernachten.

In Albanien gibt es die meisten Bunker weltweit
Nach dem Bruch mit den sozialistischen Staaten des Ostblocks 1961, dem Austritt aus dem Warschauer Pakt 1968 und dem Abbruch der Beziehungen mit China 1978 befürchtete Albaniens Regierung die Besetzung des Landes und Invasion von allen Seiten. "Das Vaterland zu verteidigen ist eine Pflicht über allen anderen Pflichten." Dieser Propaganda Enver Hoxhas und seiner zunehmendes Paranoia liegt der Bau der unzähligen Bunker in Albanien zugrunde. Jeder Wehrpflichtige wurde damals dafür herangezogen. Für je 4 Personen war ein kleines Verteidigungsobjekt vorgesehen. Bei damals 3 Millionen Einwohnern entsprach das einer geplanten Anzahl von 750.000 Stück. Die genaue Menge der tatsächlich gebauten Pillboxen ist nicht bekannt, man geht von mindestens 350.000 Stück aus. Die meisten entstanden zwischen 1972 und 84. In dieser Zeit wurden auch Unmengen von Waffen, darunter auch chemische, angehäuft. Meist lagen die mehrere Meter in den Boden reichenden Gebilde in Dreiergruppen zusammen, durch einen Tunnel verbunden. Die Teile dafür wurden zentral vorgefertigt. Ihre Funktion erfüllten sie nie, Albanien war zu dieser Zeit ein uninteressantes Stück Land. Neben den kleinen Pilzen entstanden aber auch große Mehrmann-Bunker und tunnelartige, wie der über 650 Meter tiefe U-Boot-Bunker in Porto Palermo oder die Flugzeugkaverne in Gjadër bei Lezha. Hauptsächlich errichtete man die unverwüstlichen Gebilde in Küsten- und Grenznähe, in Flusstälern oder an Passübergängen. Wirklich erstaunlich wo man sie überall vorfindet. Wieviel Stahl und Beton dafür letztendlich verschwendet wurde, hat noch niemand berechnet. Die enorme finanzielle Belastung dürfte aber jährlich mehr als 2% des damaligen Nettoinlandproduktes betragen haben und hat die Wirtschaft enorm überbelastet. Das Material wäre für andere Infrastrukturprojekte nötiger gewesen. Heute sind sie hauptsächlich ein Ärgernis für die Landwirte und neuen Eigentümer der Grundstücke. Zudem verschandeln sie ihrer Meinung nach nicht nur die Landschaft, sie sind nur mit enorm großem Aufwand zu beseitigen. Einige Einfallsreiche haben die Ungetüme aber auch originell zweckentfremdet und zu farbenfrohen Strandbars umfunktioniert. Andere wiederum verwenden sie als Viehunterkünfte und Geräteschuppen, manche werden zu robusten Anlegestellen, kleinen Fischerhäfen oder Stegen im Meer verarbeitet. Und sehr viele junge albanische Burschen und Mädchen verlieren in ihnen im Schutze der Dunkelheit ihre Unschuld.

Nordalbanien

Patok (Karte 1:150.000 von freytag & berndt: H 5)

Diese weitläufige Lagune ist ähnlich wie die nördlicheren Kuna und Vain einer stetigen Entwicklung unterworfen. Grund hierfür ist die Lage direkt am Mündungsdelta des Flusses Mat und dessen gewaltige Schwemmkräfte in seinem Einzugsgebiet. Jedes Jahr nach der Schneeschmelze verändert Patok ihr Aussehen, kleine Landteile verschwinden, an anderer Stelle entstehen neue. Dadurch ist auch die Gefahr der Versalzung sehr gering. Der nördliche Teil der Lagune ist eine sumpfige Riedlandschaft und zum Meer hin offen, der Südliche gleicht einer Seenlandschaft, zum Meer hin fast geschlossen. Zwischen beiden Teilen führt ein asphaltierter Fahrdamm bis zum Ende. Von hier aus sind einige südliche Teile noch auf Wegen bis weit in die Lagune zu begehen. In der Nähe des unmittelbaren Mündungsbereiches des Flusses kann man durchaus noch die seltenen Krauskopfpelikane und Wasserschildkröten beobachten. Interessant auf der schnurgeraden Strecke durch die abwechslungsreiche Lagunenlandschaft anzusehen sind die zahlreichen, typischen Fischfangvorrichtungen und Holzhütten auf Stelzen im Wasser. Diese Bars und Restaurants erreicht man über Stege, hier kann man vorzüglich frischen Fisch genießen. Es sind sehr beliebte Treffpunkte der Einheimischen am Wochenende. **Anfahrt:** Etwa 17 Kilometer südlich von Lezha rechts abfahren, Patok ist an einer markanten Brücke ausgeschildert. Ab hier sind es ca. 8 Kilometer bis zum Ende des Fahrdamms. Stellplätze und einfache Campmöglichkeiten sind ausgeschildert, so z.B. beim Restaurant Brilant.

Laç (Karte 1:150.000 f & b: H 6)

In diesem 18.000 Einwohner zählenden Wallfahrtsort, direkt am Fuße des Skanderbeggebirges, steht hoch oben auf einem Hügel die Klosterkirche des Heiligen Antonius von Padua. Alljährlich am 13. Juni finden sich hier Tausende von Gläubigen aller Religionen ein, sie hoffen auf die angeblich wundersamen Heilungen, welche von diesem Ort ausgehen. Der Weg ist gesäumt von überzähligen Kerzenresten am Hang, das Innere der Kirche wurde sehr schlicht gehalten, am Platz davor befindet sich eine Statue des Heiligen. Zu Zeiten des Kommunismus waren in der Stadt Industriebetriebe angesiedelt, u.a. auch eine Phosphatfabrik, die der Region Wohlstand verlieh.

das Restaurant ändert regelmäßig seine Farben

Nordalbanien

Nach deren Schließung machte sich auch hier Arbeitslosigkeit breit und verbreitet eine düstere Stimmung im von Plattenbauten dominierten Ort. Die albanische Armee hat heute hier ihr einziges Panzerbataillon stationiert. Lohnend für einen Besuch der Stätte ist die weite Sicht vom hohen Hügel auf die umliegende Ebene.
Anfahrt: Die identische Abfahrt zur Lagune Patok wählen, 17 Kilometer südlich von Lezha, anschließend 3,5 Kilometer bis zum Ort. Nördlich des Hügels führt eine asphaltierte Straße nach oben. Der Parkplatz ist auch gut als Stellplatz geeignet.

Tipp: Eine wunderschöne Alternativstrecke zur verkehrsreichen SH1 ist die alte, 55 Kilometer lange Strecke von Shkodër über Vau i Dejës (SH5) nach Lezha. Diese führt etwas oberhalb der landwirtschaftlich geprägten Zadrima-Ebene, direkt unterhalb der östlichen Bergkette entlang. Die Straße wurde vor kurzem frisch geteert und ist ausreichend breit, es herrscht kaum Verkehr. Auf dem Weg liegt die ehemalige Wehranlage des Staudammes, unmittelbar davor bei Mjedë der absolut sehenswerte, skurrile Restaurantkomplex „DEA" mit Speiseräumen in künstliche Grotten und Höhlen eingearbeitet, kleinen Seen mit Brücken, Booten, Windmühlen, überdimensionalen Fantasiefiguren, echten Bären und einem Uhu. Hier isst man sehr gut, der große Parkbereich eignet sich auch als Stellplatz. Im weiteren Verlauf passiert man kleine Dörfer, sehenswert sind die religiösen Drahtfiguren auf vielen der Bunker zwischen Hajmel und Fishtë (westlich der Straße). Im Ort Kallmet bietet sich der Abstecher zu der sehr hübsch gelegenen Kleinkirche mit innenliegender Quelle "Shën Eufemia" (2,4 km) an. Auch die Sicht von hier oben auf die Zadrima-Ebene lohnt die Auffahrt. Wer spät hier vorbeikommt, nutzt den Ort als Stellplatz. Ab Shkodër Zentralplatz dem Boulevard Skenderbeu Richtung Südosten folgen, er geht in die Rruga Besnik Ceka und Rruga Gjon Buzuku über, man überquert den Kir und passiert den alten Heldenfriedhof. Jenseits des Wehrs nicht nach Vau i Dejës (außer man strebt den Koman-Stausee an), sondern Richtung Hajmel/Lezha nach Süden abbiegen.

die nordalbanische Bergregion

Die nordalbanische Bergregion und die albanischen Alpentäler (Highlights)
Die Regionen Malësia e Madhe, Mirëdita und Malësia e Gjakovës gehören zu den ärmsten Landesteilen Albaniens. Die Bewohner leben fast ausschließlich von der wenigen Landwirtschaft, welche ihnen aber oft mangels genügend Bewirtschaftungsfläche nur ein Auskommen weit unter ihrem Existenzminimum bietet. Oftmals können sie mit den wenigen Erträgen kaum die eigene Familie ernähren. Nicht verwunderlich ist es daher, dass viele der Menschen die Gegenden verließen, in der Hoffnung anderswo der Armut zu entgehen. Mit dem Bau der Autobahn A1 von Milot bis zur Grenze in den Kosovo erhofften sich die Verbliebenen einen wirtschaftlichen Zuwachs der leider ausblieb. Allein der zögerlich wachsende Tourismus stellt nun eine neue Zukunftsperspektive dar. Etliche der ehemaligen Bewohner kehrten bereits mit großen und berechtigten Hoffnungen in ihre "verlassenen" Heimatdörfer in den Tälern zurück und tragen tatkräftig zur positiven Entwicklung bei.
Landschaftlich und kulturell birgt diese Region Albaniens Eindrucksvolles: Hohe Berge, tiefe Täler, wilde Flüsse, gepaart mit einer üppigen und vielfältigen Vegetation, zu jeder Jahreszeit bietet sich ein anderer außergewöhnlicher und interessanter Anblick. Hinzu kommt, dass Traditionen, Sitten und Bräuche aus tiefstem Herzen gewahrt und gepflegt und nicht nur für den Tourismus zelebriert werden. Ein Segen für die touristische Entwicklung der nordalbanischen Bergwelt sind die gewaltigen und überaus imposanten Gebirgsketten. Die albanischen Alpen sind mit ihren nur 200 km² ein Teil des mächtigen Prokletije-Gebirgsmassivs, die Shqipetaren nennen sie auch "Großes Bergland", "Verwunschene" oder "Verfluchte Berge". Das stark verkarstete, durch Gletscherspuren geprägte Gebiet gipfelt im 2.694 Meter hohen Jezerca, dem höchsten der komplett in Albanien befindlichen Berge und hinterlässt mit seinen überdimensionalen, hohen Steilwänden, schroffen Spitzen, Trogtälern und Hochebenen einen typisch alpinen Eindruck wie nirgendwo sonst auf dem Balkan. Manche Gipfel des mythenumwobenen Berglandes führen das ganze Jahr über Schnee, in der kalten Jahreszeit sind viele Regionen monatelang von der Außenwelt abgeschnitten. Seit einigen Jahren werden die Regionen im Bereich des Fremdenverkehrs gefördert und unterstützt. Die Projekte stehen für nachhaltigen und sanften Tourismus im Einklang mit der unberührten Natur und sollen eine Abwanderung der Bevölkerung in die städtischen Regionen verhindern. Die Menschen hier sind sich zwischenzeitlich auch bewusst darüber, dass ihre Zukunft in der Vermarktung dessen liegt, was bisher selbstverständlich war, nämlich die Gastfreundschaft. Und Vermosh, Theth und Valbona sind inzwischen die magischen Namen in Albanien für passionierte Wanderer, Bergsteiger und Naturliebhaber. **Inzwischen sind Teile dieser atemberaubenden Gebirgsregion auch mit dem Wohnmobil zu befahren.**

die nordalbanische Bergregion

Routeninformationen: Sämtliche Strecken im nordalbanischen Bergland sind sehr kurvenreich und mit teils nicht unerheblichen Höhenunterschieden versehen. Die maximale Reisegeschwindigkeit beträgt daher oft nur 40 km/h, meist jedoch nicht mehr als 25-30 km/h. Dies sollte man bei der Tagesplanung unbedingt berücksichtigen. Shkodër - Vermosh: 95 km, neue Straßen SH1 und SH20; Shkodër - Theth: 76 km, SH1 und SH22; Shkodër - Koman: 55 km, SH1, SH28, SH5 und SH25; Shkodër - Bajram Curri: 162 km (vom Abzweig östlich Fushe Arrëz nach Bajram Curri: 75 km); Bajram Curri - Valbona: 25 km; Shkodër - Valbona: 190 km (Dauer etwa 5 Stunden); Valbona - Kukës via SH23: 137 km, durchgehend neu geteert (Dauer etwa 3,5 Stunden); Shkodër - Kukës: 149 km, sehr kurvig, stellenweise etwas eng, etliche Höhenunterschiede, Straße soweit in gutem Zustand mit einigen Schadstellen (Dauer etwa 6 Stunden); SH – Pukë: 60 km; Pukë - Fushe Arrëz: 20 km; Fushe Arrëz - Kukës: 70 km; Autobahn Kukës - Milot: 94 km (bis Autobahnende in Rrëshen 72 km); Weitere Infos siehe jeweiliger Ort, Anfahrtsweg.

Campingplätze: „Boga Alpin Resort" in Bogë, Hotel & Restaurant „Natura" in Koman, Hotel „Rilindja" am Ortseingang von Valbona. In Tamarë (Guesthouse Adriatik) und bei Selca Richtung Vermosh existieren Stellplätze, ebenso in Vermosh selbst.

Hinweis zur Reisezeit: Das Gebiet gilt als das regenreichste in Albanien und das Wetter kann sehr schnell umschlagen. Auch im Sommer kann es oft unbeständig sein und nachts recht frisch werden, Gewitter sind keine Seltenheit. **Die Kleidung und das Schuhwerk sollten auf alle Fälle hochgebirgstauglich sein.** Die beste Reisezeit liegt zwischen Ende Mai/Anfang Juni nach der Schneeschmelze und Anfang September, bevor die ausdauernden Herbst-Regenfälle vor dem Schneefall einsetzen, dann sind auch die Temperaturen am angenehmsten.

Das Vermosh-Tal (f & b: C 5 + B 5/6)

Das nördlichste der Alpengebiete, die Çem-Schlucht und das Vermosh-Tal, liegt unmittelbar südlich der montenegrinischen Grenzlinie, beginnt kurz hinter dem südöstlichen Grenzübergang Hani i Hotit zu Montenegro und reicht bis zum Grenzübergang Vermosh-Gusinje, ebenfalls zu Montenegro. Dieses abgelegene Gebiet, auch Kelmend genannt, ist für die Albaner stets ein paradiesisch behafteter Ort mit entsprechenden Vorstellungen gewesen. Abgelegene, schwer zugängliche, blumenreiche Almwiesen inmitten anmutender Berglandschaft, romantische Bächlein, malerische kleine Dörfchen - die Urheimat freudvoll erfüllter Bergbauern und Hirten. Imposante Wasserfälle, hunderte von Karsthöhlen und unzugängliche Wälder vor eindrucksvollen Steilwänden und tiefen und schroffen Schluchten ergänzen das Bild.

der verträumte Ort Tamarë inmitten des Vermosh-Tales

Dieser Teil des Alpenlandes ist auch ethnografisch eine Besonderheit. Sehenswerte und sehr schöne Trachten tragen viele Bewohner auch im Alltag, traditionelle Gesänge und außergewöhnliche Bräuche haben sich bis heute erhalten können. Ein Grund hierfür dürfte jedenfalls auch sein, dass durch die früher absolut abgeschiedene Lage viele wichtige geschichtliche Ereignisse bis hierhin nicht durchdringen konnten.

die nordalbanische Bergregion

Anfahrt: Auch Wohnmobile können nun endlich bis nach Vermosh durchfahren. Die Etappe zweigt 2 Kilometer südlich vom GÜ Hani i Hotit in östliche Richtung durcheine Unterführung ab und ist komplett neu asphaltiert. Die ersten 13 Kilometer winden sich mit kurvenreichen Abschnitten bis auf 770 Meter hinauf. Hier vom Pass bietet sich ein erster, beeindruckender Blick auf das dahinter liegende Tal. Die nachfolgenden Serpentinenabschnitte nach unten sind selbst im asphaltierten Zustand imponierend. Unten im Tal hatte man früher von der Straße aus einen schönen Ausblick auf den Verlauf des Çem-Flußes, dieser ist nun durch den Strassenbau arg eingeschränkt worden. Der beschauliche Ort Tamarë mit seinen 800 Einwohnern ist von hohen Bergen umgeben, hat etliche Cafés mit regionalem Speiseangebot, einige Guesthouses, eine Touristeninformation und eine neu gestaltete, kleine Fußgängerzone. Es gibt Versorgungsmöglichkeiten, ein Dorfladen bietet Spezialitäten aus der Region an, unter anderem Raki mit Likör versetzt und einen sensationellen Pflaumenraki. Stellplätze für Wohnmobile bieten die Gästehäuser an, sehr schön ist es am „Adriatiku", etwas erhöht am Hang, hier isst man auch sehr gut (GPS 42°27'59.6"N 19°33'53.9"E). Es eignet sich durchaus für einen Aufenthalt und Wanderungen in der Umgebung. Auch ein mehrstündiger Spaziergang in das überaus eindrucksvolle Seitental von Vukël und Nikç bietet sich an. Der Abzweig hierzu liegt zwei Kilometer vor dem Ort. Ab Tamarë bis nach Vermosh am Ende des Tals sind es nochmals gut 33 Kilometer mit etlichen Höhenunterschieden. Gut dass man nur langsam vorankommt, die Landschaft entlang der Strecke ist überaus beeindruckend. Hierbei sollte man auf jeden Fall in Albaniens höchst gelegenem Ort - in **Lepushë** am Bordolec-Pass auf 1.260 Meter Höhe - einen Zwischenstopp einlegen und das Dorf in der kleinen Senke erkunden. **Tipp**: Ein Ausflug von Vermosh in das nahegelegene montenegrinische Plav (26 km) und Gusinje (15 km), Camping & Restaurant Krojet, **www.facebook.com/Krojet**.

Die Blutrache war ursprünglich ein Mittel, um Verbrechen, Mord und Totschlag zu verhindern, das Volk zu schützen und die Ehre des Familienclans wiederherzustellen. Sie ist ein wesentlicher Bestandteil des Kanun, der „Verfassung" der nordalbanischen Völker, in welchem die alten archaischen Gewohnheitsgesetze festgelegt sind. In diesem „Grundgesetz" und per Rat wird exakt geregelt, in welcher Form und wie lange das Leben der Gemeinschaft vor dem Straftäter zukünftig geschützt werden soll. In der Theorie gilt dabei das Prinzip "Gleiches mit Gleichem" zu vergelten, wobei der Ehrenkodex eine höhere Strafe verbietet. Manche Verfahren zogen sich über etliche Jahre hin, welche die Täter in den sogenannten Blutrachetürmen verbrachten. In dieser Zeit hatten seine Angehörigen die Gelegenheit das Verbrechen zu sühnen. Frauen und Kinder waren von der Blutrache ausgenommen. Obwohl schon zu kommunistischer Zeit verboten, wird diese Art der Selbstjustiz in vielen Teilen der Albanischen Alpen (und auch sonst im Land) immer noch praktiziert. Mitten in Europa kostet die Tradition der Blutrache noch heute vielen, auch jungen Männern das Leben. Und nicht selten wird die Ausübung sehr großzügig ausgelegt und arg missbraucht, die Hemmschwelle der Rächer ist oft gering. 2012 traf es im abgelegenen Kir-Tal versehentlich (???) ein junges Mädchen, was Entsetzen, Fassungslosigkeit und Ratlosigkeit nach sich zog. Einen sehr anschaulichen Einblick in die Geschichte und Praxis der Blutrache liefert Ismail Kadares berühmter Roman "Der zerrissene April".

Theth-Tal (Landkarte 1:150.000 von freytag & berndt: C 6)

Das mythenumwobene Tal von Theth, auch Dukagjin genannt, befindet sich im Kern der Albanischen Alpen und ist eine der abgelegensten Regionen des Landes. Durch ihre Abgeschiedenheit konnten sich Traditionen und Riten entwickeln und lange erhalten, wie etwa die Einhaltung der im Kanun festgeschriebenen Gesetze, ein Verzeichnis, welches die Verhaltensregeln der Bergbewohner festlegt. Der dazugehörige Nationalpark ist über 2.600 Hektar groß. Umgeben von den höchsten Bergen, durchzogen von klaren Flüssen mit zahlreichen Wasserfällen, mit seiner unberührten Natur und außerordentlichen Gastfreundlichkeit der Bewohner zieht das Tal trotz seiner (schwindenden) Unzugänglichkeit immer mehr Besucher an. Vor allem Wanderfreunde finden hier optimale Voraussetzungen für unvergessliche Touren und Erlebnisse. Die Ursprünglichkeit bietet zudem zahlreichen, sowie seltenen Tier- und Pflanzenarten geeigneten Lebensraum. Aufgrund der ärmlichen Verhältnisse konnten die Bewohner des Tals die touristische Erschließung bisher nicht aus eigener Kraft aufbringen. Die GIZ (deutsche Gesellschaft für internationale Zusammenarbeit) finanziert seit einiger Zeit das sogenannte "Guesthouseproject". Zur Förderung des sanften Tourismus werden Häuser renoviert und um einen Gästeteil erweitert. So bietet eine Familie bis zu 4 liebevoll eingerichtete, komfortable Zimmer, meist mit Verpflegung, die Badezimmer überraschen durch moderne Ausstattung. Ebenfalls zum Projekt gehört die Förderung der Fremdsprachenkenntnisse sowie die Erstellung von Wanderkartenmaterial und Ausbildung von Führern. Das Gebiet um das weitläufig angelegte Dorf Theth, mitten im eindrucksvollen Talkessel gelegen, bietet sich auch durchaus für einen mehrtägigen Aufenthalt an und ist idealer Ausgangspunkt für Wanderungen in der Gegend. Im Ort selbst, welcher autofrei ist, sind die traditionellen Häuser sehr sehenswert. Vom Kirchplatz aus, der Bau wurde vor kurzem aufwendig restauriert, gelangt man oben auf dem Hang auf einen Weg, der das Dorf umrundet. Kleine Wasserläufe durchziehen die Wiesen. Die Anwesen waren früher durch kurze Leitersysteme miteinander verbunden, was den Eindruck einer Verbundenheit der Familien vermittelte. Der zunehmende Tourismus brachte leider auch die Schattenseiten des Neides mit sich. Heute existieren viele hohe Zäune. Weiter sehenswert ist das auf einem Solitärfelsen erbaute Museum sowie der sanierte Blutracheturm, ein fensterloses Gebäude am südöstlichen Ortsrand. Diesen kann man besichtigen, Eintritt: € 1,--. Einige imposante Wasserfälle sind Abstecher wert. Östlich von Theth liegt der Ort Okoll mit einem originell gestalteten Café namens Grrela. Dahin überquert man den Theth-Bach über einen tiefen Canyon, passiert nach einem kurzen Aufstieg eine Wiese und hat das sehr schöne Exemplar „Ujvara i Thethit" schon direkt vor Augen.

der Blick in den Talkessel und der Ort Theth

die nordalbanische Bergregion

ohne Kommentar ! ! !

Die Kraxelei über 100 Meter nach oben lohnt sich, der Wasserfall ergießt sich in ein großes, mit rötlichen Steinen ausgelegtes Becken. Weiter oberhalb gibt es noch ein paar kleinere Wasserfälle. Desweiteren beeindrucken die Kaskaden beim Ort Nderlysa. Knapp 8 Kilometer den Bach abwärts liegt nordwestlich ein Seitental. Über eine kleine Holzbrücke gelangt man zu einem in Stufen angeordneten Felsbereich, in dem sich der Shala-Bach durch tiefe Becken seinen Weg bahnt. Von hier geht es in etwa 40 Minuten Fußmarsch zur hintersten Siedlung des Seitentals, nach Kapreja. Hier eröffnen sich nahezu paradiesische Bademöglichkeiten im kristallklaren Wasser des „Blue Eye", welches jedoch sehr kalt ist. Jugendliche bieten ihre Dienste als Wegbegleiter für übertreuerte 1.000 Lek an,

man findet den Weg jedoch auch sehr gut alleine. Sich einen Führer (etwa € 20,--) für eine Höhlentour zu engagieren ist jedoch ein lohnendes Unternehmen. Bis zu 170 kleine und große Höhlen sollen in der Umgebung existieren, es sind aber anspruchsvolle Kletterziele, da sie meist hoch in den Bergwänden liegen. Der Nationalpark, umgeben von den eindrucksvollen Bergzacken, lädt zu Wanderungen ein. Zwei Drittel des Parks bestehen aus ausgedehnten Mischwaldbeständen. Unzählige Pflanzenarten, Pilze und Heilkräuter gedeihen, selten geworden Tiere, wie z.B. der Balkanluchs, finden Schutz in den dichten Wäldern.

Anfahrt: Für Wohnmobile gibt es nur eine einzige Möglichkeit und selbst die ist noch eingeschränkt. Sie führt als Hin- und Rücktour über die Nordroute. Routenstartpunkt ist Koplik, ab hier sind es 65 Kilometer bis Theth. Die Strecke führt über den Ort Bogë im weiten Trogtal gelegen und weiter über die aufwendigen Serpentinen mit 21 Kehren bis zum Thora-Pass auf etwa 1.660 Meter. Bis hierhin ist der Zubringer komplett neu asphaltiert. Die letzten 16 Kilometer nach dem Pass stellen fahrtechnisch schon eine gewisse Herausforderung dar und sollte man, wenn überhaupt, nur mit robusten kleinen Wohnmobilen in VW-Bus Größe wagen. Empfehlenswert ist auf jeden Fall eine organisierte Tour ab einem der Campingplätze oder die Fahrt mit dem Minibus ab Shkodër, dieser sammelt auch

die nordalbanische Bergregion

am Lake Shkodra Resort nach Voranmeldung die Fahrgäste ein. Wenige Meter vom Pass entfernt Richtung Theth, befindet sich eine Bar mit einer sehr schönen Sicht auf das Bergland. Auch hier besteht die Möglichkeit das Wohnmobil abzustellen, zu übernachten (GPS 42°23'21.9"N 19°43'19.9"E) und mit dem Minibus weiterzufahren. Die Ausflüge im Theth-Tal können vor Ort problemlos organisiert werden.

Camping Boga Alpine Resort (GPS 42°23'59.9"N 19°38'46.9"E), am nördlichen Ortsausgang von Bogë am Fuße der Alpen gelegen. Gepfleger Wiesenstellplatz mit Schatten und Pool, saubere sanitäre Einrichtungen. Trinkwasser, Getränke und Lebensmittel erhältlich, Waschmaschine, Restaurant. Sehr gut geeignet als Ausgangspunkt für Wanderungen. W-Lan, geöffnet vom 01.06. - 31.10. € 12,--; **www.bogaalpine.com**

Koman & Drin-Stausee (Karte freytag & berndt: D 7/8, E 6/7) **(Highlight)**
Eine Fährfahrt über den Stausee des Drin gehört zu den absoluten Highlights in Albanien und sollte auf keinem Besichtigungsprogramm fehlen. Dazu kommt, dass die Zufahrtsstraße bereits saniert wurde und gut befahrbar ist. Der Ursprung des Sees lag darin, dass man bereits in den 1970er Jahren damit begann, die Schluchten des Drin an mehreren Stellen zu stauen, um den Energiebedarf im Norden des Landes zu decken. Es entstand der Koman-Stausee mit über 34 Kilometern Länge, benannt nach seinem unteren Anlegeort. Er ist zwischen 50 und 400 Meter breit und bis zu 96 Meter tief. Da er schiffbar ist, wurde damit ein offizieller Verkehrsweg zur abgelegenen Region Tropoja im äußersten Nordosten und dem Valbona-Tal geschaffen. Nachfolgend transportierte man alles, was von Nöten war, auf eigentümlichen Ponton-Gefährten in diese einsame Region des Landes - von der Ziege bis zum Kieslaster, vom Getreide bis zu Baumaterialien. Lange Zeit war dies die „komfortabelste Möglichkeit" in diese Ecke des Landes zu gelangen. Nach der Öffnung des Landes in den 1990ern entdeckten auch Touristen schnell diese Variante des Weiterkommens. Und das nicht nur wegen der originellen Fortbewegungsmöglichkeit, sondern auch der absolut umwerfend grandiosen, ursprünglichen Berglandschaft wegen. Offiziell aus Rentabilitätsgründen (die inoffizielle Version nannte den Untergang einer Personenfähre als Grund) wurde ab Mitte 2011 der Verkehr der abenteuerlichen alten PKW-Fähren eingestellt, es verkehrten nur noch die kleinen Passagierboote.

Doch 2015 haben 3 neue Gesellschaften glücklicherweise den PKW-Fährbetrieb wieder aufgenommen. Nun ist das Unternehmen wieder bequem als Rundweg möglich. Alternativ zur neuen „Alpin", „Berisha" und „Rozafa" verkehrt aber auch weiterhin die originelle alte Personenfähre mit Bus-Aufbau. Beeindruckend und von Romantik geprägt ist die zweieinhalb stündige Fahrt durchaus. An den engsten Stellen erheben sich die Berge hunderte von Metern hoch und nach jeder Kurve bieten sich wieder neue, atemberaubend schöne Anblicke.

die nordalbanische Bergregion

der "Bus" und das Seitental

Stellenweise liegen ursprüngliche Dörfer an den Ufern, deren Versorgung erfolgt ausschließlich mit dem Boot. Bei gutem Wetter hat der See eine leuchtend türkisgrüne Farbe, die Berge schimmern silbrig-grau. Dies und die steilen, schroffen Felsen verstärken den Eindruck, man bewege sich durch norwegische Fjorde, anstatt durch die albanische Voralpenlandschaft. Alternativ zu den neuen PKW- und Personenfähren gibt es auch Privatangebote, um individuelle Nachfragen zu decken. Sehr empfehlenswert ist eine Tour mit dem ortsansässigen Organisator Mario Molla. Eines seiner Programme führt in einen spektakulären Seitencanyon des Shala-Flusses, auf Wunsch wird bei mehreren Personen ein Barbecue veranstaltet (ca. 2 Tage vorher reservieren, mariomolla@outlook.com, die aktuelle Telefonnummer und Preise findet man auf seiner Website www.komanilake.com). Auch die Campingplätze der Region organisieren diverse Ausflüge mit Anfahrtsservice und Lunch, Kosten ab € 35,--/Person. **Anfahrt & Durchführung:** Es bieten sich derzeit mehrere öffentliche und private Varianten für dieses Erlebnis an, so ist auch die Rückkehr mit oder ohne Wohnmobil an einem Tag durchaus möglich. Die Zufahrt nach Koman ist an der SH1 nördlich von Barbullush anhand eines braunen Touristenschildes ausgewiesen. Von hier sind es 45 Kilometer bis zur Anlegestelle, man sollte für die Strecke gut 1,5 Stunden ab den Campingplätzen einplanen. Östlich vom Ort Vau i Dejës, in welchem sich auch die unterste Stufe des Staudammsystems befindet, beginnt ein zeitaufwendiger Serpentinenanstieg. Bei Kilometer 13 ist der Weg nochmals ausgeschildert. Abgelegt wird um 9.00h oder um 11.00h, Parkplätze jenseits des Tunnels sind ausreichend vorhanden. Die Fahrt dauert ca. zwei Stunden. Fierza verlassen die Fähren um 9.00 bzw. um 13.00h. Die Preise betragen je nach Gesellschaft pro Person € 5,--/10,--, ein Camper auf der Alpin kostet € 35,--, auf der Berisha € 5,--/m². Nähere Infos: **www.alpin.al** oder **www.komanilakeferry.com** (beide auch auf englisch).

Camping Bar & Restaurant Natura (GPS 42°05'56.5"N 19°49'03.4"E), vor dem Tunnel, nach der Brücke über den Drin rechts, direkt am Fluss. Ein kleiner, einfach gestalteter Platz mit schattigen Stellmöglichkeiten und sauberen sanitären Anlagen. Gutes Essen. Ganzjährig geöffnet, € 10,--; keine Internetseite.

die nordalbanische Bergregion

Valbona-Tal (Karte 1:150.000 von freytag & berndt: C 7/8)

Das östlichste und höchstgelegene der Alpentäler liegt eingebettet zwischen schroffen und hohen Gipfeln in unmittelbarer Nachbarschaft zum Teth-Tal. Valbona ist als 8.000 Hektar großer Nationalpark ausgewiesen, er wurde 1996 gegründet. Es gilt trotz seiner wilden Schönheit als sanft und märchenhaft und wirkt sehr einladend. Oft wird Valbona als das Wunder oder Juwel der albanischen Alpen bezeichnet. Die liebliche, zum großen Teil noch unberührte Hochgebirgslandschaft mit ihrer sauberen Luft, beherbergt entlang ihrer Flanken ausgedehnte Fichtenwälder und Mischwaldbestände mit Buchen, Kiefern, Kastanien, Apfel- und Walnussbäumen. Sie ist durchzogen von kleinen Berg- und Gletscherseen, Almen und Weiden. Im 27 Kilometer langen Tal gibt es etliche Schluchten und zahlreiche Wasserfälle. Den gleichnamigen Hauptfluss Valbona mit seinem hellgrauen Geröllbett, dessen Quelle in den Hängen des Jezercas liegt, speisen eine Vielzahl kleiner Bächlein. Das Wasser ist unglaublich klar, sauber und trinkbar. Die Quelle beim kleinen Seitental von Shoshan, nahe Bajram Curri, ist eine der größten des Balkan und versorgt die gesamte Region Tropoja mit Trinkwasser. Im Frühjahr nach der Schneeschmelze bewegen sich gewaltige Wassermassen talabwärts Richtung Südosten, im Sommer wirkt die Valbona stellenweise wie ein kleiner Bach. Bis Ende Mai ist Kajak-Rafting möglich. Überaus beeindruckend sind die links und rechts aufragenden, bis zu 2.500 Meter hohen Kalksteinmassive. An einigen geschützten Flecken, nahe der Südostseite des Jezerca, liegt das ganze Jahr über Schnee. In den hohen Felswänden verbergen sich unzählige, beachtliche Höhlen, teilweise sind sie recht gut zu erwandern. Der Nationalpark ist ein wichtiges Rückzugsgebiet wildlebender Tiere wie Bären, Wölfe, Luchse, Rotwild und auch Wildschweine.

Mary Edith Durham - die Königin der albanischen Hochländer

Die für damalige Zeiten äußerst ungewöhnliche Frau wurde 1863 als ältestes von neun Kindern in London geboren. Sie wuchs in einer angesehenen und wohlhabenden Familie auf, ihr Vater war Leibarzt von Königin Victoria, studierte an der Royal Academy of Arts Künste und fertigte nach dem Abschluss für die Naturhistorische Forschungseinrichtung in Cambridge Detailzeichnungen von Amphibien und Reptilien an. Nach dem Tod ihres Vaters und der jahrelangen Pflege ihrer kranken Mutter schickte sie ihr Arzt mit 37 Jahren zur Erholung nach Montenegro. Sie lebte einige Zeit in der damaligen Hauptstadt Cetinje und fand Gefallen an der Lebensweise auf dem Balkan. In dieser Zeit wurde sie eine enge Vertraute von König Nikola. In den nächsten 20 Jahren bereiste sie, teils unter schwersten Bedingungen, etliche südosteuropäische Länder, darunter auch Serbien, Bosnien, Mazedonien, Dalmatien und vor allem Nordalbanien, wovon sie besonders angetan war. Sie arbeitete für etliche Hilfsorganisationen, in ihrer Freizeit machte sie Skizzen und schrieb Reiseberichte. Ihre Arbeit trug damals außerordentlich zur anthropologischen Forschung bei, ihre Artikel erschienen regelmäßig in Fachzeitschriften. Aus ihren Erzählungen entstanden 8 mitreißende und spannende Romane, in denen sie mal amüsant, auch mal überheblich über die Sitten und Eigenheiten der armen Bevölkerung des Balkans und das Gesellschaftsleben im albanischen Norden schreibt, darunter auch das berühmte Werk „High Albania". Sie galt als schwierig und exzentrisch und handelte sich aufgrund ihrer öffentlichen Kritiken gegenüber dem Westen und Serbien ebendort eine feindselige Haltung ihr gegenüber ein. In Albanien war und blieb sie stets hoch angesehen, hier nannte man sie oft „Königin des Hochlandes". Als sie 1944 starb würdigte König Zogu von seinem Exil aus ihr Lebenswerk: "Sie gab uns ihr Herz und sie gewann das Ohr unserer Bergvölker". Und sie wird immer noch wie eine nationale Heldin betrachtet. 2004 beschrieb der albanische Präsident Alfred Moisiu: „Sie war eine der bedeutendsten Persönlichkeiten der albanischen Welt während des letzten Jahrhunderts". Empfehlenswerte Lektüre von Mary Edith Durham: Durch das Land von Helden und Hirten: Balkan-Reisen zwischen 1898 und 1920.

die nordalbanische Bergregion

Albaniens Nationaltier der Adler kommt hier noch in größerer Population vor. Das Valbona-Tal ist seit der Antike besiedelt. Dies bezeugt, dass die Lebensbedingungen hier im allgemeinen recht gut waren. Die Bewohner haben eine relativ hohe Lebenserwartung. Erst in den 1990er Jahren verließen viele Einwohner aus wirtschaftlichen Gründen das Tal, die Einwohnerzahl sank bis 2002 um bis zu 65%. Die Gegend besitzt viel natürliches und kulturelles Potential für eine wirtschaftliche Entwicklung im Bereich des Öko-Tourismus, wobei die mangelhafte Infrastruktur und die Rückständigkeit der Bewohner als größtes Problem dagegensteht. Derzeit bildet immer noch die Landwirtschaft die wichtigste Lebensgrundlage der Menschen. Doch die dafür nutzbare Fläche ist sehr knapp. Angebaut werden vor allem Mais, Kartoffeln, Roggen, Bohnen und Grünfutter für das Vieh. Die Produkte der Region haben alle Bioqualität, das Essen wird stets frisch und traditionell zubereitet. Zu den Nutztieren gehören Rinder, Schafe, Ziegen, Pferde, Geflügel und Bienen. Forstwirtschaft ist ihnen aufgrund des Naturschutzes nicht möglich. Seit einiger Zeit werden hier wieder mehr Menschen ansässig, vorsichtig hat sich bereits Tourismus und eine entsprechende Infrastruktur entwickelt. Valbona ist das erste der Täler, welches inzwischen auf asphaltierter Straße, wenngleich auch mit langer Anfahrtszeit, erreichbar ist. Der Fremdenverkehr wird zukünftig die wichtigste Einnahmequelle der Bewohner darstellen und erfährt auch entsprechende Unterstützung. Angedacht hierbei ist nicht nur ein Ausbau des alpinen Tourismus sondern auch eine Förderung als Luftkurort. Die ersten Haltepunkte auf dem Weg nach Valbona liegen bei den Dörfern Shoshan und Margegaj, hier findet man etwas abseits gelegen (zu Fuß) zwei sehr sehenswerte Wasserfälle. Auf dem weiteren Weg liegt der noch ursprüng-

liche Ort Dragobi. Auch er lohnt einen kurzen Stopp, um die bäuerliche, hübsche Szenerie mit den alten Häusern auf sich wirken zu lassen. Die Bauweise jener, mit fensterlosen oberen Stockwerken, lassen auch hier die Sitte der Blutrache erkennen. Nordwestlich vom Dorf existiert ein Weg in das Seitental Sali i Motinës, ein stufenförmig aufgebautes Gelände mit durchaus bergsteigerischen Herausforderungen und ideal für Wanderfreunde. Etwa 2,5 Kilometer weiter zweigt ein Weg in nordwestliche Richtung ab. Nach rund 11 Kilometer Wanderweg (es handelt sich um eine Piste!), gelangt

man in das kleine Dorf Çerem, hier im Seitental tost rechts weit oberhalb vom Weg ein großer Wasserfall. Auf der Strecke in das hintere Valbona-Tal befindet sich die Höhle von Dragobi, den Weg sollte man sich erklären lassen oder auf die in Valbona erhältliche Wanderkarte zurückgreifen. Die recht dezente Ausschilderung mittels einem braunem Touristenschild führt nicht direkt zur Höhle sondern weist allenfalls nur in eine ungefähre Richtung.

die nordalbanische Bergregion

Bis Valbona sind es nun noch 5 Kilometer. Vom Hotel „Rilindja" am Ortseingang, hier gibt es für € 5,-- besagte Wanderkarte mit 20 Routen, führt ein Pfad in etwa 20 Minuten zu einem glasklaren, idyllisch von Buchenwäldern gesäumten Bergsee, dem Liqeni i Xhamës. Er wird von unterirdischen Quellen gespeist und erreicht manchmal eine Größe von 500 m², im Sommer kann er austrocknen. In Valbona selbst, ein ebenfalls noch traditionell wirkendes Dorf, sind die kunstvoll angelegten, terrassenförmigen Anwesen interessant sowie die alte Mühle im südlichen Teil. Das langgestreckte Dorf ist idealer Ausgangspunkt für Wanderungen, Bergsteigen und alpines Klettern. Auch von hier führt ein Weg in ein nördlich gelegenes Seitental, nach Kukaj, Bergwanderer gelangen von dort auf die schön gelegene Bergalm Buni i Brahimit. Bereits zu kommunistischer Zeit war Valbona ein beliebtes Ferienziel, das damals errichtete Hotel fiel Ende der 1990er Jahre einer Zerstörung zum Opfer, die Ruine ist noch zu sehen. Die wenigen Kilometer bis ans Ende des Tals nach Rrogam können ohne geeignetes Fahrzeug ebenfalls nur erwandert werden. Die Häuser der Siedlung aus Naturstein sind teilweise stark renovierungsbedürftig, dennoch ist auch in diesem Dorf die touristische Entwicklung nicht aufzuhalten.

Von hier erfolgt die einfachere Bezwingung der sagenhaften Wand zu Theth. Über den 1.814 Meter hohen Valbona-Pass existiert ein ausgeschilderter Wander-, Kletterpfad über eine 200 Meter hohe Bergwand zum benachbarten Theth-Tal. Der Treck über mehrere Kilometer dauert zwischen 6 und 8 Stunden und erfordert jedoch gute Ausdauer und Trittsicherheit (T2).

Anfahrtsmöglichkeiten: Von Westen kommend über die SH 5 Richtung Kukës sind es ab Bushat etwa 176 Kilometer bis zum Ort Valbona. 10 Kilometer hinter Fushë Arrëz links Richtung Bajram Curri abbiegen, hier fiel der Wegweiser sehr dezent aus. Die Strecke ab hier bis Fierza ist zwar nur 60 Kilometer lang, in einigermassen gutem bis akzeptablem Zustand, jedoch nur 4 Meter breit. Sie erfordert aufgrund ihrer vielen Kurven sowie Höhenunterschiede viel Aufmerksamkeit und nimmt enorm Zeit in Anspruch. Die nächste sichtbare Kurve scheint zum Greifen nah, doch dass sich bis dahin noch etliche unsichtbare Biegungen verbergen, lässt sich nur schwer erahnen. Die Aussichten auf das umliegende, hier bereits recht hoch aufragende, Alpenvorland kann man schon spektakulär nennen. Auf dem Weg, etwa 15 Kilometer vom Abzweig hinter Fushë Arrëz, bietet sich bei Dardha das hübsche, rustikale Hotel "Alpin" mit schöner Aussicht als Stellplatz an. Im weiteren Verlauf eröffnet sich bald der Blick auf den Stausee und die dahinter liegenden Ostalpen. Kurz oberhalb vor Fierza hat man einen sehr eindrucksvollen Blick auf den Damm mit seiner gewaltigen Staumauer.

Die Wasserkraftwerke des Drin- und Fierza-Stausees decken im Übrigen immer noch den größten Teil des Strombedarfs des Landes. Im Anschluss sind etliche Serpentinen zu überwinden, bei Dushaj überquert eine Brücke den Fluss Valbona, hier geht es nach Norden weiter, nach Süden gelangt man zum Fähranleger. Die überdimensionalen kurzen Schornsteine hinter Bajram Curri gehören zu ehemaligen Kalkbrennanlagen. Die Steigung im Anschluss erfolgt ohne nennenswerte Serpentinenabschnitte und Pässe langsam auf 1.000 Meter. Seit Mitte 2015 ist die komplette Etappe bis ans Ende des Tals asphaltiert. Diese seit langem versprochenen Maßnahmen sind zweifellos für die touristische Entwicklung unumgänglich gewesen, jedoch erlebt dadurch natürlich die Ursprünglichkeit optische Einbußen.

Inzwischen existiert ein weiterer, von den landschaftlichen Eindrücken ein komplett konträrer, für Wohnmobile geeigneter Anfahrtsweg ab Kukës bis Bajram Curri durch das sanfte Bergland von Has und den Ort Krumë sowie die Region Tropoja im äußersten Nordosten Albaniens. Die SH23 führt ab Kukës über den weißen Drin, führt einige Zeit zwischen den Ausläufern des Fierza-Stausees und den bis zu 1.430 Meter hohen Bergen des Pashtriku-Massives entlang und schlängelt sich über 100 Kilometer durch eine einsame, unspektakuläre aber dennoch reizvolle, rötlich gefärbte Mittelgebirgslandschaft mit nur unwesentlichen Steigungen und leichten Passanstiegen. Die Bergbauminen hier haben inzwischen die Förderung von Erzen und Kupfer weitgehend eingestellt, stattdessen wird Kaolin gewonnen, ein Rohstoff der zur Herstellung von Keramik, Papier und kosmetischen Puder benötigt wird. Auf halbem Weg zweigt der Zubringer zum Grenzübergang Qafë Prush in den Kosovo ab. Im geschäftigen Krumë verführt das Hinweisschild zum „Kruma Highland Campsite", diese 12 Kilometer kann man sich sparen, der Weg ist absolut nichts für Wohnmobile. Überhaupt existieren entlang der Strecke so gut wie keine geeigneten Stellplätze, höchstens evtuell unmittelbar am nördlich angrenzenden Planit-Rezervoir beim Restaurant Liqeni (42°12'34.6"N 20°24'15.2"E) oder auch im Ort Golaj, ca. 10 Kiometer nördlich von Krumë am Restaurant Dasmash Kasena (42°14'42.7"N 20°23'05.0"E).

Camping Hotel „Rilindja" (GPS 42°27'35.9"N 19°55'20.6"E) am Ortseingang von Valbona. Schönes Blockhaus mit sehr gutem Restaurant (traditionelle Küche & Forellenzucht). Stellplätze bisher nur wenige vor dem Haus, eine Erweiterung ist geplant, einfache aber neue sanitäre Einrichtungen. Sehr gute Informationen über die gesamte Region, Vermittlung von Führern, gute Wanderkarte für € 5,-- erhältlich, Essens-Pakete für Wanderungen. Alfred (aus Valbona) und Catherine, eine hier seit Jahren ansässige Amerikanerin, engagieren sich überaus für die touristische Entwicklung des Tales. Ganzjährig geöffnet, € 10,--.; www.journeytovalbona.com

der Platz am "Rilindja"

die nordalbanische Bergregion

Auch andere Guesthäuser bieten Stellplatzmöglichkeiten, diese sind gekennzeichnet.

Bajram Curri (Karte 1:150.000 von freytag & berndt: C 8)

Dieser etwa 5.500 Einwohner zählende Ort liegt direkt auf dem Weg von Fierza in das 25 Kilometer entfernte Valbona-Tal. Lange Zeit gehörte der Hauptort der Region Tropoja zum Gebiet des heutigen Kosovo. Benannt wurde er nach einem albanischen Aktivisten der Freiheitsbewegung, welcher sich erfolgreich gegen die Türken einzusetzen wusste, später spielte Bajram Curri in der Politik eine große Rolle. Er nahm sich 1925 bei Dragobi, seinem Geburtsort, das Leben, um einer Gefangennahme durch Soldaten König Zogus zu entgehen. Seine Statue bewacht das Heimatmuseum am Zentralplatz. Der Bau ist zugleich eine Art Kulturpalast, ab und zu finden dort traditionelle Veranstaltungen statt. Sonst hat der Ort außer einer Moschee, Banken und Tankstellen sowie einigermaßen guten Versorgungsmöglichkeiten nicht mehr zu bieten. An der Zufahrt nach Bajram Curri liegt 5 Kilometer davor, beim Ort Bujan, etwas erhöht etwa 200 Meter westlich der Straße, ein sehenswerter, restaurierter Wehrturm mit einem kleinen ethnografischen Museum.

Strecke Shkodër – Kukës (SH28/SH5) (Karte f & b: von E 5 bis E 10)

Die Landschaft von Shkodër nach Kukës ist auch südlich des albanischen Alpenkernlandes alles andere als langweilig und eine wirklich schöne Alternative zur Autobahn A1. Wer die Koman-Fähre und das Valbona-Tal auf dem Programm hat, wird vermutlich über diese Etappe den Hin- oder Rückweg in Angriff nehmen. Über 137 Kilometer führt die asphaltierte Strecke (mit einigen Schadstellen) auf durchschnittlich etwa 500 Meter Höhe vom Abzweig in Bushat, 12 Kilometer südlich von Shkodër, bis nach Kukës durch eine sehr abwechslungsreiche Voralpenlandschaft. Sie ist sehr kurvig und reich an mäßigen Höhenunterschieden, jedoch kaum befahren. Weite Hochebenen wechseln mit artenreichen Mischwäldern und großen Kiefernbeständen, kleine Flüsse durchkreuzen die Landschaft, hier und da erblickt man kleine Seen, einsame Dörfer liegen am Weg und zu Beginn und am Ende der Strecke bieten sich wunderschöne Ausblicke auf den Drin- und Fierza-Stausee. In beide Richtungen sollte man immer mal wieder anhalten und den Blick zurückwerfen, es eröffnen sich schöne Ausblicke  auf die bereits passierten Etappen. Entlang der gesamten Route gibt es einige Stellplatzmöglichkeiten (Augen aufhalten), um in aller Ruhe zu übernachten, stets mit Aussicht auf die großartige Berglandschaft im Norden. Über die Strecke verteilt, liegen nur wenige größere Ortschaften, jedoch mit brauchbaren Versorgungsmöglichkeiten. Am Abzweig in Bushat gibt es gegenüber der Tankstelle einen größeren Supermarkt mit gutem Sortiment. Vau i Dejës liegt etwa 10 Kilometer hinter dem Abzweig von Bushat Richtung Osten. Hier befindet sich die unterste Staustufe des Drin-Stausystems. Im Ort herrscht sehr oft reges Markttreiben, die Dorfläden bieten alles Erdenkliche zur täglichen Versorgung. Sehenswert ist die große Kathedrale am Zentralplatz, Mutter Theresa geweiht, sowie ihr Denkmal.

 **die nordalbanische Bergregion und Kukës**

Ganz in der Nähe des Ortes gibt es zwei hervorragende Stellplatzmöglichkeiten:
1. Am Denkmal zweigt die Straße nach Norden Richtung Stausee ab. Nach etwa 1,8 Kilometer erreicht man das Ende der Sackgasse, hier befindet sich der kleine Strand der Stadt (GPS 42°01'10.0"N 19°38'46.2"E), in der Saison mit Restaurant.
2. Richtung Pukë zweigt bald der Weg nach Koman ab. Von hier sind es noch etwa 1,6 Kilometer bis zum schön gelegenen Restaurant „Perla", direkt am See (GPS 42°01'21.8"N 19°39'48.8"E). Die gepflegte Anlage bietet Bademöglichkeiten im Stausee, gehobenes Ambiente drinnen wie draußen und gutes Essen à la carte.
Achtung: Von Vau i Dejës führt der Weg nach Koman, der unteren Anlegestelle der Koman-Fähre. Näheres auf Seite 52 im Abschnitt über den Koman-Stausee.

Pukë erreicht man nach 48 Kilometer vom Abzweig in Bushat. Die 880 Meter hoch gelegene Kleinstadt mit etwa 5.500 Einwohnern, liegt reizvoll auf einer Hochebene, dies mag den Ausschlag dazu gegeben haben, hier einen Kurort zu erschaffen. Ein entsprechendes Hotel (Tourizmi) ist bereits vor etlichen Jahren entstanden. Die Gäste und der Erfolg blieben jedoch von Anfang an aus, so bleibt als Attraktion lediglich eine kleine Brauerei mit eigener Quelle. Da im Winter reichlich Schnee liegt, wird das Gebiet von den Einheimischen als Skiregion genutzt, Lifte gibt es keine. Zu kommunistischer Zeit existierte im Ort eine Militärbasis. In den Läden entlang der Straße gibt es Bio-Produkte der Region: Honig, Pilze, Kräuter. Viele davon werden auch exportiert. Hier lebte und unterrichtete Anfang des 20. Jhd. der Dichter Migjeni, er gab dem Theater in Shkodër seinen Namen. Die Schule im Zentrum kann man besichtigen. Auf halbem Weg nach Pukë befindet sich im Tal das Dorf Gomisqe e Epërme, beiderseitig eingeschlossen von steilen (aber machbaren) Serpentinenabschnitten.

Camping Guesthouse Përparim Laçi (GPS 42°02'24.0"N 19°53'39.4"E) In unmittelbarer Nähe von Pukë befindet sich der als Camping ausgeschilderte Stellplatz beim traditionellen Restaurant und ehemaligen Han-Haus Përparim Laçi.
www.facebook.com/HaniPerparimLacitPuke

Fushe-Arrëz ist der nächste Etappenpunkt, ca. 67 Kilometer vom Abzweig in Bushat gelegen. Es ist eine typisch kommunistisch geprägte, ärmlich wirkende Ansiedlung mit vielen Plattenbauten. In der Nähe gibt es eine Kupfermine, welche wenige Arbeitsplätze bietet. Mit dem Bau der Autobahn entfiel zudem jegliche Hoffnung, zumindest im Gastgewerbe noch ein paar Leke zu verdienen. Erwähnenswert ist die neue Kathedrale, hier richtete man einen Standort der österreichischen Caritas ein. 10 Kilometer östlich von Fushë-Arrëz zweigt nach Norden die Straße Richtung Fierza zur östlichen Anlegestelle des großen Stausees ab (sehr dezent ausgeschildert). Bei gutem Wetter bieten sich ab hier erste Ausblicke auf Teile des Stausees und die östlichen Gebirgszüge der Alpen.

Kukës (Karte 1:150.000 von freytag & berndt: E 10)
Als nordöstlichste größere Stadt Albaniens liegt am Rande der Albanischen Alpen Kukës mit 17.000 Einwohnern auf rund 350 Meter ü.d.M., reizvoll zwischen zwei Armen des Stausees von Fierza, am Zusammenfluss des Weißen und Schwarzen Drin. Im südöstlichen Hintergrund erhebt sich das knapp 2.500 Meter hohe Gjalica-Massiv. Die alte Stadt Kukës lag etwas nördlicher in einer Senke. Sie wurde dem Stausee und somit der Energiegewinnung geopfert und 1976 geflutet, mit dem Bau von Neu-Kukës begann man bereits 1968. Ursprünglich war sie für 30.000 Einwohner konzipiert, diese Anzahl an Einwohnern wird wohl nie erreicht werden, obwohl sich Bewohner und Regierung mit dem Bau der Autobahn (2006-2010)

die nordalbanische Bergregion und Kukës

A1 von Durrës nach Morinë Zuwachs für die Region und wirtschaftliche Verbesserung erhofften. Kukës gilt immer noch als eine der ärmsten Städte Albaniens. Lediglich einige Bergwerke westlich der Stadt bieten wenig Arbeitsplätze. Die Industriebetriebe aus der Ära Hoxhas haben ihre Produktivität längst eingestellt. Die Stadt ist immer noch durch zahlreiche Plattenbauten kommunistisch geprägt, in neuerer Zeit entstanden attraktivere Neubauten und eine große Moschee. Um das Stadtbild ansprechender zu gestalten, wurden viele Straßen in Fußgängerzonen umgewandelt und Grünanlagen geschaffen. Am südlichen Eck des Sheshi Skanderbeg befindet sich die neue Kulla e Kosovareve, hier hat man kürzlich ein kulturhistorisches Museum eröffnet. Während des Kosovo-Krieges 1999 erlangte Kukës internationale Berühmtheit, als die Stadt an die 300.000 Flüchtlinge aus dem nur etwa 15 Kilometer entfernten Kriegsgebiet in Zeltcamps aufnahm. 7 Kilometer südlich der Stadt gibt es, aus dem Privatvermögen eines Scheichs finanziert, einen internationalen Flughafen, voll funktionsfähig und mit Personal ausgestattet. Aufgrund vertraglicher Vereinbarungen zwischen der Regierung und dem Tirana Airport dürfen keine internationalen Flüge über den Zayed International Airport abgewickelt werden, für Inlandsflüge besteht seit dem Bau der Autobahn A1 kein Bedarf. Doch hin und wieder nutzen Polizei und Militär den Flughafen. In der näheren Umgebung von Kukës gibt es keine Campingplätze, Stellplatzmöglichkeiten bieten sich in der Stadt zur Not am Sheshi Skanderbeg oder auch in der Rruga Spitali am Zabeli-Park nordwestlich vom Zentrum.

> **Arm und Reich**
>
> Der aufmerksame Albanienreisende wird auf Anhieb auffällige soziale Unterschiede in der Bevölkerung wahrnehmen. Nirgendwo sonst in Europa ist der Gegensatz zwischen Arm und Reich so sehr ausgeprägt und auffällig. Wobei es sich hierzulande auch um ein Generationenthema handelt. Zur kommunistischen Zeit war Bildung nur den Privilegierten vorenthalten, während das „normale" Volk Dienst in den Fabriken leisten musste oder der einfachen Landwirtschaft nachging. Beides zum Nutzen der Allgemeinheit. Die Gebildeten fanden in der Politik ihren Wirkungskreis. Die Jungen von damals sind nun die Alten von heute ohne nach dem Ende der Diktatur eine Chance für ein wenig Wohlstand gehabt zu haben. In vielen Dörfern leben die Menschen auch heute noch ohne fließendes Wasser, mangelnde Stromversorgung und keinerlei ärztlicher Versorgung. Erst allmählich, mit der Öffnung des Landes und der Ansiedlung ausländischer Firmen, kam Geld in das Land und zu denen, die ihre Chance erkannten. Viele Geschäftspraktiken sind aber immer noch illegal, wodurch an so manchen Stellen der „Reichtum" weiterhin ungerecht verteilt bleibt. Manchmal möchte man lieber nicht wissen woher das Geld für exclusive Designerkleidung, teure Elektronikgeräte und die neuesten PKW-Modelle herkommt. So wird es vermutlich noch sehr lange andauern, dass ein armer Bauer seine einzige Kuh den ganzen Tag spazierenführt und abends kostenlos Gäste bewirtet, während man in den großen Städten Wochenendausflüge in teure Restaurants unternimmt und das neueste und teuerste BMW- oder Mercedes-Modell stolz mit dem aktuellsten, exklusivsten iPhone in der Hand (ohne Freisprecheinrichtung) spazierenfährt.

Albaniens erste Autobahn

Albaniens "überlastete" Autobahnen

Strecke Kukës - Milot - Albaniens neue Autobahn A1 bis in den Kosovo

2009 wurde in Albanien die erste Autobahn fertiggestellt. Die Strecke von Kukës bis zum Auftreffen auf die SH1 bei Milot ist 95 Kilometer lang, derzeit und bis auf weiteres endet der 4-spurige Autobahnabschnitt bei Rrëshen. Die A1 verkürzt die Fahrtzeit gegenüber der alten, parallel laufenden Fernstraße SH30 um gut 2/3, man benötigt nur mehr etwa 1,5 Stunden. Sie wurde bereits bis in den Kosovo verlängert und dient somit auch als Zufahrt über den Grenzübergang Morinë. Wer den Norden bereist hat und schnell zurück zur Küste zurück möchte, findet hier eine gute Alternative. Im östlichen Bereich durchquert man den knapp 5,65 Kilometer langen Tunnel Thirrë Kalimash (hierfür ist eine Gebühr geplant) durch den 1.894 Meter hohen Maja ë Runës. Sehenswert an der Strecke ist der Verlauf des Flusses Fan, mit 94 Kilometer der achtlängste. 87 Kilometer südwestlich befindet sich die Kreisstadt Rrëshen (es gibt hier eine Abfahrt), einzig Sehenswertes dort ist die Neue Kathedrale des gleichnamigen Bistums. Der nächste erwähnenswerte Ort ist Rubik. Hier, jenseits des Flusses, thront auf einem flachen Felsen eine weiß leuchtende Franziskanerkirche aus dem 13. Jahrhundert. Kurz später vereint sich der Fan mit dem Fluss Mat und bildet ein eindrucksvolles, riesiges Kiesbett, welches unmittelbar darauf von einer großen Stahlbogenbrücke überspannt wird. Sie wurde 1927 von einem deutsch-schweizerischem Ingenieurteam konstruiert und war damals die modernste Brücke des Balkans. Heute ist sie einsturzgefährdet, um auf die andere Seite zu gelangen benutzt man die Brücke bei Rubik. Das Ende der Strecke liegt bei Milot, von hier sind es 40 Kilometer nach Shkodër bzw. 42 Kilometer nach Tirana.

Über Bars, Cafés und Kaffee

Wo in Europa gibt es wohl pro Kopf die meisten Bars und Cafés? In der Türkei, Frankreich, Griechenland oder Italien? Falsch, natürlich in Albanien! Und das, obwohl noch zu Hoxhas Zeiten nur wenige öffentliche Lokalitäten im Land zu finden waren. So wie es früher für jeden wehrfähigen Mann einen Bunker gab, scheint es heute für jeden trinkfähigen Albaner ein Café oder eine Bar zu geben, und das sowohl in den Städten als auch auf dem Land. Tagsüber sind sie fest in der Hand der älteren Generation. Es wird Domino und Schach gespielt sowie „Kuvendim" betrieben: Man pflegt den Gedankenaustausch und die Kommunikation über Gott und die Welt, Fußball und Politik. Eine besondere Kaffeezubereitung haben die Albaner von den Türken übernommen. Hierzu kocht man fein gemahlenen Kaffee mit Zucker und Wasser mehrere Male auf bis er schäumt (Kaffee turke), doch auch Espresso, Latte macchiato und Cappuccino sind inzwischen willkommene Abwechslungen. Abends werden sie dann bis spät in die Nacht von den Jüngeren abgelöst. Und wurden Frauen noch vor wenigen Jahren nur ungern geduldet, sind sie inzwischen fester und auch akzeptierter Bestandteil der Abendgesellschaft.

die Hauptstadt - Tirana

Tirana (Landkarte 1:150.000 von freytag & berndt: J 6+7 + K 6+7)

Zugegeben - Tirana ist nicht Rom oder Paris, nicht London oder Barcelona. Tirana ist klein, unglaublich chaotisch und wirkt auf den ersten Blick ziemlich unspektakulär. Doch unter ihrer unscheinbaren Oberfläche verbirgt die Mini-Metropole enorm viel Charme, Liebenswürdigkeit und auch eine Riesenportion an sehenswerten und interessanten Fleckchen.

Routeninformation: Tirana ist über etliche ausgebaute Zufahrtsstraßen ohne Probleme zu erreichen, die Anbindung an die Grenzübergänge ist gut.
Hani i Hotit (GÜ MNE) über Shkodër und Lezhë auf der SH1: 130 km, etwa 3 Stunden;
Muriqan (GÜ MNE) über die E 851 + SH1: 105 km, etwa 2,5 Stunden;
Morinë (GÜ RKS) über Kukës und Milot über die A1 + SH1: 160 km, ca. 3 Stunden;
Debar Bllatë e Epërme (GÜ MK) über Bulqizë, Burrel, Milot SH6 + SH1: 160 km, 4 Stunden;
Qafë Thanë (GÜ MK) über Elbasan, Ohrid-See über SH3 bzw. A3: 110 km, 3 Stunden;
Tirana - Durrës: 38 km, 45 Minuten; Tirana - Vlorë: 150 km, etwa 3,5 Stunden;
Camping: Camping Tirana Richtung Durrës in Kashar direkt am Liqeni i Kusit, Hotel-Camping-Nordpark an der SH2, Hotel Baron in Tirana, im Stadtteil Sauk;

Allgemeines und Geschichte - Die moderne Hauptstadt Tirana mit ihren 630.000 Einwohnern befindet sich zentral gelegen in der Landesmitte und ist für viele Touristen eines der wichtigsten Anlaufziele in Albanien. Landschaftlich liegt sie reizvoll eingebettet zwischen mehreren Hügelketten und höheren Gebirgszügen sowie einigen Flüssen und Seen. Obwohl Tirana zur mediterranen Klimazone gehört, schwanken die Jahresdurchschnittstemperaturen enorm. Der Sommer ist heiß und trocken, oft nähern sich die Temperaturen der 40°-Marke, wohingegen im Winter auch schon mal -10° gemessen werden. Als kulturelles, wirtschaftliches und politisches Zentrum des Landes bietet die junge, aufstrebende, lebendige und farbenfrohe Stadt in der Tat, neben etlichen sehenswerten Plätzen, viel kulturelle Angebote und ist ein guter Ausgangspunkt für eine Reihe von Aktivitäten und Ausflüge in die Umgebung. Moderne und extravagante Hochhäuser, exklusive Hotels, ansprechende Grünanlagen und breite Boulevards prägen die Innenstadt - hier entfaltet sich ein reichhaltiges und buntes Gemisch unterschiedlicher Stilelemente und Kulturen vieler europäischer Epochen, vermischt mit der zeitgemäßen Hektik und Unpersönlichkeit wie sie eben Hauptstädte mit sich bringen. Nur in ganz wenigen Seitenstraßen geht es noch bedeutend ruhiger und ursprünglicher dahin - kleine Märkte, dominospielende Männer in den Parks, über-  mütig tobende Kinder und Wäsche vor den Balkonen erinnern daran, dass auch Tiranas Wurzeln einem südländischen Charakter entsprangen. Tirana ist in religiöser Hinsicht ein großer Schmelztigel und das Zusammenleben der verschiedenen Glaubensgemeinschaften funktioniert ausgesprochen gut und friedlich. Die Stadt ist Sitz der muslimischen Gemeinschaft, des sunnitischen Großmuftis, eines orthodoxen und eines katholischen Erzbischofs und das Weltzentrum des Bektashi-Ordens.

die Hauptstadt - Tirana

das Mosaik des Nationalmuseums in voller Größe

Ausschnitt der Bemalung der Et´hem Bey-Moschee

Lange Zeit war die Ansiedlung ein weißer Fleck auf Albaniens Landkarte. Zwar war die Umgebung schon während der Altsteinzeit besiedelt und fand auch in Aufzeichnungen der Römer und Venezianer Erwähnung, doch erst während der osmanischen Herrschaft wurde hier vom Großgrundbesitzer Suleiman Pascha Bargjini (Mulleti) 1614 eine offizielle Siedlung gegründet. Sie erhielt den Namen "Theran". In der folgenden Zeit entstanden einige wichtige osmanische Bauwerke, welche sich bis heute erhalten haben. Der Ort blieb lange Zeit klein. Erst 1920 bestimmte der Kongress von Lushnje die Gemeinde zur Hauptstadt, einerseits wegen der zentralen Lage, andererseits liegt Tirana nahe der Sprachgrenze zwischen dem nördlichen Dialekt der Gegen und dem südlichen Sprachraum der Tosken. Damals zählte die Stadt knappe 20.000 Einwohner und wuchs schnell. König Zogu ließ sich hier einen Palast erbauen und mit italienischer Hilfe die ersten Prachtstraßen anlegen. Zu Zeiten des Kommunismus wurden viele der alten osmanischen Gebäude zerstört und der Kernbereich im kommunistischen Stil erweitert. Hier befinden sich sämtliche Regierungsbauten, welche zwischen den 60er und 80er Jahren im italienischen Stil sehr geschmackvoll restauriert wurden. Es entstand die Oper und 1956 wurde die Universität Tirana eingeweiht. Auch in den letzten Jahren gab es enorm große Veränderungen. Die Straßen wurden inkl. einer Kanalisation komplett saniert, moderne Geschäfts- und Verwaltungsgebäude entstanden, die tristen Wohnblocks erhielten einen farbenfrohen Anstrich, Parkanlagen wurden neu gestaltet. Und die Stadt wird peinlich sauber gehalten. Alles zum größten Teil Verdienste des Alt-Bürgermeisters Edi Rama. Seine weiteren Pläne, den Skanderbeg-Platz autofrei zu machen, neben dem bereits bestehenden TID-Tower zahlreiche weitere Bürogebäude anzusiedeln und ein Straßenbahnnetz zu schaffen waren umstritten und wurden unter der vergangenen Stadtregierung vorerst auf Eis gelegt. Erst 2013 taten sich wieder Entwicklungen nach vorne auf und die Projekte werden vorangetrieben. Knapp ausgedrückt: Bis auf einen kurzen Stillstand hat sich in den letzten Jahren kaum eine Stadt des Balkans so schnell zum Positiven entwickelt. Lonely Planet wählte Tirana sogar zur „Destination of the year 2011". Außerhalb des Zentrums kann man getrost auch mal wegsehen. An den vierspurigen Ausfallstraßen Richtung Kruja, Durrës und Elbasan gleicht die Stadt einer stetig wachsenden Industriebaustelle. Alles was Rang und Namen im Land und in Europa hat, siedelt sich hier an, zudem befinden sich dort auch die großen Einkaufszentren, Krankenhäuser und Universitäten. Die Einwohnerzahl steigt stetig an, viele Randbezirke werden angegliedert. Der Zuwachs erfolgt hauptsächlich aus den abgelegenen Regionen. Viele Zuwanderer erhoffen sich hier Arbeitsplätze, wobei die Großfirmen händeringend qualifizierteres Personal suchen. Somit werden

die Hauptstadt - Tirana

auch in Tirana die "Armenviertel" leider immer größer. Tirana gilt als eine ausgesprochen sichere Stadt, die Kriminalitätsrate ist sehr gering. Der morgendliche und abendliche Berufsverkehr stellt eine Herausforderung dar. Dann werden aus drei Fahrspuren oftmals fünf, was das Vorankommen aber nicht unbedingt erleichtert.

Sehenswertes (etwa 4 Stunden ohne Museen)
Fast alles Sehenswerte konzentriert sich in relativer Nähe zum Zentrum, dem berühmten **Skanderbeg-Platz**. Dieser ist zu jeder Tages- und Nachtzeit ein Erlebnis. Mitten in der über 250 Meter langen, ovalen Grünanlage bewacht Albaniens Nationalheld mit seinem Ross übermannsgroß den Platz. Bis 1990 „zierte" in einigen Metern Entfernung eine ebenso eindrucksvolle Bronzestatue Enver Hoxhas den Bereich, sie wurde „feierlich gestürzt". Beide Skulpturen stammen von Albaniens berühmten Bildhauer Odhise Paskali. Östlich davon liegt die mit innen wie außen sehr sehenswerten Malereien und verspielten Verzierungen ausgestattete **Et´hem Bey-Moschee**. Die Motive zeigen hauptsächlich Bilder der Natur sowie Szenen Istanbuls. 16 schlanke Säulen stützen den Vorbau mit seinen weiten Bögen, die Kapitelle weisen kunstvolles Pflanzendekor auf. Der aufwendige Bau mit dem hohen Minarett wurde von Mullah Bey, einem Nachfahren des Stadtgründers Ende des 18. Jhd. in Auftrag gegeben und 1821 nach 17-jähriger Bauzeit von dessem Sohn Ethem Bey fertiggestellt. Für Touristen ist sie nur vormittags geöffnet, beim Betreten lange Hosen tragen und Schuhe ausziehen! Gegen eine Gebühr kann man das Minarett besteigen. Hinter der Moschee erhebt sich der 35 Meter hohe **Uhrturm** mit einem kleinen Museum, ein weiteres Wahrzeichen der Stadt. Die Errichtung begann 1822, wurde aber erst 1830 aufgrund Geldmangels fertiggestellt. Ursprünglich besaß er nur eine Glocke, dann wurden die oberen Stockwerke Ende der 1920er Jahre nachgesetzt und eine Uhr integriert.

Der Turm hat im Inneren über 90 Stufen und galt bis zur Errichtung des Hotel Tirana (55 Meter, 1979) als höchster Bau der Stadt. Heute sind es der dahinterliegende TID-Tower und der im Bau befindliche 4-ever Green Tower, beide mit 85 Meter Höhe. Die Sicht vom Uhrturm auf den Platz ist einmalig (100 Lek). Das langgestreckte, im Akropolis-Stil errichtete Gebäude aus Hoxhas Zeit östlich des Platzes, beherbergt die **Oper** und die Nationalbibliothek (Eingang rückseitig, großes Angebot an deutscher Literatur). Unter den Arkaden findet man auch die internationale Buchhandlung "Adrion", sie hat eine große Auswahl an fremdsprachigen Büchern. Nördlich des Areals befindet sich das **Nationalmuseum**, die Hauptfassade ziert ein aufwendiges **Mosaik** mit Motiven aus Kämpfen der letzten 2.000 Jahre.

die Hauptstadt - Tirana

Südlich des Sheshi Skënderbej, entlang dem vielspurigen und belebten Boulevard Dëshmorët i Kombit, reihen sich die sehenswert restaurierten **Regierungs- und Ministerialgebäude** in ihrer gelb-orangeroter Farbenpracht. Das Gebäude südlich der Moschee ist das **Rathaus**. Unmittelbar westlich des Skanderbeg-Platzes liegt ein paar Meter abseits hinter dem Ministerium für Energie, Umwelt und Industrie ein sehenswerter dunkelroter Bau im Gründerstil, es ist das **Kindertheater**. Schräg südlich davon wurde im Frühjahr 2012 die riesige, moderne **Orthodoxe Kathedrale** der Auferstehung Christi mit der auffälligen blau-goldenen Kuppel und dem schlanken Glockenturm eingeweiht. Im Inneren ist sie schlicht aber mehr als prunkvoll ausgestattet, an kostbarem Marmor wurde nicht gespart. Verfolgt man dem Boulevard Dëshmorit Richtung Süden, passiert man das Verteidigungs- und das Finanzministerium und gelangt dann rechter Hand zum **Rinia-Park** (Park der Jugend). Der angenehm gestaltete Grünbereich mit alten Bäumen und einer üppigen Springbrunnenanlage ist ein beliebter Treffpunkt aller Tiraner.

Das futuristische Gebäude ist das **Taiwan-Center** mit zahlreichen modernen Shops. Auf der anderen Straßenseite in der Shëtetorja Murat Toptani - diese ist eine Fußgängerzone - befindet sich die **Nationalgalerie**, jede Menge Szenekneipen und am Ende das **Parlament**. Überquert man südlich des Parks die Lana, erhebt sich in der Rruga Ibrahim Rugova der **16-stöckige Sky-Tower**. Eine Fahrt im Innenaufzug bis ganz nach oben gehört zum Pflichtprogramm in Tirana, von hier kann man den besten Blick (s. Seite 63) über die Stadt bei einem Getränk genießen. Man befindet sich übrigens mitten im **Blloku-Viertel**, Tiranas beliebtestem Kneipen-, Restaurant- und Vergnügungsviertel, die meisten Lokale bieten auch wirklich gutes Essen. Ein Besuch des Stadtteils lohnt sich vor allem auch abends und nachts, dann gewinnt man einen authentischen Eindruck von Tiranas Nachtleben. **Enver Hoxhas ehemalige Residenz** befindet sich übrigens an der Ecke Rr. Ismail Qemali/Rr. Ibrahim Rugova mitten in einem großen Garten. Zurück durch die Rr. Ismail Qemali zum Hauptboulevard liegt links ein großes Parlamentsgebäude, an der Ecke des Parks gegenüber der **Postbllok-Checkpoint**, ein Memorial zum Gedenken der kommunstischen Isolation, bestehend aus drei Symbolen der Unterdrückung. Einem echten Segment der **Berliner Mauer** (ein Geschenk Deutschlands), einem **Bunker**, dessen Eingang in die Richtung des Wohnviertels von Hoxha und einflussreicher Beamter zeigt und mehrere **Betonstützen aus der Kupfermine** des berüchtigten Arbeitslagers von Spaç, wo Tausende von politisch Gefangenen zwischen 1968 und 90 unter unmenschlichen Bedingungen schuften mussten und teilweise gefoltert wurden. Links retour Richtung Skanderbeg-Platz befinden sich die modernen **Twin-Tower** mit Banken und Büros. Zu deren Füßen plazierte man die **Büsten der Frashëri-Brüder**, drei Männer, die sich in der Freiheitsbewegung Anfang des letzten Jahrhunderts verdient gemacht haben. Das außergewöhnliche Gebilde gegenüber ist die **"Piramida"**, entworfen von Enver Hoxhas Tochter Pranvera, einer Architektin, die auch das Skanderbeg-Museum in Kruja konzipiert hat. Lange Zeit war darin das „Enver-Hoxha-Museum" untergebracht mit allen erdenklichen Exponaten rund um seine Person. Später wurde der lange Zeit teuerste Bau Albaniens aus Marmor, Glas und rotem Stahl in ein wenig genutztes Kulturzentrum umfungiert und verfiel zunehmend. Der Plan,

die Hauptstadt - Tirana

den Bau einem neuen Parlamentsgebäude zu opfern, konnte nach anfänglicher Zustimmung mittels einer Unterschriftensammlung verhindert werden. Nun erstrahlt die Piramida in neuem Glanz und der Fernsehsender „TopChannel" schlug hier seinen Sitz auf. Die **Glocke** vor der Piramida ist ein Friedensgeschenk von Kindern aus Shkodër, sie wurde aus den Resten mehrerer Patronen- und Gewehrkugeln gegossen. Ganz am südlichen Ende des 4-spurigen Boulevards liegt der große Platz "Mutter Theresa" und die **Tech-**

der Vergleich zum aktuellen Zustand: Bild aus 2011

nische Universität, das moderne Gebäude mit den Glasfassaden ist der **Kongresspalast**, in diesem Viertel angesiedelt sind das **Archäologische Museum** und noch etliche Regierungsgebäude. Biegt man vom Blvd. Dëshmorët in den Bulevardi Zhan d´Ark/Bajram Curri (Umgehungsstraße) Richtung Osten ab, findet man sich nach 150 Metern vor der **Katholischen Kathedrale Shën Palit** wieder. Die dem Apostel Paulus geweihte moderne, in Anlehnung an die Dreifaltigkeit dreiecksförmige Kirche, wurde erst 2002 eingeweiht und ist Sitz des Erzbistums Tirana-Durrës. Knapp 500 Meter weiter liegt links der Straße etwas versteckt die **historische Gerberbrücke** aus osmanischer Zeit, die Ura e Tabakëve. Unter ihr

floss einst die Lana, bevor sie kanalisiert wurde. Schräg gegenüber auf der anderen Seite des Boulevards, in der Rr. **Shyqyri Ishmi**, konnte sich eines der bedeutendsten Bauwerke aus osmanischer Zeit erhalten, die **gleichnamige alte Moschee** aus dem 18. Jhd. Neueste Renovierungen fanden 2015 statt. Zurück zum Zentralplatz gelangt man über die Rr. George W. Bush. Am Sheshi Sulejman Pascha platzierte man eine **Bronzestatue des Stadtbegründers**. Ein weiteres Monument der osmanischen Ära wird von einer Ecke des neuen TID-Towers überdacht. Die achteckige **Kapllan-Pascha-Türbe** ist das Mausoleum von Pascha Toptani, einem Mitglied einer berühmten Adelsfamilie. Er starb 1819, Inschriften verweisen auf das Jahr 1235 islamischer Zeitrechnung. In unmittelbarer Nähe befand sich die **Alte Moschee** aus dem frühen 17. Jhd. Der damals als Hauptmoschee sehr bedeutende Bau muss außerordentlich hübsch gewesen sein, wurde aber im Zweiten Weltkrieg komplett zerstört. Von hier etwa 600 Meter Richtung Norden, liegt in einer Seitenstraße direkt neben dem Sami Frashëri Gymnasium das architektonisch schöne **Haus des Dervish Khorosan** im osmanischen Stil mit vielen Holzelementen. Man sollte es, wenn gerade möglich, auch von innen besichtigen. 800 Meter nördlich vom Sheshi Skënderbej am Ende des Bulevardi

die Berater des Sulejman Pascha

Zogu befand sich bis 2013 noch der alte Bahnhof.

Im Zuge von Städtebaumaßnahmen wurde er aufgelassen, das neue Terminal entsteht weit außerhalb Richtung Durrës. Ab hier 200 Meter südöstlich verbirgt sich hinter Mauern in der Rr. Vildan Luarasi der **Kleinpark "Sali Shijaku"**. Von außen unscheinbar wirkend, enthält er im Innenbereich eine sehenswerte Ausstellung von Kunstgegenständen aller Art, Größe und Herkunft, das Innere des Hauses beherbergt eine Kunstgalerie und gleicht einem kleinen Ethnografischem Museum. Der gleichnamige Künstler wohnt noch im Haus. Zweigt man am Sheshi S. Pascha nach rechts ab, erreicht man nach 250 Meter den Sheshi Avni Rustemi. Dort findet alltäglich der **große Lebensmittelmarkt** von Tirana statt. Östlich von ihm liegt versteckt eine weitere bedeutende Moschee, die **Kokonozi-Moschee** aus der Mitte des 18. Jhd. 2003 wurde sie zum letzten mal renoviert und das neue Minarett hat als einziges in Tirana zwei Balkone. Zum **Stausee** und dem **Großen Park** gelangt man am besten (vom Skanderbeg-Platz kommend) über die Rruga Abdyl Frashëri, den Sheshi Uillson und die Rruga Sami Frashëri bis zum Ende. Entlang des Sees lassen sich wochentags meist Parkplätze finden. Die Grünanlage ist ein sehr beliebtes Wochenendziel der Tiraner mit Wanderwegen, kleinen Restaurants und etlichen Denkmälern. Auf der anderen Seite der Rr. Elbasanit befindet sich der Heldenfriedhof und jenseits der Autostrada westlich des Stausees liegt der **Botanische Garten** und ein kleiner **Zoo**. Östlich des Stadtzentrums in der Rr. Agush Gjergjevica entstand erst kürzlich der **Welt-Hauptsitz** des islamischen **Bektashi-Ordens**. Es ist ein überdimensionaler, prunkvoller und auch wirklich sehenswerter Bau in leuchtenden Farben mit aufwendiger Ausstattung in einer ansprechenden Umgebung. Ab dem Blvd. Bajram Curri in die Rr. Ali Demi abbiegen, nach 2 Kilometer rechts, das Qendra Botërore Bektashiane liegt nach 200 Metern rechts. Nachdem Orthodoxe und Katholiken in Tirana bereits standesgemäße Kathedralen errichten ließen, muss die Stadt natürlich auch eine neue Moschee bekommen. Und zwar nicht irgendeine, sondern die größte auf dem Balkan, womit sie die König-Fahd-Moschee in Sarajevo ablösen wird. Sie entsteht zwischen dem Parlament und der Lana an der Rr. George W. Bush. Die **Große Moschee** oder **Namazgjah-Moschee** wird ein Prunkbau ohnegleichen und von der türkischen Regierung teilfinanziert. Der Realisierung gingen viele Konflikte voraus. Seit 1920 gibt es Pläne für den Bau einer Zentralmoschee, erst 1992 wurde neben dem Parlament ein Grundstein gelegt, das weitere Vorgehen aber vom damaligen katholischen Parlamentspräsidenten unterbunden und Versprechen der Regierung nie eingehalten. 2014 folgte die Baugenehmigung mit der Begründung, es würden Arbeitsplätze geschaffen und im Mai 2015 erfolgte eine erneute Grundsteinlegung im Beisein des albanischen Präsidenten Bujar Nishani und seinem türkischen Kollegen Recep Tayyip Erdoğan. Die Fertigstellung ist für 2018 geplant. Der Kuppelbau mit einer Fläche von 10.000 m² bietet bis zu 4.500 Gläubigen Platz, wird vier Minarette über 50 Meter Höhe erhalten, einen großen Konferenzraum und mehrere Arbeitszimmer, ein Restaurant sowie einen Behindertenaufzug. Direkt daneben entsteht das Museum des Zusammenlebens. Hier soll die religiöse Koexistenz der Religionen dargestellt werden.

die Hauptstadt - Tirana

Mutter Teresa - Nënë Teresa

Diese herausragende Missionarin und Ordensschwester gilt auch in Albanien, wie bei vielen anderen Nationen als Heldin. Sie wurde 1910 in Skopje, Mazedonien, geboren und starb am 05.09.1997 in Kalkutta, Indien, dessen Staatsbürgerschaft sie hatte. Sie wurde weltweit bekannt durch ihren Einsatz für Kranke, Obdachlose und Arme, dafür erhielt sie 1979 sogar den Friedensnobelpreis. Anjezë Gonxha Bojaxhiu, ihr Geburtsname, wuchs als Kind einer wohlhabenden, albanischen Familie in der Nähe von Shkodra auf. Im Alter von 12 Jahren entschied sie sich für ein Leben als Ordensfrau und trat mit 18 Jahren dem Noviziat der irischen Loretoschwestern bei. Die nächsten 17 Jahre wirkte sie als Direktorin in einer bengalischen Schule. Bei einem Besuch in Indien entschloss sie sich, den Ärmsten der Armen zu helfen und verbrachte den Rest ihres Lebens in Kalkutta. Im Jahr 1947, nach der Unabhängigkeit Indiens, nahm sie die indische Staatsbürgerschaft an. 1950 gründete sie den Orden der Nächstenliebe, dem heute über 3.500 Mitglieder angehören. Sie engagieren sich außerordentlich für Sterbende, Waise und Kranke, insbesonders für die Leprakranken. Heftig verurteilte Mutter Teresa auch die Abtreibung und bezeichnete sie in ihrer Rede zur Verleihung des Nobelpreises als größten Feind des Friedens. Sie bemühte sich für ausgesetzte Kinder Unterkunft und Arbeit innerhalb der Ordensgemeinschaft zu finden. Seltsamerweise stand sie während der gesamten Zeit ihres Wirkens in einer Glaubenskrise Gott gegenüber und zweifelte dessen Existenz an. Am 13. September 1997 wurde sie mit einem Staatsbegräbnis in Kalkutta beerdigt und in dem von ihr gegründeten Kloster beigesetzt. Am 19. Oktober 2003 erhielt sie von Papst Johannes Paul II. die Seligsprechung. Dieser Tag gilt in Albanien als einer der wichtigsten Feiertage. Der Flughafen Tirana trägt ihren Namen – Nënë Tereza. Neben dem Friedensnobelpreis und zahlreichen anderen Auszeichnungen erhielt sie auch die amerikanische Friedensmedaille und war Ehrenbürgerin der Vereinigten Staaten. Der 4. September 2016 wird vermutlich der Tag ihrer Heiligsprechung.

Denkmal in Vau i Dejes

Museen - Das große **Nationalmuseum** am Skanderbeg-Platz ist unbedingt einen Besuch wert. Es beherbergt auf drei Stockwerken ausgesprochen sehenswerte Exponate aus allen Epochen und sämtlichen Kultureinflüssen der vergangenen 60.000 Jahre. Hierbei arbeitet man sich geschichtlich systematisch nach oben. Im Erdgeschoss beginnt man mit der Frühgeschichte aus der Stein- und Eisenzeit. Wertvolles wie Schmuck und Waffen aus der Ära der Illyrer sowie aus den zahlreichen antiken Ausgrabungsstätten fanden hier ihren Platz. Desweiteren Grabfunde und Kopien von Felsmalereien aus Tren am Kleinen Prespa-See und Lepenica. Im 2. OG schließt sich das Mittelalter und die osmanische Zeit an. Sehenswert sind hier auch die Dokumente über wichtige Persönlichkeiten und bedeutende Geschehnisse bis zur Unabhängigkeit. In einem Zwischengeschoss brachte man eine kleine Trachtenabteilung unter. Ganz oben widmete man sich der Neuzeit, wenngleich auch etwas zu ausführlich, den Greueltaten der beiden Weltkriege und Hoxhas Zeit. Auch hier sind zahlreich Waffen, Dokumente und Kleidung ausgestellt. Eintritt: 200 Lek, geöffnet Di-Sa 10-18h, So 9-14h, Mo geschlossen, der letzte Sonntag im Monat Eintritt frei. Sehr empfehlenswert ist ein Besuch des **Archäologischen Nationalmuseums**. Es ist das erste in Albanien nach dem Zweiten Weltkrieg eröffnete (1948) Museum überhaupt und musste bisher fünf mal erweitert werden. Es besitzt mit über 2.000 ausgestellten Exponaten aus ganz Albanien über 6 Epochen die größte archäologische Sammlung im ganzen Land. Die Ausstellungsstücke stammen aus der Stein-, Bronze- und Eisenzeit, aus dem Leben der Illyrer und griechischer Kolonisten, aus der Früh- und Spätantike, dem Mittelalter und der osmanischen Eroberung. Darunter Schmuck, Gebrauchsgegenstände, Vasen u.v.m. Es befindet sich in einem Gebäudekomplex mit Säulen an der Ostseite des Sheshi Nënë Tereza, geöffnet 10.30-14.30h, Wochenende geschlossen, der Eintritt ist frei.

die Hauptstadt - Tirana

Um einen Überblick über die jüngere Malerei und Plastiken des 19. Jhd. bis zur Gegenwart zu gewinnen, sollte man der Nationalen Kunstgalerie (Galeria Kombëtare e Arteve) einen Besuch abstatten. Gemälde der Maler Kolë Idromena und Vangjush Mio und Werke des Bildhauers Odhise Paskali sind hier ausgestellt. Die Ausstellungsstücke wechseln in regelmäßigen Abständen. Vom Boulevard Dëshmorit e Kombit, 200 Meter vom Skanderbeg-Denkmal links in die Fußgängerzone abbiegen. Eintritt: 200 Lek, Senioren und Sudenten: 100 Lek, geöffnet Mi-So 10-18h. Mo, Di geschlossen. Aktuelles Programm unter **www.galeriakombetare.gov.al**.

Park & Ride: Im Innenstadtbereich und auf den größeren Boulevards gilt eine Einbahnregelung. Die Ausfallstraßen Richtung Durrës und Elbasan sind vierspurig. Sich zur Zeit des Berufsverkehrs in der Stadt fortzubewegen erfordert sehr viel Zeit, Geduld und Nerven. Die besten Parkmöglichkeiten bieten die Einkaufszentren **City-Park (GPS 41°22'06.4"N 19°41'22.3"E)**, **TEG Tirana East Gate (GPS 41°16'58.8"N 19°51'26.1"E)** und das **QTU Qëndra Tregtare Univers (GPS 41°21'11.0"N 19°44'54.0"E)**, von dort verkehren regelmäßig Linien- und Minibusse ins Zentrum. Besser man startet das Unternehmen von den Campingplätzen „Camping Tirana", „Hotel Baron" oder „Nordpark", ebenfalls per Minibus. Einzig geeigneter Parkplatz nahe des Zentrums ist der öffentliche, aber gebührenpflichtige Platz nordwestlich des Nationalmuseums, dieser ist jedoch meist voll.

Hinweis: Direkt hinter dem Nationalmuseum in der Rr. Ded Gjo Luli befindet sich das Büro der staatlichen **Touristeninformation**. Hier erhält man neben Stadtkarten sämtliche Broschüren, Terminkalender und viele zusätzliche Informationen.

Tipp: Für individuelle Tagesführungen (auf deutsch) zu besonderen Zielen, nach dem Motto „Tirana mal ganz anders" gibt es Angebote von **www.albaniantrip.com**. Im Zentrum existieren mittlerweile zwei Stationen des Ecovolis-Fahrradverleihs. Eine direkt am Skanderbeg-Platz und eine weitere westlich des Taiwan-Centers.

Veranstaltungen: Am 14. März wird der Tag des Frühlings begangen und somit das Winterende gefeiert. Im Mai findet das Jazzfestival statt, am 21. Juni das Internationale Musikfestival, im September lockt eine internationale Fotoausstellung Interessierte an. Der 2. November ist dem Herbstfest mit Musikveranstaltungen vorbehalten und am 10. Dezember endet mit dem Internationalen Filmfestival der Veranstaltungskalender.

Frühlingsstimmung in Tirana

Einkaufen: Der Ausfallstraße Rr. Elbansanit stadtauswärts folgend, erreicht man Albaniens derzeit noch größtes Einkaufszentrum, das "TEG" – Tirana East Gate. Carrefour hat Metro-Ausmaße, hier bekommt man alles, die Preise haben jedoch EU-Niveau. Richtung Durrës liegt rechter Hand das „QTU" Qëndra Tregtare Univers, etwas weiter, etwa bei Kilometer 8 der „City Park" (auf die Abfahrten achten!). Alle drei verfügen über zahlreiche moderne Shops, Supermärkten und großen Parkplätzen. (Die GPS-Koordinaten siehe Park & Ride auf dieser Seite.) Gegenüber vom TID Tower im Herzen Tiranas eröffnet demnächst das Toptani Shopping Center mit 60.000 m² Einkaufsfläche seine Tore.

die Hauptstadt - Tirana

Camping Tirana (GPS 41°20'17.7"N 19°42'24.0"E), familiär geführter Platz, 17 Kilometer vom Zentrum Richtung Durrës in Kashar gelegen, Abfahrt City-Park, ausgeschildert. Nur wenige Kilometer abseits der SH2 sehr ruhig und wirklich idyllisch am Liqeni i Kusit mit Bademöglichkeiten. Schöne Umgebung mit Weinbergen und Tabakplantagen. Hausgemachter Raki, Waschmaschine, Fahrrad- und Geländewagenverleih, Trinkwasser, saubere Sanitäranlagen mit Chemietoilettenentsorgung, Shuttle-Service zum Linien-, Minibus am City-Park, Ausflüge nach Tirana und Kruja, W-Lan. Platz für etwa 25 Wohnmobile, ganzjährig geöffnet. € 13,--.
www.campingtirana.al

Hotel Baron (GPS 41°17'57.4"N 19°51'00.0"E), Rr. Elbasanit, im Ortsteil Sauk, stadtauswärts Richtung Elbasan. Die beste Anfahrt erfolgt über das Zentrum, den Blvd. Dëshmorët e Kombit bis zum Ende, links das Qemal Stafa Stadion umfahren und wieder rechts auf die Rr. Elbasanit abbiegen, ab hier 3 Kilometer der Straße folgen (die Zufahrt über die Umgehung ist aufgrund enger Zubringer nicht zu empfehlen). Nur begrenztes Stellplatzangebot mit Stromanschluss vor dem Hotel hinter einer Mauer. Saubere Duschen im Hotel, sehr gutes Restaurant und Frühstück. Der Manager spricht perfekt deutsch, sehr freundliches Personal. Eine Voranmeldung ist ratsam. In kurzen Abständen fahren Linienbusse ins Zentrum. Waschmaschine, W-Lan. Ganzjährig geöffnet. € 17,--;
www.hotelbaron.al

Sehenswertes in der Umgebung - Festung Petrele (Top-Tipp)

Richtung Elbasan, entlang der alten Pass-Straße 17 Kilometer von Tiranas Zentrum, liegt eine recht gut erhaltene Festung Skanderbegs aus dem 15. Jhd. Deren Ursprünge reichen bis in das 3. Jhd. zurück, im 9. Jhd. wurde sie von lokalen Herrschern als militärischer Stützpunkt ausgebaut. Die Anlage war später ein strategisch wichtiger Ort zur Abwehr der Türken. Eine Schwester des Nationalhelden, Mamica, lebte hier und verteidigte die Burg. Sie liegt auf einem 450 Meter hohen Solitärfelsen, von hier oben hat man bei guter Sicht einen großartigen Blick auf die umliegenden Berge und bis zur Hauptstadt Tirana. In der Burganlage befinden sich zwei gemütliche, urig eingerichtete Restaurants mit guter Küche. Der

Weg bis zur Spitze erfordert Kondition: 100 Höhenmeter vom Parkplatz aus sind zu Fuß zu überwinden. **Anfahrt:** 13,5 Kilometer von Tiranas Zentrum Richtung Elbasan, auf der alten Straße SH3 bleiben, beim Dorf Mullet den Fluss Erzen überqueren und der Ausschilderung nach rechts folgen. Nach weiteren 3,5 Kilometern erreicht man den großen Dorf/Parkplatz unterhalb des Festungshügels.

die Hauptstadt - Tirana

Tiranas Hausberg Dajti (Top-Tipp)

Der Gipfel des Dajti-Gebirges ist 1.610 Meter hoch und befindet sich etwa 30 Kilometer nordöstlich von Tirana. Die Berge sind Teil einer Gebirgskette, die von Shkodra bis an die Küste reicht. Seit 1966 sind Teile um das Berggebiet als Nationalpark ausgewiesen, das Areal wurde aber 2006 auf über 29.000 Hektar erweitert. Der leicht zugängliche Park eignet sich gut für einen Tagesausflug und die weiten Wälder laden zu ausgedehnten Wanderungen ein. Der Dajti-Gipfel selbst ist militärisches Sperrgebiet, die Spitze des Nachbarberges Maja e Tujanit kann jedoch bestiegen werden. Man erreicht den Park bequem in 15 Minuten mit dem Dajti-Express, einer seit 2005 existierenden Gondelbahn, angeblich die längste des Balkans. Hier oben, vom 800 Meter hoch gelegenen „Balkon von Tirana", hat man einen traumhaften Blick auf die Stadt. Es existieren etliche Ausflugsrestaurants. Die schöne Panoramastrecke "hintenherum" über die SH54 und SH47 ist für Wohnmobile nicht geeignet. **Anfahrt zur Talstation:** Von der Kreuzung des Blvd. Bajram Curri/Blvd. Dëshmoret i Kombit knapp 1,5 Kilometer Richtung Osten fahren, dann links in die Rr. Arkitekt Kasemi abbiegen, nach 350 Meter rechts in die Rr. Hoxha Tahsim/Xhanfize Keko. Nach 2 Kilometer links, der "Dajti-Express" ist ausgeschildert, 1 Kilometer weiter liegt der Parkplatz. Geöffnet ab 10.00h, dienstags geschlossen, das Hin- und Rückticket kostet 800 Lek. **www.dajtiekspres.com**

Albanien als atheistischer Staat und die Religionsfreiheit

Die Verfassung von 1998 legt das Recht auf Religionsfreiheit fest und die Gleichberechtigung aller Religionen. Albanien bezeichnet sich selbst als laizistischen Staat, d.h. Religion und Politik werden strikt voneinander getrennt. So wird das auch in der Praxis gehandhabt und die verschiedenen Religionsmitglieder pflegen durchweg ein positives und herzliches Miteinander. In Albanien sind alle Religionen gleich und es gibt keine Staatsreligion. Selbst in der weiter zurückliegenden Geschichte kam nie religiöser Extremismus vor und gegenseitige Toleranz bestimmte seit jeher den Alltag und tut das immer noch. So entstanden im Laufe der Jahrhunderte zahllose interreligiöse Ehen. Historisch bedingt war man auch stets eher mit dem Selbstschutz der eigenen Kultur beschäftigt, als sich mit tiefgreifenden Religionsfragen zu beschäftigen. Diese Neutralität führte später auch dazu, dass es in den Schulen keinen Religionsunterricht gibt. Viele Kirchengebäude existieren inzwischen gleichberechtigt in unmittelbarer Nähe zueinander. Das war nicht immer so. 1967 hatte die Partei der Arbeit Albaniens, also Enver Hoxha, das Land zum atheistischen Staat erklärt und jegliche Religionsausübung bei Strafe untersagt. Dieses Verbot galt bis 1990. Als Gewohnheitsfolge hat die Mehrheit der Albaner offiziell immer noch kein Zugehörigkeitsbekenntnis abgelegt, man erinnert sich eher daran, ob die Familie katholische, orthodoxe oder muslimische Traditionen pflegt, die Ausübung bestimmter Grundsätze ist, vor allem bei den jüngeren Generationen, wenig stark ausgeprägt. Weit verbreitet sind jedoch, in allen Religionen, Aberglaube und heidnische Bräuche. Überall gegenwärtig sind Knoblauchzöpfe, Puppen und Stofftiere, die den bösen Blick abwenden sollen. Manche Pilgerstätten, wie beispielsweise das Kloster des heiligen Antonius von Padua in Laç oder das Bektashi-Heiligtum auf dem Berg Tomorr werden von Anhängern sämtlicher Religionen besucht. Ein schöner Leitsatz von Pashko Vasa, einem bedeutenden, albanischen Schriftsteller und Politiker des frühen 19. Jhd., wurde bereits vom kommunistischen Regime vertreten und gilt auch noch bis heute: „Mos shikoni kisha e xhamia, feja e shqyptarit âsht shqyptaria." - „Differenziert nicht nach Kirche oder Moschee, die Religion des Albaners ist das Albanertum."

die Rusan-Moschee bei Delvinë

Mittelalbanien

Hohe und langgestreckte sowie imposante Bergketten, tiefe Schluchten und Täler, weite und fruchtbare Ebenen sowie üppige und artenreiche Wälder teilen sich das Gebiet mit geschichtlich bedeutenden Stätten, sympathischen und landestypischen Dörfern sowie den zeitgemäßen Großstädten. Hier zeigt sich Albanien in seiner kompletten Vielfältigkeit.

Auch die Mitte des Landes besitzt einen unglaublichen Reichtum an facettenreichen Besonderheiten und lohnenswerten Zielen. Etliche imposante Gebirgszüge ragen bis zu 2.400 Meter hoch auf und National- und Naturparks laden zu ausgiebigen Wanderungen ein. Überaus beeindruckend sind die zahlreichen geschichtsträchtigen, antiken Stätten, Kirchen und Klosteranlagen. Die Städte in dieser Region können auf eine große, bewegte Vergangenheit verweisen und bieten Einblicke in alte Kulturen. Die Fahrt durch die weiten, fruchtbaren Zadrima- und Myzeqe-Ebenen lässt einen Eindruck über die landwirtschaftliche Nutzung dieses Landesabschnittes gewinnen. Etliche schöne Sandstrände laden zu Fahr- oder Übernachtungspausen ein. Auffallend ist auch der Kontrast zwischen den interessanten kleinen, charakteristischen Dörfern und deren unglaublich freundlichen Bewohnern zum hektischen und modernen Leben in den Großstädten Elbasan, Durrës und Tirana. Die Mitte Albaniens kann allen Erwartungen gerecht werden, schade wer hier die Möglichkeiten für Abstecher von der belebten Rruga Shtetërore ungenutzt lässt.

Routeninformation: Gut ausgebaute (Schnell-)Straßen, kaum Höhenunterschiede, wenig schadhafter Asphalt, dadurch flottes Vorankommen:
Shkodër - Fushe-Kruja: 76 km, etwa 1,5 Stunden SH1 + SH38; Lezha - Fushe-Kruja: 36 km; Shkodër – Durrës: 108 km, etwa 2 St.; Fushe-Kruja - Tirana: 23 km, SH1; Tirana - Durrës: SH2 38 km, ca. 30 Minuten (autobahnähnlich); Tirana - Elbasan: 30 km (neue Autobahn A3), 42 km (alte Pass-Straße bis Bradashesh SH3 - frisch geteert, traumhafte Ausblicke); Durrës - Fier: 80 km; Durrës - Vlorë: 120 km, etwa 3 Stunden, SH4; Durrës - Berat: 92 km, ca. 3 St, SH4 und SH72; Durrës - Elbasan: 83 km, SH4+SH7, ca. 3 Stunden; Elbasan - Berat; 75 km, SH58, ca. 2,5 Stunden über Belsh und Kuçovë;

Campingplätze: Camping „Nordpark" bei Kruja, Hotel „Mali i Robit" bei Golem, Camping „Pa Emer" in Karpen bei Kavaje.

Stellplätze: Hotel „Vllaznia" bei Fushe-Kruja an der SH1 (als Camping ausgewiesen); Restaurant „Oaz" vor Kruja; Sari Salltik bei Kruja; Gjiri i Lalzit und Kap Rodon; Strand von Spille; Festung Bashtova bei Rrogozhina; Strand von Divjakë; Plazhi Semanit bei Apollonia; Restaurants am Liqeni Koshovices bei Fier; Lagune Narta; Kloster und Lagune Zvërnec bei Vlorë.

Ziele in die innere Landesmitte siehe Seiten 93-105 (Elbasan, Berat, usw.);

Die Strecke von Lezha nach Kruja verläuft durch den südlichen Teil der landwirtschaftlich geprägten Zadrimë-Ebene, durch die küstennahe Bergkette ist das Meer hier nicht sichtbar. Auffällig sind die zahlreichen kleinen Metzgerstände am Straßenrand der SH1, das Fleisch ist von einer ausgezeichneten Qualität. Der Ausbau der SH1 zur vierspurigen Schnellstraße ist stellenweise noch nicht abgeschlossen. Das Verkehrsaufkommen ist extrem hoch, hier bekommt man durchaus einen nachhaltigen Eindruck des albanischen Fahrverhaltens.

Mittelalbanien - Kruja

Kruja (Landkarte 1:150.000 von freytag & berndt: H 6) (Highlight)
Allgemeines und Geschichte - Die mittelalterlich geprägte Stadt Kruja hat etwa 12.000 Einwohner und liegt malerisch auf halber Höhe des 1.200 Meter hohen Bergmassivs der Skanderbeg-Berge, etwa 20 Kilometer nördlich von Tirana. Sie gilt als eines der wichtigsten Besuchsziele in Albanien. Längst schon haben auch die Bewohner der Stadt das große Potential erkannt und nirgendwo sonst wird der Tourist auch als solcher betrachtet und behandelt. Bemerkbar macht sich das insbesondere bei den Preisen der Antiquitäten, wie auch dem typischen Händlergebaren der Ladenbesitzer. Keine Frage, die schönen „Antiquitäten" und handgewebten Teppiche locken sehr, gehen jedoch meist viel zu teuer über den Ladentisch. Wer etwas kaufen möchte, sollte sehr gut im Handeln sein und sich nicht täuschen lassen. Leider trübt die für Albanien noch recht untypische Übervorteilung der Besucher etwas Krujas Anziehungskraft und das persönliche Wohlgefühl im Ort.

Die Wurzeln der Stadt gehen bis in das 3. Jhd. v. Chr. zurück, unterhalb des Berges wurden beim Ort Zgërdhesh die Reste der illyrischen Siedlung Albanopolis gefunden. Die Burg und Festungsanlage Krujas stammen aus dem 5. Jhd. n. Chr. und im 9. Jhd. war der Ort Bischofssitz. Ihren heutigen Umfang erhielt sie aber erst im 12. Jhd., als sie 1190 zum Herrschaftssitz des ersten albanischen Fürstentums "Arbanon" ernannt wurde. Kruja wurde zu einem wichtigen Militärstützpunkt. 1415 wurde die Stadt zum ersten mal von den Osmanen eingenommen, 1443 gelang Skanderbeg und der Liga von Lezha die Rückeroberung. Jahrzehnte lang erhielt er die Verteidigung aufrecht. Dreimal wurde die Stadt von über 100.000 Türken belagert und jedes Mal konnte Skanderbeg den Feind mit nur etwa 10.000 Mann in die Flucht schlagen, so auch bei der geschichtsträchtigen ersten Belagerung von 1450. Nach dem Tod des Nationalhelden gelang es den Albanern Kruja noch 10 Jahre lang gegen die Invasoren zu verteidigen. Schon allein aus diesem Grund ist die Festung für das albanische Volk eine Art Nationalheiligtum. Unter den Türken wurde die Anlage nur restauriert, nicht jedoch erweitert. Das mittelalterliche Stadtgebiet aber erfuhr jenseits der Mauern nach Norden Zuwachs. Viele der Bewohner traten damals mehr oder weniger freiwillig dem Islam bei, um den hohen Steuern für Christen zu entgehen. Kruja fiel mehreren Plünderungen zum Opfer und verarmte. 1617 erlitten viele Bauwerke durch ein schweres Erdbeben große Schäden. Es dauerte lange, bis sich die Stadt wieder erholte und aufgebaut war. Seit einigen Jahrhunderten ist sie auch ein wichtiges Zentrum des Bektashi-Ordens.

Sehenswertes (etwa 1,5 Stunden, ohne Museen) - Das Festungsareal liegt, sehr gut zu Fuß zu erreichen, auf einem Hügel inmitten der Stadt. Zahlreiche Verkaufsstände säumen die Wege innerhalb der Umfassung. Von der ehemaligen Burg sind jedoch nur noch wenige Mauerreste, das Minarett einer Moschee, ein Hamam, eine Tekke sowie der Wehrturm erhalten. Die Umfangsmauern hatten eine Länge von 800 Meter, die Gesamtgröße betrug 2,3 Hektar. Im südlichen Teil sind einige der uralten Häuser noch bewohnt. Das wuchtige Gebäude ist das Skanderbeg-Museum, es verteilt sich über drei Etagen. Hier, von ganz oben, ist die Aussicht auf Kruja am schönsten. Es wurde in den 1980er Jahren erbaut, der

Mittelalbanien - Kruja

eigenwillige und originelle Entwurf stammt von Enver Hoxhas Tochter Pranvera, sie ist bekannt für ihre extravaganten Konzeptionen (Piramida in Tirana). In etlichen pavillionartigen Hallen enthält es eine informative Ausstellung über Skanderbegs Leben und seine Kämpfe gegen die Türken – Gemälde, Reliefs, Kampfgegenstände und andere kulturhistorische Exponate. Eintritt 200 Lek, geöffnet Di-So, 8-13h + 16-19h, Mo geschlossen. Ebenfalls innerhalb der Festungsmauer liegt das Ethnografische Museum, untergebracht in einem Haus der Adelsfamilie Toptani. Das schöne Anwesen wurde 1765 erbaut und enthält eine sehr sehenswerte, ins Detail gehende Sammlung von Gebrauchsgegenständen aus dieser Zeit, die Wände und Decken der Räume sind teilweise aufwendig verziert. Dazu gehört auch eine Mühle, der türkische Hamam und eine Raki-Brennerei. Es ist eines der informativsten Museen seiner Art in Albanien. Eintritt 200 Lek, Montag geschlossen. Unterhalb der Burg liegt das original im Mittelalterstil erhaltene Bazarviertel mit verwinkelten Kopfsteinpflastergassen (festes Schuhwerk!) und typischen Holzhäusern, welche dem schweren Erdbeben von 1617 einigermaßen standhielten. In den Läden kann man Teppichweberinnen bei der Arbeit zusehen. Es gibt Trachten, Antiquitäten und jede Menge Schnickschnack zu kaufen. Wie bereits erwähnt, Handeln ist Pflicht! An der Zufahrtsstraße zum Zentrum thront ein großes Reiterstandbild Skanderbegs.

das Museum...

...die Bazarstraße...

Park & Ride: Für größere Wohnmobile ist die Zufahrt bis zur Burg nicht geeignet, bereits schon unterhalb des Hotels „Panorama" sollte man einen Parkplatz suchen und die 10 Minuten Fußmarsch in Kauf nehmen. Geeignet auch ist die Rruga Marin Barleti, abgehend nördlich vom „Panorama" und die Rruga e Malit. Besser von einem Campingplatz den Minibus nehmen. Die Stadt verfügt über ein Einbahnsystem, was die Fahrt aus der Stadt heraus schwierig macht. Den selben Weg zurück wählen stellt ein Problem dar. Daher für den Rückweg besser von besagter Rr. Marin Barleti in die Rr. Donika Kastrioti abbiegen und von hier auf die SH38 zurück. An der Zufahrt nach Kruja, befindet sich nach 5 Kilometer von Fushë-Kruja in einer Linkskurve das Restaurant „Oaz", der Parkplatz eignet sich auch als Stellplatz. **Anmerkung: Die SH38 nach Burrel über den Qafë Shtamë Nationalpark ist für Wohnmobile nicht geeignet.**

....und: **DER NATIONALHELD....**

Sehenswertes in der Umgebung - Sari Salltik (Top-Tipp)

Fährt man den Berg weiter nach oben, gelangt man auf etwa 900 Metern Höhe zum Bektashi Wallfahrtsort Sari Salltik. Dieser bedeutende türkische Derwisch lebte im 13. Jhd. und wird von den Moslems als Heiliger verehrt. Der Baba fand hier angeblich seine letzte Ruhestätte. Es ist ein mystischer Ort, die farbenfroh geschmückten Andachtsstätten wurden stufenweise hinab führend in Höhlen integriert, ganz unten befindet sich eine kleine Quelle. Die Aussicht von hier oben auf Kruja ist einmalig, bei optimalem Wetter sieht man sogar bis zur Küste.

Anfahrt: Die Straße ist neu, der Abzweig erfolgt links am Hotel Panorama nach Norden (Rruga e Malit). Von hier sind es ca. 8 Kilometer. Der große Parkplatz bietet sich, nachdem alle Besucher weg sind, hervorragend als Stellplatz an. Ab dem Panorama existiert zudem ein 2,5 Kilometer langer Wanderweg nach oben.

Burg Preza - Das Kulturerbe befindet sich am Rande des gleichnamigen Dorfes, mitten auf einem Hügelzug zwischen der Adria und der Ebene um Tirana, die Rundumsicht ist grandios. Direkt gegenüber am Berg liegt Kruja. Erste Siedlungsnachweise bestehen für das 3. Jhd. v. Chr. Die 4 Hektar große Burganlage selbst mit der Mauer wurde Mitte des 15. Jhd. während der ersten Belagerung Krujas durch die Osmanen errichtet. Uneinig ist man sich, ob von den Türken selbst oder lokalen Burgherren. Eine weitere Quelle beschreibt, sie wäre zu Skanderbegs Zeiten bereits wieder eine Ruine gewesen oder durch ihn zerstört worden. Auch ist nicht sicher, ob die Schwester des Nationalhelden tatsächlich hier vermählt worden war. Sicher ist ihre strategische Bedeutsamkeit, da von hier der Weg von Durrës durch die Ebene nach Kruja kontrolliert wurde. Anfang des 16. Jhd. hat man die Anlage umgebaut, erweitert und eine Moschee errichtet. Ein eckiger Uhrturm diente lange Zeit als Minarett, nachdem das Original zu Hoxhas Zeit zerstört wurde. 2014 wurde im Zuge von Renovierungsmaßnahmen ein standesgemäßer Gebetsturm angebaut. Außerhalb der Anlage befindet sich eine Tekke aus dem 18. Jhd., innerhalb der Mauern ein Ausflugsrestaurant. **Anfahrt:** An der SH52 von Vorë nach Kruja ist die 3,5 Kilometer lange Zufahrt nach Preza ausgeschildert, es existieren Parkmöglichkeiten.

Mittelalbanien

Camping Nordpark (GPS 41°28'13.5"N 19°41'54.6"E), etwa 12 Kilometer von Kruja entfernt. Der Freizeitkomplex liegt verkehrsgünstig direkt an der SH2. Gepflegter Wiesen- und Kiesstellplatz hinter dem Hotel, überdachte Sitzecken, umfangreiches Sportangebot, großer Swimmingpool, gutes Restaurant mit traditioneller und mediterraner Küche, deutsch sprechendes Personal, sanitäre Anlagen im Hotel, Trinkwasser, W-Lan. Führungen nach Kruja. Ganzjährig geöffnet, € 20,--;
www.nordpark.al

Erläuterung zur SH2, Tirana-Durrës: Bei Vorë trifft man nach Überquerung einer maroden Brücke von der SH1 auf die autobahnähnliche, vierspurige Schnellstraße SH2, eine Alternative befindet sich in Bau. Sie führt durch eine recht langweilige Ebene, die bis 1930 noch ein weitflächiges, malariaverseuchtes Sumpfgebiet war. Heute siedeln sich immer mehr Industriebetriebe an, die Wirtschaftsstandorte Tirana und Durrës gehen nahtlos ineinander über, verwaltungstechnisch nur noch durch ein Ortsschild getrennt. Die autobahnähnliche SH2 ist die meistbefahrene Straße Albaniens, gut die Hälfte des Verkehrsaufkommens scheint hier stattzufinden. Besondere Vorsicht ist angebracht. Viele überholen rücksichtslos, fahren zu dicht auf, scheren ohne zu Blinken und sich umzusehen aus, hupen unkontrolliert, das allein schon setzt den Nerven zu. Hinzu kommen wegen aus- und einsteigenden Fahrgästen unabsehbar anhaltende Minibusse an allen Ausfahrten.

Der **Bektashi-Orden** gehört zu den größten und einflussreichsten islamischen Glaubensgemeinschaften auf dem Balkan. Als Gründer gilt der Sufi-Meister Hadschi Bektash, der den Orden Ende des 13. Jahrhunderts ins Leben rief. Andere Quellen wiederum nennen Balim Sultan als Schöpfer und Bektash war nur der Namensgeber. Die Religionsgemeinschaft vertrat eine recht offene, städtisch geprägte Lehre und konnte so sehr schnell viele Anhänger an sich binden. Bereits im 14. Jhd. breitete sie sich auf dem gesamten Balkan aus. Sari Salltik galt als einer der ersten Missionare. Ab dem 16. Jhd. war ihr Einfluss derart gewachsen, dass sie sogar die Elitesoldaten der Janitscharen-Garnisonen (des Sultans wichtigste Truppen) geistig leiten durfte. 1826 wurden diese Truppen von Sultan Mehmed II. aufgelöst (er fürchtete um seine Macht) und der Bektashi-Orden erlitt einen Rückschlag, als die Schließung aller Tekken (Gebetshäuser) beauftragt wurde. Nach dem Tod des Sultans lebte die Gemeinschaft wieder auf und erreichte Ende des 19. Jhd. eine Hochphase. 15% aller Albaner bekannten sich damals zu den Bektashi. 80% der Tekken wurde in den Balkankriegen 1912/13 von den Griechen zerstört. Der Orden konnte daraufhin an seine Hochzeit nicht mehr anknüpfen. 1925 verbot der türkische Staatsgründer Kemal Atatürk sämtliche Derwisch-Orden in der Türkei und das Zentrum der Bektashi verlagerte sich nach Albanien. Seither sind die meisten Bektashi-Anhänger Albaner. Nach der Ausrufung des Landes zum atheistischen Staat 1967 wurden viele Stätten zerstört. Bis dahin gab es immerhin wieder 50 Tekken im Land, später nur noch sechs und einen Derwisch. Nach Aufhebung des Religionsverbotes entstand in Tirana das internationale Zentrum des Ordens. Heute gehören ihm 20% der islamischen Bevölkerung an. In Albanien ist der Orden eine offiziell anerkannte Religion, in der Türkei wurde sie nicht mehr zugelassen. Geleitet wird eine Tekke von einem Derwisch, der nächste Rang ist der eines Dede, gefolgt von einem Baba, der die Predigten und die Seelsorge leitet. Die religiöse Praxis ist um ein vielfaches freier als im sunnitischen Islam. Die Gebetsrituale unterliegen keiner festen Regelung, begleitet werden sie oft von Gesang und Tanz. Das höchste, mehrtägige Pilgerfest des Bektashi-Ordens wird alljährlich Mitte August auf dem Berg Tomorr begangen.

Bektashi-Weltzentrum in der Hauptstadt Tirana

Mittelalbanien - Kap Rodon

Kap Rodon (Landkarte 1:150.000 von freytag & berndt: H 4) (Highlight)

Dieses traumhafte Kap, nördlich von Durrës zwischen zwei weiten Buchten gelegen, ist ein absoluter Insider-Tipp in Albanien. Die in die Adria auslaufende, 10 Kilometer lange Landspitze eines Hügelzuges, wird von den Flüssen Ishëm und Erzen begrenzt und bildet das südliche Ende des Drin-Golfes. Sie bietet gleich mehrere, gerechtfertigte Gründe für einen Abstecher. Fast unmittelbar an der Küste liegt eine außergewöhnlich schöne Kirche aus dem 12. Jahrhundert. Sie gehört zu einem Kloster des Franziskanerordens und wurde im 15. Jhd. im römisch-gotischen Stil umgebaut und dem Hl. Antonius gewidmet. Im Inneren sehenswert sind die alten Fresken. Sie zeigen unter anderem einen Doppeladler, er

könnte die Vorlage des Staatswappens sein sowie eine Reiterin, vermutlich Skanderbegs Schwester Mamica, welche als Stifterin des Klosters gilt. Die Kirche wurde vor kurzem mit EU-Geldern restauriert, meist ist sie offen. Vom Kloster selbst sind nur noch wenige Mauerreste erhalten. Der Strand davor wurde 2012 mit großem Einsatz zahlreicher Umweltschützer von reichlich Schwemm-Müll befreit. Leider sind solche Aktionen nur von kurzer Dauer, jährlich treibt der stark verschmutze Fluss Ishëm neue Berge heran. Die Fischeridylle aber entschädigt für Vieles. Für Erwanderer der Landzunge zweigt kurz vor der Kirche nach links oben, an eingefallenen Häusern vorbei, ein schmaler Weg ab. In etwa 10 Minuten Fußmarsch nach oben findet man an dessen Ende etliche interessante Großbunker mit Spitzhauben. Von hier beginnt der Fußpfad bis direkt an die Spitze des Kaps. Auf dem Weg liegen die Reste einer Kleinfestung aus Skanderbegs Zeit, sie diente als Hafen für Versorgungsschiffe aus Italien. Die 40-minütige Wanderung bis an die Spitze ist ein einmaliges Erlebnis, erfordert jedoch Schwindelfreiheit, Durchhaltevermögen und des Gestrüpps wegen unbedingt lange Hosen und festes Schuhwerk. Belohnt wird man mit einem einmaligen Blick auf das

weite Meer und einer umwerfenden Perspektive zurück auf die Landspitze.

Anfahrt: Inzwischen ist das Kepi i Rodonit über eine neu ausgebaute Zufahrtsstraße gut zu erreichen. Unmittelbar vor der Zufahrt wird willkürlich eine variable Gebühr verlangt, auf eine Quittung bestehen! Bei Maminas an der SH2 rechts abfahren. Von Norden kommend, an der Unterführung links abbiegen. Von Süden rechts abfahren, 2x links, dann durch die Unterführung hindurch. Von hier sind es etwa 35 Kilometer bis zum Ende. Der Bereich vor der Kirche eignet sich bei Trockenheit gut als Stellplatz, es gibt eine Quelle mit sehr gutem Trinkwasser. Nach etwa 13 Kilometern von der SH2 zweigt beim Ort Hamallaj eine Zufahrt zum Küstenabschnitt „Gjiri i Lalzit" ab. Hier am Strand gibt es etliche Stellplatzmöglichkeiten. Bei Kilometer 22 existiert ein weiterer Abzweig zum Strand.

Mittelalbanien - Durrës

Durrës (Karte 1:150.000 von freytag & berndt: K 4+5)
Allgemeines und Geschichte - Die zweitgrößte Stadt Albaniens hat knapp 200.000 Einwohner und liegt 40 Kilometer westlich von Tirana in der gleichnamigen Bucht an der Adria. Sie ist touristisches Ballungszentrum für Badeurlauber aus Albanien, Serbien und dem Kosovo und durch den internationalen Hafen neben der Hauptstadt das wichtigste industrielle Zentrum und von größter wirtschaftlicher Bedeutung für das ganze Land. Viele ausländische Firmen haben sich in Durrës angesiedelt. Als in den 1990er Jahren die touristische Entwicklung begann, wurde fast die ganze Bucht

das Ballungszentrum und im Hintergrund der Hafen

verbaut und es entstanden am einst mit Bäumen gesäumten Strand unzählige (und hässliche) Hotelbetonburgen sowie Apartmenthäuser, die sich inzwischen weit über den Stadtrand hinaus nach Süden ziehen. Der Bauboom hält weiter an, obwohl viele Rohbauten nicht fertiggestellt werden. Dies und die vielen Neubausiedlungen brachten damals große ökologische Probleme mit sich, die auch bis heute noch nicht komplett beseitigt werden konnten. Es herrscht im Hochsommer oft noch Wassermangel, die Kanalisation landet immer noch nicht komplett da, wo sie hin soll und mit der Müllentsorgung ist die Stadt überfordert. Die Infrastruktur ist zwar inzwischen weit vorangeschritten, wird die Verantwortlichen aber noch lange beschäftigen. Ein Besuch dieser Hafenmetropole hinterlässt unterschiedlichste Eindrücke und ist für den sich nach Ruhe und Erholung Sehnenden ein wahrer Alptraum, vor allem im Sommer, dann ist der lange Sandstrand restlos überfüllt. Am Wochenende ist es auch in den übrigen Monaten voll, viele Besucher aus Tirana bevölkern den Strand. Beliebt ist der Küstenabschnitt wegen des seicht abfallenden Meeresbodens. Doch wer in der Durrës-Bucht baden möchte, sollte die Strände südlich der Stadt aufsuchen, obwohl es wegen der minderen Wasserqualität nirgendwo eine Freude ist. Gut sind die Versorgungsmöglichkeiten in der Stadt, es gibt etliche große Supermärkte und Einkaufszentren. Und doch ist Durrës einen Halt für ein paar Besichtigungen wert. Die Siedlung gehört zu

Pista e Re im Bau, wie so vieles in Durrës

den ältesten Städten auf dem Balkan und viele Völker hinterließen ihre Spuren. 627 v. Chr. wurde sie unter dem Namen Epidamnos von griechischen Kolonisten aus Korfu und Korinth gegründet. Im 4. Jhd. v. Chr. eroberte ein illyrischer Stamm das Gebiet, bevor es 229 v. Chr. unter römische Schutzherrschaft gelangte. Dyrrhachion, wie Epidamnos nach der Angliederung an das Römische Reich hieß, wurde zu einem Ausgangspunkt der Via Egnatia, der antiken Handelsstraße nach Byzanz, was der Stadt einen enormen Aufschwung brachte und sie zu einem strategisch wichtigen Ort machte. Nachdem die Stadt während der Kaiserzeit auch Schauplatz der Römischen Bürgerkriege war und von mehreren verheerenden Erdbeben sowie dem Einfall der Goten arg in Mitleidenschaft gezogen wurde, konnte sie sich erst unter Kaiser Justinian I. Anfang des 6. Jhd. wieder erholen. Schon damals bereitete das sumpfige Gelände Schwierigkeiten bei der wirtschaftlichen Entwicklung. Bereits im 1. Jhd. n. Chr. kamen die ersten Christen nach Dyrrhachion und im 4. Jhd. etablierte man den ersten Bischofssitz. Im Mittelalter war die Stadt eine der wichtigsten im Byzantinischen Reich, zudem abwechselnd von unterschiedlichen Fremdherrschaften regiert. Dazu gehörten neben den Bulgaren und Normannen auch die Republik Venedig und das Serbische Reich. Nachdem 1501 die Osmanen die Stadt eroberten, entstanden einige Moscheen, doch dann übernahm der Verfall die Herrschaft und die meisten Bewohner zogen weg. Stattdessen erfuhr das nahe gelegene Kavajë einen Aufschwung, hier entwickelte sich ein neues Handelszentrum. 1914 wurde Durrës unter dem deutschen Herrscher Wilhelm zu Wied für 6 Monate Hauptstadt des Fürstentums Albanien. Der Hauptstadttitel fiel nach dem Ersten Weltkrieg Tirana zu. 1926 wütete ein schweres Erdbeben und zerstörte einen Großteil der alten Gebäude. Mit dem Wiederaufbau im Stil der italienischen Städte Venedig und Neapel begann auch die Trockenlegung des sumpfigen Umlandes. Während des Zweiten Weltkrieges war Durrës von italienischen und später deutschen Truppen besetzt. Zu Hoxhas Zeit begann die Industrialisierung und das Stadtgebiet vergrößerte sich um ein Vielfaches, heute wächst Durrës an der Autostrada SH2 schon bald mit Tirana zusammen. Damals erfolgte auch im Zusammenhang mit der Expansion der Schwerindustrie der Ausbau des Hafens. Heute teilt er sich mit einer Gesamtfläche (Land und Wasser) von 135 Hektar in die Bereiche Güter- und Fährverkehr, jährlich werden hier etwa 4 Mio. Tonnen Güter umgeschlagen. Nach dem Zusammenbruch des Kommunismus flohen zu Beginn der 1990er Jahre zahlreiche Einwohner von hier per Frachter nach Italien. Inzwischen bestehen Fährverbindungen nach Triest, Ancona und Bari. Heute erfährt Durrës einen enormen Zuwachs aus den ländlichen Regionen, bis vor wenigen Jahren entstanden die meisten Bauten illegal.

Sehenswertes (etwa 3 Stunden ohne Museen) - Die Hauptattraktion ist das im Zentrum gelegene **Amphietheater**, es wurde erst 1966 durch Zufall bei Bauarbeiten entdeckt, als man einen Weinkeller anlegen wollte. Von den Römern im 2. Jhd. v. Chr. erbaut, bot es cirka 20.000 Besuchern Platz, hatte einen Durchmesser von 140 Metern und gilt somit als das größte seiner Art auf dem Balkan. Um den Zuschauerstrom zu bewältigen, erschuf man unterirdische Zugänge, etliche davon sind noch gut erhalten. Hier wurden zahlreiche Gladiatorenkämpfe und Tierhetzungen ausgetragen, man vermutet, dass sogar verurteilte Christen wilden Tieren absichtlich zum Opfer fielen. Einige Verließe sind noch in gutem Zustand. Unten an den Zuschauerrängen befindet sich eine kleine, nach innen gebaute **byzantinische Kapelle** aus dem 5. Jhd. mit sehenswerten **Wandmosaiken**. Es sind die einzig erhaltenen Wandmosaike in Albanien. Eintritt 200 Lek, geöffnet 8-20h. Von der **Stadtmauer** sind nach dem letzten großen Erdbeben nur wenige Reste erhalten geblieben, am besten zu sehen südlich vom Theater. Etwa 100 Meter weiter nördlich gelangt man zum Zentralplatz Sheshi Liria, hier befindet sich die Stadthalle und die Neue oder **Große Moschee**, ein prunkvoller Bau mit schlankem Minarett und bronzefarbener Kuppel, sie wurde 1937 fertiggestellt und galt damals als die größte Moschee Albaniens. Zur Kommunismuszeit entfernte man ihr Minarett und sie fungierte als Jugendzentrum.

Im Inneren beherbergt sie wunderschöne Malereien und Details. Daneben befindet sich der **Heldenfriedhof**. Hinter den Eisentüren unterhalb werden ab und zu Exponate der Kunstgalerie ausgestellt. Noch etwa 100 Meter weiter, in der Rr. Aleksander Goga, trifft man auf den **antiken Marktplatz** mit gut erhaltenen Säulenresten. Teile davon gehörten vermutlich zu einem Badehaus. Ebenfalls hier liegt das **Theater Aleksander Moissi**. Dieser war ein begnadeter österreichicher Bühnenschauspieler des 20. Jhd. und trat als Weltstar in den größten Theatern Europas auf. Geht man den Blvd. Epidamn zurück in südliche Richtung, kann man einige alte, prächtig **restaurierte Villen** entdecken. Über die Seitenstraße Rruga Xhamia erreicht man die kleine, bedeutende **Fatih-Moschee**. Sie wurde 1502 auf den Ruinen einer frühchristlichen Basilika erbaut und ist damit die drittälteste des Landes. Das Kulturdenkmal wurde 2011 mit 35.000 Euro restauriert. Unweit südlich davon, in der Rr. Kolonel Tomson, lohnt sich der Besuch des im Türkenstil erbauten **Hauses des Aleksander Moisiu** (albanische Schreibweise). In diesem kleinen Museum ist eine Stiftung mit Dokumentationen seiner Karriere und eine ethnografische Abteilung untergebracht. Fast schon am Hafen liegt ein noch erhaltener **venezianischer Wehrturm** mit der rustikalen Bar "Torre", unmittelbar daneben ein Gedenkmal an den albanischen **Offizier Mujo Ulqinako**, einem Verdiensteten während der italienischen Invasion von 1939. Biegt man links in die Rruga Egnatia ab, gelangt man zur neuen **Orthodoxen Kirche**, 600 Meter weiter stadtauswärts liegen die großen Einkaufszentren „Flag-Ship" und „Blue Star" mit Supermärkten und zahlreichen Shops. Rechts gelangt man in die Rr. Taulantia mit einem weitläufigen **Freizeit- und Vergnügungspark** direkt am Meer. Dort befindet sich auch das **Partisanendenkmal**, die **Touristeninformation** und ein **Fahrradverleih**. Neuestes Aushängeschild ist die **„Pista e Re"** ganz am Ende des Fußgängerweges, eine im Meer befindliche Plattform mit Restaurants. Direkt gegenüber liegt das **Archäologische Museum**. Es ist das größte seiner Art in Albanien und beherbergt seit 1951 hauptsächlich Artefakte aller Epochen aus der näheren Umgebung und später zahlreiche Funde aus dem Amphietheater. 2015 wurde es nach vierjähriger Rekonstruktionszeit wieder der Öffentlichkeit zugänglich gemacht, geöffnet 9.00-17.00h, Mo geschlossen, Eintritt: 200 Lek. Das rosa-farbige Gebäude auf dem Hügel war die **Sommerresidenz des König Zogu**. Der ehemals prachtvolle Bau, dessen Grundriss die Form eines Adlers hat, diente diversen Staatsmännern als Regierungssitz, bis er 1997 während des Lotterieaufstandes stark beschädigt wurde. Die Nachkommen verfügen nicht über die nötigen Mittel, das vom Verfall bedrohte Anwesen instand zu halten, deshalb steht es seit 2015 zum Verkauf. Von hier (nicht mit dem Wohnmobil!) hat man einen wundervollen Blick auf die Stadt und die umliegenden Küstenabschnitte. Anmarsch über die Rr. Mbreteresha Teuta/Anastas Durrsaku. Wer einen Parkplatz an der Strandstraße (Rr. Pavaresia) Richtung Süden findet, sollte unbedingt einen kurzen Blick auf einen der dortigen Strandabschnitt an der Shetitorja e Plazhit werfen. Hier eröffnet sich der Blick auf Albaniens Alptraumstrand, manche italienische Top-Badeorte wirken im Vergleich dazu wie Ruheoasen.

Mittelalbanien - Durrës

Park & Ride: Wer von Tirana/Kruja oder Kavajë kommend Durrës nicht als Besichtigungsziel auf dem Programm hat, kann die Stadt auf der 2015 fertiggestellten Umgehung (Unaza) SH85 weitläufig umfahren. Sie zweigt jeweils vor der Abfahrt zum Strand oder zum Zentrum ab. Ansonsten wählt man bei einer Anfahrt aus Norden die Ausschilderung „Plazh" und wird somit automatisch auf die Richtung Süden abgehende Strandstraße geleitet, hier befindet sich auch der Abzweig zum Hafen. Bei Besichtigung der Stadt den vorherigen rechten Abzweig „Durrës" wählen, hier gelangt man ohne Umwege auf die Rr. Adria. Das System scheint durch die mehrstöckigen Kreisverkehre komplizierter als es ist. Von Kavajë kommend an der ersten Teilung der Straße rechts abfahren und unter der Brücke auf die Strandstraße. (Achtung! Die Weisung Tirana führt hier über eine zeitaufwendige Landstraße hintenherum in die Hauptstadt.) Relativ zentrale Parkmöglichkeiten findet man am besten am Bahnhofsparkplatz, an der Rr. Taulantia beim Vergnügungspark, an der Rr. Adria, der Zufahrtsstraße zur Altstadt bis zum Kreisverkehr und deren Verlängerung oder am Boulevard e Dëshmorëve, der Zufahrt zur Innenstadt.

Einkaufen + Geldwechseln: In der Rruga Egnatia befinden sich zwei Einkaufszentren mit etlichen in EU-Standard ausgestatteten Supermärkten und zahlreichen Shops, das Blue Star und Flag-Ship Center. In diesem Viertel (Rr. Kristaq Rama - Hazif Podgorica) sind auch die meisten Wechselstuben und Geldwechsler (stehen am Straßenrand und winken mit Geldbündeln) mit besseren Kursen wie sie die Banken bieten. Zufahrt kurz nach dem Bahnhof, am Kreisel die 2. Ausfahrt nehmen.

Veranstaltungen: Am 22. Juni wird das Seefest mit vielfältigen Strandaktivitäten veranstaltet und im September sind die Tage der Poesie mit Vorträgen an etlichen öffentlichen Plätzen ein Schauspiel. Am 27. Oktober findet das bei Jung und Alt beliebte Stadtfest statt. Ohne festes Datum im August oder September ist das Amphietheater der Austragungsort des Internationalen Sommer-Festivals.

Camping Mali i Robit (GPS 41°13'59.1"N 19°31'02.2"E), etwa 15 Kilometer südlich von Durrës bei Golem, dezent mit einem kleinen, weißen Schild ausgeschildert. Übersichtlicher Platz hinter einem Hotel mit Restaurant. Etwas düster, schattig und eng in einem Piniengarten, zum Strand etwa 200 Meter. Einfache sanitäre Anlagen im Hotel benutzbar, Restaurant mit mediterraner und traditioneller Küche sowie einer Pizzeria. Kleine Minimärkte an der Zufahrtsstraße. W-Lan, Fahrradverleih, Platz für ca. 5 Wohnmobile. Ganzjährig geöffnet. € 12,--.
www.hotelcampingmr.webs.com

Camping „Pa Emer" (GPS 41°10'55.4"N 19°28'40.7"E), 20 Kilometer südlich von Durrës in Karpen/Kavajë, mit braunen Hinweisschildern ausgeschildert. Ab der SH4 noch etwa 9 Kilometer, der letzte ist extrem holprig und mit zahlreichen Schlaglöchern. Platz in schöner Lage inmitten viel Grün hangförmig über mehrere Ebenen angelegt mit überdachten Stellplätzen direkt am Meer. Auch in der Saison durch die Sackgasse noch relativ ruhig. Leider ist der feine Sandstrand oft von einer Algenplage betroffen, durch das sehr seichte Wasser kann es bei Hitze Quallen geben. Einfaches, überteuertes Restaurant mit schönem Ausblick vom Blockhaus aber wenig Auswahl und Service (besser im Nachbarrestaurant der Vila Barbaut, dieses bietet vorzügliche Mittelmeerküche und eine große Auswahl). Waschmaschine, W-Lan nur im Restaurantbereich, vernachlässigte sanitäre Einrichtungen, mangelnde Hygiene. Platz für etwa 25 Wohnmobile. Ganzjährig geöffnet, mit bis zu € 30,-- (Preise oft willkürlich) definitiv viel zu teuer für den Standard.
www.kampingpaemer.com

Mittelalbanien - Durrës

Stellplatz: 13 Kilometer südöstlich von Kavajë befindet sich beim Ort Bardhor der sehr schöne (in der Saison gut frequentierte) Strand „Gjeneralit" (ab der SH 4 ausgeschildert, **GPS 41°07'39.1"N 19°26'59.4"E**). Die Betreiber der Restaurant- und Bungalowanlage haben hier den kleinen Camping Roulotes mit Stromanschluß und Wasser eröffnet. Die Anfahrt ist nur für kleine, robuste Wohnmobile zu empfehlen.
www.facebook.com/pages/Plazhi-Gjeneralit/176836295706966

Tipp: Kurz vor Kavajë befindet sich westlich der SH4 der **Maximarket „Myftiu"** (**GPS 41°12'34.7"N 19°31'59.0"E**). Wer von Durrës kommt, zweigt schon am Kreisverkehr in Golem auf den Parallelweg zur SH4 ab, von Kavajë kommend der roten Ausschilderung über den Kreisverkehr folgen. Ein sehr gut ausgestatteter Supermarkt, welcher beste Einkaufsmöglichkeiten bietet, teils mit italienischen Spezialitäten und großer Käse-, Fleisch- und Wurstauswahl, Wein und Spirituosen.

Strand von Spille (Karte 1:150.000 von freytag & berndt: L 4)

Etwa 28 Kilometer südlich von Durrës Richtung Fier zweigt an der SH4 beim Ort Luz i Vogël eine ausgeschilderte Abfahrt zum Strand von Spille ab (ab Durrës 40 Kilometer). Es ist ein feinsandiger und hellgrauer Küstenabschnitt, sauber und eine klare Alternative zu den Badeorten rund um die Bucht von Durrës, obwohl auch hier bereits etliche Hotelbauten entstanden sind, jedoch ohne größere Bausünden. Im Hintergrund des Strandes erstreckt sich ein breiter Pinienwald. Entlang der Zufahrtsstraße durch die sanfthügelige und landwirtschaftlich geprägte Gegend sieht man in den Hängen die Öffnungen einer ausgedehnten Großbunkeransammlung. Sie erstreckt sich im Inneren der Hügel über mehrere Ebenen und ist vermutlich die ausgedehnteste ihrer Art. Etliche typische Bauerndörfer säumen den Weg durch die ländliche Region. Vom Abzweig an der SH4 sind es etwa 15 Kilometer bis Spille. Im Bereich des Strandes gibt es Stellplatzmöglichkeiten. Ab hier kann man in südliche Richtung über Rreth-Greth in etwa 6 Kilometer nach Bashtova wandern.

Umweltschmutz und Umweltschutz - Kaum jemand wird Albanien als sauberes Land bezeichnen. Zu gegenwärtig ist der Müll in der Landschaft und der Geruch der Abgase. Und zugegeben zählt es immer noch zu den Ländern Europas mit der stärksten Umweltverschmutzung. Von 2012 auf 2015 ist das Land gemäß dem „Environmental Performance Index" von Platz 23 auf Platz 61 abgerutscht, dahinter folgt kein südosteuropäisches Land mehr. Eine Folge der rasant zunehmenden Industrialisierung der vergangenen Jahre, die den notwendigen Maßnahmen vorauseilt. Diese sind zwar vorhanden, greifen jedoch zu langsam. So sind die dicht besiedelten Regionen stark verschmutzt, es gibt immer noch größere Städte ohne Mülldeponien, der Unrat wird oft auf Feldern, an Flussufern und Bächen entsorgt und die Schadstoffe gelangen so in die Gewässer. Ebenso werden immer noch zu viele Abwasser ins Meer geleitet. Durch den steigenden Konsum wird mehr Müll produziert als entsorgt werden kann. Vielerorts wird der Unrat einfach verbrannt und die Giftstoffe verpesten die Luft. Wasser, Boden und Luft sind dort besonders in Mitleidenschaft gezogen und weisen die höchste Umweltverschmutzung in Europa auf. Hinzu kommt der Verkauf von Brennstoffen, welche in der EU schon nicht mehr zugelassen sind und eine rege Bautätigkeit. Im letzten veröffentlichten Bericht des Umweltministeriums wurde zugegeben, dass es höchste Zeit sei, durchgreifende Schritte schneller umzusetzen. Albanien hat durchaus die Chance, zu einem sauberen Land zu werden. Von großem Vorteil ist, dass das Land noch viele unberührte Gebiete besitzt, die frei von menschlichen Einflüssen sind, einer der Hauptfaktoren für eine gute Bewertung. Das Ökosystem ist noch weitgehend intakt und gemessen an der Einwohnerzahl die CO_2-Emission sehr gering sowie die Biodiversität (Artenvielfalt) recht hoch. Auch die Wasserqualität, bedingt durch die sauberen Gebirgsgewässer, ist im allgemeinen doch recht gut. Wie dem auch sei, es ist in den letzten Jahren schon viel erreicht worden. Viele Städte verfügen bereits über ein geregeltes, modernes Abwassersystem und eine Müllentsorgung, die öffentlichen Plätze werden sauber gehalten, die industriellen Anlagen optimiert und mit strengen Auflagen konfrontiert. Aber es gibt noch viel zu tun für die Regierung und Umweltschutzaktivisten. Vor allem das Bewusstsein ökologischen Handelns in der gesamten Bevölkerung zu verankern.

Festung Bashtova (Karte 1:150.000 freytag & berndt: L 5) (Top-Tipp)
Auf dem Weg von Durrës in den Süden sollte man unbedingt einen Abstecher zur Festung Bashtova machen. Es ist eine sehr gut erhaltene, kastellförmige Burganlage und liegt gottverlassen in einer weiten, ebenen Wiesenlandschaft unweit des Flusses Shkumbin. Das Meer ist nur knapp 4 Kilometer entfernt. Meist ist es so ruhig hier, dass man sämtliche Insekten surren hört. Der fast rechteckige Bau ist venezianischen Ursprungs und geht zurück auf das 15. Jhd., wobei er auf Resten einer Befestigung aus dem 6. Jhd. errichtet wurde. Bashtova diente zur Deckung der Werft- und Anlegeplätze im Mündungsgebiet des nahe gelegenen Shkumbin. Zudem wurden Unmengen von Getreide aus der Umgebung verschifft. Zu ihrer Hochzeit lag die Festung in unmittelbarer Fluss- und Küstennähe. Später wurde sie auch von den Osmanen genutzt, auf einer Karte konnte man Reste einer Moschee erkennen. Die bis zu 9 Meter hohen Mauerreste der etwa 60x90 Meter großen Ruine sind teilweise begehbar. Die Festung ist in den Sommermonaten ein beliebter Austragungsort für Konzerte und Festivals. **Anfahrt:** An der SH4 beim Dorf Gosë e Madhe am Kreisverkehr Richtung Westen zum Ort Vilë-Bashtove abbiegen, nach knapp 13 Kilometer links weg, ab hier nochmals 1,2 Kilometer bis zur Festung. Der Parkplatz davor ist hervorragend als Stellplatz geeignet. Die Straße führt zum Strand, der letzte Abschnitt jedoch unbefestigt durch Dünen.

Karavasta-Lagune und Strand von Divjakë (Karte freytag & berndt: M 5)
40 Kilometer südlich von Durrës gelangt man über die SH57 in weiteren 15 Kilometern nach Divjakë und zur Karavasta-Lagune. Das weitläufige Lagunengebiet ist sehr bekannt und wird viel beworben, doch das Besuchspotential jedoch oft zu hoch bewertet. Das ausgedehnte Naturschutzgebiet ist auf etlichen Strecken ganz gut befahrbar, wenn auch für Wohnmobile nicht bis in den Kernbereich. Die Lagune ist mit 45 km² die größte des Landes im Küstenbereich und gehört zu jenen Feuchtgebieten, welche aufgrund ihres Artenreichtums, aber auch vom Aussterben bedrohter Tierarten in die Liste der RAMSAR-Konventionen aufgenommen wurde. Karavasta ist einer der 14 Nationalparks des Landes. 22,5 km² sind seit 1994 geschütztes Territorium. Ihr Charakter gleicht einem großen Binnensee inmitten eines morastigen Gebietes, vom Meer nur durch schmale, bewachsene Dünen und Pinienbestände getrennt. Weit draußen im Lagunenbereich brüten noch die seltenen Krauskopfpelikane. Die durchschnittliche Tiefe beträgt nur 0,7 Meter. Zwischen der nördlichen Lagunengrenze und dem Shkumbin erstreckt sich ein üppiges Waldgebiet, hier steht angeblich mit über 400 Jahren die älteste Kiefer Albaniens. Einzige Bademöglichkeit in diesem Sumpfgebiet zwischen Shkumbin und Seman ist der breite Strand von Divjakë. Dieser ist auch durchaus eindrucksvoll. Über 5 Kilometer lang und zwischen 50 und 100 Meter breit, feinsandig und hellgrau. Eine touristische Infrastruktur hat sich bereits entwickelt, wirkt sich aber natürlich negativ auf das Ökosystem aus. Im bewaldeten Zufahrtsbereich lassen sich schöne Stellplätze finden. An den Wochenenden wird eine geringe Eintrittsgebühr erhoben. Vom Ort Divjakë kann man geradeaus über 13 Kilometer an der östlichen Lagunengrenze bis nach Babunjë fahren, biegt man hier nach Osten ab, gelangt man zurück auf die SH4 südlich von Lushnje. Die Straße ist in einem guten Zustand und wenig befahren. Leider bleiben aber tiefe Einblicke in das Lagunenreservat verborgen. Dennoch ist die 35 Kilometer lange Strecke eine schöne Alternative zur SH4.

Mittelalbanien - Fier

Im weiteren Verlauf bis Fier durchquert man auf 28 Kilometer den südlichen Bereich der großen Myzeqe-Ebene, sie nimmt einen Großteil des zentralalbanischen Küstenlandes ein. Bis Anfang des letzten Jahrhunderts war es ein von Malaria verseuchtes Sumpfland, nach dem Zweiten Weltkrieg begann die Trockenlegung. Heute wird das Gebiet hauptsächlich landwirtschaftlich genutzt. Auch in der Antike war die Region sumpffrei und praktisch eine Kornkammer des Römischen Reiches. Die südliche Etappe der Via Egnatia verlief durch die Ebene. In der Spätantike änderten die Flüsse durch geologische Aktivitäten ihren Verlauf und die Versumpfung begann. Im Mittelalter waren rund dreiviertel der Region morastiges Land, die Menschen litten am Sumpffieber, es gab nur wenige Dörfer, größere Städte wie Rrogozhina und Peqin lagen am nördlichen Rand. Ardenica und Apollonia errichtete man an den höchsten Punkten der wenigen Hügel. Andere Sumpfgebiete in Albanien wurden von den Italienern schon zu Beginn des letzten Jahrhunderts trockengelegt, in der Myzeqe-Ebene begann man erst um 1950. Zu kommunistischer Zeit schufen die Menschen mit sowjetischer Hilfe zahlreiche Entwässerungskanäle und Pumpstationen. Es entstand ein sehr fruchtbares Gebiete. Heute ist die Ebene eine der am dichtest besiedelten Regionen, im Südosten entwickelte sich bei Ballsh ein Zentrum der Erdölindustrie. Nach dem Ende der kommunistischen Ära wurden viele Kanalsysteme nicht mehr erneuert, so kam es im regenreichen Winter 2012/13 zu großflächigen Überschwemmungen. Hunderte von Gebäuden wurden beschädigt, das Stromnetz weiträumig lahmgelegt und zahlreiche Familien waren tagelang von der Außenwelt abgeschnitten.

Fier (Karte 1:150.000 von freytag & berndt: N 5)

Mitten in dieser fruchtbaren Ebene liegt die Präfekturstadt Fier mit 86.000 Einwohnern. Sie ist relativ jung und ohne historische Bedeutung, ihre Wurzeln gehen nur bis ins 18. Jhd. zurück, als dort von Wanderhirten ein kleines Dorf gegründet wurde. Später benötigte man durch die expandierende Landwirtschaft der Myzeqe ein Verwaltungszentrum und ließ 1864 von französischen Architekten ein Konzept vorlegen nach diesem die Stadt gebaut wurde. Zu Beginn zählte sie aufgrund des sumpfigen Umlandes gerade mal 1.500 Einwohner. 1930 begann man mit der Erdölförderung in der unmittelbaren Umgebung und legte das Umland trocken. Fier erfuhr durch die zunehmende Industrialisierung nach dem Zweiten Weltkrieg einen enormen Zuwachs aus allen Regionen des Landes und galt bald als eine der wichtigsten Städte. Fier bietet wenig Besichtigungspotential, ein Blick lohnt sich auf die 2005 neu, mit saudi-arabischen Spendengeldern errichtete Moschee am Zentralplatz Sheshi Pavarësia. Sie hat zwei extravagante Minarette und gehört zu den größten islamischen Gotteshäusern in Albanien, oft wird sie

als eine der schönsten des Balkans bezeichnet. Wahrzeichen der Stadt ist der überdimensionale Globus am Platz. Stadtauswärts Richtung Apollonia liegt 200 Meter vom Zentrum in der Rruga Leon Rei das Historische Museum mit Fundstücken aus den Aräologieparks von Byllis und Apollonia. Fier hat eine Universität und einen Radiosender. Das große Einkaufszentrum QTU, direkt an der SH8, bietet gute Versorgungsmöglichkeiten. Südlich von Fier zweigt bei Levan von der SH8 die neue Autobahn A2 nach Vlorë ab sowie die gut ausgebaute Verlängerung der SH4 über Tepelena nach Gjirokastër. An einer Westumgehung wird gearbeitet.

Sehenswertes in der Umgebung - Kloster Ardenica

Nördlich von Fier erstrecken sich die Ardenica-Berghügel. Vor wenigen Jahrhunderten, als die Myzeqe-Ebene noch ein Sumpfland war, bot sich hier Platz, um dem Gebiet religiöse Denkmäler zu setzten. So entstanden im 13. und 14. Jhd. etliche Klosteranlagen. Gut zu erreichen ist das Orthodoxe Kloster von Ardenica auf 234 Metern Höhe. Es wurde 1282 angeblich auf den Fundamenten eines antiken Tempels errichtet und ist das Bedeutendste seiner Art in Albanien. Skanderbeg soll hier 1451 geheiratet haben und zu einem der Fürsten Albaniens ernannt worden sein. 1743 erhielt es seinen heutigen Umfang und war lange Zeit ein wichtiges Bildungszentrum. Eine der wertvollsten orthodoxen Klosterbibliotheken mit über 30.000 Büchern wurde bei einem Brand 1932 zerstört. Ardenica war eine der wenigen religiösen Stätten, welche während der Atheismuskampagne Hoxhas von Zerstörungen verschont blieb, jedoch stark zweckentfremdet wurde. Erst 1992 erhielt die Orthodoxe Kirche Ardenica zurück. Der 25 Hektar große Klosterkomplex beinhaltet neben der Marienkirche in Form einer Basilika, einer kleinen Kapelle und den Mönchsunterkünften auch eine Mühle und Bäckerei. Der Glockenturm ist 24 Meter hoch. Die Klosterkirche ist innen üppig mit Fresken, vor allem aus dem Leben der Hl. Maria und Jesus ausgemalt. Die hölzerne Ikonastase stammt aus dem Jahr 1744. Es wird kein Eintritt verlangt, jedoch erwartet man eine freiwillige Gabe von etwa 100 Lek für die Besichtigung. Bei gutem Wetter reicht die Sicht bis zum Tomorr-Massiv. **Anfahrt:** 14 Kilometer nördlich von Fier am Kreisverkehr den Abzweig nach Kolonjë wählen, ab hier vor dem Ort 3,5 Kilometer den Berg hinauf.

Erdöl in Albanien - Das NATO-Mitglied Albanien kann auf eine langwährende Förderung von Kohlenwasserstoffen verweisen. Schon im Römischen Reich wurde mit der Gewinnung von Bitumen begonnen und auch heute wird der Grundstoff für Asphalt aus dem kleinen Ort Selenica bei Vlorë nach ganz Europa exportiert, bis zu 12.000 Tonnen jährlich. Die moderne Erschließung der Rohstoffe begann erst zu Beginn des 20. Jahrhunderts. Die Ölfelder bei Kuçovë und Ballsh gehören zu den größten On-Shore-Gebieten Europas. Einen Eindruck davon kann man rund um Fier und auf der Fahrt nach Byllis gewinnen. Bei Patos durchquert man auf etlichen Kilometern eine unangenehme „Stinkzone". Es ist der typische Geruch nach Kohlenwasserstoff, wie er bei der Förderung von Erdöl auftritt. Und bald sieht man sie - die verrosteten Erdöltürme, welche aber teilweise immer noch in Betrieb sind, um die letzten Tropfen an die Oberfläche zu befördern. Die Hauptförderung findet heute nahe der Stadt Fier statt, im Patos-Marinza-Ölfeld. Seit 1930 wurden dort bisher zehn signifikante Felder entdeckt,

Jahrzehnte dazwischen

die zusammen bereits 180 Millionen Barrel zu Tage brachten. Entsprechend professionell verlaufen hier die Arbeiten. Die Zentrale der staatlichen albanischen Erdölgesellschaft „Alpetrol" beschäftigt in Zusammenarbeit mit dem kanadischen Investor „Bankers" 23.000 Arbeiter und 1.500 Ingenieure. Die Mittel sind auf dem neuesten Stand und es werden etwa 12.000 Barrel pro Tag gefördert. Desweiteren existieren Pläne, Teile der albanischen Adria zu erschließen. Die Vorkommen sind noch lange nicht ausgeschöpft, nach Schätzungen lagern immer noch an die 2.000 Milliarden m³ in den Tiefen des Festlandes. Da es sich jedoch um Schweröl handelt, welches vorwiegend als Kraftstoff für Großdieselmotoren (z.B. Schiffe) zum Einsatz kommt, wird die komplette Fördermenge exportiert. Weitere Förderanlagen entstanden nahe Berat bei Kuçovë und am Shpirag. Auch Erdgas soll in der selben Menge vorhanden sein, ein riesiges Off-Shore-Feld befindet sich 50 Kilometer vor Durrës in der Adria. Mit der Erschließung wurde noch nicht begonnen.

Apollonia (Landkarte 1:150.000 von freytag & berndt: N 4) (Highlight)

Die eindrucksvolle antike Stätte Apollonia liegt auf einem Hügel nördlich der Vjosa, wenige Kilometer von der adriatischen Küste entfernt, westlich der Stadt Fier. 588 v. Chr. wurde sie von griechischen Kolonisten gegründet und dem hochverehrten Gott Apoll geweiht. Sie ist die größte der 30 ihm geweihten antiken Städte. Da sie damals noch direkt an der Mündung des Flusses lag, entwickelte sie sich zu einer bedeutenden Hafenstadt. Später siedelten sich auch hier illyrische Stämme an. Es entstand ein überaus wichtiges Handelszentrum und bereits Mitte des 4. Jhd. v. Chr. begann man hier mit der Prägung von Silbermünzen, die man damals schon Drachmen nannte. Als ein wichtiger Mittelpunkt klassischer, griechischer Bildung war auch das Stadtbild entsprechend griechisch geprägt. Nach etlichen kleinkriegerischen Auseinandersetzungen unterstellte man Apollonia 229 v. Chr. dem Schutz des Römischen Reiches. Fortan war sie für die Römer eine wichtige militärische Basis auf der Balkanhalbinsel und ein Ausgangspunkt der Via Egnatia. Als Apollonia Teil der römischen Provinz Makedonien wurde, musste sie Steuern an Rom entrichten. Ab dem 1. Jhd. v. Chr. war der Ort ein begehrtes Ziel vieler römischer Staatsmänner. Sulla und Cicero hielten sich hier auf, Augustus studierte in der Stadt und Cäsar wurde von ihr im Krieg gegen Pompeius begünstigt. Dieses Verhalten zahlte sich aus, Apollonia wurde eine freie Stadt und die Steuerpflicht entfiel, was sie zu einem noch florierenderem Handelsort machte. Doch unter all dem römischen Einfluss blieb die Sprache stets Griechisch und nicht Latein. Zu dieser Zeit umfasste das Stadtgebiet über 80 Hektar, hatte 60.000 Einwohner und war von einer vier Kilometer langen Mauer umgeben. Im 4. Jhd. veränderte ein Erdbeben den Verlauf der Vjosa, der Hafen verlandete und die Stadt verfiel. Nahe Vlorë entstand beim antiken Aulon die Nachfolgesiedlung. Und obwohl unter Kaiser Justinian im 6. Jhd. noch etliche Erneuerungen stattfanden, war der Ort Ende des 6. Jhd. verlassen. Im 9. Jhd. wurde am Rande der Ruinen das Kloster "Shën Merisë" gegründet. Die dazugehörende Klosterkirche stammt aus dem 13. Jhd. Hier bewahrte man zahlreiche Fundstücke aus der antiken Stätte auf, die jedoch zu einem großen Teil während der politischen Unruhen in den 1990er Jahren gestohlen oder zerstört wurden. Die Forschungsgeschichte der Ruinenstätte begann sehr früh und geht zurück bis in das 15. Jhd., damals wurde sie bereits als jene Stadt identifiziert in der Kaiser Augustus studiert hatte. Im 19. Jhd fertigte ein fran-

Mittelalbanien - Apollonia

zösischer Archäologe erste Pläne an und brachte Fundstücke in den Louvre nach Paris. Umfangreichere Ausgrabungen fanden ab Anfang des 20. Jhd. unter international wechselnden Teams statt, sie dauern bis heute an. Dennoch geht man davon aus, dass erst 5-10% der Besiedelungsfläche erforscht wurden. Viele Fundstücke befinden sich nicht nur im Marienkloster und in Fier, sondern auch im Historischen Museum in Tirana und Wien. Nach Butrint ist sie die bedeutendste Ausgrabungsstätte Albaniens.

Sehenswerte Bauwerke: (etwa 2-3 Stunden mit Kloster) - Der sehenswerteste Überrest der zahlreichen Bauten ist das **Agonotheten-Monument** (benannt nach zwei Kampfrichtern aus der Inschrift am Gebäude) aus dem 2. Jhd. v. Chr. 6 Säulen mit aufwendigen Kapitellen schmücken die 1976 aufgerichtete und restaurierte Fassade des großen **Buleuterion**, einen bei den antiken Griechen typischen Versammlungsraum, eine Art Rathaus. Der weite Platz davor war die **Agora**, der städtische Versammlungsplatz. Westlich davon schloss sich das **Prytaneion** an, der Regierungssitz der Repräsentanten. Davon wiederum westlich sind die Reste des **Diana-Tempels** zu sehen, der Göttin der Jagd, des Mondes und der Geburt, sie wurde stark verehrt. Der Bau stammt aus dem 2. Jhd. n. Chr. Nördlich der Agora lag das **Odeon**, der Treffpunkt für kulturelle, politische und musikalische Veranstaltungen. Die 16 ehemals überdachten Sitzreihen boten Platz für knapp 150 Menschen. Der Bau entstand im 2. Jhd n. Chr., hier vermischten sich griechische und römische Stilelemente. Die Reste des Heiligtums links davon gehörten zum Odeon, sie sind aber älteren Datums. Östlich davon befand sich die **kleine Stoa**, eine Säulenhalle mit einer Reihe von Nischen an der Rückwand und eine **Bibliothek**. Die **große Stoa** ähnlicher Bauart, nur um einiges wuchtiger, entstand westlich davon. Der öffentliche, 75 Meter lange Wandelgang mit phänomenaler Aussicht über die Umgebung bis zum Meer war doppelreihig, durch 36 achteckige Säulen unterteilt und hatte zwei Stockwerke. Die Stoa diente gesellschaftlichen Versammlungen in denen während Spaziergängen die wichtigsten Fragen und Belange der Stadtbevölkerung erörtert wurden. Auch sie stammt aus dem 2. Jhd. und beherbergte unzählige Skulpturen. Durch einen Torbereich westlich davon gelangt man zum **ehemaligen Theater**, der 8000 Menschen fassende Zuschauerbereich lässt sich nur noch erahnen. In der Spätantike erfüllte es seine Zweck bereits nicht mehr und man errichtete hier eine Kirche. Die Steine der Sitzreihen wurden für den Bau des Klosters verwendet. Von den prunkvollen Wohnhäusern in der unmittelbaren Umgebung hat man erst sehr wenig freigelegt. Weit nördlich davon auf dem Hügel befand sich die **Akropolis** und das **Nymphäum** (Badeanstalt und Trinkbrunnen) aus dem 3. Jhd. v. Chr. Sie gehört zu den am besten erhaltenen Anlagen ihrer Art. Auf dem weitläufigen Gelände befinden sich noch eine Vielzahl weiterer Gebäudereste. Ein **Gymnasion**, Villen, ein **dorischer Tempel** und weitere, deren Funktion noch nicht eindeutig geklärt wurde.

Mittelalbanien - Apollonia

Eintritt: 300 Lek, täglich geöffnet von 9-18h. Es gibt einen Faltplan zur Identifizierung der Ruinen. Außerhalb der Stadtmauer befindet sich das bereits erwähnte Kloster "Shën Merisë" aus dem 9. Jhd. mit einer byzantinischen Kirche, 1250 aus den Steinen des Theaters erbaut. Zahlreiche Verzierungen im Mauerwerk und Reliefarbeiten machen das Bauwerk sehenswert. Ein außergewöhnliches Merkmal ist, dass der Grundriss keine rechten Winkel aufweist. Der Komplex beherbergt viele Ausgrabungsstücke der antiken Stätte, an den Wänden der Kirche haben sich zahlreiche Malereien erhalten. Die Anfahrt nach Apollonia ist in Fier sehr gut ausgeschildert, am zweiten Rondell in die Rr. Jani Batalli abbiegen, 12 Kilometer immer geradeaus.

Plazhi Semanit (Karte 1:150.000 von freytag & berndt: N 4)

Knapp 18 Kilometer von Fier (14 Kilometer von Apollonia) erreicht man auf einer gut befahrbaren Teerstraße den breiten Strand des Küstenbereichs südlich vom Mündungsgebiet des Seman. Der Sand ist dunkelgrau und fein. Er ist ein idealer Ort für eine Ruhepause und noch nicht so überlaufen wie andere Strandabschnitte in Albanien. Stellplätze (besser als am Parkplatz von Apollonia) findet man direkt am Strand, am Rande eines Pinienwaldes oder auch an den beiden Restaurants „Lugina" und „Eldi Plazh". Diese bieten allerfrischesten Fisch und ebenso traditionelle Gerichte. **Tipp:** Ein wirklich schöner Stellplatz existiert etwa 5 Kilometer südlich von Fier. Hier führt ein kleiner Weg, etwa 500 Meter nördlich einer Tankstelle Richtung Westen. An dessen Ende, nach etwa 1 Kilometer, liegt ein kleiner, romantischer See mit zwei guten Restaurants (GPS 40°41'38.6"N 19°31'04.3"E, an der SH8 ausgeschildert).

Die antike Handelsroute **Via Egnatia** geht auf eine römische Gründung zurück und war der wichtigste Verkehrsweg auf dem Balkan, durch den die Adria mit dem Bosporus verbunden wurde. Als Fortsetzung der Via Appia von Rom nach Bari bzw. Brindisi, verband sie die größten Metropolen des Spätrömischen Reiches, Rom und Konstantinopel. Sie verlief durch die heutigen Staaten Albanien, Mazedonien, Bulgarien, Griechenland und die Türkei. Ausgangspunkt in Albanien waren die Hafenstädte Durrës und Apollonia. Die beiden Teiletappen kamen bei Elbasan wieder zusammen. Weiter führte sie um den Ohrid-See, in Mazedonien kreuzte sie Bitola, in Griechenland Thessaloniki, bis sie in Byzanz ihren Endpunkt fand. 146 v. Chr. wurde der Bau der Straße von Makedoniens Prokonsul Gnaeus Egnatius in Auftrag gegeben. Ihre Länge betrug über 1.200 km und war durchgehend mit großen Steinen gepflastert. Nach jeder Römischen Meile (1,7 km) befand sich eine Markierung mit Angaben zur Lage und Entfernung bis zum nächsten Ort. In der Nähe von großen Ortschaften war sie bis zu 10 Meter breit, um den Verkehr reibungslos regeln zu können. Hier wurde die Straße nachts sogar zu Kontrollzwecken geschlossen. Nach jeder fünften Meile wurde eine Pferdewechselstation eingerichtet, sowie in größeren Abständen auch Tavernen und Übernachtungsmöglichkeiten. Auch nach dem Niedergang des Römischen Reiches verlor die Route nicht an Bedeutung. Teile davon sind heute noch zu sehen, teils in gutem Zustand, beispielsweise bei Librazhd oder der nordgriechischen Stadt Kavala. Es existieren Pläne, die Route als Teil des VIII. Paneuropäischen Verkehrskorridors wieder auszubauen. Das Projekt wird vom Stabilitätspakt für Südosteuropa finanziert.

Mittelalbanien - Vlorë

Vlorë (Karte 1:150.000 von freytag & berndt: P 4)

Allgemeines und Geschichte - Die optisch sehr italienisch geprägte Stadt hat etwa 105.000 Einwohner, ist nach Durrës die zweitgrößte Hafenstadt Albaniens und die drittgrößte des Landes. Sie liegt an der Straße von Otranto, Italien ist nur 90 Kilometer weit entfernt. Vlorë gehört bereits zur Albanischen Riviera und da sie nicht am Mündungsgebiet großer Flüsse der Schwemmlandebene liegt, ist das Wasser meist blau und klar. Die Stadt unterliegt einem rasanten Bevölkerungszuwachs, die Gründe hierfür liegen in der Zuwanderung der Menschen aus ländlichen Gebieten, welche sich in der Tourismusbranche oder in einem Industriebetrieb Arbeit erhoffen. Die Umgebung von Vlorë gehört zum Zentrum der albanischen Olivenölproduktion. Zudem wird hier Salz gewonnen und Wein angebaut. Seit den 2000er Jahren boomt der Bausektor, wobei vermutlich viel Investitionsgeld aus illegalen Geschäften mit Italien stammt. Genauso unerlaubt sind viele der Hotels errichtet worden. Als Konsequenz daraus wurden unter der neuen Regierung seit 2013 zahlreiche Bauten ohne Genehmigung wieder abgerissen. Dafür entsteht im Südteil der Stadt entlang der Küste eine Strandpromenade mit Parks, Freizeitplätzen und Tribünen für kulturelle Anlässe. Nordwestlich der Stadt begann man bereits zu Hoxhas Zeit mit einer leichtfertigen Industrialisierung, was zur Folge hatte, dass das Gebiet zu einem der fünf am meisten durch Umweltschäden betroffenen Albaniens wurde. Damaliger Verursacher war ein Chemieunternehmen, welches die verseuchten Abwasser direkt im Boden versickern ließ, bzw. ins Meer leitete. Die Fabrik existiert nicht mehr. Heute kämpft man seit Jahren gegen ein mit Öl betriebenes Wärmekraftwerk. 110 Millionen Euro wurden durch die Weltbank genehmigt. Mit etlichen Teilprojekten, wie ein Erdöl-Terminal und eine Pipeline wurde entgegen immer wieder aufflackernder Proteste und Demonstrationen bereits begonnen. Vlorë ist heute neben Sarandë nicht nur das wichtigste touristische Zentrum des Südens, sondern auch ein bedeutender kultureller Mittelpunkt.

Blick auf die Stadt von der Festung Kanina, links der Hafen, die Insel Sazan und rechts die Lagune Narta

Durch ihren natürlichen Hafen war Vlorë schon seit der Antike ein wichtiger Handelsplatz. Eine Vorgängersiedlung bestand etwa 7 Kilometer westlich bei Triport. Dort, wo sich heute das Wärmekraftwerk befindet, konnte man in unmittelbarer Umgebung eine Besiedelung für das 7. Jhd. v. Chr. nachweisen. Die Stadt namens Daulia florierte vor allem zwischen dem 4. und 2. Jhd. v. Chr. Zur selben Zeit entstand nicht weit entfernt die Illyrersiedlung Byllis, welche mit Daulia ihren Ankerplatz hatte. Im 1. Jhd. v. Chr. siedelte man in das damalige Aulon um, der Hafen dort bot bessere Bedingungen und der Ort entwickelte sich zu einer wichtigen Zwischenstation auf dem Weg von Durrës nach Butrint. Im 5. Jhd. wurde Aulon Bischofssitz und im 6. Jhd folgte unter Kaiser Justinian eine Erweiterung um den

Mittelalbanien - Vlorë

Zuzug der Menschen aus dem aufgegebenen Apollonia aufzufangen. Doch bereits Ende des Jahrhunderts wurde die Stadt von Slawen verwüstet, der Anfang einer Jahrhunderte andauernder Zerstörungswelle. 1417 war Avlona der erste von den Osmanen eroberte Hafen an der Adria. Ende des 15. Jhd erfolgte eine Zuzugswelle von Juden, die aus Spanien vertrieben worden waren, was mitunter auch ein Grund für die darauf folgende florierende Wirtschaft war. Es entstand eine stark gesicherte, achteckige Festungsanlage. Nach dem Rückzug der Osmanen Anfang des 20. Jhd. wurde die Befestigung abgerissen und die Steine für den Bau der Hafenstraße verwendet. Einige Überreste findet man noch hinter dem Park mit dem Unabhängigkeitsdenkmal. In der jüngeren Geschichte erlangte die Stadt erneut Bedeutung. Am 28. November 1912 proklamierte Ismail Qemali als Vorsitzender der Nationalversammlung in Vlorë die Unabhängigkeit Albaniens vom Osmanischen Reich.

Bis Anfang 1914 fungierte der Ort als Hauptstadt und war Sitz der provisorischen Regierung. Da den Staatsmännern jedoch jegliche Grundlage zur Führung eines Staates fehlte, besetzten italienische Truppen die Hafenstadt. 1920 wurden sie durch einen Aufstand der Albaner zum Rückzug gezwungen. Von 1939 bis 43 belagerten sie erneut die Stadt. Aufgrund des U-Boot-Hafens bei der vorgelagerten Insel Sazan, fielen fast sämtliche alte Gebäude den Bombardierungen der Alliierten zum Opfer. Bis zum Bruch Albaniens mit Moskau unterhielt die Sowjetunion hier ihren einzigen Marinestützpunkt im Mittelmeer. 1997 griffen von hier aus Unruhen auf das ganze Land über, die zum Sturz der Regierung führten. In den 1990er Jahren war die Stadt für ihre hohe Kriminalitätsrate verrufen, sowie den Waffen- und Drogenschmuggel mit Italien. Hinzu kam der Menschenhandel mit Flüchtlingen und Prostituierten nach Westeuropa. Immer noch kämpfen die Behörden mit internationaler Unterstützung gegen das organisierte Verbrechen. Im November 2012 war Vlorë Schauplatz des größten Volksfestes, welches je in Albanien stattgefunden hat. Die Feierlichkeiten zur 100-jährigen Unabhängigkeit wurden hier und im ganzen Land groß begangen.

das Unabhängigkeitsdenkmal

Sehenswertes (1,5 Stunden ohne Museen) - Vlorë bietet trotz der vielen modernen Hochbauten ein angenehmes Stadtbild, jedoch ist das wenig Sehenswerte überschaubar. Einige Zeitzeugen verdienen aber dennoch eine Beachtung. Die **Muradie-Moschee** im Stadtzentrum ist ein schön verzierter Bau aus dem Jahre 1542. Sie hat als einzige der osmanischen Moscheen ein Erdbeben von 1851 und die zahlreichen Kriege schadlos überstanden. Auch Hoxhas Kampagnen entging sie, zu dieser Zeit diente sie als Museum für Architektur. Das typische Streifenmuster ergibt sich aus der abwechselnden Verwendung von Stein und Ziegel. Das Minarett besteht komplett aus Stein und ist 18 Meter hoch. Am Abzweig zur Rruga Avni Rustemi steht ein schön renoviertes Gebäude mit hellgelber Fassade, braunen Fensterläden und einem dem albanischen Wappen ähnlichem Abbild an der oberen Kante. Das imposante **Unabhängigkeitsdenkmal** in Bronze, 150 Meter nördlich davon, von zahlreichen Helden und Qemali umringt, erinnert an das große Ereignis von 1912.

Im Park dahinter liegt das **Grab des Ismail Qemali**, auf dem jedoch ein Soldat posiert. Etwas westlich davon findet man noch einige Überreste des antiken Avlon und die Touristeninformation. Gegenüber des Unabhängigkeitsplatzes gelangt man in die **historische Rruga Justin Godard**, hier stehen noch einige alte Häuser aus der osmanischen Zeit und die restaurierte Rote Moschee Xhamia e Neshat Pashait. Die zwei **Statuen am Boulevard** entlang Richtung Hafen sind **Avni Rustemi** und **Marigo Jovan Posio** gewidmet. Ersterer war ein herausragender, sozialfreundlicher Politiker, wurde aber aufgrund dessen bereits 1924 im Alter von nur 29 Jahren ermordet. Zweitere war eine mutige Freiheitskämpferin und Frauenvorbild, sie bestickte auch jene Fahne mit dem schwarzen Doppeladler, welche 1912 hier gehisst wurde. Sie starb 1932 im Alter von 50 Jahren. 30 Meter ü.d.M. liegt auf einer Terrasse ein **Kloster der Bektashi-Sekte**. Die Tekke des Schutzpatrons Kuz Baba ist ist auch von der Stadt aus sichtbar. Von hier oben bietet sich ein schöner Blick über die Stadt. 100 Meter südlich der Muradie-Moschee zweigt ein Fußweg über 800 Meter zum Heiligtum ab, alternativ gegenüber der Moschee ebenso zu Fuß über die Rr. Avni Rustemi, Xhuvel Xhuveli und 4 Heronjte ca. 1 Kilometer aufwärts (steil und für Wohnmobile stellenweise zu eng).

Museen - Unabhängigkeitsmuseum: Einen Besuch wert ist das gelbe, zweistöckige Gebäude in Hafennähe im klassizistischen Stil. Es war ehemals der Regierungssitz des Ismail Qemali und ist noch mit den Original-Möbeln und Büroutensilien der damaligen Zeit ausgestattet. Zudem enthält es wichtige Fotos, Dokumente und Kopien, welche die Geschehnisse von vor über 100 Jahren belegen. Eintritt 100 Lek, mit englischsprachiger Führung, täglich geöffnet 9-14h + 17-20h.

Historisches Museum: Die Ausstellungsräume wurden nach gründlicher Renovierung innen wie außen und einer Neuauswahl der Exponate 2015 wiedereröffnet. Es zeigt historische und archäologische Gegenstände der gesamten Region um Vlorë mit Amantia, Orikum, Ploce, Olympia (Mavrovë) und Kanina seit der Bronzezeit. Eintritt: 200 Lek, Di-So geöffnet 8-12 + 16-18h. Das Museum befindet sich 200 Meter nördlich vom Unabhängigkeitsplatz zu Beginn der Rruga Perlat Rexhepi.

Qemalis Büro mit den Originalmöbel von 1912

Ethnografisches Museum: Die sehenswerte, umfangreiche Ausstellung befindet sich in einem original türkischen Haus aus dem 18. Jhd., dem ältesten der Stadt. Es wurde zum Kulturdenkmal erklärt und die Fassade inzwischen restauriert. Hier erfährt man viel über die interessanten Traditionen der Region, die Objekte sind teils von hohem künstlerischen Wert. Es sind Gegenstände der Fischerei und Landwirtschaft, Handwerksmanufakturen, Kleidung sowie authentisch ausgestattete Wohnräume. Hier war auch der ehemalige Labëria-Club untergebracht, deren Mitglieder sich außerordentlich um den Erhalt alter Kulturen kümmerte, ihr Vorsitzender war Ismail Qemali. Später befand sich dort erste Schule der Stadt für Mädchen. Eintritt 100 Lek, geöffnet Mo-Fr 8-14h, 17-20h, Sa+So 9-12h.

Mittelalbanien - Vlorë

Veranstaltungen: Im April lockt der Karneval von Narta Narren an, im Mai finden der Drachflugwettbewerb „Albanian Open" und das „Aulona Folklore-Festival" statt. Im August treffen sich Unzählige zur Wallfahrt zum Kloster Zvërnec und das „Vlorë Musikfestival" steht an. Der Tag der Flagge am 28.11. wird feierlich begangen. Gegen Ende des Monats wird das Festival des Isopolyphonen Gesangs veranstaltet.

Park & Ride: Zwischenzeitlich verfügt die Stadt über ein leider kompliziertes Einbahnsystem, dieses kostet Nerven. So ist inzwischen um das Denkmal herum kaum ein Durchkommen mit Fahrzeugen. Am besten nutzt man kurz nach Einfahrt in die Stadt die Umgehungsstraße, hierzu in die Rr. e Paqes abbiegen (mit Sarandë ausgeschildert) und am nächsten Kreisverkehr in die Rr. Gjergj Kastrioti. Wer die Stadt besichtigen möchte, kann hier schon einen Parkplatz suchen. Am Ende gelangt man automatisch zum südlichen Stadtplatz Sheshi Pavarësia. Von hier kann man in den Hauptboulevard Sadik Zotaj einfahren. Hier findet man am ehesten Parkplätze im nördlichen Bereich. Gut eignet sich auch die SH8 entlang der Küste stadtauswärts.

Ismail Qemali - Dieser Mann ist eine der bedeutendsten Figuren der neueren albanischen Geschichte und der politischen Unabhängigkeit des Landes. Er wurde am 16. Januar 1844 in Vlorë geboren und stammte aus einer wohlhabenden Familie der muslimischen Oberschicht.  Er wuchs in Ioannina und Istanbul auf, dort trat er mit 19 Jahren in den Dienst des Osmanischen Reiches ein und vertrat bis 1900 verschiedene Positionen. Durch Kontakte zu den Gebrüdern Frashëri bekannte auch er sich bald zur albanischen Freiheitsbewegung. Als die Osmanen begannen, die Autonomiebestrebungen zu verfolgen, ging er nach Westeuropa ins Exil. Dort hielt er Vorträge und verfasste Zeitungsartikel, um auf die Situation der Albaner aufmerksam zu machen. Als die Osmanen begannen ihr Reich umzustrukturieren, kehrte er 1908 zurück und wurde in das osmanische Parlament als Abgeordneter für Berat gewählt. 1909 schloß sich Qemali erneut der Unabhängigkeitsbewegung an, die 1911 in einen bewaffneten Aufstand gegen die Türken überging. Er reiste nach Budapest und gewann die Unterstützung Österreich-Ungarns für einen unabhängigen Staat. Am 11. November 1912 kehrte er auf einem österreichischen Schiff nach Albanien zurück und leitete die Nationalversammlung in Vlorë. Am 28. November 2012 rief er in seiner Geburtsstadt Vlorë die Unabhängigkeit des Landes aus und hisste zusammen mit Isa Boletini und Luigj Gurakuqi, zwei weiteren bedeutenden Mitgliedern der Nationalbewegung, die von Marigo Pozio (Freiheitskämpferin und Frauenrechtlerin) bestickte Fahne mit Skanderbegs Doppeladler. Qemali wurde der erste Ministerpräsident Albaniens. Die neue Regierung hatte mit großen Schwierigkeiten zu kämpfen, unter anderem mit der Anerkennung im eigenen Lande. Zudem fehlte es an Erfahrung, einen modernen Staat zu führen, dies war für die Großmächte bei ihren Plänen von großem Vorteil. Nachdem diese dann den Deutschen Wilhelm zu Wied zum Fürsten von Albanien erklärt hatten, trat Qemali im Januar 1914 zurück. Er verließ Albanien und starb fünf Jahre später am 24. Januar in Perugia in Italien, sein Leichnam wurde zurück nach Vlorë gebracht und hier bestattet.

Gedenktafel in Vlorë - 100 Jahre Unabhängigkeit

Mittelalbanien - Klosterinsel Zvërnec

Lagune von Narta und Klosterinsel Zvërnec (Karte f & b O 4) **(Top-Tipp)**

Etwa 3 Kilometer nördlich von Vlorë liegt die zweitgrößte Lagune des Landes - Narta mit exakt 4.180 Hektar Fläche. Im flachen Nordteil wird durch Verdunstung Salz gewonnen, von der Autobahn ist das am besten bei Panaja zu sehen. Das Gebiet ist über den Ort Novoselë zu erreichen und auf Dämmen auch mit **kleineren Wohnmobilen** befahrbar. Der schöne, weitläufige Strand lohnt den Abstecher bis nach ganz vorne. Der südliche Teil hat den Charakter eines Brackwassersees und ist sehr fischreich. Die inzwischen zum Naturschutzgebiet erklärte Landschaft zieht im Winter zahlreiche Vögel an, oft kann man hier sogar rosa Flamingos beobachten. Inmitten der Lagune liegt eine kleine Insel. Auf einer neuen Straße gelangt man direkt bis zu einer Pfahlbrücke, welche zum Kloster Zvërnec führt. Das hübsche Kirchengebäude aus dem 13. Jahrhundert ist komplett erhalten, es enthält einen reich verzierten Säulengang und innen eine geschnitzte Ikonastase sowie einen Grabstein mit einem kleinen, steinernen Totenkopf. Der restliche Klosterbereich stammt aus dem 20. Jahrhundert. Eine Wanderung über die kleine Insel

zur anderen Seite bietet schöne Ausblicke auf die dahinterliegende Bucht und den Lagunenbereich. Bei Trockenheit und vorsichtiger Fahrweise besteht die Möglichkeit, links an der Insel vorbei bis an die vordersten Strände zu fahren. Der dortige Küstenabschnitt mit seinen bizarren Felsformationen, zerfurchten Lehmbergen und schönen Badebuchten ist ausgesprochen sehenswert und es bieten sich gute **Stellplatzmöglichkeiten**.

Anfahrt: Unmittelbar am Hafen Vlorë nach Westen Richtung Küste verlassen, von hier sind es über die Rruga Sazani immer der Teerstraße folgend, etwa 11 Kilometer. Alternativ kommt man ab dem Autobahnende über den Ort Narta nach 9 Kilometer dort an.

Südlich von Vlorë Richtung Orikum bieten derzeit einige Hotels bereits „Camper-Stopps" zur Übernachtung an, z.B. das Rezidenca Cekodhima (siehe Südalbanien ab Seite 107).

Landesmitte - Elbasan

Abstecher von der Nord-Süd-Hauptroute zu den Top-Zielen in die Landesmitte: Elbasan, Berat, Dumreja-Seenplateau, Osum-Canyon und Byllis!

Routeninformation: Durrës - Elbasan: 83 km, SH4 doppelspurig ausgebaut und SH7, beide in gutem Zustand;
Tirana - Elbasan: 45 km teilweise über die neue Autobahn A3, 56 km über die alte Pass-Straße, diese ist neu asphaltiert und ausreichend breit;
Elbasan - Pogradec (Thana-Pass): 84 km, SH3 guter Zustand, entlang des Ohrid-Sees ist die Strecke bis Pogradec frisch asphaltiert;
Durrës - Berat: 92 km, SH4 und SH72, ab Lushnje bis Berat komplett frisch asphaltiert.
Achtung: Mit Wohnmobilen ab Fier nicht über Roskovec (SH73) nach Ura Vajgurore fahren, hier sind Teile der Straße mit vielen Schlaglöchern versehen.
Elbasan - Berat über Belsh: 85 km, neue, asphaltierte Straße, jedoch nur etwa 4 Meter breit aber sehr wenig befahren;
Fier - Byllis: 35 km, ausschließlich über die alte SH4 via Ballsh, asphaltiert aber mit Schadstellen, nicht über die neue SH4-Trasse, es gibt keinen befahrbaren Abzweig.
Fier - Tepelena: 82 km über die neue SH4, 112 km bis Gjirokastër;

Campingplätze: „Berat Caravan Camping", in Ura Vajgurore kurz vor Berat.

Stellplätze: „Resort Kriva", Elbasan; „Balkan Resort", Elbasan; Llixhat Schwefelquellen bei Elbasan; Restaurant am Burgeingang in Berat; „Canyon Camping" am Osum; „Byllis" Archäologiepark.

Elbasan (Landkarte 1:150.000 von freytag & berndt: L 8)

Allgemeines und Geschichte - Die drittgrößte Stadt Albaniens hat etwa 130.000 Einwohner und liegt am östlichen Ende der weiten, fruchtbaren Myzeqe-Ebene am Fluss Shkumbin. Von Tirana erreicht man die Stadt in der Ebene über die 53 Kilometer lange, landschaftlich sehr schöne Strecke über den Krrabë-Pass, die SH3, oder alternativ über die neue Autobahn. Von Durrës über die SH4 und SH7 sind es knapp 85 Kilometer. Umgeben ist Elbasan von den 1.000 bis 1.800 Meter hohen Mittelgebirgszügen der Mali i Martanesh im Norden und der Mali i Mokrës im Süden. Zudem liegt der Ort verkehrsgünstig an der Hauptverbindung von der Küste zum Ohrid-See, welche auch den Verlauf der antiken Handelsstraße Via Egnatia bildete. Bis zum Thana-Pass kurz vor dem See sind es von hier noch knapp 100 Kilometer. 1930 wurde bereits mit dem Bau eines metallurgischen Betriebes begonnen, welcher zu kommunistischer Zeit bis 1990 mit 12.000 Mitarbeitern 600.000 Tonnen Stahl jährlich produzierte, selbstverständlich ohne umweltschützende Maßnahmen. Dann hat man die Schließung des Werks veranlasst und die Stadt konnte wieder aufatmen. 1999 wurde die Produktion von dem türkischen Investor Kürüm mit den veralteten Anlagen wieder aufgenommen, der komplette Stahlbedarf des Landes sollte von hier aus gedeckt werden. Auflagen wurden bisher nur durch Werksschließungen erwirkt und die Stadt leidet häufig unter dem Smog. Elbasan kann wie viele andere Städte ebenfalls auf antike Wurzeln verweisen, diese gehen auf die Illyrer

bis in das 2. Jhd. v. Chr. zurück. Nach dem Ende des dritten makedonisch-römischen Krieges 168 v. Chr. kam auch diese Stadt unter römisches Protektorat und es entwickelte sich ein Handelsplatz mit dem klangvollen Namen Scampa. Da Scampa an der Via Egnatia lag, profitierte der Ort bald von den Handelsreisenden und wurde zu einem wirtschaftlichen Zentrum. Im 4. Jhd. entstand die Festungsanlage mit 348 x 308 Metern Seitenlängen, deren Reste heute die Grenze der Altstadt bilden. Die Via Egnatia führte durch die beiden Stadttore. Im 5. Jhd. war die Stadt bereits Bischofssitz. Ab dem 7. Jhd. fiel der Ort etlichen slawischen Überfällen zum Opfer, er wurde geplündert, in Brand gesetzt und schließlich verlassen. Bis zur Zeit der osmanischen Besetzung ist über den weiteren geschichtlichen Verlauf so gut wie nichts bekannt. 1466 ließ Sultan Mehmed II. (der Eroberer) die Stadtmauern wieder aufbauen und gab Scampa den Namen Elbasan, was auf türkisch "starke Festung" bedeutet. Es entstand eine wohlhabende, gepflegte Stadt mit stattlichen Häusern, insgesamt über 1.150, inmitten von Parks und Weinbergen. Sie entwickelte sich zu einem bedeutendem Zentrum für Handel und Handwerkskunst aus Leder, Silber und Holz. Nach Ali Paschas Tod (ein von den Osmanen desertierter Herrscher, auch über Elbasan) wurden viele Teile der Altstadt aus Rache von den Türken zerstört. Ende des 19. Jahrhundert gingen von Elbasan Absichten zur Einführung des ersten albanischen Alphabets aus, 1909 entstand hier die erste Ausbildungsstätte für Lehrer. In der Stadt am Shkumbin wird durch ihre Lage direkt an der Dialektgrenze das reinste Hochalbanisch gesprochen.

Sehenswertes (Dauer etwa 3 Stunden ohne Museum) - Innerhalb der **Altstadtmauer** kann man bei einem Rundgang durch die schmalen, engen Gassen noch viele alte und typische Häuser aus der osmanischen Zeit sehen und spüren, wie sich der orientalische Charakter bewahrt hat. Die Mauer hatte eine Höhe von elf Meter, war durch 26 Wehrtürme verstärkt. Etwa 150 Meter nordöstlich vom Haupteingang befindet sich der unauffällige, mit Schächtelmauerwerk und Holzdach versehene Bau der **Königsmoschee** aus dem späten 15. Jahrhundert. 2013 wurde sie komplett renoviert und erhielt zudem das lange Zeit fehlende Minarett. Leider wurden dabei bedeutende Kalligrafien auf der Außenfassade entfernt. Innen ist sie schlicht, aber dennoch sehenswert ausgestattet. Es ist eine der ältesten Moscheen in Albanien und überlebte die Zerstörungen von Hoxhas Atheismuskampagnen schadlos. Nochmal etwa 150 Meter weiter gelangt man rechts zur kleinen **Kathedrale Shën Merisë (Hl. Maria)**. Auch sie stammt aus

dem 15. Jhd. Die dreischiffige Basilika enthält in ihrem Inneren eine äußerst schöne, fein geschnitzte und vergoldete Ikonastase mit Malereien des bekannten Ikonenmalers Onufri. Das für den Bau verwendete Holz ist reich verziert. Meist ist sie zu ihrem Schutz geschlossen, den Schlüssel erhält man in der angeschlossenen Schule. Im südwestlichsten Eck der Altstadt findet man unter dem großen Restaurantbereich des "Skampini" noch etliche **antike Ausgrabungsobjekte**. Das Areal enthält eine kleine Freiluftbühne, hier werden oft Konzerte und Aufführungen veranstaltet. Von hier aus gelangt man auf die 11 Meter hohe Festungsmauer, sie ist bis zum 47 Meter hohen **Uhrturm** begehbar. Dieser wurde erst 1899

Landesmitte - Elbasan

errichtet und bildet das Wahrzeichen der Stadt. Außerhalb der Festung, gegenüber dem Haupttor, liegt eine **kleine Ausgrabungsstätte**. Das sehenswerte Mosaik ist leider zum Schutz stets abgedeckt. Man vermutet hier eine der frühchristlichen Basilika. Vor kurzem erst wurden die Ausgrabungsaktivitäten wieder aufgenommen. Am Park Aqif Pasha vorbei gelangt man zum **Ethnografischen Museum**. Das auch von außen sehenswerte Gebäude aus der türkischen Ära enthält Ausstellungsstücke der Region, als die Produktion von Bekleidung aus Leder, Silber- und Kupferarbeiten sowie Holzschnitzereien ihren Höhepunkt hatte. Überquert man die Rr. 11 Nëntori und folgt der Rr. Thoma Kalefi südwärts, befindet sich links ein **bunter Bazar** und etwas weiter, rechts **einer der sehenswertesten Märkte Albaniens.** (Top-Tipp)

Man sollte ihn vormittags besuchen, dann haben alle Stände geöffnet und das Markttreiben ist am quirligsten. Hier bekommt man frischestes Obst, Gemüse, Fisch und Fleisch, Käse und Oliven aus der Region, zudem Artikel des täglichen Gebrauchs und Schuhe. Handeln ist unüblich, die Preise sind ohnehin sehr günstig. Südlich hinter dem Hotel Scampa (gegenüber der Altstadt) kann man sich in einem **ehemaligen Hamam** erfrischen, darin befindet sich ein Restaurant mit Bar. Zahlreiche **Bronzestatuen** über

die ganze Stadt verteilt, gedenken der Verdiensteten der Stadt, wie z.B. Aleksander Xhuvani (Gründer der ersten Schule), Pasha Biçaçiu (Rechtswissenschaftler und Politiker), Isuf Myzyri (Volksmusiker) oder Konstantin Kristoforidhi, dieser übertrug die Bibel in beide albanische Dialekte. Am südlichen Stadtrand an der Umgehungsstraße existiert eine ebenfalls alte Moschee aus dem Jahr 1599. Die kleine **Xhamia e Nazireshës** wurde gleichfalls 2013 restauriert, mit türkischen Geldern.

Verantaltungen: Am 14. März wird hier im Rahmen des Frühlingsfestes der Winter verabschiedet. Es gibt zahlreiche Veranstaltungen und Verkaufsstände mit Produkten der Region. Ebenfalls im März wird im Park das Festival der Volksmusik begangen und im Mai im Theater die Talentshow der Jugend. Im Oktober zieht das Theaterfestival auch zahlreich Teilnehmer anderer Länder an.

Park & Ride: In der Regel gelangt man über die Umgehungsstraße Unaza/SH3 direkt nach Elbasan südlich vom Zentrum. Da auch diese Stadt über ein Einbahnsystem verfügt, sollte man ab dem ersten Kreisverkehr bis zur Rr. Thoma Kalefi und ab da bis zur Naziresha-Moschee am östlichen Ortsende einen Parkplatz suchen. Bis zum Zentrum sind es ab hier etwa 500 Meter. Kleine oder einzelne Wohnmobile können ihr Glück auch direkt gegenüber vom Altstadttor versuchen. Stellplätze gibt es am Kriva-Resort und an den Restaurants Richtung Librazhd.

Landesmitte - Elbasan

Sehenswertes in der Umgebung - Krrabë-Pass Wer von Elbasan nach Tirana (oder umgekehrt) möchte, kann die 56 Kilometer lange Strecke über den landschaftlich wunderschönen Krrabë-Pass wählen. Die gut ausgebaute und 2014 frisch asphaltierte Straße windet sich kurvenreich auf über 1.000 Meter. Die Bergregion hier bietet immer wieder schöne Ausblicke, untermalt durch kleine Seen und Dörfer in den Tälern. Am Straßenrand kann man leckere Produkte der Region kaufen. Auf dem Weg liegt die Festung Petrele. Man benötigt etwa zwei Stunden dafür, nördlich von Elbasan ist ein gemäßigter, einfacher Serpentinenabschnitt zu überwinden.

wunderschöne Landschaft, rechts im Tal liegt Elbasan

Auf dem Weg von Rrogozhina nach Elbasan passiert man die **kleine Stadt Peqin**, in der Antike verlief hier die Via Egnatia. Es befindet sich, etwas abseits der Straße, eine typisch türkische Festung aus dem 15. Jhd., im selben Stil erbaut wie Bashtova. Von den vier Moscheen ist nur noch die Uhr-Moschee am Zentralplatz aus dem Jahr 1666 erhalten. Der direkt angebaute, schöne Uhrturm stammt aus dem 19. Jhd.

Schwefelquellen vom Kurort Llixhat - Etwa 20 Kilometer südlich von Elbasan liegen beim Ort Tregan in schöner Umgebung die heißen Quellen von Llixhat. Das schwefelhaltige Wasser kommt mit einer Temperatur von 56° aus dem Boden. Bereits zu kommunistischer Zeit fanden hier Erholungsbedürftige durch die Bäder und Anwendungen bei Rheuma- und Muskelbeschwerden Linderung. Auch heute noch kann man hier Behandlungen in Anspruch nehmen. Der Geruch im Dorf nahe der Quellen ist charakteristisch und intensiv. **Anfahrt:** Die Südausfahrt aus Elbasan ab der Rruga Thoma Kalefi Richtung Gramsh wählen und der SH71 folgen. Die Kurhotels Ilira und Klion Bexhat bieten neben Behandlungen auch Stellplätze an.

Im weiteren Verlauf Richtung Ohrid-See wird das Tal entlang des trägen Shkumbin durchgehend enger und spektakulärer. Die Felswände ragen immer höher empor und das grau-rostrote Gestein lässt kaum Vegetation zu. Nebenbei bemerkt, verlief hier auch ein Teilstück der Via Egnatia. Der Fluss stellt nicht nur eine räumliche Trennung Albaniens in Nord und Süd dar, hier verläuft auch die Sprach- und Kulturgrenze zwischen den Gegen im Norden und den Tosken im Süden. Etwa 20 Kilometer östlich von Elbasan befindet sich rechts der Straße etwas versteckt eine sehr sehenswerte, osmanische Steinbogenbrücke über den Shkumbin. Bis Librazhd (die Stadt lohnt keinen Aufenthalt) geht es langsam bergauf und das Tal weitet sich wieder. Etliche Kilometer weiter verläuft die Straße unter dem höchsten Eisenbahnviadukt Albaniens hindurch. Bei Përrenjas erreicht man eine Art Hochebene, von hier erfolgt der harmlose Serpentinenaufstieg zum Thana-Pass.

Landesmitte - Dumreja Seenplateau

Dumreja-Seenplateau und Hügelland (Karte 1:150 000 von f & b M 7)

Der ausgesprochen attraktive Landesabschnitt zwischen Elbasan und Berat, zwischen den Flüssen Shkumbin, Devoll, Seman und der Myzeqe-Ebene im Westen, ist geprägt von bis zu 400 Meter hohen Hügeln, Poljen und Karsthohlformen, in deren Senken sich 85 größere und kleinere Karstseen gebildet haben. Das Gebiet der Dumreja war schon im Altertum besiedelt, die Via Egnatia lag in unmittelbarer Nähe. Beim Ort Belsh fand man die Reste einer illyrischen Befestigung und einer griechischen Kolonie, etliche Tempel und Terrakottawerkstätten. Die Fundstücke eines Fürstengrabes liegen im Nationalmuseum in Tirana. Nach der osmanischen Ära siedelten sich hier Landwirte an, das ursprünglich sehr bewaldete Gebiet, vor allem ausgedehnte Eichen- und Kieferbestände, fiel zum großen Teil der Abholzung zum Opfer. Nach der Diktatur wurde das Land im Verhältnis zu ihren Einwohnern aufgeteilt, was natürlich Konflikte nach sich zog. Heute betreiben die Menschen hier vorwiegend Agrarwirtschaft, die Dumreja ist sehr fruchtbar und das Klima mild, ein Großteil des im Land vertriebenen Obst-, Gemüse- und Getreideangebotes stammt von hier. Ebenso werden Oliven, Wein und Tabak kultiviert. Vor wenigen Jahren wurden größere Gasvorkommen bestätigt. Der Ort Belsh mit seinen 7.000 Einwohnern ist heute das Zentrum der 215 km² umfassenden Region. 40 weitere Dörfer liegen weit verstreut. Die teilweise azurblauen Seen haben nur eine durchschnittliche Tiefe von 7 Meter, lediglich der 65 Hektar große Merhoja ist 60 Meter tief. Der größte See hat eine Fläche von 95 Hektar. Eine Fahrt durch die Dumreja ist landschaftlich wie kulturell mit vielen interessanten Eindrücken verbunden. Es existieren zwei Strecken durch das Dumreja, beide sind gut befahrbar, d.h. stellenweise etwas eng, jedoch teilweise frisch asphaltiert. Auf jeden Fall sind sie eine schöne Alternative zur SH4 bzw. SH7. **Die erste Möglichkeit:** Von Elbasan die SH7 Richtung Küste und bei Papër nach Cërrik abbiegen. Weiter über die SH58 nach Belsh und von dort über die keinen Orte Grekan, Dëshiran und Kozarë nach Kuçovë bzw. Ura Vajgurore. **Die zweite Möglichkeit:** Ab Belsh über Fierzë, Cerragë, Kosove und Fier-Shegan auf die SH72 nördlich von Berat.

Alte Mercedes und sonstige Autos
Nirgendwo sonst auf der Welt sind anteilsmäßig so viele deutsche Autos, hierbei vor allem Mercedes – neue und alte Modelle - auf den Straßen unterwegs wie in Albanien. Das würde man gerade von einem der angeblich ärmsten Länder Europas so gar nicht erwarten. Aber gerade die robusten, alten Karossen erfreuen sich wegen der früher (und stellenweise heute noch) sehr schlechten Straßenverhältnisse immer noch großer Wertschätzung. Und sie leisten besonders auf den noch nicht sanierten Wegen wirklich Erstaunliches (siehe Seite 140). Die meisten hatten einen deutschen Vorbesitzer, der sich besonders in den wilden 1990er Jahren nicht immer ganz freiwillig von seinem guten Benz getrennt hat. Selbst ein ehemaliger albanischer Außenminister wurde einmal an der Grenze (selbstverständlich unschuldig) in einem gestohlenen Mercedes erwischt. Doch inzwischen sind diese stürmischen Jahre vorbei und der größte Teil der Fahrzeugflotte befährt mit legitimen Papieren die albanischen Straßen. Darunter inzwischen enorm viele neue und nicht selten auch teure Modelle, die zum großen Teil nicht immer legal finanziert wurden. Bis vor kurzem traf man immer wieder auf alte Autos mit deutschem Kennzeichen, abgekratzter Zulassungs- und abgelaufener TÜV-Plakette. Hier ist kein Deutscher auf der Flucht, die Fahrzeuge wurden innerhalb eines kleinen Bezirkes von der Polizei als eine Art „Fahrrad" geduldet und man hat ein Auge zugedrückt. Nicht selten wusch dann eine Hand die andere, denn auch Polizisten benötigten (unentgeltlich) handwerkliche Dienste und sonstiges an Leistungen. Heutzutage sind diese Autos nur noch ganz selten zu sehen.

Landesmitte - Berat

Berat (Karte 1:150.000 von freytag & berndt: N 7) (Highlight)
Allgemeines und Geschichte - Diese einzigartige Stadt hat um die 70.000 Einwohner und gehört zweifelsohne zu den schönsten und geschichtsträchtigsten Ansiedlungen. Seit 2008 ist sie zu Recht UNESCO-Weltkulturerbe. Landschaftlich wunderschön gelegen, in einer Engstelle des Osum-Flusses, zwischen den Bergmassiven des Tomorr (2.416 m) und des flankenreichen Shpirag (1.194 m), ist sie eines der wichtigsten Besucherhighlights des Landes. Die sehenswerten Häuser am Hang, eng aneinander gereiht, erzeugen mit ihrer typisch osmanischen Balkanarchitektur einen äußerst reizvollen Anblick. Berat wird auch aufgrund dieses eigenwilligen Baustils „Stadt der 1000 Fenster" genannt. 1961 bereits wurde die Stadt von Enver Hoxha zur Museumsstadt erklärt und der historische Kern blieb dadurch von Neubauten verschont, die typischen Plattenbauten der kommunistischen Ära findet man heute vorwiegend nördlich des Zentrums. Die Siedlung war seit jeher eine Stadt der Handwerker und des Handels. Zu kommunistischer Zeit entstanden etliche Fabriken, die jedoch nach dem Zusammenbruch alle stillgelegt wurden. So leben die Bewohner heute in erster Linie vom Tourismus und Gastgewerbe, die jedoch intensiverer Förderung bedürfen. Die Zufahrt nach Berat z.B. wurde erst 2015 saniert. Einen weiteren ertragreichen Sektor

stellt die Landwirtschaft dar, im weiten Umland werden Oliven kultiviert (sie zählen zu den besten des Landes) und Wein angebaut. Berat ist eine der ältesten Städte Albaniens und kann auf eine Jahrtausende währende Besiedelung zurückblicken. Bereits um 2600 v. Chr. wurden Menschen im heutigen Stadtbereich sesshaft. Im 4. Jhd. v. Chr. erfolgte durch die Illyrer die Befestigung des 187 Meter hohen Burghügels. Durch die strategisch günstige Lage war die Stadt für die nachfolgenden Großmächte interessant und wichtig. Im 4. Jhd. siedelten sich griechische Kolonisten in „Antipatreia" an, ihnen folgten die Römer. Ab dem 9. Jhd. besetzten die Bulgaren das Gebiet, die Stadt trug nun den slawischen Namen Beligrad (weiße Stadt). Damals war sie bereits orthodoxer Bischofssitz. Bis zu Beginn des 15. Jhd. stand Berat unter der Herrschaft wechselnder Herrscher und 1417 eroberten erstmals die Osmanen die Stadt. Nach einer kurzen Zwischenherrschaft der Adelsfamilie Muzaka verlor man Berat 1450 endgültig an den Sultansstaat. Die Stadt entwickelte sich zu einem wichtigen Handelszentrum, es gab Schulen für Muslime und Christen und Berat war eine schöne Ansiedlung mit ziegelgedeckten Steinhäusern, prächtigen Villen und üppigen Gärten. Zudem herrschte zu dieser Zeit auch Steuer- und Religionsfreiheit. 1809 gehörte sie vorübergehend bis zu seinem Tod 1822 zu Ali Pascha Tepelenas Paschalik Ioannina. 1851 wurden große Teile der Stadt bei einem starken Erdbeben zerstört. Die fensterreichen, typischen Häuser der historischen Stadtteile stammen aus der Zeit unmittelbar danach. Nach der Vertreibung der deutschen Truppen 1944 wurde in Berat die erste „Demokratische Partei" mit Enver Hoxha als Ministerpräsidenten gegründet. Heute lebt Berat hauptsächlich vom Tourismus, jährlich besuchen etwa 20.000 Menschen die Stadt, wobei es sich dabei überwiegend um Tagestouristen handelt.

Landesmitte - Berat

Sehenswertes (etwa 4 Stunden ohne Museen und Kirchen innen) - Berat beherbergt drei historische Stadtteile, jeder ist aufgrund seiner Geschichte anders geprägt: Kalaja - die ursprüngliche Altstadtsiedlung innerhalb der Burgmauern auf dem Hügel, Mangalem am Fuße der Erhebung, hier liegt der muslimische Teil und das heutige Zentrum der Stadt und Gorica, jenseits der alten osmanischen Steinbrücke an den Felsen erbaut, der christlich geprägte Stadtteil.
Stadtteil Kalaja: Über den strategischen Stellen am Fluss thront die dreiecksförmige Burg. Das war nicht nur eine befestigte Anlage, sondern ein Stadtteil mit zahlreichen Kirchen und einigen Moscheen. Viele der alten, äußerst sehenswerten Gebäude sind noch gut erhalten. Die kleinen, steinernen Häuschen in den verwinkelten Kopfsteinpflastergäßchen sind fast alle bewohnt. Da die Bevölkerung seit byzantinischer Herrschaft hauptsächlich aus Christen bestand, gab es hier bis zu 20 Kirchen. An den Mauern ist stellenweise noch die wuchtige Quaderbauweise der Illyrer zu erkennen. Ein paar Meter links vom Eingangstor liegt die kleine, unscheinbare **Kirche "Shën Todrit"** aus dem 16. Jhd. mit schönen Ikonenmalereien des berühmten Onufri. Wählt man den westlichen Weg am **Pulverhaus** vorbei, gelangt man zur übermannsgroßen **Büste des byzantinischen Kaisers Konstantin der Große**. Östlich davon liegen etwas erhöht in einer Seitengasse die Kirchen „**Shën Konstandinit"**, **„Shën Meri Vilahema"** und **"Shën Kollit"**, sie gehören zu den ältesten der Stadt. Unübersehbar thront eines von Berats Wahrzeichen am Hang - die sehr detailgetreue, byzantinische **Dreifaltigkeitskirche „Shën Triades"** aus dem 13. Jhd. Von hier hat man einen wunderbaren Blick auf die Neustadt und den Berg Shpirag. Auffällig sind die Gravuren in seinen kahlen Flanken. Früher lautete das jetzige „NEVER" propagandistisch „ENVER". Oberhalb der Kirche liegt der osmanische Bereich der Altstadt mit den Resten der **Weißen Moschee** (das Minarett ist begehbar, von hier oben bietet sich ein schöner Blick), der **Kasernen**, der **Zitadelle** und der gewaltigen, **unterirdischen Zisternen**. Die Reste der **Roten Moschee** liegen außerhalb der Mauern. Weiter südwärts gelangt man zur schlichten, kaum als Kirche erkennbaren **„Shën Gjergj"**. An ihr vorbei nach rechts unten findet man sich am **spektakulären Aussichtspunkt** über Berat wieder **(Top-Tipp)**, es eröffnet sich der Blick über die im Tal liegenden Stadtteile, den Tomorri und bis weit in südliche Richtung am Osum entlang. Das riesige Gebäude mit der Kuppel ist die **Neue Universität**. Die Burgmauern an dieser Stelle verbargen

Landesmitte - Berat

einen Geheimweg ins Tal. Auf dem Weg zurück passiert man die unscheinbare **„Shën Vangelistrës"**. Im Zentrum befindet sich die Kathedrale **„Shën Merisë"**, ihr Entstehungsdatum ist ungewiss, spätestes Datum wird mit 1797 angegeben. Sie ist ebenfalls reich mit Werken von Onufri ausgestattet. Ihr angeschlossen ist das gleichnamige **Museum**, es zeigt etliche seiner schönsten Werke, eingearbeitet in prunkvolle Ikonastasen. Eintritt 200 Lek, Mo geschlossen, ausgeschildert. An manchen Stellen ist die Burgmauer noch begehbar wie z.B. Im Eingangsbereich. Der Eintritt zur Altstadt beträgt 100 Lek, direkt am Eingang befindet sich eine Übersichtskarte. Die Kirchen sind zu ihrem Schutz stets verschlossen, wer sich für die bewegte Geschichte der Gotteshäuser interessiert, sollte

sich einen Führer mit fundierten Kenntnissen nehmen, er hat auch die Schlüssel (kann vom Kassierer organisiert werden). **Anfahrt:** Mit dem Wohnmobil wählt man die knapp 3 Kilometer lange, ausgeschilderte Zufahrt ab dem Kreisverkehr an einem kastellartigen Gebäude vor dem Zentrum links ab (Rruga Muzak Topia). Es gibt große Parkplätze. Das Restaurant gegenüber bietet als Camping ausgewiesene Stellplätze. Die zweite Zufahrt in der Stadt ist sehr steil, eng und besteht aus glattem Kopfsteinpflaster. Diese ist daher für Wohnmobile auch unbefahrbar.

Stadtteil Mangalem: Hier wohnte in der Vergangenheit der osmanische Teil der Bevölkerung, entsprechend geprägt ist das Stadtbild. Während der untere Teil der Bauten an Wehrhäuser erinnert, zeigen sich die oberen Stockwerke durch die zahlreichen Fenster einladend und freundlich. Die dicht an dicht stehenden Häuser ziehen sich den Hang hinauf und gaben Berat seinen klangvollen Beinamen. Vor dem Erdbeben besaßen die Gebäude teilweise schön verzierte Holzvorbauten und Malereien. Am Fuße des Hügels liegt die aufwendige **Königsmoschee**, erbaut 1492. Das Kulturdenkmal mit einem schlanken Minarett und schönen Holzverzierungen ist innen schlicht gehalten. Dahinter befinden sich einige Ruinenreste und die sehenswerte Halveti-Tekke aus dem Jahre 1790. Sie gilt als eine der Schönsten des Landes und ist innen besonders reich mit Malereien und Schnitzereien verziert (Spende). Der langgestreckte Bau rechts daneben war die Karawanserei, die Herberge für Handelsreisende. Den Weg weiter in Richtung Burg befindet sich rechts das sehr informative **Ethnografische Museum**. Es ist ein typisches, zweistöckiges Gebäude, innen mit viel Schnitzkunst versehen und enthält eine wertvolle Sammlung von über 1.000 Objekten. Im Erdgeschoss sind Handwerksarbeiten ausgestellt sowie eine original nachgebildete Bazarstraße, im oberen Stockwerk befinden sich die Wohn-, Schlaf- und Handwerksräume mit uralten Möbelstücken und die Küche mit den üblichen Gerätschaften (200 Lek). Sehenswert ist auch die

Landesmitte - Berat

Junggesellenmoschee an der Hauptstraße gegenüber der Brücke. Sie wurde 1827 fertiggestellt, die Herkunft des Namens ist unklar. Das Kulturdenkmal ist innen wie außen über und über mit aufwendigen Malereien und Reliefs versehen, die Ostseite ziert eine grazile **Darstellung der Hagia Sofia**. Im Erdgeschoss unter den Arkaden waren schon zu osmanischer Zeit Läden angesiedelt. Etwa 150 Meter weiter gelangt man über einen Fußweg nach oben zur kleinen Kirche **"Shën Mehili"** aus dem frühen 14. Jhd. mit ihrem auffälligen, geordneten Schächtelmauerwerk. Sie liegt versteckt auf halber Höhe im Burghügel, ist aber auch vom Stadtteil gegenüber aus zu sehen. Am zentralen Busparkplatz findet man die **Bleidachmoschee** aus dem Jahre 1553, eine der ältesten des Landes und inzwischen restauriertes Kulturdenkmal sowie die imposante neue **Orthodoxe Kathedrale**. **Stadtteil Gorica:** Eine osmanische **Steinbrücke** aus dem Jahr 1780 überquert den Fluss Osum, auf ihr gelangt man zu Fuß in den christlich geprägten Stadtteil. Bis 1922 enthielt sie noch zahlreiche hölzerne Elemente. Auch in Gorica weisen die Häuser einen geschlossenen Baustil auf, die meisten stammen aus der Zeit nach dem Erdbeben 1851. Erwähnenswert ist das zentral gelegene, **orthodoxe Kloster** des **"Shën Spiridon"**, dem Schutzheiligen von Korfu. Es wurde 1864 erbaut, die Kirche enthält aufwendige Wandmalereien und eine prunkvolle Ikonastase. Eine weitere hübsche Kirche, **"Shën Thomait"** aus dem 18. Jhd., befindet sich am östlichsten Ende des Stadtteils. Ganz oben auf dem Berg, auf versteckten Wanderwegen nur über die Rückseite des Berges zu erreichen, gelangt man zu den Resten einer illyrischen Siedlung. Während der Wintermonate fällt durch die schattige Lage kaum ein Sonnenstrahl auf Gorica.

Park & Ride: Berat ist für Wohnmobile grundsätzlich nur aus einer Richtung zu erreichen, von Norden über die SH72, auf ihr wird man automatisch ins Zentrum geleitet. Parkmöglichkeiten gibt es am Busparkplatz bei der Kathedrale, an der Rruga Antipatrea bis zur Brücke, in der Shetitorja Osumi, die Parkstraße am Fluß und deren Verlängerung Rr. Santa Lucia. Für kleinere Wohnmobile außerhalb der Saison auch unterhalb der steilen Kopfsteinpflasterzufahrt und im Stadtteil Gorica direkt am Fluss. Die **Touristeninformation** befindet sich etwa 100 Meter südlich vom Busparkplatz auf der rechten Seite.

Veranstaltungen: Am 14. März wird der Frühlingstag mit Karneval gefeiert. Der Rafting-Day mit Veranstaltungen rund um den Sport am Fluss Osum findet am 1. Mai statt, ebenfalls im Mai das Berat-Fest, ein mehrtägiges Volksfest mit vielen unterschiedlichen Veranstaltungen und einem bunten Markttreiben. Ganz groß begangen (im wahrsten Sinne des Wortes) wird jährlich am 15. August das Pilgerfest am Berg Tomorr und im September finden die Kulturtage und das Weinfest statt.

Berat Caravan Camping (GPS 40°46'42.3"N 19°51'27.7"E), nördlich von Ura Vajgurore, etwa 12 Kilometer vor Berat, ausgeschildert mit einem dezenten weiß-blauen Schild. Familiär geführter, kleiner Platz in einem sehr gepflegten Gartenareal, äußerst ruhig gelegen. Freundliche Betreiberin und guter Service. Saubere sanitäre Einrichtungen, Waschmaschine, W-Lan. Minibusse fahren in kurzen Abständen direkt vor dem Haus nach Berat ab. Etwa 200 Meter nördlich kann man das Schwimmbad eines Freizeitkomplexes nutzen. Sehr gutes Restaurant mit lokalen Spezialitäten. Platz für ca. 25 Wohnmobile. Ganzjährig geöffnet, € 14,--.
www.beratcaravancamping.com

Tipps: Direkt neben dem Campingplatz befindet sich das bekannte Weingut „Kantina e verë Cobo". Die Weine sind sehr gut, jedoch für albanische Verhältnisse nicht ganz billig. Es werden auch Weinproben mit Snacks angeboten.

Direkt im Zentrum von Ura Vajgurore zweigt die Straße nach Kuçovë und in das Dumreja-Seengebiet ab. Nach 1 Kilometer passiert man rechter Hand einen Militärflughafen, er wird von der albanischen Luftwaffe aktiv genutzt und wurde kürzlich modernisiert. 2 Kilometer vom Abzweig führt dahinter eine Straße (gesamt 6 km) zu einer der schönsten Kirchen Albaniens. **„Shën Kolli" in Perondi** ist eine frühe Basilika aus dem 10. Jhd. und vollständig erhalten. Sie hat einen hölzernen Dachstuhl und eine schlichte aber sehr schöne Innenausstattung. Der Glockenturm wurde im 13. Jhd. angebaut. Den Kirchenschlüssel erhält man im kleinen Dorfladen nebenan.

Von Berat bis nach Çorovoda erstreckt sich die kurvige aber ohne nennenswerte Steigungen verlaufende Straße über 52 Kilometer fast durchgehend am Fluss Osum entlang. Landschaftlich wird die überaus reizvolle Strecke von Nadel- und Mischwäldern begleitet, viele ursprüngliche Dörfer liegen am Weg und im Hintergrund erhebt sich das 2.416 Meter hohe Massiv des Tomorr. Das geologische Nationalheiligtum der Albaner ist 19 Kilometer lang und 6 Kilometer breit. Alljährlich um den 15. August pilgern wahre Ströme zu einem Bektashi-Heiligtum auf halber Höhe und feiern eine Woche lang ihr höchstes Fest. Der gut sichtbare, gewaltige Steinbruch bietet viele Arbeitsplätze, hier werden wunderschöne Steinplatten zu Tage gebracht, man findet sie an Bauwerken in ganz Albanien, etliche Tonnen werden auch exportiert. Hinter der Kleinstadt Poliçan kann man noch einige verfallene Munitionsfabriken aus Hoxhas Zeiten sehen. Der Berg verfügt über ein Tunnelsystem, die Belüftungstürme sind gut zu erkennen. Ab und zu finden immer noch hörbar Munitions-Entsorgungsaktionen statt. Hinter Poliçan erreicht man nach 13 Kilometern den kleinen Ort Bogova mit einem nach Osten abgehenden Seitental. Wenige Kilometer von der Straße gibt es sehr sehenswerte, große Wasserfälle. Zu diesen gelangt man entweder am Bach entlang durch das Tal oder den Schotterweg etwa 2 Kilometer aufwärts, an einer Linkskurve den Pfad abwärts wandern. Der imposante Wasserfall ergießt sich in riesige, graue Steinbecken. Im Ort gibt es an der Straße bestes Trinkwasser, die Tavernen bieten gutes Essen.

Osum-Canyon (Karte 1:150.000 von freytag & berndt: P 9) (Highlight)

Dieser Canyon kann ohne Zweifel als einer der spektakulärsten Europas bezeichnet werden und stellt eine echte Naturbesonderheit dar. Über 17 Kilometer Länge hat der Fluss Osum, mit 161 Kilometer der fünftlängste des Landes, eine bis zu 100 Meter tiefe Schlucht in das rotbraune Gestein geformt und bietet äußerst eindrucksvolle An- und Ausblicke. Etliche Wasserfälle stürzen die steilen Wände hinab, die unzählige Höhlen verbergen. Der Fluss hat den ungewöhnlichsten Verlauf quer durch Südalbanien. Inzwischen kann man dieses grandiose Naturwunder endlich auf gut befahrbarer Straße auch mit dem Wohnmobil erkunden. Ab Çorovoda ist die Strecke über 15 Kilometer bis zum Auslauf des Canyons an der Brücke über den Osum geteert, incl. Haltebuchten und Schilderwald. Man verlässt das Zentrum von Çorovoda Richtung Nordosten über die Rr. Mestan Ujaniku. Für einen Blick auf die Schlucht ist jeweils ein Stopp empfohlen. Der erste Eindruck auf das Schauspiel eröffnet sich nach 4 Kilometern. Bei Kilometer 5 befindet sich der kleine „Canyon Camping" mit einer Aussichtsplattform, hierzu links am Häuschen vorbei nach unten gehen. Hier gut erkennbar ist links in der Canyonwand ein Weg hinab und der Einstieg in die Schlucht - dieses Abenteuer erfordert jedoch Trittsicherheit. Nach knapp 8 Kilometern passiert man eine kleine Bektashi-Tekke, ebenfalls mit einem beeindruckenden Blick in die Tiefe. Nach etwa 10 Kilometern zweigt an einem Stopp-Schild ein markant auffälliger Weg nach rechts unten ab. Das Wohnmobil hier parken und unbedingt die wenigen Meter zu Fuß zur Brücke gehen. Von hier bieten sich in beide Richtungen des Canyons die sensationellsten Fotomotive. Auch die restlichen Kilometer bis zum endgültigen Auslauf der Schlucht sind alles andere als langweilig und versprechen wirklich schöne Eindrücke. Der kleine Canyon-Camping eignet sich gut als Notstellplatz, wenn er geöffnet hat, gibt es auf jeden Fall Getränke und mit sehr viel Glück auch etwas zu essen.

Byllis (Karte 1:150.000 von freytag & berndt: O 6) (Top-Tipp)

Eine weitere beeindruckende Ruinenstätte ist das antike Byllis mit seinem Nachbarort Nikaia. Sie liegt etwa 20 Kilometer südöstlich von Fier auf einem 523 Meter hoch gelegenen Berghügel der Mali i Gradishtës mit traumhaftem Blick über den Verlauf der breiten Vjosa im Tal. Die Siedlungsgeschichte begann bereits im 5. Jhd. v. Chr. mit der Erschließung und Befestigung des Nachbarhügels Nikaia durch die Illyrer. Man betrieb hier erfolgreich Ackerbau, es wurden Unmengen von Weizen gegen griechische Keramik getauscht. Die Siedlung erfuhr einen enormen Zuzug von Händlern und Handwerkern und durch Stammeskonflikte wurden zahlreich Bauern aus der Umgebung aufgenommen. Somit war der Nikaia-Hügel bald zu klein und mit der Beteiligung griechischer Kolonisten entstand im 4. Jhd. v. Chr. Byllis. Ab 229 v. Chr. war der Ort eine autonome Stadt im Römischen Reich. Viele der Gebäude stammen aus dieser Zeit und durch den weiterhin regen Handel begann man mit der Prägung von Münzen. Ab 148 v. Chr. gehörte sie zur Provinz Makedonien und war ein wichtiger militärischer Stützpunkt, 48 v. Chr. unterhielt Cäsar hier ein Militärlager. Schon im 5. Jhd. war der Ort Bischofssitz und ein wichtiges christliches Zentrum. In der näheren Umgebung fand man die Reste von 15 frühchristlichen Basilika.

Zu Zeiten des Kaisers Justinian wurde das Stadtgebiet um ein Drittel verkleinert, viele Bewohner wanderten bereits ab. Ende des 6. Jhd. fielen Slawen in das Gebiet ein, die Stadt wurde zerstört und verlassen. Den Bischofssitz verlegte man in das nahe gelegene Ballsh. Auch dort fand man später etliche bedeutende Kirchen, u.a. eine Basilika für deren Bau Teile aus Byllis verwendet wurden, vor allem Marmor und Granit. Die Forschungsgeschichte von Byllis und Nikaia begann bereits 1815 und dauert mit international wechselnden Archäologenteams immer noch an. Unzählige historische Schätze liegen noch unter der Erde verschüttet, die Ruinenreste werden behutsam und ganz ohne Fremdmaterialien restauriert.

Sehenswerte Bauwerke: (etwa 1,5 Stunden) - Ursprünglich umfassten 2,5 Kilometer lange, bis zu 10 Meter hohe Mauern das dreiecksförmige, 30 Hektar große Stadtgebiet. Sie waren 2,5 Meter dick und enthielten sechs Eingangskorridore mit **Wachtürmen**. Davon sind noch beeindruckende Reste zu sehen. Im Zentrum lag die **Agora** mit Treppenstufen, östlich angrenzend eine winkelförmige **Stoa** (Wandelgang). In den oberen Teil wurde eine **Basilika** hineingebaut. Links davon befand sich das **Prytaneion**, der Regierungssitz. Das gut erhaltene **Theater** hatte einen Durchmesser von 80 Meter und bot gut 7.000 Zuschauern Platz. Etliche Steine davon wurden bei dem Bau der Mauer aus dem 6. Jhd. verwendet. An das Theater grenzt westlich eine weitere **Stoa** an. Die **Zisterne** für das Trinkwasser war 50 Meter lang. Bisher konnte man 5 Basilika freilegen,

Landesmitte - Byllis

die Größte stammt aus dem 5. Jhd., hier baute man ein **Baptisterium** an. Etliche gut erhaltene, farbenprächtige Bodenmosaike zeigen Motive aus dem alltäglichen Leben. Des Weiteren zu sehen sind die Überreste des **Gymnasion** und einiger **Wohnhäuser**. Sämtliche Gebäude zeugen vom ehemaligen Reichtum der Stadt. Viele Wände waren mit Reliefs verziert. Ein weiterer Besichtigungsgrund ergibt sich aus der **grandiosen Sicht** auf das Vjosa-Tal und deren breites Schwemmbett. Eintritt: 300 Lek, geöffnet 8.00-18.00h. Auch nach Nikaia lohnt sich ein Abstecher. Im Ort Klos wurden viele der alten Gebäude aus Steinen der antiken Stätten errichtet. **Anfahrt:** Wohnmobile sollten generell die Anfahrt (40 km) von Fier über Patos, Ballsh und Hekal nach Byllis wählen. Über den Abzweig von der neue SH4-Trasse sind die letzten Kilometer nicht asphaltiert und steil. 3 Kilometer südlich von Ballsh ist die Zufahrt ausgeschildert. Die Weiterfahrt in den Süden über die alte SH4 ist ab Ballsh möglich, die Strecke wurde jedoch mit dem Bau der neuen Trasse nicht mehr instand gehalten. Die Zufahrt nach Nikaia ist ebenfalls asphaltiert und führt an Byllis vorbei über den Ort Klos. Der Restaurantparkplatz bei Byllis eignet sich auch gut als **Stellplatz**.

Die albanische "Pyramide" - Der Lotterieaufstand oder auch Pyramidenskandal genannt, bezeichnet eine schwere politische, gesellschaftliche und vor allem wirtschaftliche Krise Albaniens im Jahr 1997. Sie rief fast bürgerkriegsähnliche Zustände hervor. Ursache waren Betrügereien einiger Anlagefirmen, wodurch viele Albaner ihr gesamtes Vermögen verloren, welches sie nach dem Ende des Kommunismus als Arbeiter in Italien und Griechenland erwirtschafteten. 1995 betrug der private Geldbesitz von 400.000 Auslandsarbeitern über 15% des Bruttoinlandsproduktes (350 Mio. US$), 1996 mit den Auslandsüberweisungen 700 Mio. US$. Ein funktionierendes Bankenwesen gab es kaum, somit wurde so gut wie kein Geld in Sparkonten angelegt. Die Schwindler versprachen den „Investoren" enorme Zinssätze auf ihre Einlagen in sogenannte Pyramidensysteme. Viele verkauften teilweise ihr Grundeigentum, um zusätzlich investieren zu können. Bis zum Zusammenbruch summierten sich die Einlagen auf über 1,2 Mrd. US$. Um Legalität vorzutäuschen, investierten die Pyramiden-Firmen Kleinstbeträge in Industrie und Tourismus, der Großteil aber wanderte in die Taschen der Firmeneigentümer. Inwieweit die Politik das System duldete bzw. selbst darin verwickelt war, ist bis heute ungeklärt, man kann nur Vermutungen anstellen. Die versprochenen Zinssätze erhöhten sich rasend schnell auf bis zu 50%/Monat. Die Folge war, dass Ende 1996 bis auf 4 Pyramiden-Firmen alle Insolvenz anmelden mussten und der Finanzskandal perfekt war. Die Bürger wollten ihr Geld zurück und gaben der Regierung die Schuld. Erst kam es in Vlorë zu Massenprotesten, welche sich bald auf das ganze Land ausweiteten. Die öffentliche Ordnung brach komplett zusammen, die Aufständischen überfielen militärische Lager und zerstörten viele Gebäude. Polizei und Militär stand aber meist auf der Seite des Volkes. Bald richtete sich die Gewalt auch gegen öffentliche Einrichtungen. Kriminelle Banden nutzen das Chaos für Plünderungen der antiken Stätten. Die Regierung war machtlos, selbst ein Ausnahmezustand konnte zur Beruhigung des Landes nicht beitragen, die Zustände eskalierten. Ausländer und auch Albaner wurden evakuiert. Die Übergangsregierung bat im April 1997 um militärische Intervention. 6.000 Soldaten aus ganz Europa hatten unter italienischer Führung von der UNO den Auftrag humanitäre Hilfe zu leisten, die Ordnung wieder herzustellen und die Durchführung von Neuwahlen zu ermöglichen. Im Juni 1997 siegten die Sozialisten, die ausländischen Truppen blieben noch Monate im Land bis die öffentliche Ordnung wieder hergestellt war. Viele der zerstörten Häuser sind heute immer noch zu sehen, besonders schlimm traf es den kleinen Küstenort Ksamil.

Albanische Riviera

Die Albanische Rivieraküste (Highlight)
Dieser Teil Albaniens wird von vielen Besuchern als der schönste empfunden, zudem man eine derartige Traumkulisse kaum erwartet: Griechisch geprägte, romantische Küstenorte mit viel kulturellen Impulsen, sagenhafte Badebuchten mit strahlend blauem, glasklarem Wasser, im Hintergrund die hohen Berge - einfach eine fantastische Landschaftsszenerie! Dazu die lebensfrohe, freundliche Bevölkerung mit ihrer südländischen Lebensart - beste Voraussetzungen für viele unvergessliche Urlaubs-Tage!

der Blick vom Llogara-Pass - rechts sieht man Korfu

Die Albanische Riviera beginnt südlich der Hafenstadt Vlorë und reicht bis Sarandë, wovon die griechische Insel Korfu nur wenige Kilometer entfernt liegt. Die Fahrt entlang dieses etwa 130 Kilometer langen Abschnittes stellt ein unvergessliches Highlight jeder Albanienreise dar und für viele Besucher ist sie die reizvollste Region des Landes. Das tiefblaue Wasser des Ionischen Meeres, gesäumt von unzähligen feinkiesigen, weißen Traumstränden und -buchten, kombiniert mit der Kulisse markanter Gebirgsketten, die unmittelbar im Hintergrund aufragen und teilweise über 2.000 Meter hoch sind. All dies erweckt den Wunsch, an jedem dieser schönen Plätze ein paar Tage zu verbringen, das Meer, die Sonne und die kulinarischen Köstlichkeiten zu genießen. Egal ob man von Norden oder Süden kommt, nach jeder Kurve bietet sich ein unvergessliches Panorama. Zahlreiche schmucke und typisch südländische Bergdörfer mit ihren traumhaften Ausblicken kuscheln sich malerisch an die schroffen Berghänge und laden zu Reisen in die Vergangenheit ein. Ausflüge in das geschichtsträchtige Hinterland mit antiken Stätten bieten einen Einblick in das bereits sehr früh besiedelte Gebiet (siehe Süden). Der Landstrich südlich des Llogara-Passes ist optisch geprägt von Oliven- und Zitrushainen, Zypressenwäldern und Palmenbestand, Macchien und Kräuterwiesen. Landwirtschaft findet nur im eigenen Garten statt. In den Dörfern spricht man oft griechisch, manche werden sogar hauptsächlich von Griechen bewohnt und bilden somit buchstäblich Sprachinseln. Immer wieder wird man dazu auch mancherorts mit den historischen Konflikten konfrontiert (siehe Essay Seite 116). Die Infrastruktur an der Riviera ist entgegen aller Erwartungen oft noch schwach ausgeprägt. So sind die Straßen schmäler, die Tankstellendichte geringer und selbst in den größeren Ortschaften gibt es oft nur kleinere Supermärkte, welche jedoch recht gut sortiert sind. Die Restaurants starten ihren Betrieb bis auf wenige Ausnahmen überwiegend erst Anfang Mai, die Dorfbars hingegen haben das ganze Jahr geöffnet, so kann man stets die gute einheimische Mittelmeerküche, aber auch typisch Albanisches genießen. Die Buchten der Riviera eignen sich auch hervorragend zum Tauchen.

Albanische Riviera

Routeninformation: Die Küstenstraße wurde zwar vor etlichen Jahren saniert, jedoch weist sie bereits wieder zahlreiche Schadstellen auf. Dennoch kann man sie als „in sehr gutem Zustand" bezeichnen. Die Strecke ist sehr kurvenreich mit zahlreichen Höhenunterschieden und leichten Serpentinenabschnitten. Stellenweise ist sie auch sehr eng, dennoch haben auch große Wohnmobile keine Schwierigkeiten. Vlorë – Sarandë: 127 km, etwa 3,5 Stunden; Vlorë - Llogara-Nationalpark: 43 km, ca. 1 Stunde; Vlorë – Himarë: 73 km, etwa 2 Stunden;

! ! ! ! Tankstellen an der Riviera sind rar, immer rechtzeitig tanken ! ! ! !

Campingplätze: Rezidenca Cekodhime in Radhimë direkt am Meer mit Strand; in der Bucht von Livadh: Camping Moscato, Camping Kranea und Camping Nashos; Himara Camping in Himarë, südlicher Ortsteil Potami.

Stellplätze: Strände von Radhimë und Orikum, Dukat, Llogara-Nationalpark; Strand von Palasë, Dhërmi, Gjipë, Strand von Jal, Llaman-Beach, Porto Palermo, Qeparo, Strand von Borsh, Bunec, Lukovë, „Caping (ohne „m") Pali" bei Nivicë.

Südlich von Vlorë durchquert man zunächst den modernen Badeort Ujë i Ftothë (Kaltes Wasser). Schon zu kommunistischer Zeit war dies ein beliebtes Ziel der Regierungsmitglieder. Heute verbringen dort wohlhabendere Albaner und Urlauber aus dem Kosovo ihre Ferien. Entsprechend kann es hier im Hochsommer zu längeren Stauabschnitten kommen. Es bietet sich ein schöner Ausblick über die gesamte Bucht von Vlorë, die gegenüber liegende Insel Sazan und die Halbinsel Karaburun. Bis nach Orikum sind es 18 Kilometer. Das langgestreckte Radhimë hat einige gute Stellplätze, teils auch "Camping". Man sollte es nicht versäumen, in einem der traditionellen Restaurants regionale Köstlichkeiten zu probieren. Zicklein, Spanferkel und Fisch werden hier sehr schmackhaft zubereitet. Die Kellner in Tracht laden bereits an der Straße dazu ein. Kurz vor Orikum passiert man Albaniens derzeit noch einzige Marina. Bei Kavajë soll bis 2018 ein supermoderner Mega-Yachthafen entstehen - Porto Albania. Eine Anlage mit ca. 800 Bootsplätzen, 150 Apartments und einem Luxushotel, vorerst veranschlagte Kosten: circa 85 Millionen Euro investiert ein schweizer Bauunternehmen (www.portoalbania.com).

Camping Rezidenca Cekodhime (GPS 40°22'38.6"N 19°28'43.2"E), neuer Platz direkt am langen Strand von Radhimë gelegen, teilweise unter schattigem Baumbestand beim gleichnamigen Hotel. Restaurant, Boots- und Fahrradverleih, Waschmaschine, moderne, saubere sanitäre Einrichtungen, Wasseranschluß am Stellplatz. Kleiner Shop in der Hochsaison, W-Lan. Ganzjährig geöffnet, € 20,--, **www.rezidencacekodhima.com**

Orikum (Karte 1:150.000 von freytag & berndt: Q 4)

Hier lohnt sich außerhalb der Hochsaison ein Abstecher zum Strandabschnitt der Kleinstadt und in das vogelreiche Lagunengebiet. Die Wasser und Riedflächen und im Hintergrund die Berge bieten einen interessanten Anblick, besonders schön ist es im Herbst, wenn sich die Sumpfgräser rot färben. Die Bucht eignet sich durch die geschützte Lage an der Karaburun-Halbinsel bereits früh zum Baden. Es gibt zahlreiche Fischrestaurants entlang der Uferstraße. Hier kann man gut parken und notfalls auch übernachten. Für Spaziergänge (oder robuste kleine Wohnmobile) in die Lagune

nimmt man den Weg etwa 50 Meter vor der Militärabsperrung zum Karaburun links. Nach 2,5 Kilometer zweigt der Weg wiederum nach links ab. Nahe der nächsten Gebäude liegt rechts auf einem Hügel die außerordentlich hübsche „Marmorkirche", eine byzantinische Kreuzkuppelkirche aus dem 10. Jhd. Der Archäologiepark im Orikum hinter der Militärabsperrung ist mit Führer zu besichtigen, am Einlass müssen die Papiere abgegeben werden. Das antike Orikos hat noch eine lange Forschungsgeschichte vor sich. Bislang wurden erst etliche Mauerreste, Stücke des Theaters, Tempel und Reste des Hafens freigelegt. **Anfahrt:** An der Hauptstraße SH8 befinden sich etliche braune, richtungsweisende Touristenschilder, an der Kreuzung unmittelbar am Ortsausgang rechts zum Strand abbiegen. In Orikum gibt es einige kleine Supermärkte, Banken und eine Wechselstube. Vor dem Anstieg zum Llogara-Pass durchquert man den Ort Dukat. In Dukat-Fshat bietet das Restaurant „Beluli Dukat" ausgezeichnet zubereitetes Zicklein. Der Rotwein der Region gilt als besondere Delikatesse. Oberhalb des Dorfes, zu Fuß zu erreichen, liegt eine alte Wehranlage im osmanischen Stil. Besichtigungsvereinbarung im Restaurant. Die Abfahrt links hinab in das Dorf ist ausgeschildert und asphaltiert.

Llogara-Pass & Nationalpark (Karte 1:150.000 von freytag & berndt: Q 5)
Hinter Dukat erfolgt die kurvenreiche, steile Auffahrt über knapp 10 Kilometer zum 1.027 Meter hohen Llogara-Pass. Die dicht bewaldete Nordseite ist mit einer Fläche von 1.010 Hektar seit 1966 als Nationalpark ausgewiesen und eignet sich gut für Wanderungen. Die ausgedehnten Mischwälder beherbergen vor allem Pinien, verschiedene Kiefernarten, Tannen und Eschen. Die sogenannten **„Flaggenpinien"** stellen ein geschütztes Naturmonument dar, ihre skurrilen Formen erhalten sie durch Wind und Schnee. Die Wälder sind zudem die Heimat zahlreicher Wildtiere, darunter Wölfe, Füchse, Wildschweine, Rehe und Steinmarder. Zu den Vögeln zählen der Steinadler, Gänsegeier und Uhu. Die höchsten Berge sind der Mali i Cikës (2.045 m) und der Mali Gjipalit (2.018 m). Hier kann durchaus bis April Schnee liegen. Mehrere Ausflugslokale säumen den Weg bis auf den Pass. Kurz vor der letzten Kurve ergießt sich aus zwei Rohren in einem Felsen bestes Llogara-Wasser. Am Südhang existiert seit kurzem

eine Station für Gleitschirmflieger, hier werden internationale Wettbewerbe ausgetragen. Der beste Ausblick auf die Rivieraküste bietet sich nicht direkt vom Pass, sondern drei Kehren tiefer an der Startplattform. Tief unten locken weiße Strände, in der Ferne kann man die Inseln Korfu, Othoni, Mathraki und Erikoussa erkennen, im Hintergrund erheben sich die kargen Gipfel des Mali i Çikës-Gebirgszuges. Der Pass gilt zudem als eine Art Klima- und Vegetationsgrenze. Die Temperaturen südlich davon sind im Schnitt etwa 3 Grad höher und die Sonnentage erreichen eine stattliche Anzahl von 300 im Jahr. Der Abstieg hat zwar nur 5 Kehren, zieht sich aber dennoch etwas in die Länge da die Geraden dazwischen sehr lang sind.

Albanische Riviera

Camping, Stellplatz: Nach Dukat, vor der Auffahrt zum Llogara-Pass von Norden kommend, liegt linker Hand nach einer scharfen Rechtskurve das **Restaurant „Alegria"** mit offiziell ausgewiesenem Stellplatz. Von hier hat man auch zum letzten Mal einen sehr schönen Blick auf die Orikum-Lagune. Inmitten der Restaurant-Ansiedlung auf halbem Weg rechts gelegen, bietet das **Restaurant „Hamiti"** Stellplätze mit Strom und Duschmöglichkeiten an. Andere Lokale weisen ebenfalls schon ihre Parkplätzetz als „Stellmöglichkeit" aus. Bis Mitte Mai und ab Mitte September ist es direkt oben am Pass sehr oft schon recht kalt und auch nebelig.

Çaj Mali - Überall in Albanien findet man an den Straßenständen und in den Dorfläden Büschel oder kleine Tütchen mit getrockneten Pflanzenteilen. Es handelt sich hierbei um einen äußerst schmackhaften Bergkräutertee - Çaj Mali. Die Pflanze aus der Gattung des Syrischen Gliedkrautes (lat. Sideritis syriaca) zählt über 100 Unterarten und kommt auf dem gesamten Balkan vor. Der dekorative Strauch erreicht eine Höhe von 20 - 50 cm, die spitzen, länglichen Blätter und der Stiel sind von einem weißen Pelz überzogen, die weißgelben, kugelförmigen Blüten sitzen dicht am Stengel. Die süß duftende Pflanze ist reich an ätherischen Ölen. Seit Jahrhunderten schon gilt sie als wirksames Heilmittel. Dem Kraut werden antioxidative und entzündungshemmende Eigenschaften zugeschrieben. So verwendet man es gerne bei Erkrankungen der oberen Atemwege und zur Stärkung des Immunsystems sowie bei Herz- und Kreislauferkrankungen. Sideritis wächst auf ca. 800 bis 1000 Meter Höhe, gesammelt wird im Hochsommer. Für 500 Gramm fertigen Tee werden etwa 12 Kilogramm frische Kräuter benötigt. Die fertigen Mischungen enthalten oft noch Salbei und Thymian, welche die heilenden Kräfte zusätzlich unterstützen. Zubereitung: Etwa zwei Stengel mit einem Viertelliter kochendem Wasser übergießen und mindestens 5 Minuten ziehen lassen. Das Kraut kann im Wasser verbleiben oder als zweiter Aufguss verwendet werden. Nach Belieben mit Honig süßen. Auch kalt getrunken ist der Çaj (Tee) eine leckere Erfrischung. Jeden Tag mindestens eine Tasse Çaj Mali und man wird ganz bestimmt 100 Jahre alt - **sagen die Albaner**.

Palasë (Karte 1:150.000 freytag & berndt: Q 5)

Den ersten Ort unterhalb des Llogara-Passes wird man kaum wahrnehmen, da er sehr versteckt in den Berghängen liegt. Umso mehr jedoch den von weit oben schon unübersehbaren langen und breiten Strandabschnitt von Palasë. Bis vor kurzem war er nur Besuchern mit geeigneten Allrad-Fahrzeugen vorbehalten. Nun hat man im Zusammenhang mit dem Bau des gigantischen Green-Coast-Resorts auch gleich die Straße hinab geteert. Und vorbei ist es mit der Ruhe, Einsamkeit und Sauberkeit. Der Müll hat es inzwischen auch schon bis ganz nach hinten geschafft. Dennoch bietet sich der Abschnitt durchaus für einen Abstecher zum Baden oder sogar zum Übernachten an.

Dhërmi (Karte freytag & berndt 1:150 000 R 5)

Der Ort liegt überaus reizvoll und malerisch, hoch oben über dem Meer an den Hängen des Mali i Çikës. Das kleine, verträumte Bergdorf ist optisch geprägt von seinen zahlreichen Kirchen. Doch von den 31 orthodoxen Gotteshäusern aus dem Mittelalter sind nur noch wenige gut erhalten, meist enthalten sie noch ihre aufwendigen Fresken. Ihre exakte Entstehungszeit lässt sich nur ungenau ermitteln, ebenso der tatsächliche Name. Gleich am Ortseingang liegt etwas erhöht „Shën Ipapandi" aus dem 18 Jhd., sie wurde vor wenigen Jahren restauriert. Die zentral gelegene „Shën Spiridon" mit der blauen Kuppel stammt ebenfalls aus dem 18.

Jhd. Das weithin sichtbare Kloster auf dem Berg „Shën Merisë" aus dem 13.+14. Jhd. Zu ihm gelangt man am besten zu Fuß über einen betonierten Weg vom Zentrum aus. Die kleine „Shën Konstandini" am Ortsrand wurde ebenso im 18. Jhd. erbaut. In der Umgebung von Dhërmi werden seit langer Zeit schon Oliven- und Zitrusfrüchte, Feigen, Trauben, Kaktusfeigen und Pflaumen kultiviert. Die zum größten Teil orthodoxen Bewohner sprechen meist griechisch. Für einen Spaziergang durch den Ort parkt man am besten in der kleinen Talsohle, hier an der Quelle ist die Straße breit genug. Die gepflegten Strände unterhalb des Dorfes entwickeln sich immer mehr zu beliebten Ferienzielen. Die illegalen Bauten wurden inzwischen alle beseitigt und haben Platz für neue Unterkünfte und Restaurants geschaffen, die sich recht harmonisch in die Landschaft einfügen. Vorwiegend verbringen Albaner und Besucher aus den Nachbarländern hier ihre Ferien. Zu den schönen Meeresabschnitten von Dhërmi und Drymadës gelangt man über eine Zufahrtsstraße am nördlichen Ortsrand. Der Strand teilt sich in zwei Teile. Der Weg zum nördlichen Abschnitt wurde erst kürzlich saniert und endet an einer Uferpromenade, inzwischen ist er bis weit nach hinten erschlossen. Der südliche Teil zeichnet sich durch eine dichtere Bebauung mit Hotels und Restaurants entlang des Weges aus. Ganz im Süden verläuft sich die touristische Erschließung. In den Sommermonaten sind die Strände aber alle oft restlos überlaufen. Die Strandrestaurants bieten ausgezeichnetes mediterranes und albanisches Essen. Am nördlichen und südlichen Ende der Strände gelangt man über Fußpfade zu abgelegeneren Kleinbuchten. In der Region um Dhërmi gibt es einen der besten Honige.

Camping, Stellplätze: Zu diesem Thema in Dhërmi muss man drei Tatsachen erwähnen: 1. Sie entstehen willkürlich irgendwo ohne akzeptablen Standard und existieren meist nicht lange. 2. Sie sind nur für Zelte geeignet. 3. Sie sind laut (Discos, laute Musik und lärmende, feiernde Mitmenschen). Stellplätze findet man am wahrscheinlichsten am nördlichen Abschnitt Drymadës ganz hinten. Am südlichen Abschnitt Dhërmi-Beach gehören die Strandabschnitte meist zu den dort direkt angrenzenden Unterkünften bzw. Bars und Tavernen.

Albanische Riviera

Canyon von Gjipë (Karte 1:150.000 von freytag & berndt: R 6) (Top-Tipp)

Einige Kilometer südlich von Dhërmi, nahe des kleinen Ortes Ilias, befindet sich einer der schönsten Strandabschnitte der Riviera. Der Abstecher ist ein Muss für alle, die eine 25-minütige Wanderung auf einem steinigen Pfad hinab nicht scheuen. Den Weg dorthin, eine 2 Kilometer lange, übertrieben „ausgebaute" Straße mit Beleuchtung, jedoch nur einspurig aber dafür mit Ausweichbuchten, säumen schroffe rote Sandsteinfelsen, ein geologisches Naturmonument der Region. Es ist die Zufahrt zum Kloster „Manastiri Thodores". Von dort, nordwestlich vom Parkplatz, geht es zu Fuß zu einem absoluten Traumstrand – ganz in weiß natürlich und außerhalb der Hochsommermonate auch einsam. In der trockenen Jahreszeit kann man die dahinter liegende, enge Felsenschlucht etwa 800 Meter bis an deren Ende erwandern. Oben, kurz vor dem Parkplatz, befindet sich der Abzweig zum alten Kloster. Von hier hat man einen traumhaften Blick bis zu den Stränden von Dhërmi und Palasë. Der Parkplatz eignet sich auch sehr gut als Stellplatz.

Vuno und die Bucht von Jal (Karte 1:150.000 von freytag & berndt: R 6)

Das kleine, malerische Bergdorf Vuno, gegründet im 14. Jhd., ist ein oft nicht beachtetes Juwel unter den kleinen Küstendörfern der Riviera, ein typisches Beispiel dafür, dass Albaniens alte, steinerne Dörfer darauf warten, zu neuem Leben erweckt zu werden. Das ist zumindest der Plan der Regierung. Um die Landflucht zu stoppen und die Einwohner im Dorf zu halten, sollen in den alten Gemäuern 75 „Bed & Breakfast-Unterkünfte" entstehen. Das Städtchen ist heute, nach einer Abwanderungswelle zum größten Teil unbewohnt, obwohl schon sehr viele Renovierungsarbeiten stattfinden und die alten Häuschen liebevoll restauriert werden. Inzwischen wohnen hier wieder an die 300 Menschen. Es lohnt sich, einen kurzen Zwischenstopp einzulegen. Der obere Stadtteil kann durch kleine, teils gewölbeartige Gassen bis nach oben erkundet werden. In den mediterranen Gärten ziehen viele liebevolle Details die Aufmerksamkeit an sich. Für Kulturliebhaber befinden sich im unteren Stadtteil (Zugang unterhalb des Abzweiges nach Jal) etliche alte Kirchen aus dem 18. Jhd. mit sehenswerten Ikonenmalereien (Schlüssel im Dorfzentrum erfragen). Das Zentrum mit der schmalsten Stelle der Küstenstraße SH8 ist einspurig und wird durch eine Ampel geregelt. Parken ist am Zentralplatz beim Partisanendenkmal sehr gut möglich, kurz hinter der südlichen Stadtausfahrt oder auch auf dem Weg nach Jal.

Albanische Riviera

im Vordergrund das südliche Ende der Bucht von Jal - rechts hinten wieder Korfu

Unmittelbar südlich von Vuno befindet sich der Abzweig zum Strand von Jal, die 5 Kilometer entfernte Bucht gehört zum Dorf. Der Küstenbereich von hier bis nach Himarë beherbergt die schönsten Abschnitte der Riviera, oft sind sie nur zu Fuß zu erreichen. Das Wasser scheint hier noch blauer und die kleinen Strände noch feiner und weißer zu sein. In Jal gibt es einige einfache Tavernen und die Top-Anlage der Folie Marine mit Tauch- und Schnorchelmöglichkeiten sowie das dazu gehörende Soleil Village mit Unterkünften der gehobenen Klasse. Alle haben jedoch nur in der Saison geöffnet, ebenso die einfachen Campingplätze direkt am Strand und an der Zufahrtsstraße, die man höchstens als bessere Stellplätze bezeichnen kann. Da der Strand von Jal rein dem Saisongeschäft unterliegt, hat man den Abschnitt im Frühjahr und Herbst fast für sich alleine, inklusive dem ganzen Müll der vergangenen Saison. Zwischen Vuno und Himarë liegt der 375 Meter hohe Pass "Qafa e Vishes" - der höchste Punkt zwischen Llogara und Sarandë. Die Abschnitte südlich bis Borsh bieten wohl die eindrucksvollsten Anblicke auf das karge Kurvelesh-Gebirge, welches imposant unmittelbar hinter der Küste aufragt.

Alt-Himarë (Karte 1:150.000 von freytag & berndt: R 6) (Top-Tipp)

Kurz vor der Abfahrt in das Verwaltungszentrum der Küste Himarë, befindet sich dessen antike Vorgängersiedlung. Die alte Burganlage von Himarë-Fshat verdient auf jeden Fall einen Besuch. Die ersten Siedler des Hügels waren die Illyrer und die Chaonier. Der altgriechische Stamm wurde 214. v. Chr. von den Römern besiegt, die bis zu ihrem Untergang die Herrschaft über weite Teile des Gebietes hatten. Himarës Schicksal im Mittelalter läßt sich nicht genau nachvollziehen. Fest steht, dass die Bulgaren, später die Normannen und für wenige Jahre die serbische

Adelsfamilie der Ballsha hier Einzug hielten, der Ort aber meist eine gewisse Autonomie für sich verzeichnen konnte. Es existierte sogar eine eigene Flotte mit der die Himarioten ihr Gebiet schützten und sich gegen Piraterie verteidigten. Auch während der osmanischen Ära blieb deren Eigenständigkeit weitgehend erhalten, da die Türken bei Angriffen auf die befestigte Stadt nie erfolgreich waren. Bis 1797 Ali Pascha Himarë blutig unter seine Herrschaft stellte. Diese dauerte nur bis zu seinem Tod 1822. Die Autonomiebestrebungen blieben weiterhin Bestandteil der Entwicklung des Ortes und auch heute zählen sich die Himarioten nicht zu den Albanern und vertreten ihre extrem griechisch orientierten Standpunkte vehement. Zugang zum autofreien Dorf findet man in der Kurve vor der Abfahrt nach Himarë an einer kleinen Kirche rechts, hier gibt es auch entsprechend große Parkplätze. Gegenüber führt eine breite, steinerne Treppe auf den 145 Meter hohen Befestigungshügel. Da die Stadt im frühen Mittelalter als religiöses Zentrum galt und orthodoxer Bischofssitz war, gab es im Ort und der unmittelbaren Umgebung über 60 Kirchen, zwei davon sind heute noch erhalten. Sie befinden sich ganz oben auf dem Berg und sind meist unverschlossen. Im Inneren sind noch uralte Fresken erhalten und teilweise kann man die Quadersteinbauweise der ursprünglich illyrischen Siedlung erkennen. Auf der Höhe der alten Befestigungsmauern bietet sich ein einmaliger Blick auf die Küste. Inzwischen sind etliche der alten Häuser mit UNESCO-Unterstützung renoviert worden, andere wiederum werden verkauft. Am Fuße des Hügels liegt die restaurierte Kathedrale des Klosters, nebenan die griechische Schule.

Bucht von Livadh (Karte 1:150.000 freytag & berndt: R 6)

Die ansprechende Bucht von Livadh, zwischen Alt- und Neu-Himarë gelegen, lädt schon bei einem Blick von oben zum Besuch ein. Der 1,5 Kilometer lange Strandabschnitt ist touristisch inzwischen zwar komplett erschlossen, aber immer noch eine viel ruhigere Alternative zu so manchen anderen Küstenorten. Hier kann man gut ein paar Tage entspannen und baden. **Zudem ist Livadh (und Himarë) eine optimale Ausgangsbasis, um das traumhaft schöne und sehr ursprüngliche Hinterland der Riviera im Rahmen einer Tagestour kennenzulernen. Die Strecken sind jedoch für Wohnmobile nicht geeignet. Hierfür vermittelt das „hobo-team" die geeigneten Fahrzeuge mit Lieferung und Abholung zum/vom Campingplatz sowie das entsprechende Roadbook. Infos unter: www.hobo-team.de/rundreisen-tagestouren/tagestouren/ Anfragen natürlich gerne auch vorab per E-Mail an: info@hobo-team.de.** Es gibt etliche Tavernen, Restaurants und Hotels, Minimärkte und vor allem Campingplätze. Drei davon sind auch mit dem Wohnmobil anfahrbar. Eine kleinere Badebucht im Süden und der Ort Himarë sind über einen Fußweg zu erreichen. Vom Strand hat man einen schönen Blick auf Alt-Himarë, die Berge dahinter und bei passendem Wetter auch auf Korfu und deren vorgelagerte Inseln.

Camping Moscato (GPS 40°06'38.1"N 19°43'24.2"E) direkt am Anfang der Bucht gelegen. Großer Platz mit Olivenbaumbestand, 2015 eröffnet. Noch recht einfache sanitäre Anlagen, dafür viel Platz auf den schattigen Stellplätzen. Waschmaschine, W-Lan. Platz für etwa 35 Wohnmobile. Ganzjährig geöffnet; € 12,--;

Albanische Riviera

Camping Kranea (GPS 40°06'26.9"N 19°43'37.6"E) 600 Meter vom Abzweig auf die Strandstraße in der hinteren Hälfte der Bucht gelegen. Kleiner Platz mit wenigen Olivenbäumen, parzellierte, kleine Einheiten, keine Sicht zum Meer durch Zaunbegrünung. In der Saison saubere sanitäre Einrichtungen, Getränkeversorgung und übersichtliches Essensangebot in einer kleinen "Taverne", Waschmaschine. Platz für etwa 20 Wohnmobile, W-Lan an der Bar. Geöffnet: 01.02 - 30.11. € 15,--; www.camping-kranea.com

Camping Nashos (GPS 40°06'24.3"N 19°43'41.9"E), etwa 150 Meter weiter. 2015 eröffneter Platz, Stellplätze vereinzelt unter Olivenbäumen. Etwas erhöht, daher teilweise schöner Blick aufs Meer. Einfache aber saubere sanitäre Ausstattung. Restaurantbetrieb mit ausgezeichneter mediterraner und griechischer Küche. Waschmaschine, W-Lan. Platz für etwa 30 Wohnmobile. Ganzjährig geöffnet. € 12,--; www.facebook.com/nashos.meze.ouzeri

Himarë (Karte 1:150.000 von freytag & berndt: R 6)
Die Kleinstadt mit etwa 3.000 Einwohnern ist das politische und wirtschaftliche Zentrum der Albanischen Riviera, der Verwaltungsbereich erstreckt sich vom Orikum bis nach Sarandë. Himarë wird hauptsächlich von einer griechischen Minderheit bewohnt, somit spricht man hier offiziell Griechisch und nicht Albanisch. Hinzu kommt, dass es zahlreiche Arbeitsmigranten gibt, die nur während ihres Sommerurlaubes aus Griechenland hierher zurückkommen und griechische Einflüsse mitbringen. Der Ort ist in zwei Teile unterteilt. Der ursprüngliche Ortskern Spille konzentriert sich im nördlichen Bereich um den kleinen Hafen. Entlang der Uferpromenade reihen sich einige Bars und Restaurants. Dieses Areal ist durch ein Einbahnsystem geregelt. Hier findet man auch Banken, gut sortierte Kleinsupermärkte, Metzgereien und Gemüsegeschäfte. Im neueren Abschnitt Potami, etwas weiter südlich, befinden sich die größeren Ferienanlagen. Die Buchten in Himarë liegen geschützt und fallen nicht ganz so steil ins Meer ab wie anderswo an der Riviera. In der Hochsaison ist das Parken schwierig, zudem werden dafür Gebühren erhoben. Auch muss man dann mit Staus rechnen, da die Durchfahrtsstraßen sehr eng sind.

Himara Camping (GPS 40°05'46.2"N 19°45'17.6"E), direkt an der SH8 gelegen, im südlichen Ortsteil Potami. Neben dem kleinen Zeltplatz am Haus wird gegenüber die Wiese mit Oliven- und Obstbaumbestand für Wohnmobile bereitgestellt. Durch die Straßennähe etwas laut. Cafés und Restaurants sowie ein Strandabschnitt in der Nähe, Frühstück erhältlich. Einfachste sanitäre Anlagen, zum Zeltplatz gehörig, W-Lan. Platz für etwa 15 Wohnmobile. Geöffnet: 01.05 – 15.10. € 15,--. www.himaracamping.com

Der nächste Strandabschnitt nach Himarë ist **Llaman-Beach**, eine kleine, 100 Meter lange Bucht mit hellem Sand bzw. Kies und zwei Restaurants. Das Wasser ist aufgrund unterirdischer Quellen glasklar, jedoch dadurch kälter als an der übrigen Rivieraküste. Die Abfahrt liegt in einer kurzen Talsohle rechts, 2 Kilometer südlich von Himarë. Außerhalb der Saison können die im Sommer durch den Bade- und Discobetrieb immer belegten Parkplätze gegen eine Gebühr als Stellmöglichkeiten genutzt werden, die Duschen und Toiletten in den Tavernen stehen zur Verfügung.

Albanische Riviera

Porto Palermo (Karte 1:150.000 von freytag & berndt: R 6) (Top-Tipp)

Malerisch eingebettet in der schalenförmigen Bucht Porto Palermo liegt eine kleine Halbinsel mit der sehr sehenswerten und gut erhaltenen Festung des Herrschers Ali Pascha Tepelena. Ein Halt hier ist ein absolutes Muss auf dem Weg entlang der Riviera. Der Tyrann ließ um 1800 auf den Resten einer venezianischen Ruine, im Rahmen seiner Unabhängigkeitsbestrebungen vom Osmanischen Reich, die dreiecksförmige Verteidigungsanlage errichten. Ursprünglich wurde sie bereits 1662 ausgebaut, um die aufständigen Bewohner aus Himarë besser kontrollieren zu können. Die Burg enthält äußerst gut erhaltene Katakomben mit Wohn- und Schlafräumen, Küche, Bedienstetenräumen und einem Gefängnis. Auf dem Dach befindet sich eine kleine Kapelle. Von hier hat man einen traumhaften Blick über die Bucht. Der kleine Hafen entstand bereits im Mittelalter, selbst große Schiffe konnten dort ankern. Heute dient er nur noch den Fischern als Anlegestelle. Als es ruhiger wurde in der Region, bot Ali Pascha den Hafen 1803 schon der Royal Navy als Basis an. Porto Palermo blieb strategisch bedeutsam. Zu kommunistischer Zeit entstand am Nordende der Bucht der berühmte U-Boot-Hafen. Erst wurde der Bau des 650 Meter langen und 12 Meter hohen Tunnels mit chinesischer Hilfe begonnen, musste später aber als enormer finanzieller Kraftakt von Albanien allein fertiggestellt werden. Als sich die Sowjetunion 1961 nach dem Bruch mit Albanien aus der Marinebasis Pashaliman bei Orikum zurückziehen musste, eignete sich Enver Hoxha vier der zwölf 75 Meter langen U-Boote der Whiskey-Klasse an und brachte sie später hier unter. Der Tunnel ist heute definitiv leer, doch der Bereich immer noch militärisches Sperrgebiet, die Marine hat hier zwei Patrouillenboote stationiert. Diese kontrollieren recht nachlässig den Drogenschmuggel nach Italien. Bis 1997 war die Straße um die Bucht für die Zivilbevölkerung komplett gesperrt, die offizielle Staatsstraße führte über die Berge von Qeparo nach Himarë. Sehr sehenswert sind die weiten Agavenfelder am Hang hinter der Bucht, zudem ist die Region Salbeiabbaugebiet Nr. 1 in Europa. Die Bungalows der Ferienanlage werden ökologisch betrieben, ebenso das Restaurant. Der Meeresabschnitt eignet sich aufgrund des jäh abfallenden Grundes gut zum Tauchen. Die Zufahrt zur Festung liegt wenige Meter nördlich, gegenüber des Restaurants. Für die Besichtigung der Gewölbe sollte man unbedingt eine helle Taschenlampe mitnehmen. Der Parkplatz unterhalb der Festung eignet sich gut als Stellplatz für Wohnmobile (jedoch enge Zufahrt). Eintritt zur Festung 100 Lek, geöffnet 9-17h.

Albanische Riviera

Albaner und die griechische Minderheit - Immer wieder stören politische und kulturelle Diskrepanzen in der Bevölkerung die friedliche nachbarschaftliche Entwicklung Albaniens und Griechenlands. Diese gehen zurück auf das Jahr 1913, als das Gebiet des Nordepirus, ein Landstreifen von Korça bis Himarë und der Grenzlinie zu Griechenland, Albanien zugeteilt wurde. Aufgrund der weit zurückgreifenden Historie erheben die Griechen aber immer wieder Anspruch auf die Region. Vorübergehend wurde auf diesem Streifen Land 1914 sogar die „Autonome Republik Nordepirus" ausgerufen mit Gjirokastër als Hauptstadt. Noch im selben Jahr wurde jedoch im Protokoll von Korfu die staatliche Unabhängigkeit beendet, dem Gebiet aber weitreichende Autonomierechte zugestanden. 1923 wurde endgültig die Anerkennung der albanischen Grenzlinie zu Griechenland mit allen Konsequenzen durchgesetzt. Zu Zeiten des Kommunismus wurden im Rahmen des Religionsverbotes alle orthodoxen Kirchen und die meisten der 80 griechischen Grundschulen geschlossen, als Unterrichtssprache war nur Albanisch zugelassen. Zugleich waren die Griechen aber als ethnische Gruppe ohne direkte Nachteile anerkannt. Doch die in Albanien lebende, griechische Minderheit beruft sich immer wieder auf ihre damals ausgehandelten Rechte. Besonders deutlich werden die Konflikte im immer schon extrem griechisch geprägten Himarë. Hier wird von der hauptsächlich griechischen Bevölkerung ausschließlich Griechisch gesprochen. Zudem setzt man sich großzügig über Gesetze hinweg und die albanische Kultur wird übergangen. Bei Wahlen kommt es immer wieder zu Zwischenfällen, die Griechen fühlen sich benachteiligt und in Himarë besteht man seit langem darauf, als Minderheitengemeinde anerkannt zu werden. Erst 2009 konnte man die Wiedereröffnung einer griechischen Schule in Himarë durchsetzen. Im gleichen Jahr verurteilte das Gericht in Vlorë nach Wahlen den griechisch-stämmigen Bürgermeister Himarës zu einer mehrmonatigen Haftstrafe, nachdem er die albanischen Straßenschilder durch griechische ersetzen ließ. Dazu kommt, dass die Behörden gegenseitig Eigentumsverhältnisse verschleppen und Grenzformalitäten verkomplizieren. Ganz aktuell diskutieren die Griechen und Albaner heftig um die Seegrenze im Ionischen Meer. Hierbei geht es um die nicht gerade geringen Öl- und Gasvorkommen, die derzeit wohl auf bzw. unter albanischem Hoheitsgebiet schlummern. Eine schwierige Situation im Zusammenleben und Zusammenarbeiten der beiden ethnischen Gruppen und Nationen. Doch der Bevölkerungsanteil der griechischen Minderheit verringert sich ständig. Wurden zu Beginn der 1990er Jahre noch an die 200.000 Griechen in Südalbanien gezählt, geht man aktuell davon aus, dass nun nur mehr etwa 30.000 griechisch-stämmige Bewohner, vorwiegend alte Leute, in den Orten wohnen. Die meisten sind nach dem Fall der Diktatur ausgewandert und kehren, wenn überhaupt, nur in den Sommermonaten als Arbeitsmigranten zurück.

Qeparo und Borsh (Karte 1:150.000 von freytag & berndt: R 6 + 7)

Der kleine Ort **Qeparo** bietet im neuen Teil einen weiteren Badestrand etwas abseits der Nationalstraße, zu erreichen über eine Zufahrt vom nördlichen Ortsende. Außerhalb der Saison kann man den Abschnitt als Stellplatz nutzen, im Sommer dient er als Parkplatz gegen Gebühr. Sehr malerisch, 300 Meter hoch oben über dem Meer, liegt der ursprüngliche Kern Qeparos. Das sind etliche alte, von Oleander überwucherte Häuser, inzwischen teilweise schön restauriert, inmitten gepflegter Gärten mit einem wunderschönen Blick auf die Küste und die dahinter verborgene Bergwelt. Die Auffahrt ist zwar betoniert aber sehr steil und somit ein Spaziergang über gut 2 Kilometer, dessen Mühen sich jedoch lohnen. In **Borsh** lockt der weite, 4,5 Kilometer lange Strand, dieser ist jedoch nur im Südbereich touristisch mit Unterkünften, kleinen Bars und Restaurants erschlossen. Der sumpfige Untergrund um die Mündung des gleichnamigen Flusses macht es zum Glück schwierig, größere Hotelanlagen entstehen zu lassen. Dafür betreiben die Bewohner der kleinen Ebene eine sehr ertragreiche Landwirtschaft.

Albanische Riviera

Zum Campen findet man jedoch zahlreiche schöne Stellmöglichkeiten direkt am Meer, in der Saison ist es aber staubig und laut. Am südlichen Uferabschnitt kann man noch die Reste eines antiken Ankerplatzes erkennen. Borsh ist der einzige Ort entlang der Küste, welcher hauptsächlich von Moslems bewohnt wird. Sie ließen sich aus der nördlichen Mirditë-Region hier nieder und bilden unter all den Orthodoxen Christen mittels ihres Dialektes eine Sprachinsel. Oben auf dem kegelförmigen, 380 Meter hohen Hügel befindet sich die antike Burg von Borsh, ehemals Sopot genannt. Als frühe Siedlung aus dem 4. Jhd v. Chr. war sie bereits zu Zeiten der Illyrer ein strategisch wichtiger Standort. Im 6. Jhd. n. Chr. wurde sie zerstört, im Mittelalter jedoch wieder aufgebaut und erweitert. Sopot war bis ins 20. Jhd. bewohnt. Die Burg enthält noch Reste von Türmen, Gewölben, Gräbern und einer Moschee. Die idyllische Stätte ist über einen ausgeschilderten Weg vom südlichen Ortsausgang zu erreichen. Allein die Sicht auf die Küste und auch das bergige Hinterland lohnt den Anmarsch. Im Ort befindet sich an einer stattlichen Quelle das Restaurant „Ujevara". Der hintere Bereich wurde terassenförmig um einige Wasserfälle des Borsh-Flusses angelegt und bietet kleine Sitzgruppen auf von Wasser umplätscherten Inselchen. Wirklich schön und kühl, nur etwas zu laut. Von Borsh führt die einzige

Verbindung, an der Burg vorbei, über das Hinterland nach Vlorë, diese Strecke ist jedoch nur geländegängigen Fahrzeugen vorbehalten. Borsh ist heute ein wichtiger Ort der Olivenölherstellung. Zwei wohnmobiltaugliche, frisch asphaltierte Zufahrten zum Strand existieren am nördlichen Ortsrand direkt gegenüber des Friedhofes.

Piqeras und Bunec (Karte 1:150.000 von freytag & berndt: R 7)

Der kleine Ort **Piqeras** verfügt über keinen Meereszugang, hat dafür aber einige sehenswerte alte Kirchen im Zentrum und ein idyllisch gelegenes Kloster aus dem 17. Jhd. oberhalb des Dorfes. „Shën Mërise" ist über einen Fußweg bergauf gegenüber der Post in etwa 15 Minuten zu erreichen. Die Glocke wurde von einer italienischen Gemeinde gestiftet. Das Wahrzeichen des Dorfes ist ein alter, großer Olivenbaum. 2 Kilometer weiter liegt der Abzweig zur kleinen, etwa 200 Meter breiten **Bucht von Bunec**. Der 1,5 Kilometer lange Zufahrtsweg ist nicht geteert und erfordert etwas Geduld,

"im Oktober nutzen wir die Liegestühle!"

ist jedoch machbar. Es existieren etliche Bars und Tavernen und die hübsche Bungalowanlage „Bunec Beach", www.bunecbeach.com. Der nördliche ist vom südlichen Bereich durch ein kleines Wasserkraftwerk getrennt. Es bieten sich ausgezeichnete Bademöglichkeiten sowie Stellplätze, vor allem im hinteren Abschnitt (evtl. auch am Bunec Beach). Im Hochsommer kann man dem Treiben in die zu Fuß zugänglichen Nebenbuchten ausweichen. Der Ort war zu kommunistischer Zeit ein Befehlszentrum des Militärs, etliche Bunker im Sand wurden bereits entfernt.

Lukovë (Karte 1:150.000 von freytag & berndt: S 7)

Das Gebiet um den Ort Lukovë gehört zu den am ältest besiedelten Regionen entlang der Küste. In der Umgebung findet man noch einige Reste alter Siedlungen aus der Bronzezeit und der frühen Illyrer. Das Dorf liegt stufenförmig inmitten Olivenhainen und war auch zu Enver Hoxhas Zeiten durch die Landwirtschaft ein belebter und wichtiger Ort. Viele junge Albaner mussten damals als "Freiwillige" einmal im Jahr hier arbeiten, um die terrassenartigen Felder anzulegen. Damals wurden über 700.000 Oliven- und Zitrusbäume gepflanzt, deren Erträge auch heute noch eine Lebensgrundlage der Bewohner bilden. Heute entstehen rund um den alten Ortskern mit den schönen Steinhäusern viele neue Bauten. Oberhalb des Ortes im Hang liegt das komfortable, mit allen Annehmlichkeiten ausgestattete Hotel Lukova Palace, Zimmer und Suiten mit Blick über die Küste, Swimmingpool und griechischem Restaurant. Auffällig ist die neue Orthodoxe Kirche mitten auf dem Dorfhügel. Der Ort verfügt über einen schönen Strand - Shpellë, die 3,5 Kilometer lange Zufahrt zweigt unmittelbar am südlichen Ortsausgang ab. In der Saison haben Strandbars geöffnet. Es gibt schöne Stellplätze, besonders im südlichen Bereich. Von hier kann man zu Fuß in südliche Richtung zur einsamen Bucht von Krorëz wandern. Hinter Lukovë verlässt die Straße die Küste und gibt bald den Blick auf die Ebene von Vurgu frei, die sich hinter Sarandë bis in die Lagune von Butrint und die östlichen Berge Richtung Delvina zieht. Man passiert den kleinen Ort **Shën Vasil**. Während der Osmanenzeit entstand hier eine Festung Ali Paschas, heute steht auf deren Grundmauern eine orthodoxe Kirche (vom Zentrum 150 m östlich). Von hier bietet sich ein schöner Blick auf die Ebene. Das nächste Dorf **Nivicë** beherbergt mitten im Zentrum eine über 300 Jahre alte Platane. Einige Kilometer weiter bietet sich ein Abstecher zur **Bucht von Kakomë** an, seit längerem ist der Strandabschnitt aber leider nicht zugänglich und wird bewacht. Vor Jahren schon war eine riesige Ferienanlage im Club-Med-Stil geplant, welche jedoch aufgrund der verworrenen und ungeklärten Eigentumsverhältnisse nicht realisiert werden konnte. Heute gehören die 290.000 m² nachweislich den beiden Inhabern der Riviera Kakome Ltd., die hier mittelfristig eine Bungalowlandschaft errichten wird und noch nach Investoren sucht. Die Bucht ist ein hervorragendes Tauchrevier, aber nur von Sarandë mit dem Boot zu erreichen. Die Fahrt dorthin lohnt sich aber hauptsächlich wegen zweier hübscher Klöster in ihrer ursprünglichen Umgebung. Das Kloster Kakomë - **"Shën Mërisë"** stammt aus dem 14. Jhd. und wurde kürzlich restauriert. Die unverschlossene Kirche beherbergt im Inneren sehenswerte Fresken. Der kurze Fußweg dorthin zweigt vor der Absperrung nach rechts ab. Wenige hundert Meter weiter liegt das **"Kloster Krorëz"** vor der gleichnamigen, einsamen Bucht.

Stellplatz: Zwischen Nivicë und dem Abzweig nach Kakomë gibt es direkt an der Straße den „Not-Campingplatz" Pali mit Restaurant (nur in der Saison geöffnet).

Südalbanien

Der landschaftlich vielfältig geprägte Süden des Landes ist stark griechisch beeinflusst. Er bietet äußerst sehenswerte, kulturträchtige Städte, zahlreiche antike Ausgrabungsstätten, umgeben von prächtiger Landschaft mit weiten Ebenen und hohen Gebirgszügen. Die Mentalität der Bevölkerung verkörpert eine typisch südländische und lebendige Lebenseinstellung.

Im Gegensatz zur rauen Hochgebirgslandschaft im Norden, wirken die Bergmassive hier weicher, grüner und nicht ganz so unbezwingbar, dennoch stehen sie der Schönheit der Albanischen Alpen in nichts nach. Das Land wirkt weniger zerklüftet, die Ebenen sind weiter, die ursprünglichen Bergdörfer zahlreicher und belebter. Das gesamte Gebiet war bereits sehr früh besiedelt, so existieren auch entsprechend viele geschichtsträchtige, antike Siedlungen. Durch die Mischung der Bewohner aus Albanern und der griechischen Minderheit ist der Süden geprägt von einer ganz besonderen Lebensart und Kultur. Unzählige Gebiete laden zum Wandern, Erkunden und Verweilen ein. Man sollte sich Zeit nehmen für ein ganz anderes Albanien.

Routeninformation: Die Straßen sind allesamt in gutem bis sehr gutem Zustand. Die Strecken von Butrint zum GÜ Konispol über Mursi (SH81) und von Sarandë über Delvina (SH78) nach Gjirokastër sind zwar asphaltiert aber mit Schlaglöchern übersät (eine Sanierung ist geplant). Sarandë - Gjirokastër: 55 km (SH99 + SH4), etwa 2 Stunden; Sarandë - Kakavia (GÜ GR): 45 km, ca. 1,5 Stunden; Sarandë - Qafë Botë/Konispol (GÜ GR): 40 km über Butrint, etwa 2,5 Stunden; 45 km über die SH99/97; 35 km über die SH98; Gjirokastër - Tepelena - Fier: 114 km, etwa 2,5 Stunden; Tepelena - Këlcyrë: 25 km, etwa 35 Minuten; Gjirokastër - Përmet: 60 km, etwa 2 Stunden; Vom Grenzübergang Konispol/Qafë Botë nach Griechenland zum Fährhafen Igoumenitsa beträgt die Entfernung 33 Kilometer.

Wichtiger Hinweis: In Këlcyrë zweigt eine Straße Richtung Norden nach Berat ab. Diese ist zwar im südlichen Teil bereits über einige Kilometer asphaltiert, geht aber bald in eine für Wohnmobile absolut untaugliche Piste über.

Campingplätze: Ksamil Caravan Camping; Gaci´s Camping Ksamil; Sunset Camping Ksamil; Caravan Camping Riverside Sarandë; Camping Gjirokastër, GJ.

Stellplätze: Festung Lëkurzi in Sarandë; Butrint; Syri i Kaltër; Viro-See und Hotel Viktoria bei Gjirokastër; Libohova bei Gjirokastër; Antigonea; Gryka i Këlcyrës.

Von Nivicë bis Sarandë beträgt die Entfernung noch etwa 10 Kilometer, die Straße verläuft entlang der Hügelkette, welche die Vurgu-Ebene vom Meer trennt. Die Landschaft hier wird wieder merklich ökonomischer und agrarwirtschaftlicher genutzt. In etlicher Entfernung kann man östlich, den hohen Bergen vorgelagert, einen Solitärhügel erkennen, hier befindet sich die Ausgrabungsstätte von Finiq. In südöstliche Richtung erhebt sich der knapp 1.300 Meter hohe Mali i Kazanjës. Kurz vor Sarandë teilt sich die Straße an einer Tankstelle, rechts gelangt man die Stadt, links über die SH99 nach Gjirokastër, die SH78 über Delvina wird bis Ende 2017 rekonstruiert.

der Blick vom Hügel nördlich von Ksamil - man sieht bis zum Llogara-Pass

Südalbanien - Sarandë

Sarandë (Karte 1:150.000 von freytag & berndt: S 7+8)
Allgemeines und Geschichte - Kaum vorzustellen, dass Sarandë vor gar nicht allzu langer Zeit ein kleines Fischerdorf ohne jegliche touristische Infrastruktur war, obwohl der Ort schon zu kommunistischer Zeit Badeurlauber anlockte. Die knapp 20.000 Einwohner zählende Hafenstadt hat sich zu einem lebhaften und schmucken Küstenort gemausert und erfreut sich als Besuchsziel rasant steigender Beliebtheit. Sie liegt landschaftlich reizvoll in einer weiten Bucht, umgeben von bis zu 500 Meter hohen Hügeln, die griechische Insel Korfu liegt nur einen Katzensprung entfernt. Es scheint, als hätten sich die Städteplaner hier etwas durchdachter mit der Gestaltung der Stadt und Genehmigung der Häuser befasst. Alles wirkt gepflegt, mediterran durchgestylt und sauber. Sarandës Bebauung in nördliche Richtung

sind bald schon Grenzen gesetzt, im Süden wird die Stadt wohl bald mit der nächsten Ortschaft Ksamil verschmelzen. Im Hochsommer herrscht viel Betrieb und an den südlichen Stränden ist kaum ein kleines, freies Fleckchen zu finden. Dennoch scheint das Wasser auch dann noch sauber und klar. Sarandë war bereits in der Anktike ein bedeutender Hafen der Stadt Phoinike. Im Jahr 551 teilte der Ort das Schicksal von Butrint und wurde während der Völkerwanderung zerstört. Bis zur Übernahme durch die Osmanen im frühen 15. Jhd. fiel Sarandë immer wieder Plünderungen und Zerstörungen zum Opfer. 1878 wüteten griechische Kolonisten in der Stadt und brannten sie nieder. Aufgrund der griechischstämmigen Einwohner beanspruchten die Griechen im Ersten Balkankrieg 1912 Sarandë und andere südalbanische Regionen für sich. Erst ab 1914 gehörte die Stadt zu Albanien. Damals hatte sie lediglich 110 Einwohner. Im Ersten Weltkrieg bildete der Hafen einen Stützpunkt der italienischen Marine und auch im Zweiten Weltkrieg war Sarandë vorerst von den Italienern besetzt, bevor die Griechen den Ort erneut einnahmen. 1944 kämpften hier britische Soldaten gegen deutsche Truppen. Unmittelbar darauf forderten die kommunistischen Partisanen den Abzug der Briten. Bis 1945 stieg die Einwohnerzahl auf über 1.500. 1950 startete Sarandës touristische Karriere und die ersten Urlaubseinrichtungen entstanden. Ebenso einige Fabriken der Nahrungsmittelindustrie und Landwirtschaftsbetriebe. 1967 lebten bereits über 8.700 Menschen in der Stadt.

Südalbanien

Unmittelbar nach der kommunistischen Ära wurden fast alle Betriebe wieder geschlossen und Arbeitslosigkeit machte sich breit. Doch in den vergangenen 20 Jahren ist die Stadt zu einem der wichtigsten albanischen Urlaubsziele geworden. Es entstanden zahlreiche Top-Hotels und sonstige Unterkünfte, Restaurants und Freizeiteinrichtungen. Die davon illegal errichteten Bauten werden seit 2013 wieder entfernt. Inzwischen besuchen jährlich über 500.000 Touristen Sarandë, 35% davon stammen hauptsächlich aus Italien und Griechenland bzw. sind Tagestouristen der in Korfu anlegenden Kreuzfahrtschiffe. Den Rest bilden Albaner und Kosovaren.

Sehenswertes (etwa 2 Stunden ohne Festung) - Kulturell hat Sarandë recht wenig zu bieten, es ist eher ein Ort um einen abwechslungsreichen Badeurlaub zu verbringen und abends auf der **Uferpromenade** zu flanieren. Es ist zweifelsohne die angenehmste im ganzen Land. Hier reihen sich schicke Restaurants, ursprüngliche Tavernen und kleine Shops aneinander, aufgelockert durch mediterrane Pflanzenhecken und Grünflächen. Unaufdringliche fliegende Händler bieten zahlreiche Souvenirs an. Hier befindet sich zudem der **Sportboothafen**, die **Freilichtbühne** und der gut bestückte Pavillon der **Touristeninformation**. Am hier schmalen Strandabschnitt sind noch wenige **Reste der** ursprünglich 900 Meter langen **Stadtmauer** aus dem 2. Jhd. zu erkennen, man hat das unförmige Stück mit der Aufschrift „antik" gekennzeichnet. Über die Treppe gegenüber vom kleinen Hafen gelangt man in das Ortszentrum. Der **Park der Freundschaft** mit seinem üppigen Baumbestand ist ein beliebter Treffpunkt für Jung und Alt. Westlich davon liegt ein kleines **Ausgrabungsareal** mit weiteren Resten der Stadtmauer, eines Rundturmes und einer frühchristlichen Basilika. Die Bodenmosaike mit einem siebenarmigen Leuchter deuten darauf hin, dass sie wohl einige Zeit als Synagoge für im 6. Jhd. eingewanderte Juden fungierte. Im kleinen **Traditionsmuseum** an der Rruga Flamurit (Parallelstraße zur Promenade) kann man die übriggebliebenen Exponate aus den ehemaligen Museen für Erziehung, Waffen und Ethnografie besichtigen. Sie wurden während des Pyramidenskandals 1997 geplündert und zerstört. Am östlichen Ende der Straße erfreut sich die neue **Orthodoxe Kirche** großer Beliebtheit als für Sarandë typisches Fotomotiv. Alltäglich findet am westlichen Ende der Rr. Jonianet ein **bunter Gemüse- und Fischmarkt** statt. Etwas außerhalb des Zentrums, südöstlich auf dem Hügel Mali i Lëkurësit, befindet sich eine **mittelalterliche Burg (Top-Tipp)** (Richtung Gjirokastër mit **"Kalaja Lëkurzit"** ausgeschildert). Die renovierten Gemäuer beherbergen ein beliebtes Ausflugs- und Veranstaltungslokal. Von hier oben, auf 265 Meter Höhe, hat man einen traumhaften Blick über die Bucht mit Sarandë, Korfu und das bergige Hinterland bis hin zur Lagune von Butrint. Die etwa 1,5 Kilometer lange Auffahrt ist für Wohnmobile geeignet. Der Parkplatz des Restaurants bietet sich auch gut als **Stellplatz** an. Auf dem etwas niedrigeren Hügel nördlich gegenüber, stehen die Ruinen des **Klosters der vierig Märtyrer**. Es stammt aus dem 6. Jhd. und besaß eine große Kirche, die im Zweiten Weltkrieg Luftangriffen zum Opfer fiel.

Blick von der Festung Lëkurzi nach Norden auf Sarandë

Eine große **Krypta mit Fresken** und Gewölben ist noch erhalten. Der Abzweig liegt 50 Meter von der Auffahrt zu Lëkurzi direkt in der Kurve der SH8. Ab hier 1,5 Kilometer zu Fuß. Im Hafen legen gelegentlich kleinere Kreuzfahrtschiffe an. Es verkehren mehrmals täglich kleine (Personen-)Fähren und Tragflügelboote nach Korfu. Inzwischen besuchen immer mehr Tagestouristen im Rahmen einer Kreuzfahrt ab der griechischen Insel Sarandë und Butrint. Als Warenumschlagplatz hat der kleine Hafen jedoch kaum Bedeutung.

...dann noch der überwältigene Blick in den Süden

Park & Ride: In Sarandë-Zentrum mit dem Wohnmobil einen Parkplatz zu finden ist nicht ganz einfach, die Straßen sind eng und der Verkehr größtenteils durch ein Einbahnsystem geregelt. In der Hochsaison sollte man das erst gar nicht versuchen. Am besten bereits an der Zufahrt bergab zum Zentrum in der Rruga Skënderbeu/SH8 einen Platz suchen. Außerhalb der Saison bietet sich auch die SH81 stadtauswärts entlang der Küste nach Butrint an. Möchte man Sarandë auf dem Weg nach Ksamil umfahren, biegt man an der Tankstelle nach links Richtung Gjirokstër auf die SH99 ab und nach knapp 300 Meter nach rechts auf die SH98 nach Çukë. Es gibt von Sarandë für Wohnmobile keine Fährverbindung nach Korfu!

Veranstaltungen: Ende April wird das Muschelfest und die Eröffnung der Touristensaison gefeiert. Im 25. Juni findet das Volksfestival der Çamëria statt, Ende Juli das Volksmusikfestival mit typischen Instrumenten, im August der Volksmusikwettbewerb.

Caravan Camping Riverside (GPS 39°50'50.4"N 20°01'32.9"E), Notplatz direkt an der südlichen Ortsausfahrt von Sarandë nach Ksamil hinter der Kurve am Fluss Bistrica gelegen. Einfache aber saubere sanitäre Anlagen, kleine Taverne am Platz. Leider kein Schatten. Platz für etwa 12 Wohnmobile. Aussicht auf die Ebene vor dem Butrintsee, Kiesstellplätze. W-Lan, geöffnet: 01.05-01.12, € 12,--, www.facebook.com/Saranda-Camping-Riverside-573575529446981

- - - - Seite 124 - Ksamil Caravan Camping, siehe Ksamil - Seite 124 - - - -

Die Wege Richtung Butrint bzw. nach Griechenland - In Sarandë ist die Strecke nach Butrint ausgeschildert. Hierzu zweigt man kurz vor Einfahrt in die Innenstadt am Kreisverkehr links Richtung Süden in die Rruga Butrinti ab. Entlang der nächsten Kilometer passiert man eine endlose Anzahl an Hotelneubauten und Kleinsupermärkten. Am Ortsausgang gabelt sich die Straße, hier biegt man rechts ab. Bald eröffnet sich der Blick auf den Butrint-See. Dieser ist an sich eine Salzwasser-Lagune und durch den Vivar-Kanal mit dem Meer verbunden. Seine heutige Form erhielt er erst während der letzten 3.000 Jahre, davor befand sich hier eine zum Meer offene Bucht. Das Gebiet war lange Zeit durch den Zufluss der Bistrica und des Pavllas stark versumpft, man begann früh mit der Trockenlegung, um Siedlungsgebiet und landwirtschaftliche Nutzfläche zu erhalten. Bereits in der Bronzezeit war das Land um den See besiedelt. Zu kommunistischer Zeit wurde die Entwässerung weiter fortgesetzt, es entstanden die zahlreichen Kanäle nördlich des Sees. Das hatte zur Folge, dass die Fischbestände im Brackwassersee durch die zunehmende Versalzung und den dadurch niedrigeren Sauerstoffgehalt extrem zurückgingen.

Inzwischen wurde der Frischwasserzufluss durch verschiedene Maßnahmen erhöht und das Gleichgewicht wieder hergestellt, aktuell können 105 Fischarten im See nachgewiesen werden. Diese Schritte waren auch für das Überleben der Tiere in den umliegenden Feuchtgebieten notwendig. Die ausgedehnten Reet-Flächen sind die Heimat von unzähligen Vogelarten, Amphibien, Reptilien und Säugetieren. Auffällig sind die zahlreichen Vorrichtungen zur Muschelzucht. Die Miesmuscheln des Butrint-Sees sind sehr groß und gelten als eine der besten Sorte im Adria-Gebiet. Seit 1968 werden hier jährlich bis zu 7 Tonnen Muscheln geerntet. Wenige Kilometer vom Abzweig, an der engsten Stelle zwischen Meer und See, befindet sich oberhalb eines Parkplatzes das sehenswert restaurierte, orthodoxe Kloster Shën Gjergjit aus dem 16. Jhd. sowie die stattlichen Überreste des sogenannten Dema-Schutzwalls, welcher Butrint gegen Feinde von Norden schützen sollte. Der Blick auf Korfu ist von hier besonders eindrucksvoll. Nach einigen Kilometern wechselt die Straße vom See zur Küste und gibt den Blick auf Korfu, Ksamil und seine vorgelagerten Inselchen frei. Zweigt man am südlichen Ortsende von Sarandë Richtung Çukë und nach gut 1,5 Kilometern rechts auf die SH98 ab, umfährt man den Butrint-See auf seiner attraktiven Ostseite. Man durchquert die ehemalige Sumpfebene und anschließend eine ansprechende, sanfthügelige Landschaft die geprägt ist von Zitrusplantagen. Es eröffnen sich Blicke auf den südlichen Teil des Sees, der hier mit dem kleinen Bufi- oder Rëza-See verbunden ist. Bei Xarrë vereinigt sich die Straße mit der von Butrint kommenden. In Mursi passiert man das gleichnamige, im Sommer meist sehr flache Gewässer, auf dem Hügel thront das Kloster des „Shën Thodhoriu". Die Strecke vom Abzweig bis zum Grenzübergang Qafë Botë ist 30 Kilometer lang, man benötigt etwas über eine Stunde. Die schnellste und unspektakulärste Möglichkeit um über Qafë Botë nach Griechenland zu gelangen, ist die 45 Kilometer lange Strecke von Sarandë über die SH99 und die nach 10 Kilometer beim Kreisverkehr abgehende, gut ausgebaute SH 97.

Ksamil (Karte 1:150.000 von freytag & berndt: T 7 + 8)

Auf dem direkten Weg von Sarandë nach Butrint liegt dieser aufstrebende Urlaubsort mit seinen etwa 7.500 Einwohnern. Diese Zahl wird jedoch nur während der Sommermonate erreicht, wenn die Menschen aus den Dörfern der Umgebung und Griechenland hier ihre Sommerdomizile beziehen und Zimmer vermieten. Ansonsten ist es ein verschlafenes Provinznest. Auffällig und leider ein richtiger Schandfleck des sonst so attraktiven Städtchens sind die zahlreichen Bauruinen, scheinbar endlos währende Relikte des Pyramidenskandals Ende der 1990er Jahre und einer Aktion der Regierung aus den frühen 2000er Jahren, als man damals schon illegal errichtete Häuser und Hotels unbrauchbar machte. Nun zeigt man aber weiterhin keinerlei Verantwortlichkeiten die Landschaft von den Betonresten zu befreien. Dennoch ist Ksamil einen Aufenthalt wert und eine sehr gute Basis für den Besuch von Butrint. Der Ort verfügt über eine akzeptable (saisonale) Infrastruktur mit zahlreichen guten Restaurants, schönen Unterkünften, Campingplatz(-plätzen) und Supermärkten. Ebenso eignet er sich für eine längere Badepause. Ksamil besitzt eine Vielzahl von kleinen, sehr schönen, idyllischen Badebuchten

Südalbanien - Ksamil

mit feinem weißen Kies und glasklarem türkisblauen Wasser, deren Attraktion die drei vorgelagerten Inselchen sind. Die winzigen Strände dort sind schwimmend oder per Boot zu erreichen. Südlich des Ortes schließt sich unmittelbar der Butrint-Nationalpark an. Von hier sind es noch 4 Kilometer bis zur Ausgrabungsstätte. Auf halbem Weg liegt ein riesiger Parkplatz, von hier hat man eine gute Aussicht über den südlichen Lagunenbereich **(Stellplatz)**.

Ksamil Caravan Camping (GPS 39°46'41.3"N 20°00'21.1"E), kleiner, familiärer Platz am Ortseingang von Ksamil. Im Garten eines Gästehauses und einem vorgelagerten Platz mit Blick auf das Meer, zum Strand etwa 200 Meter. Sehr saubere sanitäre Anlagen und ein Top-Service. Ausgesprochen hilfsbereite und freundliche Betreiber. Waschmaschine, "öffentliche" Gaskocher, Kühl- und Gefrierschränke, W-Lan. Platz für etwa 15 Wohnmobile. Ganzjährig geöffnet, € 14,--. **www.ksamilcaravancamping.com.**

In Ksamil gibt es etliche saisonale Stellplätze die sich als Camping ausgewiesen haben. Hierbei sind die sanitären Einrichtungen wenn überhaupt vorhanden meist unzureichend, zudem könnte es sich hier um Plätze ohne Genehmigung handeln.

Camping Sunset (39°46'45.9"N 20°00'25.0"E), in der ersten Bucht gelegen, kein Schatten, staubiger Untergrund. Kleine Taverne am Platz, W-Lan, € 10,--, **www.campingalbania.com**

Gaci´s Camping (39°46'38.4"N 20°00'24.8"E), kleiner Wiesen-/Kiesplatz am Ortseingang in einer Seitenstraße, sehr enge Zufahrt im Platz, W-Lan. € 12,--. **www.ksamilcamping.weebly.com**

Abzuraten ist vom Platz noch vor dem Ort am Butrint-See gegenüber des Wasserreservoirs. Die Zufahrt ist für größere Wohnmobile zu steil, ungeteert und eng.

Butrint (Karte 1:150.000 von freytag & berndt: T 8) (Highlight)

Auf der kleinen Halbinsel Butrint befindet sich die gleichnamige, sensationelle Ausgrabungsstätte, ein Muss für jeden Besucher des Landes. Seit 1998 ist sie UNESCO-Weltkulturerbe und das Aushängeschild der albanischen antiken Archäologieparks und eines der wichtigsten Besuchsziele. Viele Kulturen hinterließen hier ihre eindrucksvollen Zeitzeugen. Als erste Siedler Butrints gelten die Chaonier, einer der drei größten Stämme des Epirus. Man datiert das Ereignis auf die Zeit zwischen dem 10. und 8. Jhd. v. Chr., wobei der östlich von Butrint gelegene Hügel Kalivo bereits schon im 12. Jhd. v. Chr. besiedelt war. Nur wenig später ließen sich auch Illyrer nieder. Im 4. Jhd. v. Chr. übernahm der epirotische Stamm der Molosser die Herrschaft und Butrint stand komplett unter griechischem Einfluss. Damals entstanden die ersten Bauten um den Zentralplatz, die Agora, wie das Theater und der Asklepios-Tempel. Eine 870 Meter lange Mauer umschloss ein Gebiet von vier Hektar. Ab 228 v. Chr.

gehörte Butrint zum Römischen Reich, doch erst ab 167 v. Chr. nahm der römische Einfluss bedeutend zu. Die bis dahin gewährte Autonomie schwand endgültig, als man die Region 146 v. Chr. der Provinz Macedonien unterstellte. Cäsars Pläne 48 v. Chr. aus Butrint eine Veteranenkolonie zu machen, scheiterten am Einspruch des ansässigen Großgrundbesitzers Atticus, der einen nicht unerheblichen Einfluss auf den römischen Senat hatte. Die Besiedelung mit römischen Kolonisten gelang erst Kaiser Augustus 31 v. Chr. In der nachfolgenden Zeit verdoppelte sich die Größe der Stadt, zahlreiche prunkvolle Gebäude entstanden und Butrint erlebte damals seine erste Blütezeit. Es wurden sogar eigene Münzen geprägt. Mit der Christianisierung wurde die Stadt im 4. Jhd. Bischofssitz. Im Jahr 380 hinterließ ein starkes Erdbeben große Schäden. Unter oströmischer Herrschaft konnte nochmals ein Aufschwung erzielt werden, bevor im 8. Jhd. Slawen nach Epirus vordrangen und die Stadt verfiel. Erst im 10. Jhd., als Butrint zum Bulgarischen Reich gehörte, erlangte sie ihre Bedeutung wieder. In den nächsten Jahrhunderten litt der Ort stark unter den Kreuzzügen, doch ab 1274 gehörte sie mit anschließenden kurzen Unterbrechungen durch die Serben wieder zum Byzantinischen Reich. 1386 zogen die Venezianer in Butrint ein, damals entstand das Kastell auf der Akropolis und etliche andere Verteidigungsbauten, um die Straße von Korfu zu sichern. Im 17. Jhd. gelang den Osmanen die Übernahme des Kastells und was sonst von der Stadt noch übrig war. Die Herrschaft dauerte aber nur bis 1716, dann unterstand sie wieder Venedig. Als die Markusrepublik 1797 von Napoleon aufgelöst wurde, gehörte der Landstrich sogar fast zwei Jahre lang zu Frankreich.

Südalbanien - Butrint

1799 eroberte Ali Pascha Butrint als er noch in den Diensten des Sultans stand und zählte die Stadt später zu seinem beherrschten Gebiet. Erst nach seinem Tod bis 1912 gehörte sie wieder zum Osmanischen Reich. 1928 begannen erstmals archäologische Erforschungen, das Baptisterium war der erste Bau der freigelegt wurde. Damals fand man auch die Venus von Butrint, eine Büste, die heute den Hof des Kastells ziert. 1932 wurde das Theater freigelegt. Die Arbeiten dauern immer noch an, jeden Sommer engagieren sich internationale Archäologenteams. Die Straße von Sarandë nach Butrint entstand erst 1959, anlässlich des Besuches des sowjetischen Ministerpräsidenten Nikita Cruschtschow. Seit längerem schon erschweren tektonische Senkungen den Erhalt und die Arbeiten an dieser landschaftlich und geschichtlich beeindruckenden Stätte. Die Anlage selbst befindet sich in einem urwaldähnlichen Gelände mit ausgedehnten Wanderwegen rund um die Ausgrabungsobjekte. Sie sind mit informativen und umfassenden Erläuterungstafeln (englisch) versehen und ein ausführlicher, deutschsprachiger Faltplan ist an der Kasse erhältlich. Daher erfolgt an dieser Stelle nur die Auflistung der wichtigsten Bau-

die Fundstücke und ihre "Finder"

werke mit einigen Eckdaten. Direkt gegenüber des Eingangsbereiches sicherte ein später **venezinischer Wehrturm** den Stadtzugang, davor befand sich ein **römisches Bad**. Entlang der äußeren Mauer aus dem 4. Jhd. n. Chr. gelangt man zum **Trikonchos-Palast** aus dem 2. Jhd. Er war ein prächtiges und stattliches römisches Bürgerhaus mit Mosaiken, Wandmalereien und einem Brunnen im Innenhof. Im 5. Jhd. errichtete man im Innenbereich eine Gedächtniskirche, von der heute noch die charakteristischen drei Konchen übrig sind. Seeseitig führte an dieser Stelle das Aquädukt über den Kanal. Um den steigenden Wasserbedarf zu römischer Zeit zu decken, wurde das Wasser über 12 Kilometer vom Ort Xarrë hergeleitet. Das **Baptisterium** mit den wertvollen Bodenmosaiken (zum Schutz meist mit Sand abgedeckt) um das Taufbecken stammt aus dem frühen 6. Jhd. Westlich davon liegt das **Gymnasion** aus dem 2. Jhd., es wurde später zu einer Kirche umgebaut. Auf dem Weg zur großen, gut erhaltenen bzw. rekonstruierten, **frühchristlich-byzantinischen Basilika** ebenfalls aus dem 6. Jhd. als Butrint Bischofssitz wurde, liegt ein weiteres **römisches Bad** und das **Nymphäum**. Auch die Basilika besaß wertvolle Bodenmosaike. Unmittelbar dahinter erstreckt sich die imposante **Innenmauer** aus dem 3. Jhd. v. Chr. Am **Seetor** bietet sich ein schöner Blick auf den dahinter liegenden Lagunenbereich. Neben der Erweiterung der **Akropolismauer** gelangt man zum **Löwentor**. Es stammt bereits aus dem 4. Jhd. v. Chr. und war einer der sechs Eingänge zur Stadt. Um das Tier mit einem Stier oberhalb des niedrigen Durchganges, der nur wenigen Menschen gleichzeitig Einlass bieten sollte, zu identifizieren, bedarf es einiger Phantasie. Auffällig hier sind die riesigen, **illyrischen Qadersteine** in der gewaltigen Mauer. Hinter dem Durchgang links befindet sich ein Brunnen, rechts etwas unterhalb die Reste eines Magazins für den Hafen der

Südalbanien - Butrint

sich dort am See entlangzog. Ab dem 5. Jhd. nutzte man den Bau als Grabstätte mit fünf übereinanderliegenden Grabreihen. Kurz darauf steigt man zur **Akropolis** empor, umgeben von Mauerresten aus dem 6. Jhd. v. Chr. Hier befand sich der Siedlungsursprung Butrints. Ganz im Osten sind hinter dichtem Gestrüpp noch die Reste einer kleinen, frühchristlichen Basilika zu erkennen. Von hier oben hat man einen wunderschönen Ausblick auf das gesamte Umland der Lagune. Im Westteil der Akropolis liegt eine mittelalterliche Festung der Venezianer aus dem 13. Jhd. Das fünfeckige Kastell wurde incl. dem **viereckigen Turm** in den 1930er Jahren rekonstruiert. Hier lohnt sich auch ein Besuch des sehr informativen **Archäologischen Museums**, es wurde erst 2005 nach einer Renovierung neu bestückt. Auf dem Weg hinab liegt links ein **kleiner Tempel**, von hier bietet sich ein besonders schönes Fotomotiv des Theaters von oben. Der gut erhaltene Komplex beinhaltet zahlreiche Bauten, zurückgehend bis ins 3. Jhd. v. Chr. Nach dem Abstieg vom Hügel durch das Westtor erreicht man den eindrucksvollsten Teil der Ausgrabungsstätte, die **Agora**. Die Bauten hier sind teilweise noch sehr gut erhalten. Das zentral gelegene **Theater** entstand bereits im 3. Jhd. v. Chr., das gegenüber liegende Bühnengebäude mit zwei Stockwerken erst im 2. Jhd. n. Chr. Nach seiner Erweiterung bot es mit 5 Segmenten über 24 Meter Durchmesser und ca. 20 Sitzreihen mindestens 2.000 Menschen Platz. Es gab sogar Logenplätze für die gehobene Gesellschaft. Westlich der Zuschauerreihen befindet sich das **Asklepios-Heiligtum**, ein Tempel dem Gott der Heilkünste gewidmet. Die in die Mauer dazwischen **geritzten Inschriften** verkündeten öffentlich von Sklavenfreilassungen. Links des Tempels errichtete man das **Prytaneion**, das Rathaus der Stadt. Östlich des Theaters befand sich ursprünglich ein großes, zweistöckiges Haus mit Säulen um einen Innenhof aus dem 2. Jhd. und direkt dahinter lag die große **Stoa**.

Sie war um einiges älter als das Theater, da sie für dessen Bau teilweise abgetragen wurde. Rechts davon befand sich ein **Brunnen**. Am Hang dahinter kann man noch ansatzweise die **Fresken einer kleinen Kapelle** erkennen. Südöstlich vom Theater sind noch gut die Reste eines **römischen Badehauses** zu sehen. Der kurze Weg zurück zum Eingang wird gesäumt von uralten Eukalyptusbäumen. In den "bewässerten" alten Ruinen tummeln sich Wasserschildkröten, die in den antiken Mauerresten ihr Zuhause gefunden haben.

Am besten beginnt man den Rundgang, für den man etwa 3 Stunden einplanen sollte, gegen den Uhrzeigersinn, somit eröffnet sich das Spektakulärste zum Schluss. Eintritt: 700 Lek, ab 3 Personen 500 Lek, geöffnet: 8-17h. Es gibt Kioske und Souvenirstände. Im Juli/August findet innerhalb des Ausgrabungsgeländes das jährliche Theaterfestival „Butrint 2000" statt. Zu dieser Zeit ist der Besucherandrang, vor allem zu den Abendveranstaltungen, besonders hoch. Informative Seite: **www.butrint.al** (englisch). Jenseits des Kanals liegt eine dreiecksförmige Burg, ebenfalls aus venezianischer Zeit, die **„Kalaja Trekëndore"** (nicht zugänglich) zur Sicherung der Fischerei. Zu einer weiteren Festung Ali Paschas, direkt an der Mündung des Vivar-Kanals ins Meer, gelangt man per gechartertem Fischerboot. Direkt gegenüber der Ausgrabungsstätte gibt es einen großen Parkplatz, wer möchte, kann hier auch über Nacht bleiben. Die kürzeste Verbindung nach Griechenland hat man von hier über die ausgefallene Ponton-Zugfähre. Sie sieht zwar nicht vertrauenerweckend aus, befördert jedoch auch große Personenbusse. Für die kurze Überfahrt werden inzwischen extrem unverschämte Touristenpreise kassiert, € 10,-- pro Wohnmobil, verhandeln ist zwecklos. Wer Zeit hat, sollte die Dreistigkeit nicht unterstützen und über Sarandë und die SH99/SH97 nach Qafë Botë fahren. Zudem ist der Weg jenseits des Vivar-Kanals zwar asphaltiert jedoch auf 13 Kilometer bis Çiflik mit zahlreichen Schlaglöchern und Schadstellen versehen, die Entfernung bis zum GÜ beträgt gesamt 20 Kilometer.

Der die Ausgrabungsstätte umgebende **Nationalpark** von Butrint umfasst ein Gebiet von gut 8.500 Hektar. Seit dem Jahr 2000 gehört das Areal zu einer der 14 Nationalparks des Landes und unterliegt seit 2003 aufgrund seiner vielen Feuchtgebiete mit vom Aussterben bedrohter Tierarten den RAMSAR-Naturschutzkonventionen. Er ist ein wichtiges Rückzugsgebiet für Vögel und Wildtiere. 14 gefährdete Tierarten leben hier, nirgendwo sonst in Albanien gibt es 246 Vogelarten, 25 Reptilien-, und 10 Amphibienarten. Desweiteren wurden 40 Säugetier- und 105 Fischarten nachgewiesen. Die hügelige Landschaft um den Butrint-See, die Halbinsel und der südlich anschließende Lagunenbereich um den Vivar-Kanal bis zum Bufi-See bietet zu allen Jahreszeiten einen wunderschönen Anblick. Das Zentrum des Parks bildet das antike Butrint, weitere kulturhistorische Überreste sind römische Villen und Tempel in der unmittelbaren Umgebung, die Befestigungsanlage "Kalivo" aus der Bronzezeit und Festungsruinen aus der venezianischen und osmanischen Zeit.

Südalbanien

Sehenswertes an der Strecke nach Gjirokastër - vom Süden in den Südosten...
Mesopotam (Karte 1:150.000 von freytag & berndt: S 8)

Der kleine Ort mit seinen griechisch sprechenden Bewohnern liegt zwischen zwei Armen des Flüsschens Bistrica und trägt daher seinen Namen „zwischen den Flüssen". Sehr sehenswert hier ist die Klosterkirche „Shën Kollë" im eigenwilligen byzantinischen Baustil, vermutlich im 13. Jhd. errichtet. Mit ursprünglich 19x11 Metern Umfang war sie die größte ihrer Art in Albanien. Die heutige Größe hat sie zwei Erdbeben im 18. und 19. Jhd. zu verdanken. Der Bau weist etliche ungewöhnliche Details auf. Die großen, unteren Quadersteine stammen vermutlich aus dem antiken Phoinike, das hübsche Schächtelmauerwerk wurde ausgesprochen liebevoll gesetzt und die exotischen Tierreliefs bilden so gar keinen Bezug zum byzantinischen Baustil. Manche Malereien im Inneren lassen auf eine frühchristliche Entstehung einer Basilika schließen. Immerhin war der Ort im 6. Jhd. bereits Bischofssitz. Außergewöhnlich war auch, dass die Kirche zwei Schiffe besaß und so vermutlich zwei Heiligen geweiht war. Vor einigen Jahren war man noch damit beschäftigt, den Bau zu renovieren, was jedoch große Schwierigkeiten mit sich brachte. Die baufällige Kirche schien auseinanderzubrechen und man sicherte sie mit Stahlseilen. Seit Ende 2015 kann man auch das Innere wieder besichtigen. Weiter sehenswert ist der in den Umfassungsmauern integrierte Glockenturm und der muslimisch-christliche Friedhof. Eintritt 100 Lek. **Anfahrt:** Etwa 10 Kilometer östlich von Sarandë Richtung Gjirokastër an der zweiten Brücke im Ort rechts abbiegen. Das grüne Schiebetor davor ist meistens unverschlossen.

Finiq/Phoiniqe: (Karte 1:150.000 von freytag & berndt: S 8)

Auf dem langgezogenen, freistehenden, 272 Meter hohen Hügel oberhalb des Dorfes Finiq nordöstlich von Sarandë, befindet sich eine weitere Ausgrabungsstätte, deren Ursprung auf das 6. Jhd. v. Chr. zurückgeht. Der altgriechische Stamm der Chaonier besiedelte damals das Gebiet und Phoinike war die reichste und sicherste Stadt in der gesamten Epirus-Region, zudem deren politisches Zentrum. Doch die 3,6 Meter dicken Mauern konnten die Angriffe illyrischer Stämme nicht abwehren, die im 3. Jhd. v. Chr. die Stadt eroberten, ihre Herrschaft aber schon 167 v. Chr. an die Römer abgeben mussten. Phoinike blieb jedoch stets eine blühende Handelsstadt und wurde im 5. Jhd. Bischofssitz. Für die Zeit nach dem 6. Jhd. fehlen die Aufzeichnungen, vermutlich wurde sie verlassen und nicht wieder besiedelt. 1924 begannen italienische Archäologen mit ersten Aus-

grabungen, die bis heute mit wechselnden internationalen Teams andauern. Auf dem langgezogenen Areal wurden bislang etliche sehenswerte Gebäudereste freigelegt. Einige Teile des Wohnbereiches, eine Basilika, das riesige Amphitheater am Berghang, die Bibliothek und die Akropolis. Letztere war im 4. Jhd. die Größte der antiken Welt. Eine weitere Besonderheit des Hügels stammt aus der kommunistischen Ära. Am Südende befindet sich eine seltene, tunnelartige Bunkerkombination, komplett mit Schlaf- und Versorgungsräumen (s. Seite 43, 2. Bild von unten).  Sie ist durchgehend begehbar. Der Ausflug auf den Hügel lohnt sich auch wegen der grandiosen Aussicht über das Gebiet. **Anfahrt:** Nach etwa 6,5 Kilometer auf der SH99 Richtung Gjirokastër zweigt nach links ein ausgeschilderter Weg in das Dorf Finiq ab, hier im Ort am lachsfarbenen Haus mit Außentreppe rechts abbiegen, eine asphaltierte Zufahrt über 2 Kilometer führt bis zu einem großen Parkplatz. Der Eingang liegt einige Meter oberhalb davon. Nach rechts führt der Weg zu den Ausgrabungsobjekten, links geht es zu den Bunkern. Keine Öffnungszeiten, sollte eine verantwortliche Person vor Ort sein kostet der Eintritt 200 Lek.

Syri i Kaltër - „Blue Eye" (Karte 1:150.000 von f & b: S 9) (Top-Tipp)

Auf dem weiteren Weg von Sarandë zum Muzinë-Paß passiert man die beiden Wasserkraftwerke Bistrica I und II, sie werden vom türkischen Investor Kürüm finanziert, ein weiteres befindet sich noch im Bau. Werk I und II liefern jährlich etwa 28 Megawatt Nennleistung Energie und versorgen Sarandë und Delvina. Syri i Kaltër, auch "Blue Eye" genannt, ist eine idyllisch in einem urwaldähnlichen, üppigen Platanenwald gelegene Karstquelle an den Hängen des wasserreichen Mali i Gjerë und ein beliebtes Ausflugsziel. Das glasklare, türkisgrüne Wasser sprudelt mit konstant 12 Grad aus der Tiefe, das Schauspiel ist über eine Aussichtsplattform zu beobachten. Die Quelle wurde bislang bis 50 Meter Tiefe erforscht und gehört zu einem ausgedehnten Fluss-System mit 18 Quellen. Der wilde Bach mündet in den romantischen, mit Seerosen überwucherten Liqeni i Bistrices, welchen man bei der Zufahrt überquert, dieser wiederum speist den gleichnamigen Fluss. Die gesamte Umgebung steht unter Naturschutz. Im Zufahrtsbereich der Quelle gibt es zwei gute Restaurants, der Parkplatz des vorderen eignet sich als Stellplatz. **Anfahrt:** Der Abzweig an der Straße Richtung Gjirokastër ist bei Kilometer 22 sichtbar nach links ausgeschildert. An der Brücke wird eine gestaffelte Gebühr erhoben. Der weitere Weg über knapp 1 Kilometer ist zwar nicht asphaltiert jedoch gut befahrbar und wurde Ende 2015 verbreitert.

Muzinë-Pass & Dropull-Ebene (Karte 1:150.000 von freytag & berndt: S 9)

Die Ebenen um Gjirokastër und Sarandë teilen die bis zu 1.800 Meter hohen Berge der Mali i Gjerë und der 572 Meter hohe Muzinë-Pass. Dessen einfache Überquerung hält kleine Besonderheiten bereit. Entlang des Weges liegen verstreut etliche ursprüngliche Steinhäuser und kleine Kirchen, auffällig auch sind die rötlichen Sandsteinformationen. Dicht bewaldete Hügel weichen den kahlen Berghängen an der Passregion. An der Kreuzung bei Jogurcat, an der die Pass-Straße auf den Zubringer nach Gjirokastër trifft, entdeckte man beim Straßenbau in den späten 1990er-Jahren östlich der Straße ein mazedonisches Fürstengrab aus dem 3. Jhd. v. Chr. Die Kreuzung ist auch ein beliebter Standort der Verkehrspolizei, um den Schmuggel zwischen Albanien und Griechenland zu kontrollieren. Ab hier sind es auf der gut ausgebauten SH4 9 Kilometer bis zur griechischen Grenze Kakavia, 20 Kilometer bis Gjirokastër. Den Landstrich hier entlang des Drinos bezeichnet man als die „Dropull-Ebene". 31 kleine Dörfer, teils mit sehenswerten Kirchen (eine besonders schöne gibt es in Goranxi), Kleinklosteranlagen und alten Steinhäusern erstrecken sich hauptsächlich an den Hängen und Ausläufer des westlich gelegenen Kurvelesh-Gebirges, östlich begrenzen die Mali i Lunxhërise das Tal. Sie werden ausschließlich von einer griechischen Minderheit bewohnt, daher erfolgte die Ausschilderung der Orte zweisprachig. Bis in den Zweiten Weltkrieg hinein war die Ebene immer schon ein Gebiet mit militärisch höchster Aufmerksamkeit. Für die Griechen bot sie während all ihrer Eroberungszüge stets ideale Voraussetzungen für den Vormarsch nach Norden. So rechtfertigte auch Enver Hoxha die gehäufte Ansammlung von Bunkern jeglicher Größe. Heute entwickelt sich in den Bergen rund um Dropull bereits zögerlich Wandertourismus. Zahlreiche Kanäle zeugen von einer kontrollierten Entwässerung der Felder zur landwirtschaftlichen Nutzung.

Libohova (Karte 1:150.000 von freytag & berndt: R 9)

Auf 400 Meter Höhe, am Hang des Lunxhëria-Gebirgszuges, befindet sich ein sehr angenehmer und einladender Ausflugsort mit einer schönen Aussicht auf die unmittelbare, sehr ländlich geprägte Umgebung. In der Vergangenheit wurde das Städtchen, welches früher um ein Vielfaches größer war, hauptsächlich von der Adelsfamilie der Libohova beherrscht, die bis in die Zeit zwischen den beiden Weltkriegen eine wichtige, politische Rolle spielte. Zu ihrer Blütezeit im 19. Jhd. war der Familienclan enger Verbündeter des Herrschers Ali Pascha, damals zählte der Ort mehr als 15.000 Einwohner. Seit dem Ende des 19. Jhd. wandern die Menschen kontinuierlich ab. Während des Zweiten Weltkrieges steuerte die kommunistische Partisanenbewegung von hier ihre Aktivitäten im Süden, das hatte zur Folge, dass Libohova bereits 1943 von der deutschen Besetzung befreit werden konnte, Gjirokastër hingegen erst ein Jahr später. Im Zentrum, am Ende der breiten Hauptstraße, bildete eine über 500 Jahre alte, riesige Plantane die eigentliche Attraktion des Ortes. Heute scheint sie jedoch tot, die gemütliche Taverne am kleinen Bach aber ist geblieben. Hier soll man sehr gut Fisch und auch Zicklein essen können. Oberhalb des Ortes liegt eine gut erhaltene Festung Ali Paschas. **Anfahrt:** 12 Kilometer südlich von Gjirokastër nach Osten abbiegen (ausgeschildert), ab hier sind es auf asphaltierter Straße noch etwa 10 Kilometer.

die Platane im Jahr 2014

Sofratika (Karte 1:150.000 von freytag & berndt: S 9)

Spiegelbildlich zum Abzweig nach Libohova führt eine Straße nach Sofratika. Hier liegen inmitten einer weiten Wiesenebene die sehenswerten Reste des Amphietheaters und einiger Gräber der bedeutenden römischen Stadt Hadrianopolis, benannt nach dem römischen Kaiser Hadrian. Man geht davon aus, dass es sich um die Nachfolgesiedlung Antigoneas handelt. Sie entstand im 2. Jhd. n. Chr. während einer längeren Friedensperiode. Entgegen der sonst üblichen Hang- oder Hügellagen fühlte man sich damals hier im ungeschützten und unüberschaubaren Flachland ziemlich sicher. Die Siedlung hatte ursprünglich ein Ausmaß von über 15 Hektar. Das
Theater bot Platz für fast 4.000 Besucher. Im 5. Jhd. war der Ort sogar Bischofssitz und im 6. Jhd schon wieder verlassen. Die Stätte wurde erst Ende der 1970er Jahre entdeckt. Sie ist die einzige ihrer Art, welche man in einer Ebene erbaute. Nach einem regenreichen Winter steht Sofratika bis weit in das Frühjahr unter Wasser. **Anfahrt:** Kurz hinter dem Abzweig den ersten Weg nach links abbiegen. Nach etwa 500 Meter gelangt man an eine Unterführung. Hier parken und hinter dem Tunnel etwa 800 Meter in die Wiesen laufen. Mit kleinen, robusten Wohnmobilen kann man auch fahren, dann eignet sich der Ort gut als ruhiger **Stellplatz**.

Zwei Kilometer südlich von Gjirokastër liegt östlich der Straße **(40°03'40.2"N 20°10'22.7"E)** an einer kleinen Bar und Autowaschplatz mit großen Trauerweiden eine sehr sehenswerte Steinbogenbrücke aus dem 19. Jhd. Die Ura e Kordhocës über den Drinos ist 103 Meter lang, 3,7 Meter breit und hat fünf Rundbögen. Leider liegt unter der Brücke enorm viel Schwemm-Müll aus dem Hochwasser im Winter.

Ismail Kadare - Albaniens bekanntester und das Land charakterisierendster Schriftsteller, hat bislang über 30 Werke veröffentlicht, sie wurden in 30 Sprachen übersetzt. 1936 in Gjirokastër geboren und unter bescheidenen Verhältnissen aufgewachsen, finanzierte ihm sein Großvater später in Tirana und Moskau ein Sprachen- und Literaturstudium. Einige seiner Werke handeln von den Erlebnissen und Ereignissen in seiner Kindheit und Jugend, während und nach dem Zweiten Weltkrieg, andere beschreiben ergreifend weit zurückliegende, historische Ereignisse. Durch das kommunistische Regime waren viele seiner Schriften der Zensur unterworfen. Als er der Regierung nach dem Zusammenbruch des Kommunismus eine Verschleppung der Demokratisierung vorwarf, fand er 1990 politisches Asyl in Frankreich. 1999 kehrte er nach Albanien zurück. Kadare gelangte erneut unter Kritik, als er die Meinung vertrat, den Albanern sei der Islam während der osmanischen Besetzung aufgedrängt worden. Grundsätzlich aber begrüßte er das Religionsverbot unter dem kommunistischen Regime – seiner Meinung nach diente es der Wiederfindung des Einzelnen in seinem Glauben, er selbst ist konfessionslos. Immer wieder handelt er sich starke Kritik wegen seiner politischen Einstellungen ein, zudem gilt er als führender Vertreter der antiislamistischen Bewegung in Albanien, wodurch ihm immer wieder Nationalismus vorgeworfen wird. Sein berühmtestes Werk ist "Der General der toten Armee" (1963) – verfilmt mit Michel Piccoli und Marcello Mastroianni. Sein Persönlichstes „Chronik in Stein" - eine fast autobiografische Schilderung über die Verhältnisse im Zweiten Weltkrieg in seiner Geburtsstadt Gjirokastër. Sehr lesenswert ist auch "Die Festung" - eine spannende Schilderung über Skanderbegs Kampf um Kruja. 2005 wurde Kadare mit dem "Man Booker Prize" ausgezeichnet und Anfang 2016 erhielt er den "Verdienstorden der französischen Ehrenlegion".

Südalbanien - Gjirokastër

Gjirokastër (Karte 1:150.000 von freytag & berndt: R 8) (Highlight)

Allgemeines und Geschichte - Der Besuch dieser eindrucksvollen Stadt mit ihren 20.000 Einwohnern stellt kulturell ein absolutes Highlight jeder Albanienreise dar. Sie liegt landschaftlich sehr privilegiert im Tal des Drinos und zieht sich auf bis zu 480 Meter ü.d.M. am Berghang der Mali i Gjerë empor, gegenüber liegt der Mittelgebirgszug der Mali i Lunxhërisë. Gjirokastër ist berühmt durch seine einzigartige Architektur, welche ihr 2005 einen Platz auf der Liste der UNESCO-Weltkulturerben einbrachte und sehr treffend auch die Bezeichnung „Stadt der Steine" trägt. Das zudem kulturell sehr wichtige Zentrum Südalbaniens ist die Geburtsstadt zweier bedeutender Persönlichkeiten. Ismail Kadare, Albaniens Vorzeigeschriftsteller, verlieh ihr in seinem Roman über die Stadt „Chronik in Stein" den charakteristischen Beinamen „Stadt der tausend Stufen" und beschrieb sie so: *„Es war dies wirklich eine sehr seltsame Stadt. Man konnte auf einer Straße gehen und, wenn man wollte, den Arm ein wenig ausstrecken, um seine Mütze über die Spitze eines Minaretts zu stülpen. Vieles war schwer zu glauben und vieles war wie im Traum."* Albaniens Diktator Enver Hoxha stammte ebenfalls von hier, er erklärte die Stadt 1961 bereits zur Museumsstadt. Gjirokastër ist eine der ältesten Städte Albaniens. Bereits in der Antike verliefen in der Nähe der Stadt wichtige Handelswege. Die Zeichen einer illyrischen Besiedelung gehen auf das 3. Jhd. vor Chr. zurück. Eine erste Befestigung des Hügels fand erst im 6. Jhd. statt und im Laufe der Jahrhunderte entwickelte sich rund um die Burg eine städtische Siedlung die zum Byzantinischen Reich gehörte. Argrykastron - Silberstadt - wie sie damals hieß, wurde 1417 von den Osmanen erobert, die Macht aber behielt weiterhin der ansässige Familienclan der Zenebishi. Um die Oberherrschaft zu behalten, traten die Zenebishis zum Islam über. Doch bis zur Mitte des 17. Jahrhunderts lebten mehr Christen als Muslime in der Stadt. Vorübergehend war Argrykastron Hauptstadt eines Sandschak von Albanien. Unter den Osmanen bzw. Zenebeshi wurde die Stadt ein blühendes Handels- und Handwerkszentrum und die Bevölkerung nahm enorm zu, 1670 wurden vom osmanischen Reisenden Evliya Çelebi über 2.000 Häuser gezählt. Durch den Reichtum der Bewohner entstanden meist prächtige Gebäude, die in ihrer Form teilweise heute noch existieren. 1811 wurde die Stadt vom Herrscher Ali Pascha eingenommen, unmittelbar nach seinem Tod 1822 jedoch von den Osmanen zurückerobert. Zu seiner Zeit wurde die Burganlage stark erweitert und es entstand das gut 12 Kilometer lange Aquädukt, das 1932 zerstört wurde. Gjirokastër konnte sich bereits 1880 von den Türken befreien und war nach der Unabhängigkeitserklärung 1912 ein zwischen Albanern und Griechen stark umstrittenes Gebiet. 1914 wurde hier von der griechischen Minderheit die

Enver Hoxha

Enver Hoxha war eine herausragende und charismatische politische Persönlichkeit Albaniens, ein verehrter und zugleich verhasster "Diktator", im Ausland meist als undurchschaubarer und geisteskranker Tyrann verurteilt. Der Mann der Superlative gehört zu den wichtigsten politischen Figuren der Geschichte des Landes und war einer der unabhängigsten Politiker des Kommunismus. Hoxha wurde 1908 in Gjirokastër geboren und wuchs in einer wohlhabenden, muslimischen Familie auf. Großen Einfluss übte sein revolutionär eingestellter Onkel auf ihn aus. Nach dem Abschluss der französischen Hochschule in Korça, erhielt er 1930 ein Stipendium für Naturwissenschaften in Montpellier und Paris. Sehr zu seinem Unmut, er hätte Geschichte und Politik bevorzugt. 1934 wechselte er Land sowie Studienfach und beschäftigte sich in Brüssel intensiv mit Jura. Im Ausland wurde Hoxha erstmals mit kommunistischen Prinzipien konfrontiert, die ihn nachhaltig prägten. 1936 kehrte er zurück nach Albanien und unterrichtete in Korça Französisch, bis er drei Jahre später Berufsverbot erhielt, nach Tirana ging, um dort als Professor an der Uni zu arbeiten. Mit Unterstützung Titos war er maßgeblich am Aufbau der Kommunistischen Partei Albaniens beteiligt, deren Vorsitzender er 1943 wurde. Später ging daraus die Partei der Arbeit Albaniens hervor. Nach dem Krieg proklamierte Hoxha im Januar 1946 die Sozialistische Volksrepublik Albanien. Da Spannungen mit Jugoslawien nicht ausblieben, suchte und fand er die politische und wirtschaftliche Kooperation mit Stalin und der Sowjetunion. Seine Praktiken waren stark geprägt vom Charakter des russischen Staatschefs, der eine totalitäre Diktatur vertrat. Es gab Parteisäuberungen und Hinrichtungen oppositioneller Politiker. Die Reformen von Stalins Nachfolger Chruschtschow waren mit Hoxhas Überzeugungen nicht vereinbar und in Folge brach er 1961 die Beziehungen zur UdSSR komplett ab und reduzierte die zu anderen europäischen Staaten auf ein Mindestmaß. Das hatte jedoch keinen Einfluss darauf, sich bei französischen Ärzten behandeln zu lassen und seine Kinder nach Frankreich und Schweden zum Studieren zu schicken. Nach dem Bruch mit Russland suchte er die politische Nähe der Volksrepublik China, deren Maoismus auch zur Linie der Partei der Arbeit wurde. Mit chinesischem Know-How und finanzieller Unterstützung entstanden eine Vielzahl von industriellen Einrichtungen. Sämtliche religiösen Tradition wurden verboten und 1967 war Albanien der erste atheistische Staat der Welt. Ebenso untersagt war der Besitz eines Privatautos. 1968 folgte der formelle Austritt aus dem Warschauer Pakt. Die Geschichte wiederholte sich mit dem Tod Mao Zedongs 1976, auch hier brach er 1978 endgültig sämtliche Beziehungen zur Volksrepublik ab. Im Nachhinein verurteilte er sogar die Ideen Maos und bezeichnete sie als inkonsequent und nicht vereinbar mit den Lehren des Marxismus-Leninismus. Es folgten Jahre der absoluten politischen Isolation. Mit steigendem Alter nahm auch Enver Hoxhas Paranoia zu, er fühlte Albanien zunehmend von der Übernahme durch Großmächte und Nachbarstaaten bedroht, was ausschlaggebend für die Errichtung der Unmenge von Bunkern war. Die Kosten für die Stahl- und Betonimporte kosteten das Land ein Vermögen und belasteten die Wirtschaft auf Jahre unvorstellbar. Der Diktator litt seit vielen Jahren an Herzinsuffizienz, Diabetes und erlitt mehrere Schlaganfälle. Dennoch führte er weiterhin alle politischen Geschäfte und veranlasste Säuberungsaktionen mit denen er sich meist quertreibender und reformwilliger Politiker entledigte. Unter ihnen war auch der immer einflussreicher werdende Ministerpräsident Mehmet Shehu, dem er jedoch Selbstmord in die Schuhe schob und ihn als Geheimagent verurteilte. Enver Hoxha starb im April 1985 an Herzversagen. Sein Tod löste unter der Bevölkerung großes Entsetzen und Verlustgefühl aus. Er war trotz seiner Praktiken eine unter den Albanern äußerst beliebte Persönlichkeit, er gab ihnen das Gefühl des Schutzes, der Sicherheit und der nationalen Würde. Seine Arbeit wurde noch bis 1990 unter seinem Nachfolger Ramiz Alia fortgesetzt. Noch lange nach seinem Tod hielt der Kult um seine Person an, es wurden überall zahlreiche Statuen von ihm errichtet sowie viele Örtlichkeiten und auch öffentliche Einrichtungen nach ihm benannt.

Südalbanien - Gjirokastër

Autonome Republik Nordepirus ausgerufen. Sie hatte jedoch nur kurze Zeit Bestand und 1925 musste Griechenland seine territorialen Forderungen abtreten. 1939 wurde Gjirokastër von italienischen Truppen besetzt, die sich aber nach der Niederlage gegen die Griechen 1940 zurückziehen mussten. 1941 konnten die Italiener die Stadt erneut besetzen, wurden aber nach deren Kapitulation von deutschen Truppen abgelöst, die bis zum Kriegsende blieben. Die historische Substanz Gjirokastras nahm während der Kriegsjahre durch Bombardierungen großen Schaden, viele Einwohner kamen ums Leben. Zu kommunistischer Zeit entwickelte sich um die Stadt ein industrielles Zentrum der Bekleidung und des Handwerks. Nach dem Zusammenbruch wanderten die meisten Bewohner nach Griechenland ab und die Industriebetriebe verfielen. Eine erneute Emigrationswelle setzte zur Zeit der politischen Unruhen 1997 ein. Noch vor wenigen Jahren wirkte Gjirokastër wie eine Geisterstadt (das Foto entstand Anfang Juni 2011, die Stadt sah aus wie zum Sterben verurteilt), heute erfährt sie wieder einen Bevölkerungszuwachs durch den Tourismus und Ansiedlung ausländischer Firmen.

Sehenswertes (etwa 3 Stunden) - Das Bild Gjirokastras ist geprägt durch die außerordentlich mystisch wirkende Burg auf dem freistehenden Hügel und seine festungsartigen Wohn- und Wehrhäuser mit den steinernen Untergeschossen, den hohen Fenstern und Holzvorbauten der Obergeschosse und grauen Schieferdächern in der kompletten Altstadt. Grund für die Deckung der Dächer mit Stein war, dass dieser als Baumaterial reichlich zur Verfügung stand, zudem konnte man mit dieser Bauweise die Temperatur im Sommer niedrig halten und im Winter die Wärme besser speichern. Die Straßen wurden mit dunkelgrauen Steinen schon im 18. Jhd. gepflastert, was den ohnehin schon düsteren aber dennoch reizvollen Eindruck noch verstärkt. Die Stadtbesichtigung startet man am besten mit einem Besuch der Burg. Ein gepflasterter Zufahrtsweg (nicht für Wohnmobile geeignet, laufen oder mit dem Taxi hoch) führt bis vor den Eingang der beeindruckenden, gewaltigen **Festungsanlage** auf dem die Stadt überragenden Hügel. Hinter dem Eingang im Nordtor rechts befindet sich auf dem Weg zu den **Lagergewölben** eine **Bektashi-Gedenkstätte** mit den Gräbern zweier Geistlicher, ganz am Ende befand sich ein Gefängnis. Links durchquert man die **Große Galerie**, in deren Nischen sich beeindruckende Kanonengeschütze und Panzer aus dem 2. Weltkrieg verbergen. Der hintere Bereich beherbergt in separaten Räumen das **Militärmuseum**. Darin befindet sich eine Ausstellung über den Kampf der Partisanen gegen die Wehrmächte zwischen 1939 und 1944 sowie Gedenkräume für hingerichtete politische Gefangene und Widerstandskämpfer. Früher befand sich hier der Kerker für eben diese Personen. Außerhalb der Gewölbe erreicht man ein großes Freigelände. Attraktion neben etlichen Kanonen ist ein **altes, amerikanisches Düsenflugzeug, eine Lockheed T33** aus den 1950er Jahren, welches 1957 angeblich als Spionageflugzeug enttarnt, bei Tirana zur Landung gezwungen worden war und später hierher überführt wurde. Rechter Hand befanden sich **Wohnräume**. Die große **Freiluftbühne** wird für zahlreiche, kulturelle Veranstaltungen genutzt, alle fünf Jahre für das Internationale Folk-Festival. Der südliche Festungsbereich ist „unerschlossen" und enthält neben Mauerresten und Bastionen die verfallenen Zisternen. Vom **Uhrturm** und **Pulverturm** an der nordöstlichen

Spitze bietet sich ein einzigartiger Blick über die Altstadt, das gegenüberliegende Gebirge der Mali i Lunxhërise bis nach Antigonea und das Drinos-Tal. In den Aussparungen der Mauer waren früher die Kanonen angebracht. Eintritt 200 Lek (für das Museum nochmals extra), geöffnet 9.00-17.00/19.00h. Durch einen Tunnel im Hügel gelangt man zum Stadtteil Manalat auf der anderen Seite der Burganlage. Ab hier kann man zu den Resten des ehemals gewaltigen **Aquäduktes** laufen. Unterhalb der Festung erstreckt sich das verwinkelte Basar-Viertel Qafa e Pazarit mit zahlreichen Cafés, Tavernen, Souvenirshops und Handwerksbetrieben. Im Viertel direkt unterhalb des Uhrturms liegt die alte **orthodoxe Kirche Shën Sotirit** mit einem typischen Glockenturm. Überaus sehenswert sind die alten, über die ganze Altstadt verstreuten Wehrturmhäuser, teilweise sind sie mit UNESCO-Unterstützung bereits aufwendig restauriert worden. Viele aber warten noch auf ihre Renovierung, doch alle stehen unter Denkmalschutz. Zur Zeit ihrer Entstehung, vor etlichen hundert Jahren, galten sie als luxuriös und zeugten vom Wohlstand und Reichtum der Familien, je größer das Haus, desto bedeutender war auch der Einfluss der Familie. Mehrere Generationen lebten hier unter einem Dach. Sie wurden alle in der typischen Holz-Steinbauweise errichtet, meist um einen kleinen Innenhof. Im untersten Stockwerk befanden sich die Vorratsräume und die innen gelegene Zisterne, um das Wasser vor Verunreinigungen zu schützen. Darüber lagen die Wirtschaftsräume. Dieser Sockelbereich war nur mit kleinen Fensterschlitzen versehen, um das Anwesen gut verteidigen zu können. Die oberen Stockwerke waren außen verputzt und beherbergten die Empfangs-, Repräsentations- und Wohnräume. Bis auf einen kurzen Zeitraum nach der Hochzeit lebten die Familienmitglieder nach Geschlechtern getrennt. Die Räume hatten große Fenster, die Kaminzimmer waren oft reich mit Malereien verziert und die hölzernen Möbel und Decken mit Schnitzereien versehen. Im obersten Stockwerk, wo man sich hauptsächlich im Sommer aufhielt, gab es oft noch eine Empore und Veranda. Je höher man stieg, desto reichhaltiger fiel der Wohnschmuck aus. Charakteristisch sind die mit Steinplatten gedeckten Dächer. Besonders schön und sehr anschaulich ist das **Zekate-Haus** (Titelbild), fast am höchsten Punkt der Stadt gelegen, man vermutet, dass es zu Ali Paschas Zeiten die Residenz des Statthalters war. Es stammt aus dem frühen 19. Jhd. Von ganz oben bietet sich ein wirklich traumhafter Blick über die Stadt. Ebenfalls schön ist das **Skenduli-Haus** in der Rr. Ismail Kadare gelegen.

Südalbanien - Gjirokastër

Eintritt jeweils 200 Lek, im Skenduli-Haus wird eine Führung auf englisch angeboten. Wenige Meter weiter liegt das **Ethnografische Museum**, es ist das Geburtshaus von Enver Hoxha. Die Ausstellung in dem ebenfalls authentischen Haus umfasst zahlreiche Haushaltsgegenstände, Trachtenkostüme und Kulturgegenstände einer typischen, wohlhabenden Familie aus dem 19. Jhd. Eintritt: 200 Lek, Mo + Di geschlossen. Seit Anfang 2016 steht auch das frisch renovierte **Geburtshaus des Schriftstellers Ismail Kadare** in der Rruga Fato Berberi für Besichtigungen offen. Weiter sehenswert sind das **Barbamento-, Fico-** und **Angonate-Haus**. Alle sind mittels brauner Wegweiser gut ausgeschildert und bieten einmalige Einblicke in die albanische Kultur. Bedeutend ist auch die **Pazar-Moschee** mit ihrer eleganten Architektur, sie ist die einzig erhaltene von 15 islamischen Gotteshäusern und besitzt eine schöne Innenausstattung. Das gelbe Gebäude daneben mit dem Kuppeldach war ursprünglich eine Bektashi-Tekke aus dem Jahr 1727, heute wird es als Medresa genutzt, eine **Schule für islamische Wissenschaften**. Der weithin sichtbare **Obelisk**, bzw. das ABC-Denkmal ist ein Symbol der Bildung und erinnert an die erste Schule Gjirokastras, 1908 eröffnet. Nördlich unterhalb des Sheshi Çerçiz Topulli ist noch die **Brunnenanlage** der 7 Quellen aus osmanischer Zeit sichtbar, ein idyllischer Platz. Dahinter befindet sich ein alter **Hamam**. Direkt am Platz bietet die Touristeninformation umfangreichen Service. Beim Hotel Sopoti weist die UNESCO-Plakette auf die kulturelle Besonderheit der Stadt hin. Das Hotel Çajupi stammt noch aus der Kommunismuszeit, wurde aber aufwendig umgebaut und entspricht nun zeitgemäßem Standard. Dahinter gelangt man zu einer weiteren, erst seit Ende 2015 zugänglichen Attraktion Gjirokastras. Im Burghügel befinden sich etliche große **Luftschutzbunker** aus Hoxhas Zeit. Sie dienten als Büro, es gab Versammlungs- und Speiseräume aber keine Unterkünfte. Die umfassende Bunkeranlage steht im Rahmen von geführten Gruppenbesichtigungen für Besuche zur Verfügung, Anmeldungen hierzu nimmt die Touristeninformation entgegen. An der SH4 zwischen Alt- und Neustadt wurde 2015 die neue **Orthodoxe Kathedrale** fertiggestellt.

Veranstaltungen: Anfang Juni werden die Albanian Open veranstaltet, ein internationaler Paragliding-Wettbewerb. Ende August freut man sich auf das Weintraubenfest (natürlich auch mit jungem Wein und Raki) und im Oktober auf die nationale Kunsthandwerksmesse. Alle fünf Jahre findet Anfang September auf der Burg ein großes Kulturfestival mit zahlreichen Veranstaltungen und Feuerwerk statt.

Park & Ride: Die Zufahrt zur Altstadt von der SH4 ist mit „Kalaja" ausgeschildert und erfolgt über die Rruga Gjin Zenebisi. Hier findet man auch die besten Parkmöglichkeiten, spätestens am Sheshi Çerçiz Topulli vor dem Kopfsteinplaster, Gjirokastras Altstadt ist **keine Stadt für Wohnmobile**. Das Fahren gestaltet sich schwierig, die Kopfsteinpflastergassen sind steil, sehr eng, bei Nässe rutschig und es gibt keine Wendemöglichkeiten. Eine weitere Option: An der SH4 parken und mit dem Taxi bis vor die Festung fahren, ab hier sich dann nach „unten vorarbeiten".

Noch eine gute Möglichkeit: www.hobo-team.de/rundreisen - tagestouren
Mit einem kleinen Auto eine unvergessliche Tagestour. Start am Ksamil-Caravan-Camping

Camping Gjirokastër (GPS: 42°02'37.8"N 19°29'20.1"E), neuer Platz 2 km außerhalb der Stadt gelegen. Saubere Sanitäranlagen, Waschmaschine, gutes Restaurant im Sommer, W-Lan, Shop, Schwimmbad in der Nähe, W-Lan. Ganzjährig geöffnet. € 14,-- bis 16,--. **www.campinggjirokaster.com**.

Stellplätze: Hotel Victoria **(40°06'13.3"N 20°07'23.4"E)** und Hotel Olimpik **(40°05'57.9"N 20°07'44.5"E)** und der Viro-Stausee 3 km nördlich der Stadt.

Südalbanien

Antigonea (Karte 1:150.000 von freytag & berndt: R 9) (Top-Tipp)
Auf einem Hügel in 600 Meter Höhe östlich der Gjirokastër-Ebene, befindet sich landschaftlich privilegiert gelegen mit einem schönen Rundumblick der Archäologiepark "Antigonea". Die antike Stadt wurde im 3. Jhd. v. Chr. von König Pyrrus gegründet und war die Hauptstadt des epirotischen Stammes der Chaonier. Wie auch Phoinike lag die Stadt an einer wichtigen Handelsstraße und wurde so zu einem bedeutendem Zentrum der Antike. Antigonea hatte nur eine kurze Hochphase und Lebensdauer. Nach dem Sieg der Römer 167 v. Chr. über viele Städte des Epirus, wurde auch diese Siedlung geplündert, angezündet und die Einwohner versklavt. Antigonea wurde vorerst nicht wieder aufgebaut, erst im 5. Jhd. fand eine zweite Besiedelungsepoche statt. Diese war ebenfalls von sehr kurzer Dauer, die Stadt wurde im 6. Jhd. von Slawen zerstört. Dennoch konnte sich in der kurzen vorchristlichen Zeit eine beeindruckende Stadt entwickeln. Erst 1970 begann die Forschungsgeschichte Antigoneas. Von der 4 Kilometer langen Stadtmauer, die 35 Hektar schützte, sind noch stattliche Ruinenstücke vorhanden. Man brachte die Reste der Akropolis, der Agora, etlicher Wohn- und Arbeitshäuser, Tempel, eines Brunnens, des Nymphaeums und der byzantinischen Kirche an die Oberfläche. Im Zentrum der Stadt wurde eine befestigte Straße ausgemacht sowie eine knapp 60 Meter lange und 9 Meter breite Stoa. Das Theater mit 27 Stufen bot 4.000 Besuchern Platz, es wurde erst in den 1980er Jahren entdeckt. Zudem wurden Bronze- und Silbermünzen gefunden. Die Grundmauern einer frühchristlichen Basilika, mit wertvollen Bodenmosaiken aus der zweiten Besiedelungsära außerhalb des Stadtgebietes, konnte man 1974 freilegen. Die weitläufige, sehr ruhig gelegene Anlage ist auf Wegen gut zu erkunden, die Ruinen sind mit Schautafeln versehen. Eintritt: 200 Lek, geöffnet Mo-Fr 8-16h, Sa+So 9-15h (theoretisch, später kommt man auch rein), Sept.-Mai letzter Sonntag im Monat frei. **Anfahrt:** In Gjirokastër gegenüber der Hauptstraße in der Neustadt ausgeschildert, nach 300 Meter rechts abbiegen. Am Ortseingang des Dorfes Asim Zeneli links halten, das hier befindliche Büro des Archäologieparks vermittelt Führungen. Gesamt sind es 15 Kilometer, die Zufahrt ist durchgehend asphaltiert, der große Parkbereich eignet sich gut als **Stellplatz**.

Tipp: Am Weg liegt in einer Kurve zwei Kilometer vor der antiken Stätte das kleine, sehr sehenswerte und ursprüngliche Dorf Saraqinishtë. Hier lohnt sich ein Spaziergang durch die engen Gassen mit den alten Steinhäusern, viele davon wurden mit Steinen aus Antigonea erbaut. Zudem gibt es zwei sehr gut erhaltene und überaus schöne Kirchen aus dem 17. Jahrhundert, eine davon ist mit sehenswerten Fresken ausgestattet.

Weiter Richtung Norden & Osten - Nördlich von Gjirokastër verläßt man die Dropull-Ebene und gelangt in das bergige Umland von Tepelena. Westlich liegt das eindrucksvolle und wilde Kurvelesh, östlich die Ausläufer der Mali i Lunxhërise. 20 Kilometer nördlich der Stadt durchquert man einen lebhaften Flecken - Uji i Ftothë. Rund um die hier angesiedelten Bars und Tavernen sprudeln zahlreiche Quellen aus dem Berg und fließen in den Drinos. Es gibt frischen Fisch, zubereitet im Restaurant oder noch lebendig an der Straße zu kaufen. Es werden bestes Olivenöl und verschiedene Honigsorten angeboten. Zudem kann man hier gut seine Frischwasser-

Südalbanien - der Weg in den Osten

vorräte wieder auffüllen. Weiter oben im Berg befinden sich die Großquellen von Tepelena, die der gleichnamigen Fabrik ihr Mineralwasser liefern. Deren Produkte werden sogar in die Vereinigten Staaten exportiert. Etwas weiter liegt ein wichtiger Verkehrsknotenpunkt im Süden: Über die Brücke gelangt man in die Schlucht von Këlcyrë und weiter in den Osten des Landes. Geradeaus über Tepelena und die neue Trasse der SH4 in die Landesmitte wieder zurück nach Fier (ca. 90 km).

Tepelena (Karte 1:150.000 von freytag & berndt: Q 8)

Die gerade mal 5.000 Einwohner zählende Kleinstadt, 40 Kilometer nördlich von Gjirokastër, ist vor allem als die Geburtsstadt des hohen, osmanischen Beamten Ali Pascha Tepelena bekannt und für das gute Trinkwasser. Der Ort wurde zu Beginn des 16. Jhd. von den Osmanen gegründet, die hier auf einem steilen Felsen über der Vjosa eine Festung errichteten. Ende des 18. Jhd. machte sie Ali Pascha neben Ioannina zu seinem Hauptwohnsitz und ließ die Burganlage auf 4,5 Hektar Größe ausbauen. 1920 wurde Tepelena von einem schweren Erdbeben zum größten Teil zerstört, ab 1980 erfolgten umfassende Restaurierungsarbeiten, der größte Teil der Festung ist aber inzwischen überbaut worden. Eine Plakette an einem der Bastionstürme erinnert an die Besuche des englischen Dichters Lord Byron, der eine freundschaftliche Beziehung zum Tyrannen pflegte. Im Zentrum der Stadt thront unübersehbar das große Denkmal in typischer Pose des Herrschers. Über die Vjosa führt eine imposante Fußgängerbrücke in das Dorf Beçisht, dem eigentlichen Geburtsort Ali Paschas, die Brücke entstand zu seinen Lebzeiten. Von etlichen Stellen bietet sich ein sehr schöner Blick auf den Zusammenfluss des Drinos in die Vjosa, im Hintergrund erheben sich die Gipfel des kegelförmigen Mali i Golikut und des Shëndeli.

Ali Pascha Tepelena - Der Löwe von Janina (heutiges Ioannina in Nordgriechenland) war ein osmanischer Herrscher, der über weite Teile des Epirus und Südalbaniens mit meist zweifelhaften Methoden regierte. Ali Pascha wurde 1740 oder 41 (über sein Geburtsjahr herrscht Uneinigkeit) im südalbanischen Tepelena geboren, das damals zum Osmanischen Reich gehörte. Mit 22 Jahren wurde er Anführer einer Diebesbande, deren Wirkungskreis sich über viele Gebiete erstreckte. Durch verräterische Machenschaften seiner Bande gegenüber erlangte er das Ansehen von Sultan Mahmut II., der ihm daraufhin mehrere Paschaliks zur Verwaltung anvertraute. 1797 erkämpfte er sich bei einem Angriff auf das von einem griechischen Stamm beherrschten Himarë den Sieg über die damals wichtige Stadt. 6.000 Menschen starben und dennoch erforderte es weitere Verluste, bis die ansässigen Sulioten den Weg nach Korfu freigaben. Dieser Erfolg brachte ihm die uneingeschränkte Anerkennung der Regierung in Istanbul ein und bald herrschte er unabhängig über große Teile Südalbaniens, Nordgriechenlands, Thessaliens und Makedoniens. Seine Armee umfasste mehr als 100.000 Mann. Später verbündete er sich mit griechischen Aufständischen der Unabhängigkeitsbewegung, woraufhin er vom Sultan geächtet wurde. Nach einer einjährigen Belagerung seiner Festung in Ioannina, wurde er am 5. Februar 1822 bei einem Treffen mit Abgesandten des osmanischen Kriegsministers ermordet. Auch seine drei Söhne wurden hingerichtet und seine Frau inhaftiert. Ali Paschas Kopf wurde als Trophäe nach Istanbul gebracht und eine Weile am Topkapi-Palast präsentiert, bevor er auf einem großen Friedhof der Stadt beigesetzt wurde. Seit April 2013 verhandelt Albanien mit der türkischen Regierung über die Rückgabe von Ali Paschas Kopf, dessen Person hierzulande eine noch überaus hohe Verehrung erfährt.

ALI PASHE TEPELENA
1740 - 1822

hier auf dem Denkmal ist sein Geburtsjahr jedoch klar definiert - falsch oder richtig?

Schlucht von Këlcyrë (Karte 1:150.000 von freytag & berndt: Q 8)

Landschaft um Tepelena und die blaue Viosa...

...und der "Schluchtdurchbruch" vor Këlcyrë

Etwa 5 Kilometer südlich von Tepelena zweigt eine Straße über eine einspurige Brücke Richtung Përmët ab. Nach 6,5 Kilometer passiert man die Eisenbrücke von Dragot - eine Konstruktion aus dem zweiten Weltkrieg, von deutschen und schweizer Ingenieuren entworfen. Es sollte nur jeweils ein Auto die Brücke überqueren, so steht es zumindest auf dem Hinweisschild, vermutlich aufgrund der Schwingungen. Danach führt die Straße 12 Kilometer durch eine sehr schöne Talenge (Schlucht ist hier aber etwas übertrieben, doch die offizielle Bezeichnung lautet „Gryka" = Schlucht), begleitet von weit über 1.000 Meter hohen Bergzügen und dem Verlauf der Vjosa, bei gutem Wetter in türkisblau. Rechter Hand, kurz vor der Abfüllanlage der großen Mineralwasserfabrik Trebeshina, steht eine neue orthodoxe Klosteranlage mit einem riesigen, griechischen Friedhof. Nur wenige Kilometer weiter, ebenfalls rechts jenseits der Vjosa, laden zwei Ausflugslokale direkt über mehreren Wasserfällen erbaut, zu einer Rast ein. In den waldreichen Berghängen dahinter gibt es etliche Wanderwege. Der Parkplatz vor

der Brücke eignet sich als Stellplatz. Kurz darauf erreicht man den Schluchtdurchbruch bei Këlcyrë. Die unscheinbare Kleinstadt mit gerade mal 2.700 Einwohnern war in der Vergangenheit, seit dem Zweiten Makedonisch-Römischen Krieg 198 v. Chr. bis zum Zweiten Weltkrieg noch, ein strategisch wichtiger Ort, um den Ost-West-Durchgang kontrollieren zu können. Hoch oben über der Stadt kann man am Berghang noch die Reste einer Burg aus dem 13. Jhd. erkennen, die auf illyrischen Mauerresten erbaut wurde. Die Anlage wurde im 19. Jhd. unter den Osmanen stark erweitert und Këlcyrë entwickelte sich für kurze Zeit zu einem blühenden Handelsort. Wie bereits erwähnt, ist die SH74 ab hier nach Berat für Wohnmobile nicht geeignet.

für wagemutige Wohnmobilfahrer ein Erlebnis - was ein albanischer Mercedes kann, schafft ein Womo auch...

Ostalbanien - die Frashëri-Brüder

Die **drei Frashëri-Brüder** waren bedeutende Aktivisten der albanischen Nationalbewegung „Rilindja" im späten 19. Jahrhundert. Sie stammten aus dem gleichnamigen, sehr abgelegenen Dorf, knapp 40 Kilometer nördlich von Përmet. Zur damaligen Zeit war der Ort ein bedeutendes Zentrum des islamischen Bektashi-Ordens und umfasste um die 550 Häuser, heute wohnen nur noch 5 Familien dort. Die Brüder wuchsen in armen Verhältnissen auf, erlangten durch Ehrgeiz und Fleiß Bildung. Nach dem Tod ihrer Eltern verließen sie das Dorf und gingen zuerst nach Ioannina in Griechenland und später nach Istanbul.

das Geburtshaus der Brüder im Nationalpark...

Dort erarbeiteten sich alle drei gehobene Posten im Staatsdienst des Osmanischen Reiches. Auch ihr politischer Einfluss in der Liga von Prizren, in der es um die Unabhängigkeit und auch um die Staatsgrenzen von Albanien ging, war bedeutend.

Abdyl Frashëri (1839 – 1892), der älteste der drei Brüder hatte im Dienste des Osmanischen Reiches das Zollamt von Ioannina unter seiner Leitung. Als 1878 die Abtretung albanischer Gebiete an Bulgarien drohte, begann er damit, sich öffentlich mit der nationalen Frage auseinanderzusetzen. Seine Artikel in türkischen und griechischen Zeitungen bildeten zahlreich Diskussionsgrundlagen, er gründete in Istanbul das Zentralkomitee zur Verteidigung der Rechte des albanischen Volkes. Abdyl war der Engagierteste der drei Brüder, wenn es um die nationalen Bedürfnisse der Albaner ging. 1879 bereiste er sogar Wien, Rom, Paris und Berlin, um bei den Großmächten Unterstützung zu erbitten. 1881 übernahm die Liga von Prizren unter seiner Leitung das Gebiet des Kosovo. Nach Zerschlagung der Liga floh er, wurde aber bei Elbasan von osmanischen Soldaten aufgegriffen und zu Tode verurteilt. Die Strafe wurde in lebenslange Haft abgemildert, aus der er aber 1885 entlassen wurde.

Naim Frashëri (1846 – 1900), war einer der bedeutendsten albanischen Schriftsteller des 19. Jahrhunderts und seine Werke werden heute noch gelesen. Wie seine Brüder war er im osmanischen Staatsdienst tätig, im Amt für Druckwesen. Aufgrund einer Tuberkulosekrankheit kehrte er in den Süden Albaniens zurück, hier arbeitete er als Steuerbebeamter. Er schrieb zahlreiche Gedichte in vielen Sprachen und ihm war die literarische Kultur des Westens und des Orients gleichermaßen vertraut. Er ging erneut nach Istanbul und verfasste zahlreiche Werke, welche für den Bildungsweg genutzt wurden, zudem verdiente er seinen Lebensunterhalt im türkischen Unterrichtsministerium. Gedruckt wurden seine Schriften in Bukarest, albanische Drucke waren damals im Osmanischen Reich nicht erlaubt.

Sami Frashëri (1850 - 1904), war in erster Linie Literat und ein Sprachgenie. Sein 1899 erschienenes Werk *"Albanien - was es war, was es ist und was es sein wird"* beschreibt den Wunsch der Albaner auf einen vom Osmanischen Reich unabhängigen Staat und die Entwicklung zu einer modernen Nation. Zudem verfasste er die erste türkische Enzyklopädie und etliche Wörterbücher in Latein, Italienisch, Französisch, Persisch, Arabisch und Türkisch, was ihm auch in der türkischen Kulturgeschichte Ansehen verlieh. Im Laufe seines Lebens schrieb er 60 Werke in etlichen Sprachen nieder. Sein Bemühen um Albanien brachte ihm Hausarrest und Publikationsverbot. Bei seinem Tod hinterließ Sami Frashëri eine 12.000 Titel umfassende Bibliothek. Während die sterblichen Überreste seiner Brüder Abdyl und Naim 1937 aus Istanbul nach Tirana überführt wurden, blieb der von den Türken bis heute Verehrte in Istanbul begraben. Sein Sohn Ali Sami Yen war der Gründer des berühmten Fußballclubs Galatasaray Istanbul. Im ganzen Land findet man Denkmäler der drei Brüder.

...ihre 3 Büsten davor

 **Ostalbanien**

Ostalbanien - Dieser abgelegene, dünn besiedelte Landesteil bietet enorm viele, spektakuläre Überraschungen. Überwältigende und unberührte Landschaften mit Hochgebirgscharakter, weite Ebenen und tiefe Täler, wilde Flüsse und beeindruckende Seenlandschaften, alte Kulturdenkmäler und fortschrittliche Impulse in den Städten. Zudem - wie im übrigen Land auch - eine äußert gastfreundliche und liebenswerte Bevölkerung.

Eine Reise durch den Osten Albaniens eignet sich besonders für Liebhaber ursprünglicher Natur. Auf halbwegs sanierten Straßen sind die wichtigsten Sehenswürdigkeiten gut, aber nicht unbedingt schnell zu erreichen. Am beeindruckendsten wird man wohl die Fahrt entlang der gewaltigen Gebirgsketten ganz im Osten und Süden empfinden, teilweise sind deren Gipfel bis zu 2.700 Meter hoch. Die meisten der großen Flüsse Albaniens entspringen in diesem Landesteil und bewegen sich auf wirren Wegen Richtung Westen. Geschichtliche Einflüsse gewannen erst später an Bedeutung, dennoch fallen die kulturellen Besonderheiten ebenso prachtvoll aus wie anderswo. Für die einzigartigen und zahlreichen Kirchen sollten sich Interessierte einen Führer nehmen, wenn sie Details erfahren möchten. Die große Anzahl an Partisanendenkmäler erinnert an eine bewegte Vergangenheit im Zweiten Weltkrieg. Die Wälder zwischen Peshkopi und Përmet weisen angeblich die höchste Dichte an Bären und Wölfen in Albanien auf, zu Gesicht bekommt man sie jedoch nie. Generell konnte sich hier die artenreiche Fauna ungehinderter entfalten und erhalten. In Ostalbanien, fernab von Trubel und Zivilisation, zeigt sich das Land von seiner abenteuerlichsten Seite und sorgt für unvergessliche Eindrücke.

Routeninformation: Im Osten des Landes gibt es im Vergleich wenig Tankstellen, also immer rechtzeitig tanken, z.B. in Gjirokastër oder Këlcyrë, Kukës, Peshkopi oder Burrel, Bulqizë bzw. Korça oder Pogradec. Die Hauptverkehrsstraßen in diesem Landesteil sind asphaltiert, werden jedoch aufgrund des geringen Verkehrsaufkommens kaum saniert. So muss man des öfteren mit Schlaglöchern, Randabbrüchen, Geröll und weiteren Hindernissen rechnen. Selten sind sie breiter als 4 Meter. Zudem wird man mit einem ständigen Höhenwechsel und Serpentinenabschnitten konfrontiert, die maximale Reisegeschwindigkeit liegt somit wohl kaum über 40 km/h. Kukës – Peshkopi: 76 km, etwa 2,5 Stunden, SH31 und östlichste Route unterhalb des Korab; Peshkopi – Burrel (SH6): 82 km, ca. 1,5 Stunden, nur die SH6; bis Milot zur SH1 130 km, etwa 3,5 Stunden; Peshkopi – Pogradec/Ohrid-See: über Debar und Struga (MK) 115 km, ca. 3 Stunden. Die albanische Variante über den Nationalpark Shebenik-Jabllanica ist nicht geteert und wird in unserem offroad-guide beschrieben. Elbasan – Korça: 125 km, ca. 3 Stunden, SH3; Pogradec – Korça: 39 km, etwa 1 Stunde, SH3; Korça – Përmet: 130 km, ca. 4,5 Stunden (Ersekë: 44 km, Leskovik: 87 km), SH75; Korça - Gjirokastër: 190 km, etwa 6,5 Stunden, SH75;

Campingplätze: Camping Kapxhiu/Peshkopi; Oasi Alla Chiesa, Suç-Burrel; Erlin, Ohrid-See/Lin; Camping Rei und Peshku, beide Ohrid-See/Hudënisht; Victoria, Ohrid-See/Memëlisht; Arbi bei Tushëmisht/Drilon; Camp Ljubanista (Mazedonien unweit des GÜ Tushëmisht/Sv. Naum); wieder in Albanien: Farma Sotira bei Ersekë.

Stellplätze: Restorant Vëllezërit Malçi am Tunnel beim Shkopet-Stausee zwischen Burrel und Milot; Qafë Thanë, Hotel Odessa; Lake Park Hotel oder Hotel Herges, beide nördlich von Hudënisht; Restorant Montagna bei Korça auf dem Aussichtshügel der Kirche "Shën Ilia"; Voskopoja Ortszentrum; Richtung Vithkuq am Stausee; die Taverna Lazar zwischen Korça und Ersekë ist ausgeschildert; ein toller Platz ist in Benja an der Bogenbrücke (Tagesgebühr von 200 Leke seit 2016).

Ostalbanien

Wer den Nordosten Albaniens bereist hat und Lust auf noch mehr Ursprünglichkeit bekommen hat, kann seine Reise mit nachfolgendem Programm fortsetzen. Hier noch eine ergänzende Information zur Strecke von Shkodër nach Kukës SH5 (die Beschreibung endete auf Seite 58 nach Fushë Arrëz): Das letzte Stück ist sehr kurvenreich und mit etlichen Höhenwechseln versehen, dafür aber entschädigt die interessante Gegend. Von Kukës gibt es seit wenigen Jahren eine neu ausgebaute Straße Richtung Süden bis Peshkopi, diese war davor nur Offroadfahrern vorbehalten. Die Strecke ist landschaftlich außerordentlich schön, fast schon spektakulär und überaus abwechslungsreich. Aus Kukës heraus gelangt man über die Rruga e Kombit (SH5) bis zum ausgeschilderten Abzweig zum Flughafen und nach Peshkopi. Nach 3 Kilometern passiert man den „Shaikh Zayed International Airport". Im weiteren Verlauf geht es mäßig aber stetig von 300 auf über 800 Meter. Östlich erstreckt sich der wuchtige Gjallica e Lumës-Gebirgsstock mit den beiden Gipfeln Mali i Gjalicës (2.484 m) und dem Mali Kolesjanit (2.050 m), die im Grunde schon den nördlichen Abschluss des Korab-Massivs bilden. Südlich von Kolesjan wird man automatisch von der SH31 am Drin entlang auf die neue Strecke über Radomirë geleitet. Bald schon hat man, gutes Wetter vorausgesetzt, einen Blick auf den gewaltigen, silbergrau-kahlen Korab, den mit 2.764 Meter höchsten Berg Albaniens, den sich das Land jedoch mit Mazedonien teilen muss. Die Gesteinsfarben der Berge bieten ein facettenreiches Farbspiel von rötlich-braun bis silbrig-weiß, durchsetzt mit sattgrün bewaldeten Hangflächen und Hochplateaus mit einsamen Dörfern. Westlich der Route bahnt sich der Drin tief unten in den Tälern seinen Weg nach Norden. Wenn sich Gelegenheit bietet, sollte man durchaus ab und zu halten, ein paar 100 Meter laufen, um einen Blick in die Schluchten des Flusses werfen zu können. Nach einer Talfahrt (hier unten steht ein kleines Wasserkraftwerk) bis auf etwa 500 Höhenmeter erstreckt sich nochmals ein Anstieg auf ca. 1.150 Meter. Der Ort Radomirë liegt auf einer Art Hochebene direkt am Fuß des Korab und ist ein guter Ausgangspunkt für eine Besteigung des Berges. Anschließend folgt eine Serpentinenetappe, die Gebirgslandschaft weicht allmählich wieder ökonomisch genutztem Terrain und bald befindet man sich im Bezirk Dibër und in Peshkopia. Einige wenige Restaurants, z.B. in Bushtricë eignen sich als Notstellplätze. In der Region Dibër gibt es noch zahlreiche, die für diese Region typischen Kullas - steinerne Wehrhäuser. Beim keinen Dorf Sohodoll, 5 Kilometer nördlich von Peshkopi, steht ein besonders gut erhaltenes bzw. restauriertes Exemplar, die 4-stöckige Kulla e Zunës aus dem 18. Jhd. Auch sonst lohnt sich ein Abstecher in das Dorf mit der typisch ländlichen Architektur. Die 1,5 Kilometer lange Zufahrt zum Ort ist asphaltiert, die Kulla befindet sich neben der Moschee.

Ostalbanien - Peshkopia

Peshkopia (Karte 1:150.000 von freytag & berndt: G 10) (Top-Tipp)
Allgemeines und Geschichte - Das administrative Zentrum Ostalbaniens ist eine äußerst sympathische Kleinstadt mit knapp 20.000 Einwohnern, nahe der mazedonischen Grenze (20 km). Sie liegt sehr abgelegen in einem weiten Tal des Dibra-Gebirges am gleichnamigen Fluss, 650 Meter ü.d.M., entsprechend ländlich geprägt ist ihr Erscheinungsbild. Tagsüber ist der Ort ein quirliger Flecken mit buntem Markttreiben und emsigen, freundlichen Menschen, die ihre Geschäfte erledigen und Handel treiben oder entlang der Fußgängerzone in den zahlreichen Bars und Cafés ihren gesellschaftlichen Bedürfnissen nachkommen. Abends kehrt Ruhe und Gemütlichkeit in die gepflegten Straßenzüge ein. Auch Peshkopia durchlief eine illyrisch-römische Frühgeschichte und war bereits in der Antike durch seine heißen Schwefelquellen bekannt und beliebt. Als Folge der Christianisierung war der Ort im 11. Jhd. als Bischofssitz eingetragen, unterstand aber dem Patriarchat von Ohrid. Zu Beginn des 16. Jhd. stand auch dieser Landesteil mit dem benachbarten Debar nach vehementer Verteidigung durch Skanderbeg und seinem Nachfolger unter osmanischer Herrschaft.

Peshkopia aber blieb immer noch nur eine kleine Marktstadt, überschattet von ihrer großen, handelsstarken Schwesterstadt. Ab 1583 bestand die Bevölkerung ausschließlich aus Muslimen, es entstanden mehrere Moscheen und 1873 eine osmanische Kaserne, welche 8.000 Soldaten stationiert hatte. Da erst entwickelte sich ein kleines Handelszentrum. Auch in der Region Debar wirkte Anfang des 20. Jhd. die Unabhängigkeitsbewegung, Peshkopia konnte nach dem Zerfall des Osmanischen Reiches aber erst im September 1913 durch albanische Kräfte von den Serben zurückerobert werden. In den Folgejahren beanspruchte Österreich-Ungarn als Verbündeter der Bulgaren die Region für sich. Während des Zweiten Weltkrieges war die Stadt von italienischen Truppen besetzt, wurde jedoch schon 1943 von der Nationalen Befreiungsarmee zurück erkämpft. Als Verwaltungszentrum Ostalbaniens gewann die Stadt schnell an Bedeutung und kann heute durchaus an die touristische Entwicklung anknüpfen. Peshkopia ist immer noch die am meisten muslimisch geprägte Ortschaft Albaniens.

Sehenswertes (etwa 2 Stunden) - Die eigentliche Attraktion des Ortes ist der bereits erwähnte, angenehm mit alten Lindenbäumen gesäumte **Fußgängerboulevard „Elez Isufi"**. Links und rechts reihen sich Geschäfte, Bars, Cafés und Büros aneinander, zwischendurch kann man noch die ansprechende Architektur der teilweise sehr alten osmanischen Häuser bewundern. Alltäglich findet hier ein lebhaftes Treiben der alten und jungen Peshkopianer statt. Der Pferdewagen gehört hier noch zum üblichen Bild. Entlang dieser Promenade liegt das **Kulturzentrum** mit **Touristeninformation**, das Hotel Korabi aus kommunistischer Zeit, das **regionale Museum** und das **Theater**, davor erinnert eine

Ostalbanien - Peshkopia

lebensgroße Statue Skanderbegs auf dessen eigentliche Wurzeln. Am östlichen Ende der Straße am Kreisverkehr liegt die große, neue Moschee. Im Stadtteil darunter findet entlang der Zentralstraße alltäglich ein bunter Markt statt, dessen Besuch vormittags ein kleines Erlebnis ist. Hier gibt es einfach alles: Frische Lebensmittel, nützliche Haushaltsgegenstände, Kleidung, handgefertigte Geräte, Dienstleistungen aller Art und fast antiquarische Objekte. Die Verkaufsstände setzen sich unterhalb der Straße hinter der ersten Häuserzeile fort. In den kleinen Gassen oberhalb gibt es noch etliche alte Häuser aus der osmanischen Zeit, teilweise sind sie bereits hübsch renoviert. Hier steht auch die kleine, alte Moschee. Verfolgt man die Rruga e Llixhave Richtung Osten, gelangt man nach 1,5 Kilometern zu den **schwefelhaltigen Thermalbädern**.

Bereits bei den Römern waren die heilsamen Quellen beliebt. Heute zieht das Bad internationale Gäste aus Nah und Fern an, Tagesbehandlungen sind möglich.

Park & Ride: Die Durchfahrt der Stadt erfolgt unkompliziert und automatisch über eine Art Umgehung des Zentralbereiches, welche die einzige Hauptverkehrsstraße der Stadt bildet. Hierbei passiert man den großen Parkplatz am Sheshi Edip Tershana mit dem bunten Schulgebäude dahinter und einer Tankstelle nebenan. Hier kann man das Wohnmobil gut abstellen und die wenigen Meter bis ins Zentrum laufen.

Family Camping Kapxhiu (GPS 41°41'09.6"N 20°26'17.9"E) zentrumsnah in der Rruga e Llixhave, 500 Meter vom Abzweig zum Thermalbad. Sehr kleiner, ruhig gelegener Wiesenplatz im Garten der freundlichen Familie Kapxhiu, höchstens Platz für 3-4 Wohnmobile. Einfache, saubere sanitäre Einrichtungen, Waschmaschine, Frühstück € 2,50 - Abendessen € 7,50; W-Lan. Ganzjährig geöffnet, € 16,--.
www.campingpeshkopi.com

Hinweis zur Strecke über den Nationalpark Shebenik-Jabllanica zum Ohrid-See: Etwa 25 Kilometer südlich von Peshkopi entstand ab Shupenza eine komplett neue Trasse nach Librazhd. Sie ist zum größten Teil gut geschottert, weist stellenweise aber noch Offroadcharakter auf mit großen Schlaglöchern, Geröll, Matsch bei Nässe etc. Die Asphaltierungsmaßnahmen werden derzeit nur von Librazhd aus vorangetrieben und eine vollständige Befahrbarkeit mit dem Wohnmobil liegt noch in weiter Ferne. Möchte man ohne große Umwege an den Ohrid-See, bleibt nur die Ausweichroute über Mazedonien. Die Etappe entlang des Debar-Stausees ist landschaftlich wunderschön, Struga hingegen lohnt sich nicht für einen Stopp. Die Ausreise erfolgt über den Grenzübergang Bllatë e Epërme, 19 Kilometer südöstlich von Peshkopi, die Wiedereinreise nach Albanien kann über Qafë-Thanë oder Tushemisht südlich von Ohrid stattfinden.

Von Peshkopi Richtung Landesmitte: Man verläßt die Stadt Richtung Südwesten über die SH6 nach Tirana (die SH36 nach Burrel ist für Wohnmobile tabu). Bei Grazhdan weisen Touristenschilder auf ein antikes Objekt hin, ein Kastell aus römischer Zeit. Der Halt lohnt sich nicht, von der Stätte ist bis auf ein paar Mauerreste nichts zu sehen. In Maqellarë erreicht man den Abzweig zum GÜ nach Mazedonien, bis dorthin sind es 4 Kilometer. Im weiteren Verlauf zur Landesmitte überquert man nach einigen Kilometern den Schwarzen Drin, im Sommer finden an der Brücke oft abenteuerliche Wettspringen der Kinder und Jugendlichen statt. Hinter Shupenza zieht sich die Straße bald von der landwirtschaftlich geprägte Ebene zurück und man durchfährt das lange Tal zwischen den Lura-Gebirgszügen im Norden und der Mali i Lopës im Süden ohne extreme Steigungen. Das grau-rostrote Gestein lässt kaum üppige Vegetation zu, doch der Anblick der trotzdem abwechslungsreichen Landschaft ist überaus imponierend. Übrigens befindet sich der Routenverlauf entlang der alten „Rruga e Arbërit", einer uralten Handelsstraße, die bis nach Skopje führte. Der südlich der Hauptroute liegende Ort Bulqizë auf 1.100 Meter Höhe ist deutlich geprägt vom Bergbau, hier befindet sich die größte Mine des Landes, es werden hauptsächlich Eisen, Chrom und Nickel abgebaut, teilweise auch illegal. Nördlich der SH6 entstand die Neustadt, da im alten Bulqizë durch die Bergbauaktivitäten die Häuser einzustürzen drohen. Wenige Kilometer westlich der Stadt überquert man den Pass Qafë Buallit, hier erreicht die Landschaft auch ihren optischen Höhepunkt. Westlich hiervon soll in Kürze eine Verbindung nach Tirana fertiggestellt werden, diese neue Verkehrsanbindung verkürzt die Fahrtzeit von Peshkopi bis in die Hauptstadt um die Hälfte. Östlich vom Ort Klos befindet sich eine sehr charakteristische Kulla, erkennbar durch die kleinen Scharten im Obergeschoss, sie ist noch bewohnt. Ab hier begleitet der Fluss Mat die Route. Etwa 6 Kilometer nordwestlich von Klos sollte man sich einen Parkplatz suchen und  den einen Kilometer über die Brücke ins Dorf Shulbatër laufen. Hier wurden mit Mitteln der österreichischen Marianne Graf-Stiftung etliche der alten Wehrhäuser liebevoll restauriert, in einem davon hat man ein kleines Museum eingerichtet. Zudem ist es eine ausgesprochen hübsche Ortschaft, die den kleinen Abstecher lohnt.

Camping Oasi alla Chiesa – Oase an der Kirche (41°34'20.9"N 20°03'08.6"E), 10 Kilometer südlich von Burrel im kleinen Ort Suç gelegen, wenige Meter in einer Seitenstraße abseits der SH6. Gepflegter Wiesenstellplatz mit schattigen Plätzen direkt an der Kirche der katholischen Mission. Einfache aber saubere sanitäre Anlagen. Angebot über geführte Touren in das Lura-Seengebiet, Bademöglichkeit im Mat. Etwa 15 Wohnmobile, Waschmaschine, W-Lan, ganzjährig geöffnet. € 5,--/Person. **www.campingallachiesa.com**

Die Kleinstadt **Burrel** bietet außer guten Versorgungsmöglichkeiten mit Produkten der Region nur ein Denkmal des König Zogu am Zentralplatz. Etwas außerhalb der Stadt liegt eines der größten Gefängnisse des Landes. Die SH38 nach Kruja eignet sich nicht für Wohnmobile. Im weiteren Verlauf der Strecke geht die Landschaft in ein sanft-hügeliges, grünes Gelände über, man passiert den großen, malerischen Stausee „Liqeni i Ulzës" (Ahornsee), durchfährt den Naturpark Ulëz und quert den sattgrünen Mat über eine stattliche Steinbrücke. Die Bogenstaumauer von Shkopet schließt die enge Schlucht vor dem bereits 1963 in Betrieb genommenen Wasserkraftwerk. Einige Kilometer vor Milot trifft man auf die Verlängerung der Autobahn A1.

Ostalbanien

Ohrid- und Prespa-Region (Karte 1:150.000 f & b: M 12) (Highlight)

Mitten im Dreiländergebiet zwischen Albanien, Mazedonien und Griechenland, am südlichsten Endes des Grünen Bandes Europas, befindet sich eine der abwechslungsreichsten, bemerkenswertesten und ökologisch wertvollsten Landschaften des Kontinents, ein außergewöhnliches Naturparadies. Der Ohrid- sowie der Kleine und Große Prespa-See mit ihrer sagenhaften Umgebung liegen eingebettet inmitten von grünen Hügeln, schroffen Kalkfelsen und eindrucksvollen Gebirgszügen mit teilweise über 2.000 Meter hohen Gipfeln und erstrahlen in einem fast unwirklichen Blau. Der Ohrid-See gilt als einer der ältesten Seen der Welt, zwischen 2 und 5 Millionen Jahre soll er alt sein, entstanden durch einen Grabenbruch. Zudem ist er mit einer maximalen Tiefe von 287 Meter das tiefste Gewässer des Balkans und mit etwa 350 km² eines der größten der Balkanhalbinsel. Er ist stellenweise unglaublich klar. Mazedonien besitzt den größeren Anteil am See, Albanien nur 118 km². Er wird von etlichen Bächen und unterirdischen Quellen gespeist und man nimmt an, auch vom höher gelegenen Großen Prespa-See, dessen Wasser beim Kloster Sveti Naum auf mazedonischer Seite unter der Wasseroberfläche austritt. Die Verbindung scheint temporärer Natur zu sein und durch geologische Veränderungen im Karstgestein nicht immer vorhanden. Der Abfluss liegt beim mazedonischen Struga und bildet ab dort den Schwarzen Drin. Die immer noch anhaltenden tektonischen Bewegungen sind vermutlich verantwortlich für einen etwa 100 Meter hohen Berg, der komplett unterhalb der Wasseroberfläche liegt, die sich auf 695 Meter ü.d.M. befindet. Die Fläche des Großen Prespa-Sees beträgt 273 km², seine maximale Tiefe 54 Meter. 1/3 gehört zu Albanien und mit ihr die kleine Insel Maligrad. Er liegt auf knapp 850 Meter ü.d.M. Der Kleine Prespa-See liegt nur 4 Meter höher und hat eine Fläche von 45 km². Er ist vom Großen nur durch eine schmale Landbrücke getrennt und nur ein ganz kleiner Teil gehört zu Albanien. Durch die geringe Tiefe von nur etwa 6 Metern und der permanenten Sedimentablagerung aus dem Devoll, dessen Hochwasser nach der Schneeschmelze in den See eingeleitet wird, ist er hier stark verlandet und besteht hauptsächlich aus Schilfflächen. Bei Trockenheit dient das zwischengespeicherte Wasser der Feldbewässerung, wobei aber durch die geringen Niederschläge mehr entnommen wird und der Wasserspiegel in den letzten Jahren deutlich gesunken ist. Die Ohrid-Prespa-Region beherbergt als bedrohtes Naturerbe eine unglaublich artenreiche und seltene Flora und Fauna, viele Arten sind Endemiten, kommen also nur hier vor.

das Dorf Lin, erste Aussicht vom Qafë-Thanë

- Ostalbanien - Idylle wohin man auch sieht -

Sie ist ein wichtiges Rückzugsgebiet vieler Tiere. Die Seen sind überaus fischreich, große wirtschaftliche Bedeutung hat neben etlichen Karpfenarten besonders die Ohridforelle bzw. der Koran, die für die meisten Bewohner neben dem Tourismus und der Landwirtschaft die Existenzgrundlage bilden. Im Herbst und Winter nutzen unglaublich viele Zugvögel die Seen als Rastplatz. Vom Aussterben bedrohte Vogelarten wie der Krauskopf- und Rosapelikan sowie die Zwergscharbe (eine Kormoranart) schätzen den Fischreichtum und nutzen die geschützten Ufer, besonders des Kleinen Prespa-Sees als Brutplatz. Hier existiert die mit 1.000 Paaren weltweit größte Brutkolonie der Pelikane. Die Prespa-Seen gehören zu den geschützten Feuchtgebieten im Rahmen der RAMSAR-Naturschutzkonventionen und bilden seit 1999 mit einer Fläche von etwa 27.750 Hektar den grenzüberschreitenden Prespa-Nationalpark. Dieser wiederum ist Bestandteil einer 2.000 km² großen Fläche von ausgewiesenen Naturschutzgebieten in Albanien, Mazedonien und Griechenland. Hierzu gehört unter anderem auch der mazedonische Galičica-Nationalpark zwischen Ohrid- und Großem Prespa-See. Zusammen mit der Altstadt von Ohrid gehört der gesamte See und das Ostufer seit 1979 zum UNESCO-Weltkultur- und Naturerbe.

Das Gebiet um die Seen war bereits in der Bronzezeit besiedelt. Beim Dorf Tren am Kleinen Prespa wurden in einer Höhle Malereien und prähistorische Werkzeuge entdeckt. Später ließen sich hier Illyrer, Griechen und Makedonen nieder und gründeten die ersten Städte. Da die Region damals reich an Gold- und Silbervorkommen war, entstanden natürlich vermehrt Auseinandersetzungen zwischen den Stämmen. Am Ohridsee führte die antike Handelsstraße Via Egnatia von der Adria nach Konstantinopel vorbei. In den ufernahen Dörfern existieren zahlreiche alte Kirchen und Kapellen. Heute leben etwa 200.000 Menschen rund um die Seen, die Dörfer am Großen Prespa-See werden ausschließlich von Mazedoniern bewohnt. Die Gegend ist sehr fruchtbar, das Klima sehr mild, so wird bereits ab Februar in den niederen Regionen Landwirtschaft betrieben. Doch die intensive Nutzung ruft auch fast irreparable und sichtbare Schäden hervor. Dazu gehört in erster Linie die Über-

> **RAMSAR-Naturschutzkonvention** - Die „Convention on Wetlands of International Importance especially as Waterfowl Habitant" bezeichnet ein Übereinkommen über den Schutz von Feuchtgebieten, besonders den Lebensraum für Wasser- und Watvögel. Es ist ein völkerrechtlicher Vertrag, dessen Ausarbeitung von der UNESCO angeregt wurde. Das Übereinkommen wurde 1971 in der iranischen Stadt Ramsar geschlossen und trat 1975 in Kraft, es wurde von 21 Gründerstaaten unterzeichnet. Es ist das älteste, internationale Vertragswerk im Bereich Naturschutz. Bisher haben 168 Länder die Vereinbarungen ratifiziert. Das Anliegen der RAMSAR-Konventionen untergliedert sich in vier Hauptbereiche, welche die Vertragsparteien umzusetzen haben: Schutz von Feuchtgebieten, Förderung der internationalen Zusammenarbeit, Förderung des Informationsaustausches sowie Unterstützung der Arbeit der Konventionen. Der Gründung vorausgegangen waren großräumige und überregionale Wasservogelzählungen in den 1960er Jahren. Hierbei wurde ein massiver Rückgang bestimmter Vogelarten festgestellt. Jeder Vertragsstaat ist verpflichtet, mindestens ein Feuchtgebiet in seinem Hoheitsgebiet als Feuchtgebiet internationaler Bedeutung zu benennen und Maßnahmen zum Erhalt des ökologischen Zustandes sowie der Biodiversität (Artenvielfalt) in den betroffenen Gebieten zu unternehmen. Dabei wird aber kein Nutzungsverbot erteilt, viele ärmere Staaten könnten dies kaum umsetzen, sondern im Vordergrund steht ein ökologischer, nachhaltiger Nutzen des betroffenen Gebietes. Die Bezeichnung als RAMSAR-Gebiet stellt keine Prävention im rechtlichen Sinne dar, es ist mehr ein Prädikat und der Schutz des Gebietes beruht auf freiwilliger Basis der Unterzeichnerstaaten. Man orientiert sich hierbei am europäischen Umweltrecht und Richtlinien. Ein Büro am Genfer See überwacht die Umsetzung der Konventionen, alle drei Jahre werden auf Konferenzen Berichte der Mitglieder vorgelegt. Aktuell existieren 2.187 geschützte Gebiete mit knapp 2,1 Millionen km², sie verteilen sich auf die 168 Staaten. Die meisten geschützten Gebiete mit 68 hat Großbritannien und Kanada mit 130.000 km² die größte Fläche.

Ostalbanien

fischung der Seen. Hoher Pestizideinsatz belastet Böden und Gewässer, hinzu kommen Überweidung und intensive Bewässerung. Die günstige Wetterlage, der landschaftliche Reiz, die schönen Badestrände, die Gastfreundlichkeit der Menschen und die kulturelle Vielfalt machen die Region zu einem begehrten Feriengebiet. Um das ganze Seengebiet wird die beliebte und sehr schmackhafte Ohrid-Forelle angeboten. Seit 2014 existiert in den Sommermonaten eine regelmäßige Bootsverbindung zwischen Pogradec und Ohrid. Bei der Anfahrt über den Thana-Pass, westlich des Ohrid-Sees, bietet sich ein erster, eindrücklicher Blick auf das Naturwunder. In sanften Serpentinen windet sich die SH3 erst nach oben, kurz hinter dem Pass zweigt die Straße nach Norden zum GÜ Kafasan nach Mazedonien ab. Am Parkplatz des Hotel Odessa könnte man zur Not nächtigen. Ebenso gemächlich führen die Serpentinen wieder nach unten an das Westufer des Ohrid-Sees. Das kleine Dörfchen Lin, direkt am Ufer des Sees auf einer Halbinsel, sollte man unbedingt besuchen. Der Ort mit seinen ursprünglichen und alten Stein-/Holzhäusern, engen Gassen und sehr freundlichen Bewohnern wirkt unglaublich reizvoll. Fischernetze hängen zum Trocknen, kleine Holzboote liegen an den Ufern und die Menschen gehen in aller Ruhe den wichtigsten Alltagsbeschäftigungen nach - einfach ein authentisches Dorf! Auf dem Hügel oberhalb der Ansiedlung, über einen Fußweg zu erreichen, befinden sich die beachtlichen Reste einer frühchristlichen Basilika aus dem 5. Jhd. mit sehr sehenswerten, bunten Bodenmosaiken. Von der Terrasse des Restorant Leza, hier befinden sich die letzten Parkmöglichkeiten vor dem Dorf, hat man eine schöne Aussicht auf den See.

Südlich von Lin, ebenfalls direkt am See, befindet sich der **Strand des Camping Beach Erlin (GPS: 41°03'05.4"N 20°38'28.9"E).** Geräumiger Platz zu einem gepflegten Restaurant- und einer Strandbar zugehörig. Einfache aber saubere Sanitäranlagen, W-Lan, Platz für etwa 50 Wohnmobile, geöffnet: 01.04 - 31.10. € 12,--; www.facebook.com/ERLIN-BEACH-Camping-338485189609918

Camping Rei (GPS 40°59'56.3"N 20°38'09.5"E) nördlich Hudënisht, gepflegter Wiesenplatz mit Bäumen zwischen SH3 und See. Badestrand mit Liegen vorhanden. Einfache sanitäre Anlagen, kleines Restaurant am Platz mit traditioneller Küche und Fisch. Platz für etwa 15 Wohnmobile. Trinkwasser, W-Lan, ganzjährig geöffnet. € 5,--; www.campingrei.webs.com

Camping Peshku (GPS 40°58'00.7"N 20°38'34.2"E) Hudënisht, Wiedereröffnung eines traditionellen, gepflegten Wiesenplatzes zwischen SH3 und See, Badestrand, saubere Anlagen, sehr gutes Restaurant vorwiegend mit Fischgerichten. Platz für etwa 25 Wohnmobile. W-Lan, ganzjährig geöffnet. € 12,--; www.facebook.com/CampingPeshku

Camping Victoria (GPS 40°55'58.2"N 20°38'27.5"E) Memëlisht unweit von Pogradec. Direkt am See, sehr ruhig gelegen abseits der SH3. Wiesenplatz, wenig Schatten, jedoch ein schöner Badestrand vorhanden. Saubere sanitäre Einrichtungen werden im Hotel zur Verfügung gestellt. Ausgezeichnetes Restaurant, der Betreiber kocht hervorragende Ohrid-Forellen. Bootsverleih, Liegen und Schirme, Waschmaschine, W-Lan. Platz für ca. 25 Wohnmobile, ganzjährig geöffnet, € 12,--; www.hotelvictoria.weebly.com

Pogradec (Karte 1:150.000 von freytag & berndt: M 11 + 12)

Allgemeines und Geschichte - Diese angenehme und gepflegte Stadt mit etwa 21.000 Einwohnern liegt, umgeben von Hügeln, am südöstlichen Ende des Ohrid-Sees, nahe der mazedonischen Grenze. Sie war bereits zu Enver Hoxhas Zeiten ein in Albanien beliebter Ferienort und entwickelte sich in den letzten Jahrzehnten zu einem wichtigen touristischen Ziel im Land. Der aufstrebende Tourismus lässt das entsprechende Angebot zunehmend steigen, es entstehen mehr und mehr Hotels und Restaurants. Zudem ist der Ort ein wichtiges kulturelles Zentrum, etliche bekannte Schriftsteller stammen von hier und einige populäre Maler und Fotografen eröffneten Ateliers. Alljährlich findet im Juni ein über die Landesgrenzen hinaus berühmtes Puppentheater-Festival statt. Historische Großereignisse gab es in Pogradec nur wenige. Die hügelige Umgebung war bereits im 8. Jhd. v. Chr. von illyrischen Stämmen besiedelt. Eine erste Befestigung errichtete man im 5. Jhd. v. Chr. auf einem Hügel nordwestlich der Stadt. Sie hatte bis zum Einfall der Slawen im 6. Jhd. Bestand, wurde aber erst im 10. Jhd. komplett aufgegeben, Reste davon sind noch heute zu sehen. Die neue Stadt entstand an der jetzigen Stelle. Etliche Kilometer nordwestlich in den Bergen fand man einige illyrische Königsgräber aus dem 4. - 1. Jhd. v. Chr., vermutlich lag dort die antike Stadt Pelion, die ebenfalls von den Slawen zerstört wurde. Die Anlage auf dem Hügel wurde von den Bulgaren zeitgleich mit der Entstehung der Neustadt wieder befestigt. Im 18. Jhd. entwickelte sich Pogradec unter den Osmanen zum Verwaltungszentrum der Region. Während der Kriege im 20. Jhd. wurden die meisten der alten Gebäude zerstört. Zu Zeiten des Kommunismus entstanden hier etliche große Nahrungsmittelbetriebe und ein Zentrum des Bergbaus. Beides konnte sich bis heute, wenn auch in geringerem Umfang erhalten. Hinzu kamen kleinere holzverarbeitende Firmen, metallverarbeitende Werke und Textilfabriken. Durch das milde Klima ist die Region bekannt für ihren Reichtum und die Vielfalt an Gemüse und Früchten. Von wirtschaftlicher Bedeutung sind auch die weiten Kastanienwälder der Umgebung, verkauft werden die Früchte und das Holz zu Parkett und Möbeln verarbeitet. Pogradec hatte und hat immer noch mit großen Umweltproblemen zu kämpfen. Erst 2007 entstand mit Unterstützung der KfW eine Kanalisation und ein Klärsystem, welche enorm zur Verbesserung der Wasserqualität des Ohrid-Sees beitrugen. Für die täglich anfallenden 35 Tonnen Müll gibt es bislang noch keine endgültige Lösung. Die Badestrände in und um Pogradec werden jedoch sauber gehalten.

toller Blick vom Festungshügel auf die Stadt...

Sehenswertes (etwa 1,5 Stunden) - Aushängeschild der Stadt ist die langgezogene **Uferpromenade „Shetitorja 1 Maji"** und die Rruga Harmonia mit ihren neuen Grünanlagen, den guten, einladenden Fischrestaurants und den Badestränden mit Tretbootverleih, sie erstrecken sich über 5 Kilometer. Das Enkelana ist das älteste Top-Hotel der Stadt. Südlich davon kann man in den schmalen Gassen noch einige **alte Häuser aus der osmanischen Ära** und der Gründerzeit entdecken, sie stehen alle unter Denkmalschutz. Südwestlich vom Enkelena gelangt man in die neue **Fußgängerzone „Bulevardi Europa"**, gesäumt von modernen Shops, Bars und Cafés. In einer Seitengasse informiert die **öffentliche Kunstgallerie** über die Werke

Ostalbanien - Pogradec

bekannter Pogradecer Maler (9-16h). Westlich des Fußgängerboulevards liegt die schlichte **Moschee Ebu Bekr Es-Siddik**, sie besitzt ein schönes Minarett mit zwei überdachten Balkonen. Ein **regionales Museum** mit Exponaten von der Antike bis ins 20. Jhd. befindet sich im neuen Zentrum in der Rruga Reshit Çollaku/Ecke Agron Ruvina (9-16h). Südöstlich davon steht die neue, **orthodoxe Kirche Ngjallja**. Einen täglichen **Frischmarkt** gibt es Richtung Korça an der Rruga Industriale. Für Interessierte der traditionellen Malerei lohnt sich ein Besuch der **Galerie „Taso"** in der Rruga 1 Qershori oder der **Galerie „Lako"** in der nördlichen Rruga Kajo Karanfili. Handwerksprodukte findet man im **„Icka-Studio"** an der nördlichen Rruga Reshit Çollaku. Fast ein Muss ist der Besuch der **„Festung"** auf dem Berg, nicht wegen der spärlichen Ruinenreste, sondern aufgrund des traumhaften Blicks der sich aus 900 Meter Höhe auf die Stadt, den Ohrid-See und die umliegenden Berge bietet. (Anfahrt: Am nördlichen Stadtrand mit "Kalaja" ausgeschildert, ab Teerstraßen-Ende ca. 30 Minuten Fußmarsch).

Park & Ride: Auch Pogradec verfügt über ein Einbahnsystem und verkehrsberuhigte Bereiche. Ein Parken mit dem Wohnmobil im Zentrum der Stadt ist kaum möglich, die Straßen sind sehr eng und die Parkplätze für PKW. Am besten stellt man sein Fahrzeug am nördlichen Stadtrand, noch vor der Einfahrt ins Zentrum am Parkplatz der Bootsanlegestelle ab oder entlang der Zufahrt zur Burg. Eine weitere Alternative bietet die SH64 außerhalb von Pogradec Richtung Tushemisht.

Sehenswertes in der Umgebung - Quellen von Drilon

5 Kilometer östlich von Pogradec, auf dem Weg zur mazedonischen Grenze, liegt beim Ort Tushemisht ein interessantes Quellgebiet des Ohrid-Sees, in das auch ein Teil des Großen Prespa abfließt. Es ist ein sehr idyllischer Ort, an dem schon König Zogu und Enver Hoxha gerne ihre Zeit verbrachten. Der gepflegte Park mit Ausflugsrestaurants, romantischen Teichen mit einer chinesischen Brücke unter uralten Platanen und Weiden wo sich zahlreich Enten tummeln, lädt zu einem Spaziergang oder einer Pause ein. Im unmittelbaren Quellgebiet ganz hinten, liegen die Nistplätze der Schwanenpaare, man gelangt per Boot dorthin.

Camping & Restaurant ARBI (GPS 40°54'04.3"N 20°42'35.4"E) unmittelbar westlich von Drilon, direkt an der SH64 gelegen. Sehr schön angelegter und familiär geführter Platz, Stellplätze auf einer großen Wiesenfläche hinter dem Restaurant mit sehr guter Küche, teilweise überdacht. Ein zum Platz gehörender Badestrand mit Liegen und Sonnenschirmen (kostenlose Benutzung) befindet sich gegenüber der Straße. Saubere und moderne sanitäre Anlagen, Waschmaschine, W-Lan. Platz für etwa 25 Wohnmobile. Geöffnet 01.04 bis 31.10. € 12,50/€ 16,50.
www.facebook.com/Camping-ARBI-Bar-Restaurant-122613587836197

Großer Prespa-See - Vollbildmodus

Kloster Sveti Naum - Mazedonien - Unmittelbar jenseits der albanisch/mazedonischen Grenze befindet sich direkt am Ufer des Ohrid-Sees das berühmte Kloster des Heiligen Naum. Es stammt aus dem 9. Jhd. und gehört aufgrund seiner historischen Bedeutung mit der Stadt Ohrid und dem Ostufer des Sees zum UNESCO-Weltkulturerbe. Das Innere der dreischiffigen, restaurierten Klosterkirche beherbergt wertvolle Fresken. Die Anlage um die Kirche wurde 1870 bei einem Brand  zerstört, die heutigen Gebäude stammen aus der Zeit unmittelbar danach. Auch hier existiert ein Quellgebiet des Ohrid-Sees, welches mit kleinen Booten befahren werden kann. Obwohl der Park vor allem im Sommer sehr touristisch ist, es gibt ein Hotel, Badestrände, Restaurants und jede Menge Souvenirstände, lohnt sich der Abstecher. Der große Parkplatz davor ist für Wohnmobile problemlos anfahrbar.

Auto Camp Ljubanista (GPS 40°55'29.5"N 20°46'26.7"E) 6 Kilometer vom GÜ Tushemist/Shën Naum befindet sich auf mazedonischer Seite direkt am See ein großes Auto Camp. Der Platz ist bereits 50 Jahre alt und die sanitären Einrichtungen entsprechend veraltet. Schöner Badestrand vorhanden, ruhig und abseits der Straße. Geöffnet nur im Juli/August, sonst evtl. als Stellplatz nutzbar. € 8,--;

Von Pogradec führt die Straße auf die Hochebene von Korça, zwischen 800 und 930 Meter hoch gelegen. Etliche Dörfer säumen den Weg. Westlich erheben sich in einiger Entfernung die Berge der Opari- und Valamarë- Gebirgszüge. Östlich liegt ein stark landwirtschaftlich geprägtes, ehemaliges Sumpfgebiet. Durch dieses fließt der Devoll, der mit 196 Kilometern drittlängste Fluß Albaniens. Früher erstreckte sich hier der Maliq-See, bevor man nach dem 2. Weltkrieg mit der Entwässerung begann. Die Landwirtschaft beginnt durch die Hochlage spät, dafür dauert die Ernte umso länger.

Der Große Prespa, Pustec und die Insel Maligrad (f & b N 13) **(Top-Tipp)**
Am Westufer des Großen Prespa-Sees liegt der beschauliche, idyllische Ort Pustec (bis 2013 hieß er Liqenas). Das große Dorf wirkt immer noch sehr ursprünglich, man fühlt sich um Jahrzehnte zurückversetzt. Vieles wird noch per Esel transportiert und die kleinen, alten Lehm-Steinhäuser versprühen einen außergewöhnlichen Reiz. Pustec wird von einer mazedonischen Minderheit bewohnt, hier existiert das einzige mazedonisch-sprachige Gymnasium Albaniens. Erst vor wenigen Jahren wurde im Zentrum die große orthodoxe Pfarrkirche fertiggestellt. Einen guten Blick über den See hat man von der kleinen Kapelle, auf dem Anfahrtsweg über Lajthizë gelegen. An den Uferstegen wachen Graureiher und mit viel Glück kann man hier  auch noch Pelikane beobachten. Im Ort besteht die Möglichkeit, sich per gechartertem Fischerboot zur Insel Maligrad übersetzten zu lassen. Das kleine, baumbestandene Eiland beherbergt etliche Höhlen in den steilen Klippen, ideale Rückzugsorte der dort lebenden Tiere, besonders Vögel. Die Hauptattraktion Maligrads ist die kleine Felsenkirche der Heiligen Maria. Das kleine Kulturdenkmal wurde 1369 von einem serbischen Adligen direkt in eine Höhle gebaut und enthält wertvolle, schöne Fresken und einige griechische Inschriften.

Ostalbanien - Korça

Anfahrt: Unmittelbar nördlich von Korça folgt man dem Verlauf der SH3 zum GÜ Kapshticë, ab hier sind es 12 Kilometer bis zur Touristenausschilderung zum See nach Norden auf die SH79. Es folgt ein kurzer Serpentinenabschnitt über den Zvezdë-Pass, dahinter eröffnet sich der Blick auf die grandiose Natur, den See und die Insel. Bis Pustec sind es vom Abzweig 15 Kilometer, bis Goricë 27 Kilometer. Die Strecke kann mit dem Wohnmobil auf einer guten Straße bis zum GÜ Stenje nach Mazedonien befahren werden. Die gesamte Etappe führt durch den Prespa-Nationalpark.

Zum Kleinen Prespa-See gelangt man von Korça über die SH3 in 22 Kilometern zum Abzweig nach Tren. Dort befinden sich die berühmten, frühzeitlichen Höhlen. Richtig sehenswert sind sie nicht, da es sehr dunkel ist und der Boden von Fledermauskot übersät. Was sich da tatsächlich abgespielt hat, kann man im Nationalmuseum in Tirana bequemer erfahren. Also nur etwas für Kletterfreunde. Der kleine Seeabschnitt ist dicht mit hohem Schilf bewachsen und beherbergt eine Vielzahl von Vogelarten. Einen wirklichen Anreiz bietet der Kleine Prespa-See von der griechischen Seite aus.

Tipp: Landschaftliche Höhepunkte liefern die Seen auch in den angrenzenden Ländern. Die Straßen rund um die Gewässer sind alle in gutem Zustand. So bietet sich eine Umrundung über Mazedonien und Griechenland an. Die Ausreise nach Mazedonien kann über Qafë Thanë, Sveti Naum oder Stenje erfolgen. Man passiert Struga, Ohrid und Bitola. In Griechenland zweigt man 30 Kilometer westlich von Florina auf die Nr. 15 zu den Prespa-Seen ab, dieser Teil ist sehr sehenswert. Beim GÜ Kapshticë reist man wieder nach Albanien ein. Die Umrundung ist problemlos an einem Tag zu schaffen. Stellplatzmöglichkeiten sind genug vorhanden.

Korça (Karte 1:150.000 von freytag & berndt: O 12) (Highlight)

Allgemeines und Geschichte - Die 51.000 Einwohner zählende Stadt liegt auf einer fruchtbaren, landwirtschaftlich geprägten Hochebene, 875 Meter ü.d.M., eingebettet inmitten etlicher hoher Gebirgszüge. Südöstlich erstrecken sich die Berge der Mali i Morëves mit dem Drenova-Nationalpark. Korça verfügt über ein sehr ansprechendes Stadtbild mit vielen französischen und osmanischen Einflüssen, großen, gepflegten Parks, mit Bäumen gesäumten Boulevards, etlichen Märkten, Moscheen, Kirchen und Denkmälern sowie Museen und Galerien, oft wird sie auch das Paris Albaniens genannt und ist ein ganz besonders Besuchsziel. Die Stadt gilt als das christlich-orthodoxe Zentrum Albaniens, etwa 85% der Bevölkerung sind orthodoxe Christen, zudem ist Korça Bischofssitz.

Ostalbanien - Korça

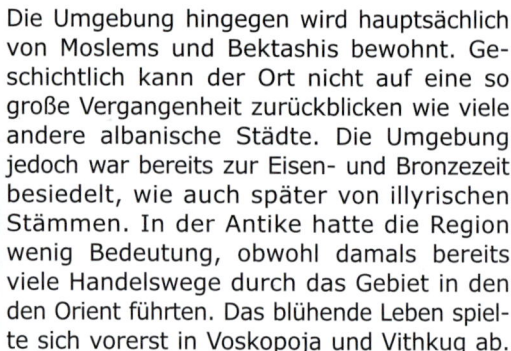

Korças gegensätzliche Bauweisen

Die Umgebung hingegen wird hauptsächlich von Moslems und Bektashis bewohnt. Geschichtlich kann der Ort nicht auf eine so große Vergangenheit zurückblicken wie viele andere albanische Städte. Die Umgebung jedoch war bereits zur Eisen- und Bronzezeit besiedelt, wie auch später von illyrischen Stämmen. In der Antike hatte die Region wenig Bedeutung, obwohl damals bereits viele Handelswege durch das Gebiet in den den Orient führten. Das blühende Leben spielte sich vorerst in Voskopoja und Vithkuq ab. Diese lagen privilegiert in den Bergen, fernab des sumpfigen Gebietes in der Hochebene. Korça selbst tauchte erst 1280 in Aufzeichnungen auf, hatte aber während des Mittelalters nicht lange Bestand, Mitte des 14. Jhd. drangen erstmals Osmanen in das Gebiet vor und 1440 wurde die Stadt zerstört. Das Verwaltungszentrum wurde darauffolgend in das bereits florierende Voskopoja verlegt. Doch bereits 25 Jahre später wurde Korça durch die Türken wieder aufgebaut und es entstand ein blühendes Handelszentrum. Durch zahlreiche Überfälle und Brandstiftungen in Voskopoja flohen die dortigen Einwohner in die Ebene und nach dem kompletten Niedergang des Ortes im 18. Jhd. erlangte Korça überregionale Bedeutung. 1783 gehörte sie zu Ali Paschas Herrschaftsgebiet. Ende des 19. Jhd. wurden die ersten Schulen gegründet, 1887 die Mësonjëtorja für christliche und muslimische Knaben, 1891 die erste Volksschule für Mädchen. Es entstanden Industriezweige für die Herstellung von Filz, Wolle und Teppiche. Bald gab es auch Fabriken für Zigaretten, Seife und Strickwaren, eine Druckerpresse und ein Sägewerk. Zur gleichen Zeit entwickelte sich die Stadt zu einem wichtigen Zentrum der albanischen Nationalbewegung. Das Osmanische Reich befand sich damals bereits in einer schweren Krise. Kurz nach der Unabhängigkeit besetzten die Griechen im Ersten Balkankrieg die Region und viele der Bewohner wanderten aus, hauptsächlich nach Amerika. Im Gegensatz gründeten evangelische Missionare aus den Vereinigten Staaten fast zur gleichen Zeit eine kleine Gemeinde. Im Dezember 1913 wurde die Stadt von den Großmächten endgültig Albanien zugesprochen, doch bereits 1914 wurde sie erneut von den Griechen besetzt. Von 1916-1918 stellte man sie unter französisches Protektorat, um den Vormarsch der Österreicher und Deutschen zu stoppen. Es wurde von den Franzosen sogar eine eigene Republik ausgerufen, die jedoch nur bis 1920 Bestand hatte. Viele Einflüsse dieser Zeit sind heute noch erkennbar. Im Zweiten Weltkrieg besetzten erst italienische Truppen das Gebiet, erneut gefolgt von den Griechen, bis 1943 die deutsche Wehrmacht Einzug hielt. 1944 konnte Korça von albanischen Partisanen befreit werden. Zur Zeit des Kommunismus entstand ein Kohlekraftwerk sowie eine Kupferfabrik. Viele Industrieanlagen wurden nach dem Zusammenbruch aber nicht weiter betrieben, die Stadt wurde als Standort uninteressant. Heute ist die florierende Korça-Brauerei ein wichtiger Arbeitgeber. 1992 wurde die Fan Noli-Universität gegründet. Dort konnte man Agrar-, Wirtschafts- und Erziehungswissenschaft studieren, aktuell

Ostalbanien - Korça

werden auch Natur- und Geisteswissenschaften unterrichtet. Zudem gibt es eine Ausbildungsstätte für Krankenpfleger. Das Gymnasium Tefta Tashko Koço besitzt eine renommierte Kunstschule mit vorwiegend musikalischer Ausbildung.

Sehenswertes (etwa 2,5 Stunden ohne Museen) - In fast keiner anderen albanischen Stadt bietet ein Bummel durch die Alleen und Gassen soviel Abwechslung wie in Korça, sie ist mit Sicherheit eine der interessantesten Städte. Die Blüte um 1900 ließ viele Auswanderer zurückkehren und mit ihnen kam Geld in die Stadt. Damals bereits entstand der breite, mit Lindenbäumen gesäumte **Bulevardi Republika** und zahlreiche **Häuser im Gründerstil** entlang der Alleen und in den Nebenstraßen. Viele der alten Villen mit ihren Vorgärten sind heute noch erhalten und werden bewohnt. Architektonisch weisen sie hauptsächlich Elemente des Jugendstils und Klassizismus auf. Sie machen das unvergleichbare Stadtbild Korças aus. Dazwischen und besonders südlich des Zentrums existiert noch eine große Anzahl an osmanischen Gebäuden. Eindrucksvolles Wahrzeichen der Stadt ist die neue **christlich-orthodoxe Kathedrale der Auferstehung** am Ende des Blvd. Shën Gjergjij/Blvd. Republika. Sie wurde 1995 fertiggestellt und gehört neben der Neuen Kathedrale in Tirana zu den größten Gotteshäusern Albaniens. Sie ist außen wie auch innen sehr sehenswert, wird an Prunk jedoch von Tiranas Bischofssitz übertroffen. Um den gepflegten Eindruck der Stadt noch zu verstärken, wurden in den vergangenen Jahren etliche Städtebaumaßnahmen ergriffen. Den Platz vor der Kathedrale hat man vollständig modernisiert. Die **Fußgängerzone** westlich davon wurde komplett neu gestaltet, vom Springbrunnen mit dem Bronzemonument des **„Unbekannten Soldaten"** (es stammt von Odhise Paskali) bis hin zum Sheshi Teatrit, wo sich nun ein **futuristischer Turm mit Aussichtsplattform** befindet. Ein Aufzug führt nach oben, die Rundumsicht über die Stadt ist grandios. Hinzu kommen etliche neue Grünanlagen und

Parks. Das markant gelbe, sehr hübsche **Rumänien-Haus** befindet sich ebenfalls in der Fußgängerzone, es steht unter Denkmalschutz. Dieses Stadtviertel ist das **„Lebendige Herz Korças"**, hier gibt es die meisten Bars, Cafés und Restaurants sowie endlos viele Geschäfte. Östlich der Kathedrale liegt die **eigentliche Altstadt**. Entlang der teils engen Kopfsteinpflastergassen in diesem weitläufigen Viertel lassen sich an den schönen, alten Gebäuden viele schmucke Details entdecken: verzierte Fassaden, verschnörkelte Balkone, geschnitze Türen, etc. Südwestlich des Bulevardi Fan Noli liegt der osmanische Kern der Stadt, das Viertel **„Pazari i Vjetër - Alter Bazar"**. In dessen Zentrum steht die gut erhaltene **Mirahor-Moschee**. Der quadratische Bau aus dem späten 15. Jhd. ist die älteste Einkuppelmoschee Albaniens und neben der Mbret-Moschee in Elbasan das zweitälteste islamische Gotteshaus des Landes. Die Moschee wurde von Iljas Bey Mirahor, einem hohen osmanischen Bediensteten in Auftrag gegeben, er gilt auch als der Neugründer Korças. Das Minarett ist 32 Meter hoch und wurde erst 2008 neu errichtet. Ebenfalls neu ist die Verglasung der Vorhalle. Teilweise sind die schmalen Gassen des Viertels noch mit Kopfsteinpflaster versehen. Viele der mehrstöckigen Häuser hatten in den Obergeschossen Wohnungen, unten befanden sich Geschäfte und Werkstätten. Mehrfach fiel der Stadtteil Bränden zum Opfer, vier mal allein im 19. Jhd. Nach dem Feuer von 1879 baute man die Häuser fast nur noch mit Stein. Zur Blütezeit um die Jahrhundertwende 19./20. existierten 16 Han-Häuser, Unterkünfte für Handelsreisende. Drei der Karawansereien sind noch mehr oder weniger erhalten, durch Renovierungsmaßnahmen und Umbauten zu Ladenpassagen aber kaum noch erkennbar. Eine davon ist das **Han i Elbasanit** aus dem 18. Jhd. mit einem Brunnen im großen fünfeckigen Innenhof. Grundsätzlich aber gestaltet sich eine Sanierung der Gebäude aufgrund abbruchreifer Bausubstanz als schwierig, dennoch hat man 2015 mit umfassenden Maßnahmen begonnen, 130 der historischen Gebäude sollen erneuert werden. Vormittags findet in Teilen des Viertels ein bunter Markt statt, verkauft werden hauptsächlich Textilien und Haushaltsgegenstände. Das neue **Einkaufszentrum „Qendra Tregtare Pazari Korçe"** mit vielen neuen Shops befindet sich 200 Meter nördlich der Moschee in einer Seitengasse des Blvd. Fan Noli, ursprünglich stand hier das Han i Manastirit. Der imposante Bau der **Brauerei Korça** liegt auf dem Weg zum kleinen Vorort Mborja am Boulevard Fan Noli, 1 Kilometer östlich vom Zentrum. Sie wurde 1928 von einem Italiener gegründet und ist die älteste Brauerei des Landes. 2004 wurde die Anlage mit 17 Mio. Euro modernisiert. Jährlich werden hier mit 125 Mitarbeitern 125.000 Hektoliter Bier, auch Dunkles produziert, die Zutaten stammen aus Deutschland und Tschechien. Täglich finden Führungen statt. Nebenan lädt ein Biergarten im typisch deutschen Stil zu einem Besuch ein.

Museen und Sonstiges - Korça wird als die "Wiege der albanischen Kultur" bezeichnet und gilt als Ursprung der albanischen Literatur. Zeugen einer großen kulturellen Entwicklung spiegeln die zahlreichen Museen und Einrichtungen wieder.
Nationales Bildungsmuseum: In dem renovierten, historischen Gebäude der ersten albanischsprachigen Schule im Stadtzentrum befindet sich das kleine Muzeu Kombëtar i Arsimit. Es wird davon ausgegangen, dass Korça der Ort für die Einführung einer albanischsprachigen Schulbildung war. Im März 1887 fand hier erstmals Unterricht statt. 1963 wurde die Mësonjëtorja zum Museum erklärt. In acht Ausstellungsräumen wird die Geschichte der albanischen Sprache und Schrift sowie der Literatur und Bildung dargestellt. Eintritt: 200 Lek, geöffnet Di–Do, 9-14h und 17-20h, am Boulevard Shën Gjergji (in der Fußgängerzone).
Archäologisches Museum: In einem schönen osmanischen Gebäude aus dem 19. Jhd. informiert eine umfangreiche Sammlung mit Fundstücken aus der Zeit von 5500 v. Chr. bis 600 n. Chr. über das Leben der Menschen in der Region. Das Haus selbst ist schon eine Besichtigung wert. Eintritt 200 Lek, geöffnet Mo–Do, 8-14h, Fr 8-12h, in der Rr. Mihal Grameno, südöstlich der Orthodoxen Kathedrale.

Ostalbanien - Korça

Nationalmuseum für Mittelalterliche Kunst: Eines der interessantesten Museen der Stadt. In der ehemaligen Kathedrale (als solche aber kaum erkennbar) untergebracht, kann man dort eine umfangreiche Sammlung von über 7.000 alten Kirchengemälden, Schnitzereien, Ikonen aus orthodoxen und katholischen Kirchen sowie andere Kulturgüter bestaunen. Die Mehrzahl der Exponate stammt aus dem späten Mittelalter, den Ikonenmalern Onufri (16. Jhd) und David Selenica (17. Jhd) wurde besondere Aufmerksamkeit geschenkt. Eintritt 200 Lek, geöffnet Mo-Fr, 8-14h + 17-19h, Sa+So 9-12h, zwischen der Rr. Sotir Peçi und Alqi Kondi, 200 Meter östlich der Neuen Kathedrale, Eingang über eine Nebentüre. Vermutlich wird es in absehbarer Zeit umgesiedelt, da die Räumlichkeiten zu eng sind.
Oriental-Museum „Bratko": Dhimitër Mborja-Bratko war ein bedeutender Fotograf und Regisseur des 20. Jhd. Während seiner ausgedehnten Reisen ab dem Zweiten Weltkrieg sammelte er Kunstobjekte und Antiquitäten aus aller Welt, vor allem aus Asien und Afrika, die er zusammen mit einer Großzahl seiner Fotografien mit seinem Tod 1990 der Stadt Korça vermachte. An die 450 Exponate dürften in einem auffälligen Haus mit japanischen Einflüssen ausgestellt werden. Eintritt 100 Lek, geöffnet 10-14h, Mo geschlossen, Blvd. Fan Noli, Richtung Brauerei.
Vangjush Mio Museum: Der berühmte impressionistische Maler (1892-1957) gilt als der begabteste Landschaftsmaler Albaniens, er verewigte seine Heimatstadt und die Ohrid-/Prespa-Region auf Hunderten von Bildern und Zeichnungen. Ein Teil der wirklich schönen Werke ist hier für die Öffentlichkeit zugänglich. Eintritt 50 Lek, keine festen Öffnungszeiten, in der Rr. Shpresa Palla, hinter der Kathedrale. Weitere seiner Gemälde befinden sich in der Nationalen Kunstgalerie in Tirana.

Korças reiche und außergewöhnliche Kultur umfasst albanische, griechische, türkische und mitteleuropäische Elemente aus vielen Jahrhunderten. Zu den bedeutendsten kulturellen Einrichtungen zählen das **Theater Andon Zako Çajupi** am Sheshi Teatrit, die Bibliothek **Tefta Tashko-Koço** und das **Kulturzentrum Vangjush Mio**, beide am Bulevardi Shën Gjergji gelegen. Letzteres ist Hauptveranstalter zahlreicher Konzerte, Festivals und international ausgerichteter Künstlerevents.

Veranstaltungen: Im April finden die Keramikmesse sowie der Tag der Landwirtschaft mit zahlreichen Marktständen statt. Das Fotografiestudio „Sotir" veranstaltet im Mai eine außergewöhnliche Ausstellung, Anfang Juni wird ganz untypisch für die Jahreszeit der Karneval mit farbenfrohen Umzügen begangen. Mitte August zieht das Bierfest der Brauerei „Korça" drei Tage lang zahlreich Gäste aus Nah und Fern an. Das Fest der Weltkulturerben wird Ende September groß begangen und Ende Oktober das Festival nationaler und internationaler Maler.

wie man unschwer erkennen kann, das ist der "Pausenhof" des Nationalen Bildungsmuseums

Park & Ride: Korças Innenstadt sollte man mit dem Wohnmobil weitgehend meiden. Beste Parkmöglichkeiten bietet die westliche Umgehungsstraße SH75 nach Nord und Süd, ab hier beträgt die Entfernung bis zum Zentrum immer etwa 500 Meter. Eine etwas zentralere Gelegenheit findet man außerhalb der Hochsaison am Rinia-Park nördlich des Zentrums oder in der Nähe der Brauerei am Blvd. Fan Noli. Die **Touristeninformation (eine wichtige Anlaufstelle für Kirchenführungen in und um Voskopoja)** befindet sich etwas versteckt am Sheshi Teatrit.

MJAFT! - Bedeutet im Albanischen „Genug!" oder „Es reicht!". Im außersprachlichen Bereich bezeichnet es eine NGO (Nichtregierungsorganisation mit zivilgesellschaftlichen Interessen), welche sich für eine nachhaltige, positive Veränderung der politischen Kultur und Praxis einsetzt. Ziel von *MJAFT!* ist die Mobilisierung der Zivilgesellschaft, um das soziale Verantwortungsgefühl zu stärken, politische Entscheidungen zu kontrollieren und transparenter zu vermitteln sowie das Ansehen Albaniens im Ausland zu verbessern. Angestrebt wird auch eine stabile und durchsichtige Demokratie, wodurch die Entwicklung des Landes gefördert werden soll. Dafür ist Bürgerinitiative und -beteiligung auf allen Ebenen notwendig. Erreicht wird dies unter anderem durch ehrenamtliches Engagement und vernünftigen Protest, wie z.B. Volksbegehren. Die wichtigste Aufgabe der Organisation ist die politische Gleichgültigkeit der Albaner zu reduzieren. „Man habe in den 1990er Jahren nach dem Ende des kommunistischen Regimes zu früh die Hände in den Schoss gelegt." sagte ein ehemaliger Sprecher. *MJAFT!* hat internationale Kontakte zu Ländern in ähnlicher Situation, wie beispielsweise zum Irak. Entstanden ist die Organisation 2003 aus einer Kampagne gegen Armut und Arbeitslosigkeit, mangelndes Gesundheits- und Bildungswesen, Korruption, Umweltverschmutzung und Blutrache. Erste Erfolge erzielte sie in der Erhöhung des Bildungsetats, gefolgt von einer Liberalisierung des Mediengesetzes. Ein weiterer Fortschritt war das Antidiskriminierungsgesetz in Griechenland gegen die Misshandlung albanischer Migranten. Im Frühjahr 2004 nahm sie an einem US-Kongress für Sicherheit und Zusammenarbeit in Europa teil und wurde zur Lage im Land angehört. Als im Oktober 2005 16 Kosovaren im Norden bei einem Verkehrsunfall ums Leben kamen, rief *MJAFT!* zur Verbesserung des Straßennetzes auf und hatte nicht wenig Einfluss bei der Umsetzung. Sogar nach dem großen Tsunami 2005 organisierte sie eine Entsendung eines albanischen Ärzteteams nach Indonesien. Weitere Kampagnen sollen die Wahlbeteiligung fördern, Frauen in der Politik unterstützen sowie eine Gleichstellung Behinderter erreichen. *MJAFT!* hat nach eigenen Angaben über 8.000 Mitglieder und kann dazu über 1.000 Aktivisten mobilisieren. Die Organisation hat 7 Büros in den größeren albanischen Städten, zur Zentrale in Tirana gehören 30 Mitarbeiter. Finanziert wird die Organisation aus der *MJAFT!*-Stiftung, welche heimische Produkte verkauft und Spenden erhält. Auch erhält sie Unterstützung von ausländischen Botschaften und Organisationen.

Sehenswertes in der Umgebung - In Korças Vorort Mborja liegt auf dem Dorfhügel die längliche, typisch byzantinische Kreuzkuppelkirche „Ritoz". Der außergewöhnliche Bau entstand vermutlich ab 1300 und weist mehrere Bauphasen auf. Die Kirche wurde Ende des 14. Jhd. um ein Seitenschiff und den Narthex erweitert. Das Bauwerk besitzt im oberen Bereich auffälligen Ziegelschmuck, die Dächer sind mit Steinplatten gedeckt. Die ursprünglichen Fresken im Inneren wurden mit neueren Malereien überdeckt. Auf dem Hügel lag wahrscheinlich der Ursprung der Stadt.
Anfahrt: Ab der Brauerei Korça der Straße immer geradeaus 1,5 Kilometer folgen.

Tipp: An der Kirche zweigt eine Straße nach Norden ab, sie mündet nach 1,5 Kilometer in die Rruga Çlirimi i Korçës, diese führt nach rechts zum Ausflugsrestaurant "La Montagna" auf dem Berg. Der Parkplatz eignet sich gut als Stellplatzmöglichkeit. Verfolgt man den Weg weiter bis zur Wallfahrtskirche „Shën Ilia", bietet sich 500 Meter über Korça der schönste Blick auf die Stadt und die Hochebene. Der Platz ist auch direkt über die Stadt zu erreichen: An der Stelle, wo der Blvd. Fan Noli einspurig wird, nach links in die Rruga Haki Mborja abbiegen, immer der Straße aufwärts folgen. Nach 1 Kilometer passiert man den Heldenfriedhof, auch von hier hat man bereits eine gute Aussicht auf die Stadt.

Ostalbanien

Voskopoja (Karte 1:150.000 von freytag & berndt: O 12) (Top-Tipp)
Korças historisch bedeutende Vorgängersiedlung ist für Kulturinteressierte und Kirchenliebhaber sowie Naturfreunde und Wanderer gleichermaßen interessant und ein absolut lohnender Abstecher. Das beginnt nicht erst im 1.160 Meter hoch gelegenen, sehr ruhigen Ort und der unberührten Natur, schon die 20 Kilometer lange Fahrt dorthin durch die wunderschöne Landschaft mit farbigen Felsformationen und grüner Vegetation bietet viel Abwechslung. Voskopoja ist ein kleiner Ort mit nur etwa 700 Einwohnern, viele von ihnen sind Aromunen bzw. Walachen mit orthodoxem Glauben, deren Ursprung in Rumänien liegt. Das Dorf liegt einsam in einer Sackgasse und ist von üppigen Wäldern, Almen und vielen Kirchen umgeben. Gegründet wurde Voskopoja um 1300. Anfang des 15. Jhd. entwickelte sich durch den Zuzug der Aromunen eine größere Siedlung. Die aromunischen Kaufleute beherrschten bald den Handel auf dem Balkan und hatten Beziehungen von Dubrovnik und Venedig bis Konstantinopel. Bis zum 18. Jhd. entfaltete sich eine wirtschaftlich blühende Stadt mit Handwerksbetrieben und sogar Banken. 1720 gab es dort eine der ersten Druckereien auf dem Balkan. 1764 lebten angeblich 30.000 Menschen hier, darunter inzwischen auch viele Griechen, Bulgaren und Albaner, die Zahl wird jedoch oft angezweifelt, es dürften weniger gewesen sein. Hinzu kam, dass der Ort durch seine Lage gut zu verteidigen war und Sicherheit vor den Osmanen bot. Ab dieser Zeit entstanden auch zahlreiche prächtige Kirchen und Klöster, insgesamt soll es 26 gegeben haben, Voskopoja war ein bedeutendes Zentrum der Ikonenmalerei. Um Konflikte mit den Osmanen zu vermeiden, wurden deren Auflagen, die Bauten so unauffällig wie möglich zu errichten, strikt eingehalten. Als die Stadt ab 1769 vermehrt von Diebesbanden angegriffen und geplündert wurde, zogen die meisten Bewohner hinab nach Korça. Voskopoja wurde wieder zu dem kleinen Dorf, das es mal war und erreichte nie wieder seinen früheren Stellenwert. Heute leben die Menschen hauptsächlich von der Land-

und Viehwirtschaft, vermehrt auch vom aufstrebenden Tourismus, hierbei setzt man vor allem auf Ruhe- und Erholungssuchende, Bergwanderer und Wintersportler (kein Skilift). Fünf der vielen Kirchen, dreischiffige, große Kuppelbasilika (die Kuppeln sind auf Anordnung der Türken nur von innen zu sehen, ebenso mussten die Außenverzierungen dezent ausfallen), sind teilweise sehr gut erhalten und auch innen mit sehenswerten Fresken ausgestattet. Sie vermitteln einen anschaulichen Eindruck der einstigen glanzvollen Hochkultur und orthodoxen Kirchenvielfalt. Die Bauten gehören zu den geschützten Kulturdenkmälern Albaniens aber auch zu den 100 am meisten gefährdeten Kulturgütern der Welt. Vier von ihnen liegen in unmittelbarer Nähe zum Ortszentrum und sind mittlerweile gut ausgeschildert:
"Shën Mërisë" (1712) war die Kathedrale der Stadt und damals eine der größten Basilika des Landes, sie fasste über 1.000 Gläubige. Sie birgt eine prachtvolle Innenausstattung und auch üppige Malereien.
"Shën Mëhillit" (1722), im Westen des Ortes inmitten von Feldern gelegen. Die südliche Arkade fehlt, die westliche Vorhalle wurde unter dem breiten Walmdach angebaut, die Kirche hat keinen Turm.

"**Shën Kollë**" (1722), liegt zentral und ist als einzige mit Vorhalle und Säulengang komplett erhalten. Der Glockenturm stammt aus einer späteren Zeit, das Blechdach ist neu. Das Steindach der Kirche wurde 2007 erst neu gedeckt.
"**Shën Thanasë**" (1724), etwas nördlich unterhalb vom Zentrum, ohne Vorhalle, dafür mit komplett erhaltenem südseitigen Vorbau incl. Arkade. In den Bögen kann man griechische Inschriften erkennen. Innen ist sie prächtig ausgestattet.
"**Shën Elija**" (1751) liegt auf einem Hügel im Nordwesten des Ortes. Die Basilika besitzt kaum noch Fresken, hat aber als einzige der Kirchen ein zweistufiges Satteldach. Sie wurde 2010 restauriert.
Ein Weg über 2,2 Kilometer führt vom Zentrum Richtung Nordosten an zwei Hotels vorbei auf einen Berg zur ältesten Kirche um Voskopoja. Die kleine Kreuzkuppelkirche "**Shën Prodhomit**" (Johannes der Täufer) eines Klosters wurde 1632 erbaut und besitzt als einzige eine von außen sichtbare Kuppel. Für eine Wanderung über etwa 5 Kilometer in nördliche Richtung bietet sich der Besuch eines weiteren Kirchenhighlights im kleinen Dorf Shipskë an. Der Ursprung der "**Kisha e Shën Gjergjit**" geht bis in das 5. Jhd. zurück. Sie wurde mit Privatgeldern eines griechischen Gönners umfangreich renoviert und beherbergt im Inneren großartige Fresken, eine wunderschöne Ikonastase, marmorierte Säulen und mit Schnitzereien verzierte Gebetsstühle. Immer wieder fällt sie Räubereien zum Opfer, zuletzt 2013, die Kunstgegenstände werden ins Ausland verkauft und die Polizei verliert die Spur. Bis zum Ortszentrum von Voskopoja (ab Korça an der SH75 ausgeschildert) ist die Straße asphaltiert, die Kirchen sollte man zu Fuß erkunden. Am Dorfplatz mit dem Partisanendenkmal befindet sich seit kurzem eine kleine Touristeninformation. Hier erhält man Informationen über die Kirchen und deren Zutritt (Führer mit Schlüssel), die Sehenswürdigkeiten sind ausgeschildert. Zudem gibt es auch Broschüren mit Wanderrouten. Stellplatzmöglichkeiten bieten im Ort Restaurants und Hotels, wenn man dort isst.

Dardha (Karte 1:150.000 von freytag & berndt: O 12)

Auf etwa 1.300 Meter Höhe liegt an den Ausläufern der beeindruckenden, bereits in Griechenland liegenden Gramoz-Gebirgskette ein für die Gegend sehr charakteristischer Ort mit schönen, alten Steinhäusern. Hauptsächlich sind deren Dächer mit Steinplatten gedeckt, teilweise wurden sie bereits schön restauriert und beherbergen interessante Details wie z.B. die in steinernen Tafeln verewigten Errichtungsdetails nahe des Eingangs. Viele der alten, stattlichen Gebäude stehen heute leer, die jungen Menschen sind hauptsächlich nach Amerika emigriert. Bereits in den 1920er-Jahren entwickelte sich Dardha aufgrund reichlicher Schneevorkommen zu einem begehrten Skigebiet und zu kommunistischer Zeit war der Ort ein beliebtes Erholungsziel. 2012 entstand hier der erste und bislang einzige Skilift Albaniens. In den Sommermonaten lädt die reizvolle Umgebung zu ausgedehnten Wanderungen ein. Nördlich schließt der Drenova-Nationalpark an, hier soll es die größte Dichte an Bären und Wölfen in Albanien  geben. **Anfahrt:** Etwa 5 Kilometer südlich von Korça ist Dardha nach Osten hin ausgeschildert. Ab hier sind es noch ca. 19 Kilometer mäßig bergauf durch eine überaus ansprechende Berglandschaft. Oberhalb des Ortes gibt es einen Parkplatz (auch als Stellplatz geeignet), ab hier geht es zu Fuß hinab ins Dorf, der Weg ist sehr eng und steil (siehe Bild), unten sind keine Wendemöglichkeiten vorhanden.

Ostalbanien

Kamenica (Karte 1:150.000 von freytag & berndt: O 12)

8 Kilometer südlich von Korça befinden sich wenige Meter östlich der SH75 die beeindruckenden archäologischen Funde der Hügelgräber von Kamenica. Die Ausgrabungsstätte belegt die Entdeckung von über 400 ringförmig angelegten Gräbern, man schätzt das Alter der Begräbnisstätten auf etwa 5.000 Jahre. Es handelt sich um die größte Ansammlung von Hügelgräbern in Südosteuropa. Ein einziges Grabmonument hatte einen Durchmesser von etwa 40x74 Metern und war über 3 Meter hoch. Der außergewöhnlichste Fund war das Skelett einer schwangeren Frau. Die mit modernsten Methoden ausgearbeiteten Ergebnisse werden im zugehörigen kleinen Museum präsentiert, Eintritt 200 Lek, die Zufahrt ist ab der SH75 ist ausgeschildert.

Vithkuq (Karte 1:150.000 von freytag & berndt: O 11)

Nur 26 Kilometer südwestlich von Korça liegt in beeindruckender Gebirgslandschaft am Fuße des 1.944 Meter hohen Mali i Rungajit auf 1.230 Meter Höhe der sehenswerte, idyllische Bergort Vithkuq. Knapp 1.000 Menschen leben dort mit ihren Legenden und Traditionen am Rande unberührter Natur. Noch geht es hier bedeutsam ruhiger zu als in Voskopoja, doch die Zeichen stehen gut für eine touristische Entwicklung. Schon gibt es einige Bars, Restaurants und Unterkünfte und die Gastfreundschaft der Bewohner schafft eine warme Atmosphäre. Zu den traditionellen Handwerksarbeiten der Vithkuqaner gehören Wollkleidung und Teppiche, ein typisches Gericht ist in Milch geschmortes Fleisch. Die waldreiche Gegend mit ihren vielen Bächen, Quellen, Wiesen und Almen lädt zu ausgedehnten Wanderungen ein. Die üppige Flora umfasst unter anderem zahlreiche Heilpflanzen und Wildblumen, viele wilde Tiere finden Schutz in den Wäldern. Die Gegend war nachweislich bereits sehr früh besiedelt, fand aber erst in Dokumenten des 15. Jhd. Erwähnung. Daraus folgend bestand bereits im 12. Jhd. eine beachtliche Siedlung und die ersten Kirchenbauten entstanden. Vithkuq war zu osmanischer Zeit ein sehr bevölkerungsreicher Ort, Mitte des 16. Jhd. zählte man knapp 350 christliche Familien, Ende des 18. Jhd. um die 15.000 Einwohner. Neben der ersten Kirche Shën Thanasë aus dem Jahr 1162 gab es 17 weitere Kirchen und 3 Klöster, zudem war Vithkuq Bischofssitz. Von 1781 bis 1823 gab es drei verheerende Überfälle und die Bevölkerung schrumpfte durch Abwanderung, vor allem in das Ausland, auf nur noch 13 Familien. In der Nähe des Ortes wurde 1936 das erste (kleine) Wasserkraftwerk Albaniens erbaut, das die Region mit elektrischem Licht versorgte.

> **Bodenschätze und Bergbau** - Albanien verfügt über zahlreiche Bodenschätze. Zu den ertragreichsten Vorkommen gehören hochwertige Chromerze, Erdöl, Erdgas, Kupfer, Bauxit, Nickel, Braunkohle, Eisenerze und Phosphate. Bis Mitte des 20. Jhd. war Albanien ein reines Agrarland, obwohl bereits ausländische Unternehmen um 1900 Bodenschätze abbauten. Nach dem Zweiten Weltkrieg wurde der Bergbau zum bedeutendsten Sektor der albanischen Wirtschaft. Bis 1990 war die Kupferförderung für die Binnenindustrie von wichtigster Bedeutung, der Abbau von Chromerzen spielte ebenfalls eine gewichtige Rolle. Obwohl sich die Reserven der Erze noch auf ca. 35 Mio. Tonnen belaufen dürften und deren Wert über 4 Milliarden Euro beträgt, sinken die jährlichen Förderquoten. Aktuell werden in den maroden Bergwerken nur noch etwa 330.000 Tonnen jährlich zu Tage gebracht, Investitionen in eine Modernisierung lohnen sich nicht mehr. Die meisten Vorkommen gibt es im Osten des Landes, die Abbauzentren befinden sich in den Landkreisen Burrel und Bulqizë, das weiterverarbeitende Werk steht in Elbasan. Ausgenommen Erdöl und -gas setzt man in die Förderung der anderen Materialien wenig Energie. Die Erschließung der unzugänglichen Gebiete erfordert viel Zeit und finanziellen Aufwand. Die Rohstoffe der Gegenwart und nahen Zukunft sind marmorierte Kalksteinblöcke, Steinplatten und Gips. Über Edelmetalle ist derzeit offiziell wenig bekannt. 2013 erwarb ein kanadisches Unternehmen die Explorationslizenz für Gold in der Mirëdita-Region im Norden, die Ergebnisse sind aktuell unbekannt.

Nur wenige der zahlreichen Kirchenbauten sind noch einigermaßen erhalten. Dazu gehören "Shën Pjetri", "Shën Gjergji" und "Shën Mëria", alle drei liegen etwas außerhalb des Zentrums verteilt, letztere wurde erst kürzlich renoviert. Sehr beeindruckend wirkt "Shën Mehilli", eine von außen kaum als solche erkennbare, dreischiffige Basilika mit einem außergewöhnlichen, 12-säuligen Wandelgang. Die Michaelskirche entstand zwischen 1682 und 1728 und ist eine der größten ihrer Art in Albanien. Im düsteren Inneren mit vielen Holzverzierungen sind noch wunderschöne Fresken erhalten sowie die Ikonastase. Sie befindet sich westlich des Zentrums in einem eingezäunten Wiesenstück, das Tor steht jedoch meist offen. Lohnenswert und eine schöne Wanderung ist auch ein Abstecher zum "Manastiri Shën Pjetrit & Pavli" (Kloster Peter & Paul). Die dreischiffige, eher quadratisch angelegte Kreuzkuppelkirche stammt aus dem Jahr 1737, und beherbergt gut erhaltene Fresken der bekannten Zografi-Brüder und ebenfalls eine reich verzierte Ikonastase. Der kleine Anbau hinter der Kirche enthält zahlreiche Gebeine und Totenschädel. Die zum Kloster zugehörigen Wirtschaftsgebäude und Umfassungsmauern sind weitgehend zerstört. Der Weg dorthin führt vor dem Abzweig zum Dorf über 1,2 Kilometer geradeaus am Kalkbrennofen vorbei nach oben. Auf halbem Weg liegen die Reste der ältesten Kirche – "Shën Thanasë" aus dem Jahr 1162. In den Bergen um Vithkuq entspringt der Fluss Osum, seine offizielle Quelle liegt unter der alten Steinbogenbrücke vor dem Abzweig zum Ort.

stimmt genau - es sind 12

die Fresken der Zografi-Brüder im Shën Petrit & Pavli

Die Schlüssel zu den Kirchen erfrägt man entweder in der neuen Kirche "Shën Nikodhimi" oder direkt im Dorfzentrum.

Anfahrt: Vithkuq ist an der SH75, 13 Kilometer südlich von Korça ausgeschildert, vom Abzweig sind es 14 Kilometer bis zum Dorf. Unterwegs passiert man den malerischen Stausee des Kraftwerks von Gjançë. Er eignet sich gut als Stellplatz, ebenso das Restaurant entlang der davor abzweigenden Straße nach Süden. Auf dem weiteren, landschaftlich sehr abwechslungsreichen Weg bis Ersekë begleiten ausgedehnte Wälder und macchiabewachsene Hochflächen die optisch ansprechende Route. Es sind etliche kurvenreiche Abschnitte zu überwinden, 21 Kilometer südlich von Korça passiert man den 1.190 Meter hohen Pass Qafë e Qarrit. Es existiert mindestens ein mit einem Campingschild ausgewiesener Stellplatz und auch sonst bieten sich Möglichkeiten etwas abseits der Straße.

Ersekë (Karte 1:150.000 von freytag & berndt: P 12)

Diese sympathische, wohlhabend wirkende, sehr abgelegene Kleinstadt mit ca. 5.000 Einwohnern liegt auf 1.020 Metern Höhe und ist somit die höchst gelegene Stadt Albaniens. Östlich erstreckt sich das gewaltige Gramoz-Massiv, der höchste Grenzberg, Maja e Çukapeçit mit 2.523 Metern trägt bis in den Sommer hinein Schnee. Westlich im Tal verläuft der Osum in einem plötzlichen Knick von Nord nach West. Zu osmanischer Zeit war es ein wichtiger Markt- und Handelsort für die zahlreichen landwirtschaftlichen Produkte der Region. Den Status konnte sich Ersekë bis heute erhalten. Zu kommunistischer Zeit entstanden etliche Alkoholproduktionsstätten, insgesamt gibt es etwa 250 Klein- und Dienstleistungsbetriebe. Im kleinen Stadtpark steht ein edles Partisanendenkmal mit einem Adler auf der Spitze, es stammt vom berühmten Bildhauer Odhise Paskali. Der Zentralplatz wurde komplett neu gestaltet und wirkt sehr gepflegt. Das Museum im Kulturzentrum enthält Ausstellungsstücke unterschiedlicher Richtungen, wie z.B. archäologische Funde, ethnografische Stücke und auch Belege über die albanische Bildungsentwicklung. Darin befindet sich auch eine Bibliothek mit ca. 50.000 Büchern. Eintritt: 200 Lek, geöffnet Mo–Fr, 10–14h.

Bild rechts zum Vergleich: das Museum 2013

Wenige Kilometer südlich der Stadt durchquert man das Dorf **Borova**. Hier liegt westseitig ein spiralförmig angelegter Friedhof. Die Geschichte dazu ist ergreifend. Am 6. Juli 1943 wurde eine Wagenkolonne der 1. Gebirgsdivision der deutschen Wehrmacht auf dem Weg von Korça nach Griechenland von albanischen Partisanen aus dem Hinterhalt überfallen. Es handelte sich jedoch um eine Verwechslung, die Freiheitskämpfer hatten mit italienischen Soldaten gerechnet. Noch am gleichen Tag übten die Deutschen Vergeltung. Da sie annahmen, dass die 500 Bewohner Borovas die Partisanen unterstützt hätten, richteten sie im Dorf ein Massaker an. Sie erschossen wahllos alte Männer, Frauen und Kinder und steckten sämtliche der 100 Gebäude in Brand oder beschädigten sie schwer. 107 Menschen wurden getötet, Dutzende andere schwer verletzt, der Rest der Einwohner befand sich bei der Arbeit auf dem Feld. Zu kommunistischer Zeit noch fanden Gedenkveranstaltungen statt, heute ist das Ereignis fast in Vergessenheit geraten, nur ein Denkmal am Ortseingang erinnert noch an die grausame Tat. Bevor man nochmals einen Pass auf 1.100 Metern überquert, kann man im Tal bei Barmash westlich der SH etwas erhöht das wohl imposanteste Partisanendenkmal der Region bestaunen.

Camping Farma Sotira (GPS 40°12'52.2"N 20°38'47.9"E)

15 Kilometer südlich von Ersekë sehr idyllisch und ruhig in einer Waldlichtung gelegen. Im Stil eines kleinen Freizeitparks angelegt mit entsprechendem Angebot, wie Angeln, Reiten und Wandern. Die Bioprodukte für das Restaurant stammen aus eigener Zucht bzw. Herstellung (Fleisch, Fisch, Honig, etc.) Einfache sanitäre Anlagen im Restaurant oder etwas höherwertige in den Mietbungalows. Kleiner Pool mit Liegen, Waschmaschine, W-Lan, Platz für etwa 30 Wohnmobile. Geöffnet 01.05 – 31.12. € 10,--.
www.farmasotira.com

Leskovik (Karte 1:150.000 von freytag & berndt: R 11)

Der Ort hat etwa 1.500 Einwohner und liegt im äußersten Südosten Albaniens auf 900 Meter ü.d.M. am Fuße des 1.400 Meter hohen Mali i Melesinit, nahe der griechischen Grenze Tre Urat. Früher führte hier eine bedeutende Handelsstraße vorbei und verschaffte dem Städtchen besonders zu osmanischer Zeit wirtschaftliche Bedeutung. Nach der Grenzfestlegung 1913 zogen viele der Bewohner nach Griechenland. Während des Ersten Weltkrieges wurde Leskovik stark zerstört, die Partisanendenkmäler in der Umgebung zeugen von heftigen Auseinandersetzungen zwischen den albanischen Aufständischen und italienischen bzw. deutschen Truppen ab 1940. Alles Sehenswerte befindet sich rings um das kleine, ansprechende Zentrum. Einige der alten, osmanischen Bauten sind noch vorhanden, ebenso eine alte orthodoxe Kirche. Die Statue am Schulhaus erinnert an Jani Vreto, dem Mitbegründer der ersten albanischen Schulen.

links in der Talsenke liegt das verträumte Leskovik

Oberhalb des Dorfplatzes mit der riesigen Platane sprudelt an einer winzigen Kapelle eine überdachte Quelle. Eine weitere hübsche, alte byzantinische Kirche liegt am südöstlichen Ortsausgang. Im Frühjahr zur Obstbaumblüte hat der Ort einen besonderen Reiz. Der Weg zum GÜ Tre Urat über die SH65 ist nicht asphaltiert, Wohnmobile wählen die SH80 ab Çarshovë nach Konitsa/GR. Nach Leskovik senkt sich der Routenverlauf auf der SH75 durch eine weite Schlucht bald auf etwa 350 Meter in das Tal der Vjosa, begleitet vom erhabenen Nemëçkës-Gebirge mit dem 2.484 Meter hohen Mali i Dritës.

die Schlucht ab Leskovik runter an die Viosa

Benja & Lengarica-Schlucht (Karte 1:150.000 von f & b: Q 10) (Highlight)

Zwischen Leskovik und Përmet befindet sich der kleine Ort Benjë-Novoselë, dessen Besuch sich gleich mehrfach lohnt. Zum einen beeindruckt hier eine der schönsten Steinbogenbrücken aus osmanischer Zeit, die Ura e Katiut, vor der grandiosen Kulisse des knapp 2.500 Meter hohen Nemëçkës-Gebirgszuges und liefert immer wieder die schönsten Fotomotive. Zum anderen kann man in der faszinierenden Schlucht des Lengarica-Flusses jenseits der Brücke etliche Kilometer bis weit nach hinten wandern. Dabei kreuzt man immer wieder den, dann je nach Jahreszeit (vorzugsweise im Sommer) mehr oder weniger, seichten Fluss (Badeschuhe anziehen).

In den immer enger werdenden rostbraunen und silbergrauen Felswänden liegen etliche Höhlen und Grotten. Man kann den Canyon auch von oben bewundern, indem man den kleinen Pfad hinter der Brücke nach oben wandert bzw. klettert. Im vorderen Bereich am Ausgang der Schlucht staut sich das schwefelhaltige Wasser einiger Quellen in ca. 25° warmen Badebecken. Die ersten Bassins sind befestigt, die hinteren werden jährlich neu angelegt. Eine Wanderung über etwa 2 Kilometer in das namensgebende Benjë ist ein Muss. Es ist eines der ursprünglichsten Dörfer im südlichen Albanien. Schon von weitem sieht man den alten Zypressenbestand an der imposanten Kirche „Shën Mërise". Die ursprünglichen, alten Steinhäuser mit den hübschen Gärten reihen sich entlang des einzigen Fußweges, der Ort selbst ist autofrei. Einladungen zu einem Kaffee sollte man keinesfalls ausschlagen, das ist immer ein echtes „Land & Leute-Erlebnis". Es wird nur ein kleines „Trinkgeld" dafür erwartet. **Anfahrt:** 10 Kilometer südöstlich von Përmet (oder 35 km von Leskovik) ist Benja beim Ort Petran ausgeschildert, von hier nochmal 6 Kilometer bis zur Brücke, die Straße ist geteert, der große Parkplatz eignet sich gut als Stellplatz. In der Saison haben auch zwei kleine Shops/Tavernen geöffnet. Der Abzweig zum Dorf liegt nach ca. 4,7 Kilometer in einer markanten Rechtskurve.

Ostalbanien

Përmet (Karte 1:150.000 von freytag & berndt: Q 10)

Die gepflegte und ruhige Kleinstadt Përmet im südlichen Vjosatal zählt knapp 6.000 Einwohner und wirkt mit ihren kultivierten Grünanlagen und Straßenzügen sowie dem alten Baumbestand wie ein Kurort. Das angenehme Erscheinungsbild wird ergänzt durch die im Hintergrund aufragenden Gipfel des Mali i Dhëmbelit, teilweise sind sie über 2.000 Meter hoch. Landschaftliches Wahrzeichen der Stadt ist der über 40 Meter hoch aufragende Solitärfelsen im Nordwesten des Ortes. Aufgrund der vielen Blumen im Stadtpark oberhalb der Vjosa wird Përmet auch „Stadt der Rosen" genannt. Die Region ist stark landwirtschaftlich geprägt und berühmt für ihre Weinkellereien sowie Bioprodukte wie Honig, Käse und eingelegtes Gemüse. Erste geschichtliche Aufzeichnungen gehen auf das 15. Jhd. zurück. Als die Osmanen damals den Ort einnahmen, haben bereits zahlreiche orthodoxe Kirchen bestanden, die jedoch fast alle Bränden und Atheismus-Kampagnen in der Kommunismus-Zeit zum Opfer fielen. 1833 wurden nach einer erfolgreichen Revolte sämtliche Ämter mit Albanern besetzt, Përmet stand jedoch weiterhin unter osmanischer Herrschaft. In den darauffolgenden Jahrzehnten entstanden etliche albanische und griechische Schulen, deren Existenz jedoch Ende des 19. Jhd. wieder verboten wurde. In den Kriegen des 20. Jhd. rückten immer wieder Griechen in die Stadt ein, kurzfristig gehörte sie sogar zum unabhängig proklamierten Staat Nordepirus. Im Zweiten Weltkrieg wurden in Përmet bereits 1941 die griechischen Truppen von der Italienischen Armee und der Deutschen Wehrmacht verdrängt, beide stellten in Folge schlimme Verwüstungen an. 1943 konnte der Ort als einer der ersten in Südalbanien durch die Partisanen befreit werden. Im Mai 1944 fand hier der erste antifaschistische Kongress der nationalen Befreiung statt, der Rat wählte unter der Leitung von Enver Hoxha eine Übergangsregierung, aus der im Oktober des Jahres in Berat die erste „demokratische" Regierung Albaniens wurde.

Sehenswertes - Vom "alten Përmet" sind nur noch ganz wenige Gebäude übrig, darunter auch die spätbyzantinischen Kirchen "Shën Premtes" mit ihrem niedrigen Säulengang und ohne Turm sowie die renovierte "Shën Kollë" mit ihrem winzigen Tambour. Beide liegen südwestlich des Parks am Ende der Kopfsteinpflastergasse Shëtitorja Mentor Xhemali einige Meter links bzw. rechts. Hier stehen auch noch wenige osmanische Häuser. Mitten im Zentrum erinnert ein großes Partisanendenkmal und ein kleineres einer Partisanenkämpferin an die Ereignisse im Zweiten Weltkrieg, eine Statue von Sami Frashëri an die Rilindja-Bewegung. Alle drei wurden vom berühmten Bildhauer Odhise Paskali (1903-1985) erschaffen, er stammte aus Përmet.

Ostalbanien

Das übersichtliche ethnografische Museum, in einem renovierten Wohnhaus aus dem 19. Jhd., beherbergt eine sehenswerte Kleinausstellung über das Leben der Menschen in der Region. Dort ist auch die Touristeninformation. Der auffällige Solitärbrocken ist über „Treppen" zu ersteigen, oben sind noch die wenigen Reste einer osmanischen Verteidigungsanlage zu sehen. Südlich davon befindet sich unterhalb der alten Stadtmauern die Neue Moschee und die Protestantische Kirche.

Park & Ride: Die einzige Zufahrt zur Stadt erfolgt über die Vjosa-Brücke. Bereits davor existieren zahllose Parkmöglichkeiten und auch innerhalb des Zentrums findet sich immer eine ausreichend große Parklücke, auch für große Womos, vor allem in der Rruga Odhise Paskali. Wohl der einzige Ort in Albanien ohne Parkprobleme.

Einkaufen: In und um die Stadt werden in etlichen Bioläden und im Direktverkauf Wein, unterschiedliche Rakisorten, Marmeladen, Honig und viele andere Produkte aus der Region vertrieben. So z.B. im Almega, Albo Bonjo (Sackgasse im Norden), Bejko (Richtung Kelcyrë) und Badëlonjë (Sackgasse im Südosten).

Sehenswertes in der Umgebung - Das kleine Dorf Leusa (2,2 km ab Zentrum, Fußwanderung etwa 25 Minuten) beherbergt eine der architektonisch sehenswertesten Kirchen Albaniens. Zudem liegt sie landschaftlich außerordentlich schön inmitten einer idyllischen und üppigen Waldlandschaft. Die stattliche byzantinische Kirche "Shën Mërise" mit aufwendig gearbeiteter Fassade aus dem 17. Jahrhundert fällt sogar von der SH75 ins Auge. Sie besitzt im Inneren farbintensive, gut erhaltene Fresken und feine Schnitzereien. Auch der lange Säulengang birgt schöne Malereien, die jedoch arg unter jugendlichem Vandalismus gelitten haben. Für gewöhnlich weisen byzantinische Kirchen eher einen quadratischen Grundriss auf, dieser Bau jedoch ist doppelt so lang wie breit. 1963 wurde sie zum Kulturdenkmal erklärt und im Jahr 2000 restauriert. Auf dem Friedhof befinden sich alte Grabsteine aus dem 19. Jhd. Der Anmarsch erfolgt über Përmets südöstlichste Ecke bis zu einem kleinen Canyon, ab hier noch etwa 1,5 Kilometer leicht bergauf. Den Schlüssel zur Kirche erhält man im Haus rechts vom Eingang. 7 Kilometer westlich von Përmet Richtung Kelcyrë beherbergt der kleine Ort Kosina auf einem Hügel die weithin sichtbare, äußerst hübsche, spätbyzantinische Kreuzkuppelkirche „Shën Mërise", sie stammt vermutlich aus dem 13. Jahrhundert. Besonders sehenswert ist das restaurierte Äußere mit den Rundbögen, Säulen und der ausgefallenen Ziegelanordnung mit Reliefs und Fischgrätmuster, ungewöhnlich ist der runde statt achteckige Tambour. Das Innere enthält Fresken neueren Datums. Bis zum Dorf ist die Straße asphaltiert, dort sollte man parken, die weitere Zufahrt ist geröllig und steil. Bis zur an der SH ausgeschilderten Kirche muss man noch etwa 500 Meter laufen.

Leusa - "Heilige Maria"

die schönsten Kirchen der Region um Përmet

Kosina - "Shën Mërise"

Ostalbanien

Der Weg von Përmet nach Këlcyrë führt durch landwirtschaftlich geprägte Ebenen, südlich begleiten die bis zu 2.050 Meter hohen Berge des Mali i Dhëmbel, nördlich die Wälder des Nationalparks Bredhi i Hotovës-Dangëlli, auch bezeichnet als Frashër-Nationalpark, die Route. Hier haben sich noch größere Bestände der seltenen und bedrohten Hotova-Tannen sowie der Mazedonischen Kiefern erhalten. Er ist mit 34.361 Hektar der größte geschützte Park des Landes. Aus dem Dorf Frashër stammen die drei Brüder, welche durch ihren Einsatz im Befreiungskampf berühmt wurden. **Die Wege in Hotovës-Dangëlli sind für Wohnmobile nicht befahrbar.** In einiger Entfernung sieht man oben auf einem vorspringenden Hügel drei pompöse Bektashi-Heiligtümer. Hier hat die islamische Glaubensgemeinschaft richtig viel Geld investiert, ausländische Besucher sind nicht willkommen.

und hier noch einige wunderschöne Impressionen aus dem "rauhen" aber sehr sehenswerten Osten
Menschen - Landschaft - Fortbewegungsmittel

Nationalparks

Nationalparks in Albanien - Das Land verfügt derzeit über 14 national geschützte Naturparks und einen Marine Nationalpark. Sie werden vom Landwirtschaftsministerium und der Nationalen Agentur für Schutzgebiete verwaltet und stehen teilweise unter Beaufsichtigung. Etliche sind noch vorwiegend unzugänglich, in anderen gibt es bereits erschlossene Wanderwege und Unterkünfte. In den Parks ist, sofern zugänglich, „wildes" Übernachten derzeit noch kein Problem. Die Auflistung erfolgt von Nord nach Süd, einige wurden bereits im Reiseteil ausführlicher beschrieben.

Nationalpark Theth - 2.630 Hektar, gegründet 1966, im nordwestlichen Alpengebiet gelegen. Der Park umfasst hauptsächlich bewaldetes Bergland mit zahlreichen endemischen Pflanzen- und Tierarten. Er ist touristisch bereits erschlossen und ein beliebtes Wandergebiet. Weitere Details siehe Seite 49.

Nationalpark Valbona-Tal - 8.000 Hektar, gegründet 1996, im nordöstlichen Alpengebiet gelegen. Wie im Nationalpark Theth findet man eine sehr bewaldete Hochgebirgslandschaft vor. Touristisch ebenfalls bereits gut erschlossen. Über eine durchgehend bis ans Ende geteerte Straße zu erreichen, zieht er vor allem Wandertouristen an. Weitere Details siehe Seite 53.

Lura Nationalpark - 1.280 Hektar, gegründet 1966, in der nordostalbanischen Region Dibër zwischen Peshkopia und Rrëshen gelegen. Den Park bildet ein langgezogenes Gebirgsmassiv, der Gipfel des Kukova e Lurës misst 2.121 Meter. Die bewaldeten (Misch-, in höheren Lagen Nadelwälder) Berge formen zum Teil Hochplateaus, die ein 600 Meter hoch gelegenes Talbecken umschließen, in dem sich ein paar Siedlungen befinden. Die durchschnittliche Jahrestemperatur beträgt gerade mal 8 Grad. Die eigentliche Attraktion bilden 7 größere und kleinere Gletscherseen. Hier wachsen noch viele, vom Aussterben bedrohte Pflanzenarten, der Tierbestand ist aufgrund ökologischer Probleme bereits sehr zurückgegangen. Der Waldbestand des Gebietes unterliegt leider enorm einem organisierten, illegalen Holzabbau, wodurch nicht nur das ökologische Gleichgewicht gestört wird, auch der natürliche Anblick leidet unter den Schäden anrichtenden Traktoren und Transportern. Vor allem im südlichen Bereich ist der Kahlschlag sichtbar. 2007 wütete im nördlichen Teil ein großer Waldbrand. Touristische Infrastruktur gibt es so gut wie nicht, nur wenige, sehr einfache Unterkünfte, die Anfahrtswege sind extrem schlecht und für Wohnmobile nicht geeignet - der Nationalpark ist ein schwieriges 4x4-Gebiet.

Zall Gjoçaj - 140 Hektar, gegründet 1996, unmittelbar südlich des Lura-Nationalparks gelegen, 40 Kilometer nordöstlich von Burrel. Es handelt sich um ein reines Waldgebiet mit zahlreichen Quellen und Bächen. Die höchste Erhebung, der Malthit e keq, misst 1.840 Meter, der tiefste Punkt des Tales liegt auf 1.500 Meter. Touristisch ist der Park noch komplett unerschlossen und so gut wie nicht erreichbar.

Divjakë-Karavasta

Nationalparks

Nationalpark Qafë Shtamë - 2.000 Hektar, gegründet 1996, nordöstlich von Kruja gelegen. Das reich bewaldete Gebiet besteht hauptsächlich aus einem üppigen Schwarzkiefer-Bestand, teilweise sind die Bäume bis zu 60 Jahre alt, etlichen kleinen Seen und vielen Quellen. Die bekannte Mineralwasserfabrik Qafshtama bezieht ihr Wasser von hier, es gilt als eines der mineralreichsten Albaniens. Die höchsten Berge sind der 1.724 Meter hohe Maja e Liqenit und der 1.686 Meter hohe Maja i Rjepat e Qetkolës. In den Wäldern leben zahlreiche Wildtiere und Vögel. Auch hier findet Holzabbau statt, wenngleich nicht in so hohem Maß wie im Lura-Gebiet. Neuestes Projekt ist der Ausbau der Straße ab Kruja bis zum Pass, sie soll jedoch nicht asphaltiert werden. Derzeit führt der unasphaltierte Weg über den 1.250 Meter hohen Pass und ab da in schlechter Qualität nach Burrel. Negative Schlagzeilen machte der Park 1997, als in einer unterirdischen Bunkeranlage illegal die dort gelagerte Munition zerlegt wurde und infolge einer Explosion 23 junge Menschen starben.

Nationalpark Dajti - 29.217 Hektar, gegründet 1966, nordöstlich von Tirana gelegen. Der Park beherbergt ausgedehnte Laubwaldbestände, Hochalmen und eine reiche Tierwelt in unmittelbarer Hauptstadtnähe, er ist ein beliebtes Tagesausflugsziel. Weitere Details siehe Seite 70.

Shebenik-Jabllanica - 33.928 Hektar, gegründet 2008, nordwestlich des Ohrid-Sees direkt an der Grenze zu Mazedonien gelegen. Es ist der jüngste Park Albaniens, die mazedonische Seite des Berglandes soll in absehbarer Zeit ebenfalls als Nationalpark ausgewiesen werden, damit entsteht ein geschütztes Gebiet von über 500 km² mitten am „Grünen Band des Balkans". Er ist ein wichtiges Rückzugsgebiet für seltene Tierarten wie z.B. dem vom Aussterben bedrohten Balkanluchs, von dem es hier noch wenige Exemplare gibt. Bis Ende des letzten Jahrtausends gab es noch eine stattliche Anzahl von Gämsen, sie sind hier ebenfalls kaum noch anzutreffen da, sie von Wilderern fast komplett ausgerottet wurden. Neben ausgedehnten Buchenwäldern existieren auch viele endemische Pflanzenarten, so z.B. die Jabllanica-Lichtnelke, das Balkan-Veilchen und die Albanische Lichtnelke und Zistrose. Die schöne Gebirgslandschaft beherbergt 14 Gletscherseen, der höchst gelegene befindet sich auf 1.900 Meter. Die höchste Erhebung ist der 2.253 Mali i Shebeniku. Inzwischen gibt es einige wenige, erschlossene Wanderwege, von manchen Stellen hat man einen guten Blick auf den Ohrid-See.

Divjakë-Karavasta - 22.230 Hektar, gegründet 2008, ausgedehntes Lagunengebiet zwischen Durrës und Fier gelegen. Der Park gehört zu den wichtigsten Feuchtgebieten des Landes und umfasst zudem auch Waldbestände und neben einer Pelikanpopulation weitere seltene Tierarten. Touristisch bereits sehr gut erschlossen – mit negativen Auswirkungen auf das Ökosystem. Weitere Details siehe Seite 82.

Nationalpark Prespa - 27.750 Hektar, gegründet 1999, südlich des Ohrid-Sees im äußersten Osten gelegen. Ein mit Mazedonien und Griechenland grenzüberschreitender Park, das Seengebiet mit dem Ohrid-, Großen- und Kleinen Prespa-See ist ein beliebtes touristisches Ziel und gut erschlossen. Weitere Details siehe Seite 147.

Nationalpark Tomorri - 24.723 Hektar, gegründet 1996, südöstlich von Berat gelegen. Das Bergmassiv des Tomorr, um den sich der 4.000 Hektar große Kernbereich des Nationalparks erstreckt, ist eines der höchsten Albaniens, 2.416 Meter hoch, 19 Kilometer lang und 6 Kilometer breit. Es liegt östlich von Berat, zwischen dem Fluss Osum und dem Lumi Tomorrezës, einem Nebenfluss des Devoll. Der Berg hat drei Hauptgipfel, den Çuka e Partizanit mit erwähnter Höhe, nebenan die

Maja e Partizanit mit 2.402 Meter. Etwas weiter südlich erhebt sich der Mali i Tomorrit mit 2.379 Meter. Im Gebiet gibt es verschiedene endemische Pflanzen und etliche Wildtiere wie Wölfe, Rehe, Füchse und Wildschweine, auch Steinadler und Eulen sieht man des öfteren. Von den Albanern wird der Berg als eine Art Nationalheiligtum verehrt. Auf etwa 1.200 Meter Höhe liegt das Grab von Abbas Ali, einem Halbenkel des Propheten Mohammed. Hier erbaute man eine Türbe, zu dieser pilgern jedes Jahr um den 15. August Tausende Anhänger des Sufiordens der Bektashi, um hier ihre Opfergaben darzubringen. Das Massiv ist ein sehr beliebtes Ziel für Offroad-Fahrer, aber auch „Normalmobilisten" können den Nationalpark besuchen (Zufahrt im Ort Mbrakull, ca. 6 Kilometer akzeptabler Weg). Es ist ein schönes Wandergebiet mit bewaldeten Hügeln und zahlreichen Höhlen.

Drenova-Nationalpark - 1.380 Hektar, gegründet 1966, östlich von Korça. Der Park ist ein beliebtes Ausflugsziel der Bewohner von Korça, er liegt nur etwa 10 Kilometer von der Stadt entfernt. Dadurch findet man auch bereits eine gewisse touristische Infrastruktur vor. Er erstreckt sich oberhalb des gleichnamigen Dorfes, im südlichen Gebiet der Mali i Maravës, die höchste Erhebung misst 1.806 Meter. Der hauptsächlich mit Weißtannen bestandene Park ist überaus wasserreich und zudem existiert hier noch eine stattliche Anzahl an Braunbären. Sehr eindrucksvoll sind auch die außergewöhnlichen Felsformationen, wie der markante Gur i Capit. Einen weiteren Zugang gibt es vom Ort Dardha. Im Herbst 2013 wurden nicht unbedeutende Flächen von Waldbränden zerstört.

Hotovës-Dangelli - 34.361 Hektar, gegründet 2008, nördlich von Përmet gelegen. Den größten Nationalpark bildet eine abgelegene Region hoch oben in den Bergen um das berühmte Geburtsdorf Frashër, aus dem die drei Brüder stammten. Ursprünglich war der Park „Bredhi i Hotovës-Dangelli", wörtlich übersetzt "Tannen von Hotova", nur 1.200 Hektar groß. Dabei handelt es sich neben den vielen Tannen hauptsächlich um die selten gewordene Mazedonische Kiefer, die hier geschützt gedeihen kann. In der Antike war sie noch weit verbreitet, heute findet man selten größere Bestände. Desweiteren bestehen die Wälder aus einem beachtlichen Bestand an Buchen, Steineichen, Ahorn, Wacholder, Himbeeren, teilweise sind die Bäume mehrere hundert Jahre alt. Auch hier soll es Bären geben, zudem Füchse, Wölfe Wildschweine und Kaninchen. Auch ein Bestand an Rehen wird hier verzeichnet. Der Park ist inzwischen von Përmet kommend touristisch erschlossen, der Anfahrtsweg jedoch nur bei Trockenheit bedingt für robuste, kleinere Wohnmobile zu empfehlen. Am Eingang befindet sich die Parkverwaltung, es gibt ausgeschilderte Wanderwege, Initiator hier ist die Schweizerische Eidgenossenschaft. Den südlichen Abschluss bildet der ursprüngliche Ort Benja mit seinen Schwefelquellen.

Nationalpark Butrint - 9.425 Hektar, gegründet 2000, im äußersten Südwesten um die gleichnamige Ausgrabungsstätte gelegen. Es handelt sich um ein wichtiges Feuchtgebiet mit zahlreichen Vogelarten. Der Park ist für Wanderungen erschlossen. Weitere Details siehe Seite 128.

Llogara-Nationalpark - 1.010 Hektar, gegr. 1966, an der Klimagrenze zwischen Nord und Süd direkt an der nördlichen Riviera gelegen. Der Park beherbergt ausgedehnte Pinienwälder und etliche Wildtierarten. Touristisch ist er sehr gut erschlossen mit Ausflugslokalen und Wanderwegen. Weitere Details siehe Seite 108.

Und dann gibt es noch den **Marine-Nationalpark Karaburun-Sazan**. Er umfasst 12.428 Hektar, wurde erst 2010 gegründet und liegt westlich von Vlorë in der Adria.

Nationalparks

Bei dieser geschützen Region handelt es sich um ein Meeresgebiet um die Halbinsel Karaburun und die einzige Großinsel Albaniens – Sazan, es reicht bis zur Bucht von Vlorë (ohne Anlegestellen), der geschützte Küstenbereich beträgt 50 Kilometer. Beachtlich ist auch die Tiefe, sie beträgt stolze 1.852 Meter, eine nautische Seemeile, das Gewässer ist hier tatsächlich so tief! Im Süden grenzt der Park fast an den der Llogara-Schutzzone. Eine eindrucksvolle Meeresflora und -fauna macht das Gebiet zu einem beliebten Tauchziel. Auf Grund liegen die Reste einiger antiker Schiffe sowie U-Boote aus dem Warschauer Pakt. Vier waren es bisher, vor kurzem hat man drei davon verschrottet. Gerade um die Halbinsel Karaburun gibt es eine unvergleichliche Anzahl an Grotten und einsamen Stränden, alle jedoch nur mit dem Boot zugänglich. In Vlorë bieten einige Veranstalter Tagestouren in das Gebiet an, u.a. auch zur 30 Meter langen Höhle von Haxhi-Ali, sie gilt als die größte Meeresgrotte Albaniens. Über die Militärbasis Pasha Lliman ist das Territorium des Karaburun nur eingeschränkt zu besichtigen. Die Insel Sazan ist immer noch militärisches Sperrgebiet, jedoch seit Anfang 2016 mit Genehmigungen zugänglich.

Gesamt ergeben sie eine Fläche von 210.502 Hektar, das sind 7,32% der Staatsfläche.

ein geschützter Baum

Die meisten der Waldgebiete sind seit Jahrzehnten dem illegalen Holzabbau ausgeliefert und der Zustand der Wälder im ganzen Land ist mehr als besorgniserregend. Betrug die Waldfläche 1990 noch 51% des Landes, sind es heute nur noch 25%. Im Februar 2016 erließ die Regierung per Gesetz ein 10-jähriges Verbot des Holzeinschlages zum Schutz des Baumbestandes und um eine Umweltkatastrophe zu verhindern. Verstöße dagegen werden mit einer Haft von bis zu 10 Jahren bestraft.

Touristische Entwicklung

Albanien wird immer noch als Schwellenland eingestuft und obwohl der Tourismus der wichtigste Wirtschaftszweig des Landes ist, konnte er sich trotz rasant steigender Besucherzahlen noch nicht so weit entwickeln, wie das in den angrenzenden Nachbarländern Montenegro und Griechenland der Fall ist. Durch das Wirken des kommunistischen Regimes wurden erst in den 1960er Jahren streng organisierte Reisen von Veranstaltern aus osteuropäischen Bruderstaaten wie der DDR zugelassen. Mit dem Bruch der Sowjetunion stellte man diese wieder gänzlich ein. Die zaghaft entwickelte Infrastruktur wurde nicht weiter gefördert, lediglich wohlhabendere Einheimische belegten wenige Hotelbetten. Zwar verfügte damals schon fast jede Stadt über ein Hotel, dieses war jedoch nur den Parteifunktionären, auserwählten Arbeitern und Geschäftsreisenden vorbehalten. Erst in den 1980er Jahren durften wieder Ausländer (außer Amerikaner und Journalisten) das Land innerhalb organisierter Reisen besuchen. Der Tourismus wurde nur mit wenigen Staatsmitteln gefördert. Durch den Tod des Diktators, die anschließenden Unruhen und die Jugoslawienkriege fand jedoch auch diese Entwicklung wieder ein Ende. Nicht, weil der Auslandstourismus unterbunden wurde, diesmal war es einfach zu gefährlich. Entwicklungshelfer und Diplomaten waren die einzigen Ausländer im Land. Erst mit dem Ende des Kosovokrieges 1999 nahm die Zahl ausländischer Besucher wieder zu. Seither kann eine enorme Entwicklung beobachtet werden, leider nicht immer eine positive. Zu schnell und unüberlegt wurden die Strände hässlich und illegal verbaut, wer konnte, ist schnell auf den rollenden Tourismus-Zug aufgesprungen. Der Illegalität wird inzwischen (offiziell zumindest) entgegengewirkt, viele der abscheulichen Gästebunker aber bleiben und vermehren sich weiterhin. Die Infrastruktur wird stetig verbessert, viel in den Ausbau des Straßennetzes, des Flughafens und der Häfen investiert. Die bedeutendsten Sehenswürdigkeiten sind inzwischen gut zu erreichen. Man hat jedoch auch immer noch mit vielen Problemen zu kämpfen. Dazu zählt die unzureichende Wasserversorgung (obwohl Albanien ein enorm wasserreiches Land ist), immer noch häufige Stromausfälle und Umweltverschmutzung. Viele der größeren Städte bekamen erst 2015/2016 eine Kanalisation und immer noch wird sehr viel Müll illegal entsorgt oder verbrannt. Hinzu kommt, dass extrem verschmutzte Strände immer wieder sehr viele westliche Besucher vergraulen.

Mehr als die Hälfte der Touristen sind immer noch Einheimische, Emigranten und Albaner aus den Nachbarländern, vor allem Kosovaren, welche die Hotelzimmer an den Stränden belegen. Doch der ausländische bzw. west- und osteuropäische Anteil der Touristen stieg in den vergangenen Jahren rasant an, auch unter den wohlhabenderen Asiaten wird Albanien inzwischen als Geheimtipp gehandelt. Der Anteil der Deutschen liegt bei nur etwa 3-4%. 2005 wurden etwas über 800.000 ausländische Gäste gezählt, 2009 1,5 Mio. und 2012 bereits knapp 3 Millionen, 30% mehr als noch im Jahr zuvor. Einen hohen Prozentsatz machen aber auch die Tagestouristen der Kreuzfahrtschiffe aus, die von Korfu aus für wenige Stunden Sarandë oder Butrint besuchen. Der größte Reiseführerverlag erklärte Albanien zur „Destination of the Year 2011". Mit ausschlaggebend hierfür waren mit Sicherheit die moderaten Preise, die Gastfreundschaft und die spektakulären, unberührten Naturschönheiten. Die Regierung sieht inzwischen den Tourismus als eines der wichtigsten Standbeine der Wirtschaft, doch muss auch noch viel in die touristische Ausbildung der Bewohner investiert werden. Rund 20% der Arbeitnehmer sind im Tourismussektor tätig. In einzelnen Regionen übersteigt der Anteil den in der Landwirtschaft Tätigen. Viele Bergdörfer litten lange Zeit unter Abwanderung. Das kleine Bergdorf Theth z.B. war fast verlassen, kann aber mit internationaler Unterstützung inzwischen jährliche Einnahmen von etwa 200.000 € erwirtschaften, Tendenz bisher steigend. Aktuell jedoch sieht sich das kleine Balkanland leider mit rückläufigen Zahlen der westlichen Besucher konfrontiert. Schuld daran dürfte das Asylverhalten vieler Albaner gewesen sein, die ihr Land unberechtigterweise dem Westen gegenüber „verraten" haben. Nicht verwunderlich, dass viele potentielle Touristen Albanien erst mal wieder den Rücken gekehrt haben. Doch das Land ist besser als sein Ruf und es wird sich weiterhin positiv im Rahmen einer Urlaubsdestination für Individualreisende entwickeln.

Routenvorschläge

Diese Tourenanregungen können je nach Verfügbarkeit der Zeit miteinander kombiniert werden. Detailinformationen der Ziele sind im ausführlichen Reiseteil enthalten.

Route 1 (ROSA):
Shkodër – Pukë – Fierza – Valbona-Tal – Krumë – Kukës – Peshkopi – Burrel – Milot – Shkodër
Länge: etwa 570 km - **Highlights:** Rozafa-Festung in Shkodër, Fahrt durch die Alpenvorlandschaft, ursprüngliches und eindrucksvolles Alpental Valbona, Blicke auf den Drin-Stausee, Fahrt oberhalb des schwarzen Drin mit Ausblicken auf das Korab-Massiv, Albaniens herzlichste Provinzhauptstadt, abwechslungsreiche Fahrt entlang des Mat-Flusses mit unterschiedlich geprägten Bergpanoramen.
Diese Tour beinhaltet hauptsächlich landschaftliche Eindrücke. Es gibt wenige offizielle Campingplätze (Shkodër, Valbona, Peshkopia, Burrel), es bieten sich aber zahlreiche Stellmöglichkeiten entlang der Strecke an den Restaurants und in der „Wildnis". Alternativ zur Strecke Shkodër – Fierza bietet sich eine Fahrt über den Koman-Stausee an.

Route 2 (BLAU):
Shkodër - Lezha (evtl. auch über die alte Fernstraße) - Kruja - Tirana - Elbasan - Ohrid-See - Korça - Ersekë - GÜ Tre Ure nach Griechenland - **Länge:** etwa 395 km - **Highlights:** Rozafa-Festung in Shkodër, Skanderbeg-Gedenkstätte, Mittelalterburg und Bazar, Albaniens Hauptstadt, eindrucksvolle Fahrt über den Krrabë-Pass, sehenswerte Altstadt und Markttreiben, älteste Seenlandschaft des Balkans, bedeutende Kulturstadt, atemberaubende und wilde Gebirgszüge zur griechischen Grenze.
Diese Route verfügt über eine ausgewogene Mischung an landschaftlichen Höhepunkten und kulturellen Besonderheiten. Campingplätze in Shkodër, Tirana, am Ohrid-See und bei Ersekë, Stellplatzmöglichkeiten zahlreich am Weg.

Route 3 (SCHWARZ):
Ohrid-See - Elbasan - Dumreja - Berat - Osum-Canyon - Durrës - **Länge:** etwa 370 km
Highlights: tiefste und älteste Seen des Balkans, sehenswerte Altstadt und quirliger Gemüsemarkt, sanfte Seenlandschaft, UNESCO-Weltkulturerbestadt, außergewöhnliche Naturbesonderheit an Albaniens Wohnmobil-„Sackgasse", Albaniens größte Hafenstadt mit sehr guten Einkaufs- und Versorgungsmöglichkeiten.
Diese Tour beinhaltet eine ausgewogene Mischung an Natur und Kultur. Campingplätze am Ohrid-See, in Ura Vajgurore bei Berat, am Canyon, südlich von Durrës bei Kavajë, zusätzlich sehr viele Stellplatzmöglichkeiten am Weg.

Route 4 (HELLGRÜN):
Shkodër - Lezha - Kruja - Durrës - Vlorë - Himarë - Sarandë - Butrint - Konispol
Länge: etwa 420 km - **Highlights:** Rozafa-Festung in Shkodër, Skanderbeg-Gedenkstätte, Mittelalterburg und Bazar, zwei Hafenstädte mit Besichtigungspotential, atemberaubende Küstenkulisse, quirliges Touristenstädtchen - Albaniens gepflegteste Stadt, DIE Ausgrabungsstätte - UNESCO-Weltkulturerbe, Vrina-Ebene bis zur griechischen Grenze.
Hier überwiegt der kulturelle Anteil, begleitet von landschaftlichen Höhepunkten. Campingplätze bei Shkodër, in Shengjin, Kavajë, Himarë und in Ksamil.

Route 5 (TÜRKIS):
Butrint - Sarandë - Phoinikë /Mesopotam - Syri i Kaltër - Gjirokastër - Antigonea - Tepelena - Byllis - Fier - Apollonia - **Länge:** etwa 220 km - Highlights: Albaniens Top-Ausgrabungsstätte, quirlige Küstenstadt, die am ruhigsten gelegene antike Stätte mit außergewöhnlicher Bunkerkombination, eine der bedeutendsten byzantinischen Kirchen, eindrucksvolle Karstquelle in Urwaldlandschaft, UNESCO-Weltkulturerbestadt, Ali Paschas Geburtsort, zwei landschaftlich wunderschön gelegene Ausgrabungsstätten.
Für Kulturliebhaber die Top-Stätten, mit großartiger Landschaftsszenerie. Campingplätze bei Ksamil, ansonsten Stellplatzmöglichkeiten unterwegs.

Route 6 (HELLBRAUN):
GÜ Tre Ure - Benja - Përmet - Tepelena - Byllis - Fier - Apollonia - Durrës - Länge: etwa 275 km
Highlight: Beeindruckende Gebirge, warme Schwefelquellen, Steinbogenbrücke, Stadt der Rosen, Weinanbaugebiet, Top-Ausgrabungsstätten, Hafenstadt und größtes Amphietheater des Balkans. Campingplätze südlich von Durrës bei Kavajë, Stellplatzmöglichkeiten unterwegs.

Routenkarte - Übersicht

Albaniens Campingplätze und die Stellplatzmöglichkeiten – Übersicht

Die Auflistung der folgenden Camping- und Stellplätze erfolgt von Nord nach Süd bzw. Ost. Sie erhebt keinen Anspruch auf Vollständigkeit. Die schnelle touristische Entwicklung lässt von heute auf morgen Campingplätze entstehen. Viele Betreiber funktionieren auch nur ihren Restaurantparkplatz um oder nutzen die Hofeinfahrt. Hier wird man auch kaum einen angemessenen Standard der sanitären Einrichtungen vorfinden. Ebenso finden sich des öfteren kleinere Familienbetriebe, welche mit viel Sorgfalt ihr Grundstück campinggerecht herrichten. Es besteht auch durchaus die Möglichkeit, dass Plätze aufgrund Grundstücksunklarheiten oder der Legalitätsfrage wieder verschwinden. Viele der neuen Campingplätze werden unerlaubt betrieben, die Betreiber zahlen keine Steuern zudem haben sie oft nur im Sommer geöffnet und streben ein schnelles Geschäft an. Auf deren Listung haben wir (soweit uns bekannt) bewusst verzichtet. Ebenso auf die Beschreibung von Campingplätzen mit abenteuerlichen Zufahrten. Auf Stellplätzen bei Restaurants wird meist erwartet, dass man hier die Küche besucht, dazu kann man dann kostenlos nächtigen. Wildes Campen ist in Albanien nicht verboten und birgt keine Gefahren. Überall im Lande bieten sich schöne Plätze in freier Natur zum Übernachten an. Sollte man sich auf ein Privatgrundstück verirrt haben, frägt man den Besitzer, er wird es mit Sicherheit nicht verwehren und oft kann man so gut Kontakt zur Bevölkerung knüpfen. Weitere Informationen bietet die Internetseite **www.camping.info** - hier sind derzeit 34 Plätze gelistet (Achtung, darunter jedoch auch reine Zeltplätze), auch als Buch erhältlich. (Für die Angabe der Preise und Aktualität der Internetpräsenz, Telefonnummern und Sandard wird keine Gewähr übernommen, diese können sich schnell ändern. Eine ausführliche Beschreibung der Plätze findet man im Reiseteil. Die Strandabschnitte können während der Saison stark frequentiert sein, einsame Strände gibt es nicht mehr!

Lake Shkodra Resort (GPS 42°08'18.3"N 19°28'01.7"E) in Omarë/Vrake, etwa 10 km nördlich von Shkodër direkt am Skutari-See; 01.04.–31.10.; € 14,-- (€ 16,--); www.lakeshkodraresort.com (Seite: 34)

Camping Legjenda (GPS 42°02'36.2"N 19°29'20.0"E) direkt in Shkodër, südlich vom Zentrum, nahe der Buna-Brücke über die Buna; ganzjährig geöffnet; € 17,50; www.campinglegjenda.com (Seite: 34)

Camping Albania (GPS 41°55'26.5"N 19°32'29.6"E) in Barbullush/Bushat etwa 20 km südwestlich von Shkodër; geöffnet vom 01.04. – 31.10.; € 14,--; www.camping-albania.eu (Seite: 34)

Laguna e Vilunit (GPS 41°51'47.1"N 19°26'31.5"E) einfacher, größerer Platz am Strand von Velipoja ganz hinten; evtl. ganzjährig geöffnet; € 10,-- (€ 12,--); facebook.com/Bar-Restorant-Laguna-e-Vilunit-camping-450510071791701 (Seite: 39)

Boga Alpine Resort (GPS 42°23'59.9"N 19°38'46.9"E) am nördlichen Ortsausgang von Bogë Richtung Pass nach Theth; geöffnet: 01.06. - 31.10.; € 12,--; www.bogaalpine.com (Seite: 51)

Hotel & Restaurant Natura (GPS 42°05'56.5"N 19°49'03.4"E) kurz vor Koman direkt am Fluß Drin gelegen; ganzjährig; € 10,--; keine Internetpräsenz (Seite: 52)

Hotel „Rilindja" (GPS 42°27'35.9"N 19°55'20.6"E) schönes Block-Holzhaus auf der linken Seite am Ortseingang von Valbona; ganzjährig geöffnet; € 10,--.; www.journeytovalbona.com (Seite: 56)

Campingplätze

Riviera Shëngjin (GPS 41°47'09.3"N 19°37'41.0"E) etwa 1,5 km vom Abzweig von der SH1 nach Shëngjin südlich von Lezha; ganzjährig geöffnet; € 14,50; www.rivierashengjin.com (Seite: 41)

Oasi alla Chiesa – Oase an der Kirche (GPS 41°34'20.9"N 20°03'08.6"E) 10 km südlich von Burrel im kleinen Ort Suç, am Fluss Mat; ganzjährig; € 10,--; www.campingallachiesa.com (Seite: 146, zum Ostteil)

Camping Nordpark (GPS 41°28'13.5"N 19°41'54.6"E) etwa 12 km südwestlich von Kruja unmittelbar an der SH2 gelegen; ganzjährig geöffnet; € 20,--; www.nordpark.al (Seite: 75)

Hotel Baron (GPS 41°17'57.4"N 19°51'00.0"E) in Tirana in der Rruga Elbasanit, Ortsteil Sauk, östlich vom Zentrum; ganzjährig geöffnet; € 17,--; www.hotelbaron.al (Seite: 69)

Camping Tirana (GPS 41°20'17.7"N 19°42'24.0"E) 17 km vom Zentrum Tiranas Richtung Durrës in Kashar am See gelegen; ganzjährig geöffnet; € 13,--; www.campingtirana.al (Seite: 69)

Mali i Robit (GPS 41°13'59.1"N 19°31'02.2"E) etwa 15 km südlich von Durrës bei Golem, etwa 200 Meter vom Strand; ganzjährig geöffnet; € 12,--; www.facebook.com/Hotel.Camping.Mali.i.Robit (Seite: 80)

Camping „Pa Emer" (GPS N 41 18.101, E 19 47.691) 20 km südlich von Durrës in Karpen bei Kavajë direkt am Meer gelegen; ganzjährig; bis zu € 30,--; www.kampingpaemer.com (Seite: 80)

Berat Caravan Camping (GPS 40°46'42.3"N 19°51'27.7"E) etwa 12 km nördlich von Berat bei Ura Vajgurore gelegen; ganzjährig geöffnet; € 14,--; www.beratcaravancamping.com (Seite:102)

Rezidenca Cekodhime (GPS 40°22'38.6"N 19°28'43.2"E) direkt am langen Strand von Radhimë südlich von Vlorë gelegen; ganzjährig geöffnet; € 20,--; www.rezidencacekodhima.com (Seite: 107)

Infos zu Camping- und Stellplätze in der Bucht von Dhërmi s. Seite 110.

Camping Moscato (GPS 40°06'38.1"N 19°43'24.2"E) direkt am Anfang der Bucht von Livadh bei Himarë; ganzjährig; € 12,--; keine Internetpräsenz (Seite 113)

Camping Kranea (GPS 40°06'26.9"N 19°43'37.6"E) am südlichen Abschnitt der Bucht von Livadh bei Himarë gelegen; geöffnet: 01.02 – 30.11.; € 15,--; www.camping-kranea.com (Seite: 114)

Camping Nashos (GPS 40°06'24.3"N 19°43'41.9"E) ganz am Ende der Bucht von Livadh bei Himarë gelegen; Restaurant; ganzjährig geöffnet; € 12,--; www.facebook.com/nashos.meze.ouzeri (Seite: 114)

Himara Camping (GPS 40°05'46.2"N 19°45'17.6"E) direkt an der SH8 im neuen, südlichen Ortsteil von Himarë gelegen; geöffnet: 01.05 – 15.10.; € 15,--; www.himaracamping.com (Seite: 114)

Caravan Camping Riverside (GPS 39°50'50.4"N 20°01'32.9"E) Notplatz an der südlichen Ortsausfahrt von Sarandë nach Ksamil 01.05-01.12; € 12,--; www.facebook.com/Saranda-Camping-Riverside-573575529446981 (Seite: 122)

 **Campingplätze**

Ksamil Caravan Camping (GPS 39°46'41.3"N 20°00'21.1"E) sehr ruhig in einer Seitenstraße im nördlichen Teil von Ksamil; ganzjährig geöffnet; € 14,--; www.ksamilcaravancamping.com (Seite: 124)

Camping Sunset (GPS 39°46'45.9"N 20°00'25.0"E) in der ersten Bucht von Ksamil direkt am Meer gelegen; nur in der Saison geöffnet; € 10,--; www.campingalbania.com (Seite: 124)

Gaci´s Camping (GPS 39°46'38.4"N 20°00'24.8"E) in einer Seitenstraße am nördlichen Ortseingang von Ksamil; geöffnet: April – September; € 12,--; www.ksamilcamping.weebly.com (Seite: 124)

Family Camping Kapxhiu (GPS 41°41'09.6"N 20°26'17.9"E) zentrumsnah aber ruhig in Peshkopi Richtung Schwefelquellen gelegen; ganzjährig; € 16,--; www.campingpeshkopi.com (Seite: 145)

Camping Rei (GPS 40°59'56.3"N 20°38'09.5"E) wenige km nördlich von Hudënisht an der SH3 direkt am Ohrid-See gelegen; ganzjährig geöffnet; € 10,--; www.campingrei.webs.com (Seite: 149)

Lake Park Resort & Camping (GPS 40°59'01.5"N 20°38'18.5"E) gepflegte Freizeitanlage oberhalb des Ohrid-Sees und der SH3; ganzjährig geöffnet; € 10,--; www.lakeparkhotelresort.com (Seite: 149)

Camping Victoria (GPS 40°55'58.2"N 20°38'27.5"E) in Memëlisht nördlich von Pogradec abseits der SH3 direkt am See; ganzjährig geöffnet; € 12,--; www.hotelvictoria.weebly.com (Seite: 149)

Camping & Restaurant ARBI (GPS 40°54'04.3"N 20°42'35.4"E) wenige Kilometer westlich von Pogradec bei Tushemisht; geöffnet: 01.04-31.10.; € 16,--; facebook.com/Camping-ARBI-Bar-Restaurant-122613587836197 (Seite: 151)

Auto Camp Ljubanista (GPS 40°55'29.5"N 20°46'26.7"E) 6 km vom Grenzübergang Tushemist in Mazedonien; Juli/August; € 8,--; keine Internetpräsenz (Seite: 152)

Farma Sotira (GPS 40°12'52.2"N 20°38'47.9"E) 15 km südlich von Ersekë sehr idyllisch in einer Waldlichtung gelegen; geöffnet: 01.05 – 31.12.; € 10,--; www.farmasotira.com (Seite: 163)

das hobo-team bei seinem ersten Albanien-Besuch

Waldarbeiter Campingplatz ohne GPS-Koordinaten

Stellplätze im Norden:

Tamarë - Guesthouse Adriatik Richtung Vermosh-Tal, etwas erhöht gelegen;
Qafe Thorë - am Pass oder Bar & Restaurant Richtung Theth-Tal;
Velipoja - Strand und Lagunenabschnitt (Laguna e Vilunit); ebenfalls gut geeignet ist der weite Strandabschnitt von Baks-Rrjollë nebenan;
Skutari-See - an den Ufern der Orte Zogaj (Westteil) und Bajzë (Ostteil);
Vau i Dejës – Strand am Drin-Stausee; Restaurant „Perla" Richtung Koman;
Mjedë - Restaurantkomplex „DEA" am alten Stauwehr an der SH5 nach Shkodër;
Pukë - Përparim Laçi Guesthouse (Guesthouse & Camping, ausgeschildert);
Dardha - Hotel „Alpin" Richtung Fierza/Valbona-Tal;
Krumë - Hotel&Restaurant „Liqeni" in Richtung Valbona;
Golaj - Dasmash Kasena Restaurant, nördlich von Krumë;
Kukës - Sheshi Skanderbeg und Zabeli Park an der Rruga Spitali;
Kallmet - Kleinkirche "Shën Eufemia" auf dem Hügel entlang der alten Landstraße;
Tale - Strandabschnitt des Lagunenbereiches bei Lezha; evtl. ein Campingplatz;
Lezha - Parkplatz unmittelbar an der Festung, schöne Aussicht bis zum Meer;
Patok - Restaurants in der Lagune;
Laç - auf dem Hügel direkt vor dem Kloster, schöne Aussicht;
Shkopet - Restorant Malçi am Tunnel beim Stausee zwischen Burrel und Milot;

Stellplätze in der Mitte:

Fushe-Kruja - Hotel „Vllaznia" direkt an der SH1 (als Camping ausgewiesen);
Kruja - Restaurant „Oaz" an der Zufahrtsstraße zur Stadt in einer Kurve gelegen;
Kruja/Sari Salltik - Wallfahrtsstätte auf 900 Meter mit Blick auf die Stadt von oben;
Kap Rodon - direkt vor der Kirche oder am Strand von Gjiri i Lalzit;
Bardhor/Kavajë - oberhalb des Strandabschnittes „Plazhi Gjeneralit", an der SH4 ausgeschildert, nur für kleine, robuste Wohnmobile (Camping);
Spille - pinienbestandener Strandabschnitt südlich von Kavajë;
Rrogozhina/Gosë - sehr ruhig und einsam gelegene Festung Bashtova;
Elbasan - Resort „Kriva", Hotelkomplex mit gutem Restaurant südlich der Stadt; 15 km östlich Richtung Librazhd das „Balkan Resort"; Schwefelquellen bei Llixhat, etwa 10 km südlich der Stadt;
Berat - Restaurant direkt vor dem Eingang zur Altstadt (beschildert als „Camping");
Osum Canyon - kleiner, sehr einfacher Camping, ca. 8 km hinter Çorovoda;
Byllis - direkt an der Ausgrabungsstätte am Ausflugsrestaurant;
Divjakë - Strandabschnitt im Nationalpark bzw. der Lagune von Divjakë-Karavasta, evtl. entsteht hier in Kürze ein saisonaler Campingplatz;
Apollonia - Strandabschnitt des „Plazhi Semanit", ca. 12 km westlich der Stätte;
Fier - Liqeni Koshovices, See mit Tavernen südwestlich von Fier, ausgeschildert;
Narta/Zvërnec - Strandabschnitt bzw. unmittelbar vor der Klosterinsel bei Vlorë;

Stellplätze an der Küste/Riviera:

Orikum - Strandabschnitt unmittelbar vor der Militärabsperrung zum Karaburun; zwischen Vlorë und Rhadimë außerhalb der Saison, manche als Camping;

Llogara - vor der Auffahrt zum Llogara-Pass von Norden kommend, links nach einer scharfen Rechtskurve das Restaurant „Alegria" mit offiziell ausgewiesenem Stellplatz. Auf halbem Weg zum Pass rechts gelegen bietet das Restaurant „Hamiti" offiziell schattige Stellplätze mit Strom und Duschmöglichkeiten an. Andere Lokale weisen ebenfalls schon ihre Parkplatz aus, zudem bieten sich etliche Möglichkeiten der freien Wahl. Bis Mitte Mai und ab Mitte September ist es am Pass kalt und oft nebelig.

Palasë - direkt am langen Strandabschnitt vor dem „Green Coast Resort", nach Fertigstellung evtl. nicht mehr erlaubt;

Jal - in der Saison öffnet eine Art „Campingplatz", dann keine Möglichkeit mehr;

Gjipë - südlich von Ilias, Abzweig zum Manastiri Thodhoris unmittelbar vor dem Abstieg zum Strand am Parkplatz;

Llaman-Beach - nur in der Nebensaison, ansonsten laut und der Parkplatz ist voll (mit Gebühr, Toiletten in den Restaurants können genutzt werden);

Porto-Palermo - gegenüber des Öko-Restaurants zwischen Straße und Halbinsel, morgens kann man frischen Fisch kaufen;

Qeparo/Borsh - unmittelbar am Strand, in der Hauptsaison jedoch schwierig;

Bunec - hier vor allem am südlichen Strandabschnitt, Zufahrt nicht asphaltiert;

Lukovë - direkt am Strand, in der Saison öffnen Strandbars, im hinteren Bereich eine große Wiese mit Olivenbaumbestand;

Nivicë - an der SH8 vor dem Abzweig Kakomë, „Caping Pali" (ohne m und Standard);

Stellplätze im Süden:

Sarandë - Parkplatz der Festung Lëkurzi mit tollem Blick auf die Stadt, gutes Restaurant in den Burgruinen der Anlage;

Butrint - Parkplatz 1 km vor und unmittelbar gegenüber des Archäologieparks;

Finiq/Phoininqe - Parkplatz an der Ausgrabungsstätte (S. 129), tolle Aussicht;

Syri i Kaltër - Tavernenparkplatz in unmittelbarer Nähe der Karstquelle;

Gjirokastër - Hotel Olimpik, Viro-See, Hotel Viktoria, alle nördlich der Stadt;

Antigonea - sehr ruhig am großen Parkplatz der antiken Stätte;

Gryka i Këlcyrës - Restaurants an den Wasserfällen; beiderseits der Vjosa;

Stellplätze im Osten:

Qafë Thanë/Ohrid-See - Hotel Odessa, direkt am Pass; Camping Beach Erlin unmittelbar südlich vom Pass Thanë;

Korça - Restorant Montagna am Aussichtshügel Shën Ilia;

Vithkuq - am Stausee vor dem Dorf;

Ersekë - Taverna Lazar zwischen Korça und Ersekë, als Camping ausgeschildert;

Benja - Parkplatz an der Bogenbrücke und den warmen Schwefelquellen;

A-Z praktische Tipps von Anreise bis Zoll

Anreise und Einreise - Für Staatsbürger der EU und der Schweiz ist kein Visum erforderlich. Bis zu einem Aufenthalt von drei Monaten genügt der Personalausweis. Bei einem Aufenthalt über drei Monate benötigt man einen Reisepass, mindestens noch sechs Monate gültig. Zudem sollte man sich in diesem Fall bei der Polizei der nächst größeren Stadt registrieren lassen und, wenn dort verlangt, eine Aufenthaltserlaubnis beantragen. Kinder benötigen einen eigenen Ausweis mit Lichtbild. Das bei den Navigationsanbietern im Europa-Paket angebotene Albanien beschränkt sich immer noch meist nur auf die Hauptverkehrsstraßen. Evtl. kann man sich je nach Anbieter ein zusätzliches Programm auf sein Gerät laden. **Entgegen aller anderen immer noch kursierenden Informationen wird weder bei der Ein- noch der Ausreise eine Straßenbenutzungsgebühr oder Personengebühr erhoben.**

Autofahren - Die Qualität der Straßen und der Ausbau des Verkehrsnetzes verbessert sich in einer rasanten Geschwindigkeit. Viele Strecken, vor wenigen Jahren nur mit Allrad zu befahren, sind heute in einem inzwischen sehr guten Zustand. Das Autobahn- und Schnellstraßennetz wird ständig erweitert, die Hauptverkehrsstraßen ausgebaut und selbst viele Nebenstraßen sind inzwischen saniert. Dennoch sollte man stets vorsichtig und vorausschauend fahren, Schlaglöcher, Randabbrüche, offene Gullydeckel und andere ungesicherte Schadstellen sowie Geschwindigkeitshindernisse (Personen, frei laufendes Nutztier) existieren auch auf diesen Straßen. Von Nachtfahrten ist aus diesem Grund generell abzusehen. Gerade in Albanien kann es vorkommen, dass durch Wetterverhältnisse und die mangelhafte Qualität der Straßen Beeinträchtigungen der Befahrbarkeit auftauchen. Es herrscht Tageslichtpflicht, Anschnallpflicht sowie die Null-Promille-Grenze. Die Geschwindigkeitsbeschränkungen betragen in den Ortschaften 40 km/h, außerhalb 90 km/h und auf den Autobahnen 120 km/h. Diese sollten auch unbedingt eingehalten werden, Radarkontrollen sind häufig, meist wird jedoch bei Touristen ein Auge zugedrückt. Mitzuführen sind stets der KFZ-Schein,

eine "vorbildlich" gesicherte Gefahrenstelle

Führerschein, grüne Versicherungskarte und bei einem Fremdfahrzeug die Vollmacht zur Nutzung. Bedenken sollte man auch, dass trotz der ausgebauten Straßen ein flottes Vorankommen nicht möglich ist. Immer noch (oder wieder) sind Teiletappen in einem schlechten Zustand, welche ein schnelleres Tempo unmöglich machen, sodass man oft mit max. 40 km/h unterwegs ist. Mit entgegenkommenden Vehikeln und Fußgängern sowie Tierherden, selbst auf der Autobahn, muss immer gerechnet werden, zudem mit aus nicht einsehbaren Ein- und Ausfahrten schießenden Fahrzeugen. Vorausfahrende Busse können plötzlich bremsen, um einen Fahrgast aufzunehmen oder aussteigen zu lassen. Die Ausschilderung der Orte, sogar mit Kilometerangaben hat einen enormen Fortschritt erfahren. Von den braunen Touristenschildern sollte man sich jedoch keine Genauigkeit erwarten. Oft sind die Sehenswürdigkeiten nur einmal ausgeschildert und spätestens an der nächsten Kreuzung gerät man in die Gefahr sich zu verirren. Inzwischen existieren allerorts Straßenschilder. Autostop ist weit verbreitet. Man macht den Menschen eine große Freude, wenn man sie ein Stück mitnimmt, der Fußweg beträgt oft mehrere Stunden. Zudem kann man auf diese Art gut Kontakt mit der Bevölkerung knüpfen, oft wird man auch eingeladen. Bei Unfall und Pannen kann man durch den Automobilclub

A-Z praktische Tipps von Anreise bis Zoll

Hilfe organisieren lassen. Meist geht es jedoch weitaus schneller, man kümmert sich erst mal selbst um den Schaden, lässt sich den Aufwand quittieren und rechnet später mit seinem Versicherer ab. Ersatzteile können meist kurzfristig beschafft werden, Abschleppdienste und Reparaturen sind relativ günstig. Für die A1 von Rrëshen bis zum GÜ Morinë in den Kosovo ist eine Maut über € 5,-- geplant.

Camping - Wildes Campen ist in Albanien nicht verboten und birgt keine Gefahren. Überall im Lande bieten sich schöne Plätze in freier Natur zum Übernachten an. Sollte man sich auf ein Privatgrundstück verirrt haben, frägt man den Besitzer, er wird es mit Sicherheit nicht verwehren und oft kann man so Kontakt zur Bevölkerung knüpfen. Immer öfter bieten Hotels und Restaurants ihre Parkplätze an, die Betreiber würden sich hier mit Sicherheit über einen Besuch der Küche freuen. Campingplätze sind immer noch relativ selten, es entstehen aber immer mehr Plätze mit einem gewissen "Standard". Ebenso finden sich des öfteren kleinere Familienbetriebe, welche mit viel Sorgfalt ihr Grundstück campinggerecht herrichten. Viele der neuen Campingplätze werden illegal betrieben, die Betreiber zahlen keine Steuern und sie haben oft nur im Sommer geöffnet und streben ein schnelles Geschäft an. Auf deren Listung haben wir bewusst verzichtet.

Diplomaische Vertretungen
Deutsche Botschaft in Albanien:
Tirana, Rruga Skanderbeg 8, Tel.: 042/27 45 05 oder 068/20 29 109,
www.tirana.diplo.de/Vertretung/tirana/de/Startseite.html

Österreichische Botschaft:
Tirana, Rruga Frederik Shiroka 3, Tel.: 042/23 48 55 oder 27 48 56,
www.bmeia.gv.at/botschaft/tirana.html

Schweizer Botschaft:
Tirana, Rruga Ibrahim Rugova 3/1, Tel.: 042/23 48 88 oder 25 65 35,
www.eda.admin.ch/tirana

Einkaufen - Grundsätzlich verfügt jedes noch so kleine Dorf über einen oder mehrere Lädchen, welche die Grundversorgung mit Obst, Gemüse, Grundnahrungsmitteln und Getränken (auch Raki meist aus Eigenproduktion) sicherstellen. In den größeren Städten gibt es inzwischen große Supermärkte der Ketten Carrefour, Euromaxx oder Conad mit einem Warenangebot nach westlichem EU-Standard. Im Großraum Tirana gibt es mehrere Einkaufszentren mit Shops aller Art: Luxus, Juwelier, Elektro, Kleidung, Spielwaren, Haushalt, usw. Kleinere Ausgaben dieser Zentren gibt es auch in Vlorë, Fier, Durrës und Korça. In fast allen größeren Ortschaften findet man Souveniergeschäfte mit allem Möglichen aus der kulturellen Vergangenheit sowie Postkarten, Kleidung und Cognac. Handeln ist nicht üblich, außer auf dem Bazar von Kruja. Hier werden neben Antiquitäten auch Trachten, handgeknüpfte Teppiche und vieles mehr angeboten. In manchen größeren Städten, wie z.B. Shkodër, Korça und Pogradec gibt es auch Kunstgalerien, dort kann man Gemälde und anderes Kunsthandwerk kaufen. Ein Erlebnis sind die Märkte auf denen alles nur Erdenkliche sehr günstig angeboten wird. So kann man sich beispielsweise auf dem täglichen Bazar in Elbasan, welcher einer der günstigsten und auch authentischsten im Lande ist, zu einem geringen Betrag mit den frischesten Produkten eindecken. Als Mitbringsel eignen sich auch die regionalen Produkte wie Raki, Honig, Olivenöl, Nüsse, Käse, Kräuter, Obst (auch in getrockneter Form) und Gemüse, welches hier viel besser als in Deutschland schmeckt. Günstig sind diese

A-Z praktische Tipps von Anreise bis Zoll

bei den Straßenverkäufern zu bekommen (jedoch nicht um Rrogozhina!!!), man unterstützt hierbei auch das geringe Einkommen der Familie. Bücher in englischer Sprache sind in der Buchhandlung Adrion in Tirana sowie an vielen Kiosken erhältlich. Elektroartikel und Designerkleidung in Albanien zu kaufen lohnt sich hingegen überhaupt nicht. Vieles kann inzwischen auch mit Euro bezahlt werden.

Feiertage
1. Januar Neujahrstag
7. Jan. Orthodoxe Weihnachten, Ostern
Mitte März: Frühlingstag
März/April: Ostern
1. Mai Tag der Arbeit
Mai/Juni: Beginn des Ramadan, entsprechend 1 Monat später Ende des Ramadan
September: Großer Bayram (Opferfest)
19. Oktober: Seligsprechung Mutter Theresas
28. Nov. Unabhängigkeitstag bzw. 29. Nov. Tag der Befreiung
24. Dezember: Orthodoxes Weihnachtsfeiertag
25. Dez. Weihnachten

FKK - Offiziell verboten, jedoch beginnen manche Campingplätze eine gewisse Freizügigkeit zu dulden. Und wenn der Stellplatz am Strand ganz einsam ist.......

Fotografieren - Meist ist es kein Problem, Menschen und ihre Situation bildlich festzuhalten, im Zweifelsfall oder Frauen in den Bergregionen vorher bitte unbedingt fragen!

Gas - Die Beschaffung von Gas zum Kochen und Heizen ist nicht ganz einfach, Tauschstationen gibt es keine. Unempfindliche Verbraucher füllen Ihre Flaschen mit LPG an den Tankstellen. Ein Euro-Füllset ist hierbei notwendig. In Himarë die Kastrati-Tankstelle besitzt einen deutschen Fülladapter, ebenso der **Ksamil Caravan Camping** und auch der **Berat Caravan Camping**. Besser ist es natürlich einen vollen Gastank/-flaschen bei sich zu führen.

Geld und Preise - Die albanische Währung ist der Lek (ALL). Es gibt Banknoten zu 200, 500, 1.000, 2.000 und 5.000 Leke. Münzen zu 1, 2, 5, 10, 20, 50 und 100 Leke. Der Kurs beträgt je nach Saison zwischen 137 (Juli, August) und 140 Leke für 1 €. Die Währung kann im Ausland nicht ge- oder verkauft werden. Euro werden inzwischen fast im ganzen Land akzeptiert und gerne genommen, außer in manchen abgelegenen Bergregionen. Trotzdem sollte man unmittelbar nach der Einreise in Landeswährung wechseln bzw. abheben, denn die Europreise sind höher als der Gegenwert in Leke. Wechselstuben oder die Geldwechsler auf der Straße (mit Geldscheinen winkende Männer) bieten  günstigere Kurse als die Banken. An vielen Automaten kann man auch Euro abheben, es empfiehlt sich der Gebrauch einer kostenlosen VISA-Card, um Gebühren zu vermeiden. Grundsätzlich ist es unkomplizierter genügend Bargeld mitzunehmen. Albanien ist noch ein günstiges Reiseland, die Kosten für Lebensmittel sind im Gegensatz zu anderen europäischen Urlaubsländern sehr moderat. An dieser Stelle sei bemerkt, dass viele Albaner noch mit alten Lek rechnen. Das geht auf die Währungsreform in den 60er Jahren zurück, da waren z.B. 100 ALL noch 1.000 ALL - also nicht erschrecken wenn der Tante Emma Laden 2.000 Leke aufschreibt aber die Rechnung nur 200 macht, das ist nicht böse gemeint und keine Übervorteilung.

Gesundheit und Hygiene - Durch die lange Isolation vom Rest Europas entsprechen manche Einrichtungen noch nicht dem westlichen Standard und man sollte Verständnis für die immer geringer werdende Rückständigkeit aufbringen. In manchen kleineren Tavernen z.B. gibt es noch keine Wasserspültoiletten. Durch die engeren Abwasserrohre vor allem in ländlichen Gegenden (in den großen Städten gibt es inzwischen eine ausgebaute Kanalisation) entstehen häufiger Verstopfungen, man sollte kein Papier etc. in die Toiletten werfen, dafür stehen Abfalleimer zur Verfügung. Auch vom Sauberkeitsstandard sollte man mancherorts nicht zu viel erwarten, was jedoch nicht auf die Hotels, Restaurants und Supermärkte zutrifft. Für die Müllbeseitigung gibt es noch keine befriedigenden Lösungen, jedoch wird bereits viel getan. In den Ortschaften stehen große Müllcontainer, um einer illegalen Beseitigung in der Natur vorzubeugen und die Straßen werden durch bezahltes Personal sauber gehalten. Zahlreiche Müllkippen vor den Ortschaften wurden beseitigt und es existieren inzwischen etliche große Müllhalden in der Nähe der großen Städte. Das Wasser in den Bergflüssen (und offiziell auch das Leitungswasser) ist trinkbar, im ganzen Land gibt es am Straßenrand Quellen mit frischem Trinkwasser. Bei Zweifeln sollte man auf abgefülltes Wasser zurückgreifen. Eine Reiseapotheke mit der üblichen Ausstattung gehört mit ins Gepäck. Sollte etwas fehlen, Apotheken gibt es wie Sand am Meer, die Medikamente hier sind häufig billiger als in Deutschland, der Schweiz oder Österreich und rezeptfrei, auch Antibiotika. Notwendige Impfungen sind derzeit nicht vorgeschrieben, jedoch sollten die gängigsten noch Gültigkeit haben. Die medizinische Versorgung hat in den letzten paar Jahren einen gewaltigen Fortschritt erfahren. In den Städten gibt es saubere und moderne Kliniken, bei ernsteren Angelegenheiten kann man sich ohne Sorgen den Privatkliniken wie Hygeia und ABC in Tirana sowie dem Spitali Amerikan in Tirana, Durrës und Fier anvertrauen. Hier spricht man auch englisch. Sie verfügen über modernste Geräte, Untersuchungs- und Behandlungsmethoden sowie natürlich auch über bestens ausgebildetes Personal.

Internet - Alle große Mobilfunkbetreiber (Telekom, Eagle, Plus, Vodafone) bieten Internetsticks zu unterschiedlichsten Konditionen an. Normalerweise sollten 3 GB Datenvolumen/Monat ausreichen wenn man sich auf Mails und Internetrecherche beschränkt, YouTube-Filme hingegen benötigen viel Datenvolumen. Zum Kauf für die **Registrierung** unbedingt den **Reisepass** mitnehmen. Alle Campingplätze verfügen inzwischen über einen W-LAN-Anschluß, der jedoch oft nur im Rezeptionsbereich funktioniert. Ansonsten stehen in den Ortschaften Internetcafés zur Verfügung (60-100 Leke/Stunde). Viele Restaurants bieten diesen Service ebenfalls an.

Kirchen (verschlossene) - Fast alle Kirchen sind zum Schutz vor Plünderung und Vandalismus (berechigterweise) stets verschlossen. Der „Aufsperrdienst" befindet sich aber immer in unmittelbarer Nähe. Am besten frägt man im nächsten Dorfladen, der Bar oder einen Passanten: Ju lutem, kush ka çelësin per kishën? (Wer bitte hat den Schlüssel für die Kirche?), meist wird man hingebracht oder der Verantwortliche sofort benachrichtigt.

A-Z praktische Tipps von Anreise bis Zoll

Kleidung und nützliche Ausrüstung - Generell ist robuste und bequeme Kleidung zu empfehlen. Für die Sommermonate die in den südlichen Urlaubsländern gewohnte Leichte, in der kühleren Jahreszeit sind oft eine dicke Winterjacke, Handschuhe und entsprechende Schuhe von Vorteil. Für die Bergregionen unbedingt auf wetterfeste, warme Kleidung achten. Für Flusswanderungen und die Küstenregion im Süden sind Badeschuhe von Nutzen und in den regenreicheren Monaten auch Gummistiefel sowie Schuhe mit rutschfestem Profil, da viele Städte im Altstadtbereich mit Kopfsteinpflaster ausgelegt und die Wege steil sind. Kurze und knappe Kleidung ist für religiöse Stätten, vor allem Moscheen und Klöster unangebracht, ansonsten lebt die junge Bevölkerung bereits einiges an Freizügigkeit vor. Geeigneten Sonnenschutz (evtl. auch Kopfbedeckung) sollte man von Zuhause mitnehmen, Cremes mit hohem LSF sind nicht überall erhältlich und zudem relativ teuer. Ansonsten bekommt man im Land alles Notwendige wie Mückenschutz etc. Für die Besichtigung von manchen Festungen sowie Höhlen ist eine Taschenlampe von Vorteil. Ein Fernglas ist zur Beobachtung der Tierwelt von Nutzen. Für die Kommunikation empfiehlt sich der Kauderwelsch-Sprachführer "Albanien - Wort für Wort" vom Reise-Know-How Verlag oder unser kleiner Sprachführer auf Seite 191.

Klima und Reisezeit - Albanien lässt sich geographisch in zwei Regionen teilen. Das Land besteht etwa zu 1/3 aus Küstenregionen und zu 2/3 aus Mittel- und Hochgebirgsregionen. Auf das gesamte Land bezogen, beträgt die durchschnittliche Jahrestemperatur 16°C, der durchschnittliche Niederschlag liegt bei 1200 mm pro m². In den Küstenregionen herrscht Mittelmeerklima mit trockenen, heißen Sommern und gemäßigten Wintern mit deutlich höheren Regenfällen. Je weiter man an der albanischen Küste nach Süden gelangt, um so wärmer und sonniger wird das Klima. Die Orte nahe der griechischen Grenze erreichen bis zu 300 Sonnentage/Jahr, die Temperaturen übersteigen hier selten 38°C. Höhere Temperaturen verzeichnet man in der Myzeqe-Ebene in der Landesmitte. Tirana hat zwei trockene Sommermonate, dafür kann es im Winter zu starken Niederschlägen kommen. Im Landesinneren, im Norden und im Osten fallen die Temperaturen im Winter auch oft unter 0°C, in den Küstenregionen südlich des Llogara-Passes bleiben sie aber stets im positiven Bereich, wenngleich es sehr windig werden kann. Die Berge Albaniens erreichen eine Höhe von bis zu fast 3.000 Metern, daher ist die Wetterlage, je höher man kommt, typisch gebirgsklimatisch geprägt. Die Temperaturen in diesen Regionen erreichen selten Werte über 25°, es ist mild und angenehm. Gewitter gibt es reichlich und sie entstehen oft unerwartet. Im Winter (November bis März) fallen die Temperaturen deutlich unter den Gefrierpunkt, es gibt heftige und anhaltende Schneefälle, manche Ortschaften sind monatelang von der Außenwelt abgeschnitten. Als beste Reisezeit für Albanien kann man das Frühjahr von Anfang April bis Ende Juni oder den Herbst im September und Oktober empfehlen. Es ist dann weder zu heiß noch zu kalt und die Niederschläge halten sich in Grenzen. Von Mai bis Oktober kann man im Meer baden. Die durchschnittlichen Wassertemperaturen liegen dann bei ca. 21-23°C. Juli und August sind die besten Monate für reinen Bade- bzw. Strandurlaub, es ist trotz Hitze gut auszuhalten, da stets eine angenehme Meeresbrise weht. Zudem fällt kaum Regen. In den Bergen herrschen angenehme Temperaturen zum Wandern. Doch auch der Winter hat seinen Reiz wenn z.B. in den höher gelegenen Städten die Dächer und Straßen mit Schnee bedeckt sind und dann die Fußgängerzonen weihnachtlich geschmückt werden.

Kurz-Knigge - Die Begrüßungen in Albanien fallen sehr herzlich aus mit Händeschütteln und Wangen küssen, auch bei Männern, ebenso die Verabschiedung. Je häufiger geküsst wird, desto länger hat man sich nicht gesehen. Die Gesten des Kopfschüttelns sind entgegengesetzt anderer Europäer zu deuten. Nicken bedeutet „Nein" (manchmal wird zusätzlich der Zeigefinger geschwenkt), Hin- und Herbewegen des Kopfes seitlich hingegen „Ja". Aber zu diesem Thema gehen selbst im Lande die Meinungen auseinander und man sollte sich nicht verwirren lassen. Geschenke in Form von Geld wirken beleidigend. Eher angebracht sind kleine Fläschchen alkoholischer Getränke, Rotwein, Süßigkeiten und Kugelschreiber für die Kinder, Bilder, Zigaretten oder irgendein Krimskrams. Bei Betreten von Privathäusern muss man unbedingt die Schuhe ausziehen. Einladungen sollte man nicht ausschlagen, es wirkt unfreundlich. Albaner lieben es, Fremde zu bewirten und sei es nur ein Glas Raki. In abgelegenen Regionen ziehen sich Frauen bei Erscheinung von Fremden noch zurück, hier sollte man zudem mit dem Fotografieren vorsichtig sein. Die ländlichen Bars werden immer noch fast ausschließlich von Männern besucht, welche dem Domino spielen nachgehen, ausländische Frauen werden jedoch akzeptiert.

Domino wird von den Männern immer und überall gespielt

In den Städten hat sich das Bild inzwischen gewandelt und auch die jungen Frauen zeigen sich gerne in der Öffentlichkeit. Die Albaner sind ein sehr freundliches Volk, gutgesinnte Gesten des Grußes sollten unbedingt erwidert werden.

Landkarten und Lektüre - Eine sehr gute Straßenkarte ist die des Verlages freytag & berndt im Maßstab 1:150.000 (einziger Nachteil ist die erschlagende Größe; auch zu beziehen über hobo-team.de) sowie die des albanischen Vektor-Verlages, inzwischen ist diese auch in Deutschland erhältlich. Im Buchhandel, an Kiosken und Touristeninformationen im Land sind ebenfalls Karten zu bekommen. Google-Maps ist nur bedingt von Nutzen, oft wird man über zeitraubende und auch absolut unwegsame Pisten ans Ziel geführt. Viele Navigationssysteme mit Standard-Karten scheitern auf den Routen abseits der SH-Verbindungen. Wer in den Albanischen Alpen wandern möchte, ist mit dem "Wanderführer Nordalbanien" von Christian Zindel und Barbara Hausammann gut ausgestattet. Hier findet man detaillierte Routen im Kelmend (Vermosh) und um Theth. „High Albania" von Edith Durham handelt von einer spannenden Albanienreise mit viel Einblick in Land & Leute um die vorletzte Jahrhundertwende (englisch). "Freundliches Albanien" ist ein großartiger Bildband mit Fotografien von D. & J. Sieckmeyer und einfühlenden Texten eines albanischen Schriftstellers. Die Romane des Nationalliteraten Ismail Kadare informieren spannend über Geschichtsereignisse, z.B. "Chronik in Stein", "Der General der toten Armee", "Die Festung", "Der Schandkasten" oder "Der zerrissene April", lesenswert sind sie alle. Diese Titel stellen nur eine kleine Auswahl aus Ismail Kadares Werken dar.

Notfälle - Polizei 129 - Rettung 127 - Feuerwehr 128

A-Z praktische Tipps von Anreise bis Zoll

Öffnungszeiten - Banken: 9-14 teilweise 15 Uhr, an Wochenenden geschlossen; Botschaften: 9.30-14 Uhr (besser vorher telefonisch nachfragen); Sakralbauten wie Kirchen und Moscheen sind wegen deren Schutz meist geschlossen, der Vandalismus (besonders unter den jungen Leuten) hat in den vergangenen Jahren viel irreparablen Schaden angerichtet. Den Schlüssel bekommt man meist beim Dorfvorsteher oder einer in der Nachbarschaft gelegenen Kneipe oder Taverne bzw. dem der Kirche nächstgelegenen Privathaus.
Supermärkte und kleinere Versorgungsläden öffnen gegen 8.00 Uhr, haben durchgehend bis in die späteren Abendstunden geöffnet, auch am Wochenende. Andere Geschäfte und Dienstleistungseinrichtungen haben unregelmäßige Mittagspausen. Museen öffnen meist zwischen 8.30 und 9.00 Uhr und sind, außer in den Wintermonaten auch nachmittags zugänglich.
In Tirana gibt es an den Kiosken und der Touristeninformation ein monatliches Heft mit den aktuellen Öffnungszeiten und Adressen. Achtung bei Feiertagen!

Post - Öffnungszeiten in Tirana 8-20 Uhr, sonst 8-17 Uhr, samstags 8-13 Uhr, außerhalb der Saison in kleineren Kommunen sehr unregelmäßig. Eine Postkarte innerhalb Europas kostet 90 Lek, die Zustellungsdauer beträgt etwa 10-14 Tage.

Reisen mit Kindern und Tieren - Man merkt sofort, dass das albanische Volk sehr kinderfreundlich ist, und die kleinen Albaner offen und aufgeschlossen Fremden gegenübertreten, "Freundschaften" werden trotz Sprachbarrieren schnell geschlossen. Kinderbedarf wie Windeln sowie Babynahrung gibt es in größeren Supermärkten zu ähnlichen Preisen wie in Deutschland und guter Qualität. Spielzeug ist im Sommer günstig am Strand erhältlich. Für Tiere sollte man ein tierärztliches Gesundheitszeugnis mitführen, ansonsten kann es Schwierigkeiten bei der Einreise geben. Grundsätzlich muss man bedenken, dass aufgrund der streunenden Hunde und Katzen die eigenen Tiere einem erhöhten Gesundheitsrisiko ausgesetzt sind.

Sicherheit - Albanien ist, entgegen immer noch bestehender Vorurteile, ein sehr sicheres Reiseland. Überfälle und Raub kommen nicht vor, man sollte aber auch "seinen Reichtum" nicht übermäßig zur Schau stellen und provozieren. Die Menschen sind äußerst zuvorkommend und hilfsbereit. Alleinreisende Frauen werden keine Probleme haben. Von Nachtfahrten ist aufgrund mangelhafter Baustellenabsicherungen, ungesicherten Randabbrüchen und offenen Gully-Deckeln generell abzuraten. Bei nächtlichen Spaziergängen, auch in den Städten, ist eine Taschenlampe hilfreich. Die in den deutschsprachigen Medien hochgepuschte Asylwelle der letzten Vergangenheit ist unberechtigt, die Albaner sind absolut kein politisch verfolgtes Volk und gelten als Wirtschaftsflüchtlinge und dies zudem willkürlich!

Tanken - Die Preise für Benzin und Diesel sind nahezu gleich und bewegen sich derzeit (2016) bei etwa € 1,10/Liter. Selbst wenn sich an vielen Tankstellen die Kreditkartensymbole auf den Pylonen und Zapfsäulen befinden, kann man meist nur mit Bargeld bezahlen, es gibt keine Anschlüsse an die Abrechnungssysteme. Also vorher unbedingt fragen! In Euro zu zahlen ist mit Währungsverlust möglich.

Telefonieren - mit dem Handy funktioniert einwandfrei. Telekom, Eagle, Plus und Vodafone sind die wichtigsten Betreiber. In deren Shops sind auch Prepaid-Karten erhältlich (ab 500 Leke). Die internationale Vorwahl ist die +355 und dann beginnen die Netze mit 066, 067, 068 oder 069. In manchen größeren Städten gibt es Telefonkabinen, von da kann man mit Karten telefonieren, die in den Postämtern oder Wechselstuben erhältlich sind. Über Skype zu telefonieren ist ebenfalls problemlos möglich.

A-Z praktische Tipps von Anreise bis Zoll

Trinkgeld - In Albanien war es bis vor kurzem gänzlich unüblich Trinkgelder zu geben. Mit zunehmendem Tourismus hat sich diese "Un"-Sitte leider schon sehr weit ausgebreitet. Nur in größeren Restaurants und in den Städten schlägt man üblicherweise 5-10% auf. In ländlichen Gegenden sollte man trotzdem davon absehen, hier wirkt es unhöflich und wird auch oft nicht akzeptiert (außer es "ist für die Kinder"). Absolut falsch ist es, bei Dienstleistungen wie Reparaturen, Beförderungen, Friseurbesuch usw. den verlangten Preis aufzurunden. Die Menschen wissen sehr genau, wieviel ihre Arbeit wert ist, mehr zu geben macht die Preise kaputt!

Versicherungen - Die meisten gesetzlichen Krankenversicherungen übernehmen keine Behandlungskosten in Albanien, man sollte sich vorher unbedingt erkundigen. Es empfiehlt sich daher eine private Auslandskrankenversicherung mit Rücktransport abzuschließen. Die Kosten müssen im Land vorab ausgelegt werden, zur Erstattung auf Belege bestehen. Bei einem Notfall unbedingt die Gesellschaft sofort informieren. Zudem ist eine Mitgliedschaft bei einem der europäischen Automobilclubs sinnvoll. Der ADAC z.B. bietet zwar noch keine Vertragswerkstätten, organisiert jedoch alles Nötige bei Pannen, bzw. erstattet die Kosten bei Selbstorganisation.

Zeit - Es gilt die Mitteleuropäische Zeit. Im Frühjahr und Herbst werden die Uhren wie in Deutschland, Österreich und der Schweiz entsprechend umgestellt. Da das Land näher am Äquator liegt wird es aber bereits eher und schneller dunkel und später hell. **Achtung: Griechenland ist eine Stunde voraus!**

Zeitungen und Zeitschriften - Derzeit sind deutschsprachige Tageszeitungen (vorwiegend die FAZ) und Zeitschriften nur in Tirana in der Buchhandlung Adrion am Skanderbeg-Platz oder am Flughafen Rinas erhältlich. Zeitungen in albanischer Sprache gibt es, aufgrund zahlreicher Nachrichtensender im Fernsehen (welche die Albaner dem Lesen vorziehen), jedoch nicht allzu viele und diese sind parteigebunden. Wer auf die Nachrichten aus aller Welt nicht verzichten möchte, nimmt besser ein internetfähiges Handy bzw. den Computer mit. In allen größeren Städten gibt es Internetcafés für etwa 60-100 Leke/Stunde.

Zoll - Kontrollen finden nur ganz selten statt, z.B. bei übermäßig viel Gepäck. Bei Erwerb von Kunstgegenständen, Antiquitäten, Edelmetallen sollte man sich um eine Ausfuhrgenehmigung bemühen (evtl. direkt beim Kauf). Bei der Rückreise dürfen pro Person folgende Freimengen ein- oder ausgeführt werden: 200 Zigaretten oder 100 Zigarillos oder 50 Zigarren oder 250 g Tabak. 2 Liter Spirituosen unter 22% oder 1 Liter Spirituosen über 22% Vol., 4 Liter Wein und 16 Liter Bier.

die Auswahl ist groß, wer seine Getränke von zu Hause mitbringt ist selber schuld

Am Rande bemerkt... in Albanien tickt der Zeitgeist noch etwas anders...

Raki brennen - DER Volkssport der Männer! - Offiziell ist es verboten da keine Steuereinnahmen anfallen, doch jeder tut es. Fast alle Familien sind im Besitz eines oder mehrerer Brennöfen. Und sobald die ersten Trauben reif sind, beginnt der eigentliche Volkssport der Männer. Tagelang verschanzen sich sämtliche männlichen Familienmitglieder irgendwo und produzieren was das Zeug hält. Qualitätsmerkmale sind hierbei: Je hochprozentiger der Schnaps, desto besser - in der Tat! Und es schmeckt auch fast jeder hausgebrannte Raki anders gut, nicht zu vergleichen mit den in Fabriken hergestellten Produkten. Beliebt und je nach Region verbreitet ist auch Raki aus Maulbeeren, Pflaumen, Birnen und Wacholder. **Übrigens:** der albanische Raki hat nichts mit dem türkischen Schnaps zu tun und schmeckt nie nach Anis.

Geschäftemacherei – Überleben auf albanisch! - Das untere Durchschnittseinkommen ist mit monatlich € 230,-- sehr gering und auch in Albanien steigen die Preise. In vielen Familien leben sämtliche Generationen noch unter einem Dach und alle erwachsenen Mitglieder gehen meist irgendeiner Beschäftigung nach. Viele natürlich schwarz. Aber diese Schwarzarbeit ist die notwendige Existenzgrundlage für das Überleben. Beispielsweise braucht da jemand einen Handwerker und der Nachbar weiß, dass der Cousin vom Schulfreund einen Bruder hat und der hat gerade nichts zu tun. Der ist zwar kein Handwerker, aber egal, dafür ist er günstig. So verhält es sich nicht nur mit Dienstleistungen, auch Waren werden so durchs Land gereicht. Damit entstanden und funktionieren in Albanien ganze Netzwerke! Denn nicht alle haben Verwandte im Ausland, die sie regelmäßig finanziell unterstützen. Die neue Regierung ist bestrebt diese Schattenwirtschaft einzudämmen. Die Folgen sind weitreichend. Wird es eine staatliche Unterstützung geben, in deren Folge die finanzielle Hilfeleistung wiederum in der „Gast-Wirtschaft verkonsumiert" wird? So sind die Leute zumindest von der Straße weg und finanzieren ihr Leben selbst.

Lotto und andere Glücksspiele - wenn die Kugel rollt... - Erstaunlich und auffallend ist die Vielzahl der Glücksspieleinrichtungen und Wettbüros. Neben der Handysucht ist dies eines der größten Laster der männlichen Bevölkerung, vor allem der Wohlhabenden. Hier wird gerne und oft versucht, so manchen nicht immer wohlverdienten Lek auf ebenso einfache Weise zu vermehren. Ganze Existenzen wurden so schon vernichtet. Ob die Automaten auf Seriosität überprüft wurden, weiß man nicht so genau, denn eine Gewinnauszahlung kann man meist nicht beobachten. Immer wieder werden die Lokalitäten von der Steuerfahndung (die gibt es wirklich!) geschlossen, eröffnen aber tags darauf wieder. Da liegt eine Vermutung nahe, wohin so mancher Lek ausbezahlt wird. Neueren Datums und vermutlich wirklich seriöser sind die herkömmlichen Lottospielereien „powered by" der österreichischen Lottogesellschaft. In ländlichen Gegenden werden die Wettbüros und Casinos meist noch mit einem Billardtisch bestückt und dienen dem gesellschaftlichen Beisammensein - beim fröhlichen Rakikonsum aber mit weniger Bargeldeinsatz.

Braunen Touristenschildern trauen - Der gute Wille war da! Zahlreiche touristische Attraktionen wurden zwischenzeitlich durch braune, schmale Hinweisschilder ausgezeichnet. Leider findet man nach der ersten Beschilderung an der nächsten Kreuzung keine Folgeauszeichnung, was das Auffinden der Stätten äußerst kompliziert bzw. meistens unmöglich macht. Zudem fehlen die Kilometerangaben und Hinweise, ob es sich auch um eine "anfahrbare" Stätte handelt, oft gehen die Straßen plötzlich in Feldwege über - nicht umsonst gibt es Reiseführer...

Domino - noch eine Lieblingsbeschäftigung der Männer - Dieses Spiel ist der offizielle Nationalsport der älteren Männer. Man trifft sich bereits morgens in der Dorfbar, um bei einem Kaffee und einem Raki ein paar Partien zu spielen. Nebenbei wird über Politik diskutiert. Auch die offiziellen Stadtparks sind ein beliebter Treffpunkt. Hier finden regelrecht Meisterschaften statt. Mangels Sitzgelegenheiten werden oft Steine mit einem Karton herum einfach zum Hocker umfunktioniert.

Handys – der überlebensnotwendige Begleiter! - Geschäfte gibt es viele in Albanien, aber die Anzahl der Handy-Shops und deren modernste Bestückung ist erstaunlich. Und vor allem die junge Generation der Albaner nutzt das vielfältige Angebot sehr intensiv. Stellt sich mal wieder die unlösbare Frage der Finanzierung, denn die modernen Geräte sind keinesfalls billiger als bei uns. Während der Diktatur gab es so gut wie keine privaten Festnetzanschlüsse, danach hat man sogleich besagte Ära weitgehend übersprungen und ist im Mobilfunkzeitalter gelandet. Doch nur die älteren der Albaner halten es wie mit den Mercedes und nutzen neben dem guten alten Auto das gute alte Nokia. Aber der Kult um das kleine Gerät ist bei allen gleich, ständig und überall dabei, ist es der liebste Begleiter und beste Freund mit dem man sich gerne präsentiert. Beim Autofahren, beim Joggen, beim Einkaufen, am Strand, selbst beim gemütlichen Beisammensein führt man die Gespräche lieber fernmündlich, sei es auch nur von einem Raum zum anderen. Und das auch sehr geschickt - wir haben schon eine Hausangestellte gesehen, welche die unglaubliche Fähigkeit besitzt, mit einem Mobilgerät zu telefonieren, mit dem zweiten SMS zu schreiben und mit der freien Hand den Boden zu wischen – das alles gleichzeitig!

Hochzeiten und Familienfeiern - nirgendwo so günstig! - In Albanien sind große Feierlichkeiten immer noch günstig abzuhalten. So strömen aus Griechenland, Italien, und den angrenzenden Balkanstaaten in den Sommermonaten heiratswillige Auslandsalbaner und Jubilare zahlreich in das Land. Die Zeremonien fallen aufwendig aus, Autokonvoi, Filmteam, stundenlange Fotoshootings am Strand und nicht selten ziehen sich die Feste mit hunderten von Gästen über viele Tage lautstark hin. Bei einem Besuch in der Hochsaison wird man oft Zeuge dieser langen und intensiven Feste.

Pro und Contra EU - Seit 2010 gilt für albanische Staatsangehörige die Reisefreiheit in der EU und der Schweiz. Dies stellt einerseits eine Erleichterung des Reiseverkehrs dar sowie eine Aufwertung des persönlichen Egos und ein gewisses Zugehörigkeits- und Akzeptanzgefühl. Andererseits ist damit der Wirtschaftszweig des Visum-Handels verschwunden. Viele hatten praktisch schon ein Dauervisum für den Schengener Raum. Bei der Aufnahme in die EU geht es den Albanern wie allen anderen Europäern auch. Da zählt der Wert eines frei-friedlichen Europas gar nichts, vielmehr geht es um die persönlichen Vorteile, die der Beitritt bringen könnte, Wohlstand vorangestellt. Berechtigte Sorgen sind befürchtete Einschränkungen bzgl. der Werte, Traditionen und auch der liebgewonnenen Praktiken wie Korruption und sonstige, geduldete Vorteilsbeschaffung. Wobei die meisten Albaner pro-europäisch eingestellt sind, eben weil sie sich durch den Beitritt große Vorteile erhoffen.

kleiner Sprachführer

Flísni shqip? Ti flet shqip? - Sprechen Sie Albanisch? Sprichst Du Albanisch?
Die albanische Sprache gehört zur indogermanischen Sprachfamile, hat 36 Buchstaben, davon 29 Konsonanten und 7 Vokale, wird phonetisch (gleichlautend) geschrieben und mit einigen ganz wenigen Ausnahmen auch so gesprochen:

ç	wie tsch etwa wie in "tschüss"
ë	wie ein offenes ö - am Wortende oft nicht ausgesprochen
th	wie im englischen th - this
x	als stimmhaftes c
xh	tsch, ähnlich wie im englischen john
y	wie ü im deutschen grün
z	stimmhaftes s wie in Tasse
zh	stimmhaftes sch wie in Journal

Die Betonung liegt in der Regel auf der vorletzten Silbe.

Basiswortschatz:

ja - nein - vielleicht	po - jo - ndoshta
danke - bitte	faleminderit - ju lutem
Guten Morgen!	Mirëmëngjes!
Guten Tag!	Mirëdita!
Guten Abend!	Mirëmbrëma!
Hallo!	Ç´kemi - Tung!
Auf Wiedersehen!	Mirupafshim!
Entschuldigung!	Më falni!
Gern geschehen!	S´ka përse!
Ich spreche kein Albanisch!	Unë nuk flas shqip!
Ich verstehe nicht.	Nuk kuptoj.
Was kostet das?	Sa kushton kjo?
Wo ist...	Ku është...?
Bis bald!	Shihemi pastaj!
Hilfe!	Ndihmë!
Ich heiße...	Emri im është...
Ich bin aus...	Unë jam nga....
Wie geht es dir - ihnen?	Si je - jeni?
gut - schlecht	mirë - keq
Prost!	Gëzuar!
Kein Problem!	S´ka problem!
Ich möchte zahlen.	Dua të paguaj.
Ich weiß es nicht	Nuk e di.
Es freut mich!	Gëzohem!
Wie bitte?	Udhëroni?
Ich verstehe nicht.	Nuk kuptoi.
Gesundheit!	Shëndet!
Alles Gute!	Gjithë të mirat!
links - rechts	majtas - djathtas
geradeaus	drejt
hier - dort	këtu - atje
drinnen - draußen	brenda - jashtë
Fluß - See	lumi - liqeni
Strand - Wald	plazh - pyll

 **kleiner Sprachführer**

Unterwegs
Verzeihung, wo befindet sich...?	Më falni, ku ndothet....?
Bahnhof	stacioni i trenit
Flughafen - Hafen	aeroport - port
Bushaltestelle	stacioni i autobus
Wo ist die Straße nach...?	Ku është i rruga per në...
Ist es weit nach...?	A është larg per në...?
Wo ist die Toilette?	Ku është tualet?
Eingang - Ausgang	hyrje - dalje
Wir haben eine Panne.	Ne kemi një avari.
Wo ist die nächste Werkstatt?	Ku është oficina e tjetër?
Bitte eine Fahrkarte nach...	Ju lutem unë dua një biletë për..
Überqueren sie die Brücke, Platz...	Kalojnë urën, hapësirë...
Gute Reise!	Udhëtim të mbarë!

Besichtigungen
Wann ist das Museum geöffnet?	Kur është muzeu hapur?
Wann beginnt die Führung?	Kur do të udhëheqjes?
Betreten verboten!	Hyj i ndaluar!
Altstadt	Pjesa e vjetër e qytetit
Kloster - Kirche - Moschee	Manastir - Kisha - Xhamia
Burg - Festung	Kalaja
Stadtplan	Hartë

Zeitangaben
Montag	e hënë
Dienstag	e martë
Mittwoch	e mërkurë
Donnerstag	e enjte
Freitag	e premte
Samstag	e shtunë
Sonntag	e diel
gestern - heute - morgen	dje - sot - nesër
Wie spät ist es?	Sa është ora?
Den Wievielten haben wir heute?	Sa është data sot?

Essen und Trinken
Bitte die Speisekarte.	Menu, ju lutem.
Was wünschen Sie?	Çfarë doni?
Bringen Sie uns bitte...	Na sjellë ...
Was möchten Sie trinken?	Ç´farë ju pëlqen të pini?
Bitte ein Glas - Besteck - Teller	Ju lutem një gotë – takëm - pjatë
Messer - Gabel - Löffel	thikë - pirun - lugë
Vorspeise	meze
Hauptspeise	pjatë kryesore
Nachspeise	buding
Salz - Pfeffer	kripë - piper
kalt - warm	ftohtë - ngrothë
Guten Appetit!	Ju bëftë mirë!
Schmeckt es ihnen?	E bën atë shije të mirë për ta?
Ich möchte bitte zahlen!	Unë dua të paguaj ju lutem!

kleiner Sprachführer — 193

Einkaufen

Wo finde ich...?	Ku ndothet...?
Apotheke	farmaci
Haben sie... - gibt es...?	Ka...?
Gibt es nicht.	Nuk ka.
Ich möchte....	Unë dua ....
Was kostet das?	Sa kushton kjo?
Preis	çmim
geöffnet - geschlossen	hapur - mbyllur
Was wünschen sie?	Ç´farë doni?
Nehmen sie Kreditkarten?	Ata marrin kartat e kreditit?
Ein Stück hiervon.	Një pjesë e tyre.
Es gefällt mir.	Më pëlqen.

Übernachten

Hotel - Zimmer - Bett	hotel - dhomë - krevat
Ich habe ein Zimmer reserviert.	Unë kam rezervuar një dhomë.
Haben sie noch Zimmer frei?	A keni një dhomë të lire?
Einzelzimmer - Zweibett	dhomë njëshe - dhomë per dy
Was kostet ein Zimmer mit Frühstück?	Sa kushton një dhomë me mëngjes?
Schlüssel	çelësi
Es fehlt... - Es gibt nicht...	Nuk ka...
Es funktioniert nicht.	Nuk funktionon - punon.
Dusche - Toilette - Bad	dush - tualet - banjë
warmes - kaltes Wasser	ujë i ngrohtë - ujë i ftohtë
Bitte machen sie die Rechnung fertig.	Ju lutem bëni faturën gati.

Ein Lächeln überbrückt sämtliche Sprachbarrieren und alle Albaner freuen sich über die allerkleinsten Kommunikationsversuche in ihrer Sprache!

Mit diesem Bild möchten wir Euch zeigen, dass man es einfach nur tun muss - reden, reden, reden, reden...

Der Albaner spricht das "Y" wie der Deutsche das "Ü" - deshalb heißt das Menü auch "Meny" - der, der es weiß, versteht es.

Und für Rotwein schreibt der Verfasser englisch "Red Wayn" - der, der es weiß, versteht es.

Und für Weißwein schreibt er englisch "Wait Wayn" – auch ganz logisch, oder?

Hier sieht man: Da hat sich jemand getraut - und? Seine Mitteilung wird trotz Fehlern verstanden.

Macht es wie der Verfasser des Schildes, traut Euch, und ihr werdet sehen, man versteht Euch auch!

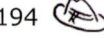

kleiner Sprachführer - die Autoren

Praktische Informationen

Ich brauche einen Arzt.	Kam nevojë për një mjek.
Ich bin verletzt.	Unë jam lënduar.
Ich habe Durchfall.	Kam diarre.
Wiederholen sie bitte!	Përsëritur ato për mua!
Wo kann man Geld tauschen?	Ku mund të shkëmbejnë paratë?
Wo ist das Postamt?	Ku është posta?
Briefmarke	pullë
Ç´farë është kjo?	Was ist das?
Ich möchte meine Telefonkarte aufladen.	Unë dua për ta plotësuar thirrjen time.

Zahlen

0	zero	11	njëmbëdhjetë
1	një	12	dymbëdhjetë
2	dy	20	njëzet
3	tre	40	dyzet
4	katër	45	dyzet e pesë
5	pesë	51	pesëdhjetë e një
6	gjashtë	100	njëqind
7	shtatë	500	pesëqind
8	tetë	1000	njëmijë
9	nëntë	1/4	një çerekë
10	dhjetë	1/2	gjysmë

Die Autoren - Wir beide, Martina Kaspar (geb. 1968) und Günther Holzmann (geb. 1965) haben 2011, nach vielen Reisen in der ganzen Welt (leider erst seit 2008 gemeinsam) unsere Liebe zu Albanien entdeckt. Die traumhafte, ursprüngliche Landschaft und die überaus herzliche Bevölkerung sind uns sehr schnell ans Herz gewachsen. Anfang Januar 2012 wurde dieses kleine Westbalkanland dann zu unserer Wahlheimat und wir waren die ersten Dauercamper. Inzwischen leben wir auf einem geräumigen Privatgrundstück mit Garten und Ausblick auf das Ionische Meer ganz im Süden des Landes, am Ortsrand von Ksamil, nahe der griechischen Grenze. Seit Mai 2011 haben wir zig-tausende von Kilometern in diesem kleinen Land zurückgelegt und bereits fast jeden kleinen Winkel bereist und erkundet. Aus den Eindrücken und Erfahrungen auf diesem wunderschönen Fleckchen Erde sind diverse Reiseführer entstanden. Dies ist bereits die dritte, überarbeitete und erweiterte Auflage unseres Wohnmobilführers seit der Erstausgabe in PDF-Form Ende 2012. Zudem ist auch unser „pocket-guide" - ein kompakter Reiseführer für Individualisten - 2015 in seiner dritten, ebenfalls überarbeiteten Auflage erschienen. Unser „offroad-guide" deckt die Bedürfnisse all jener ab, die das Land auch abseits auf den zeitraubenden Pisten entdecken wollen. Des weiteren sind wir stolz darauf, dass wir 2016 unseren vierten Band, den Montenegro „pocket-guide" auf dem Reisemarkt fest etablieren konnten, weitere Reisehandbücher werden noch folgen. Durch unsere ständige Präsenz und Reisetätigkeit im Land können wir für die jeweils neueste Auflage unserer Bücher deren Aktualität garantieren.

hier hat Günther gearbeitet

hier hat der Nissan gearbeitet

Martina ist noch am arbeiten

...Eindrücke...

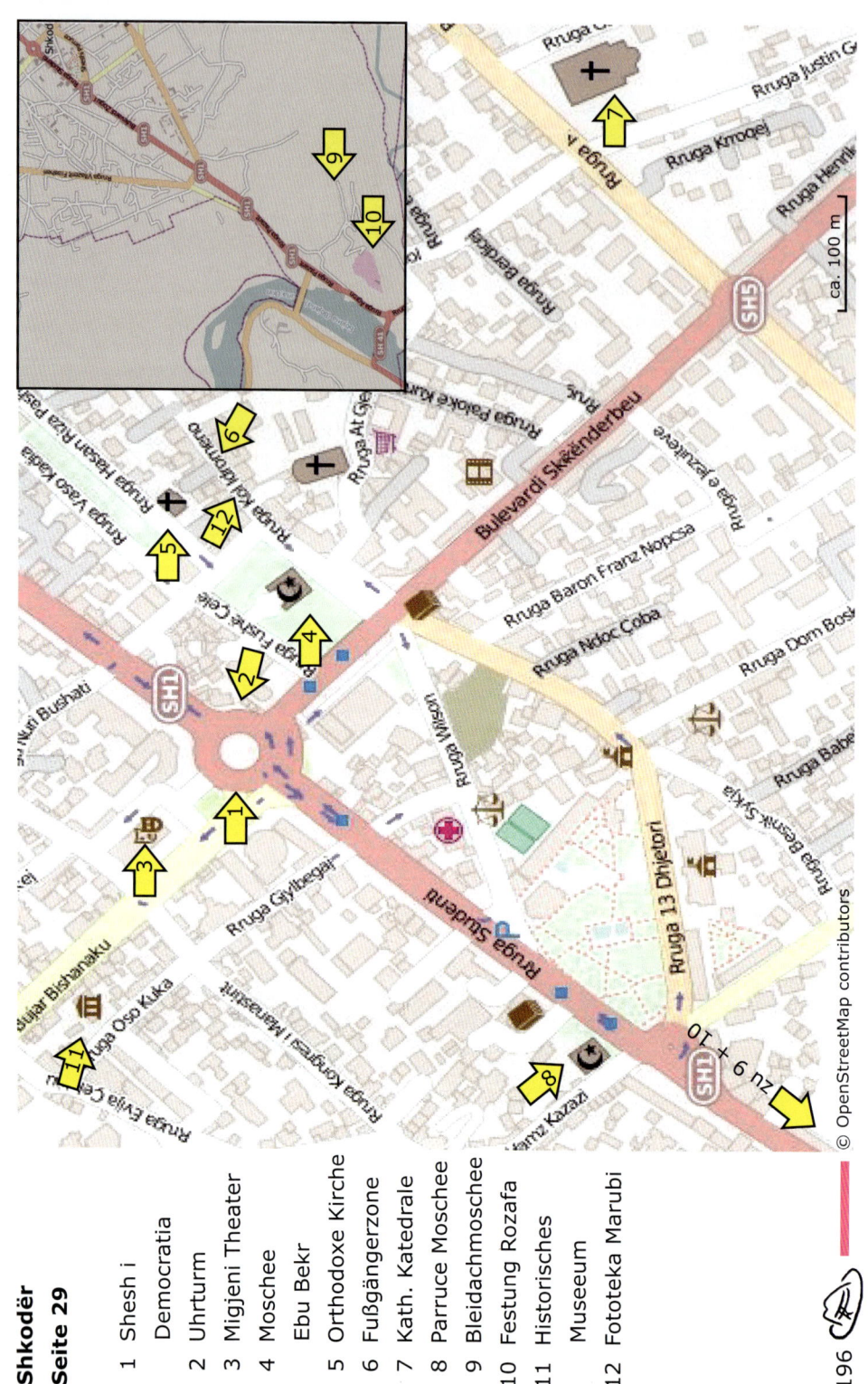

Tirana
Seite 61

1 Skanderbegplatz
2 Moschee Et'hem Bey
3 Uhrturm
4 TID-Tower
5 Oper
6 Rinia-Park
7 Sky-Tower
8 Twin-Tower
9 Pyramida
10 Kadiri-Tekke
11 Statue des Stadtgründers
12 Gerberbrücke
13 Nationalmuseum
14 Nationale Kunstgalerie
15 ehemaliger Bahnhof

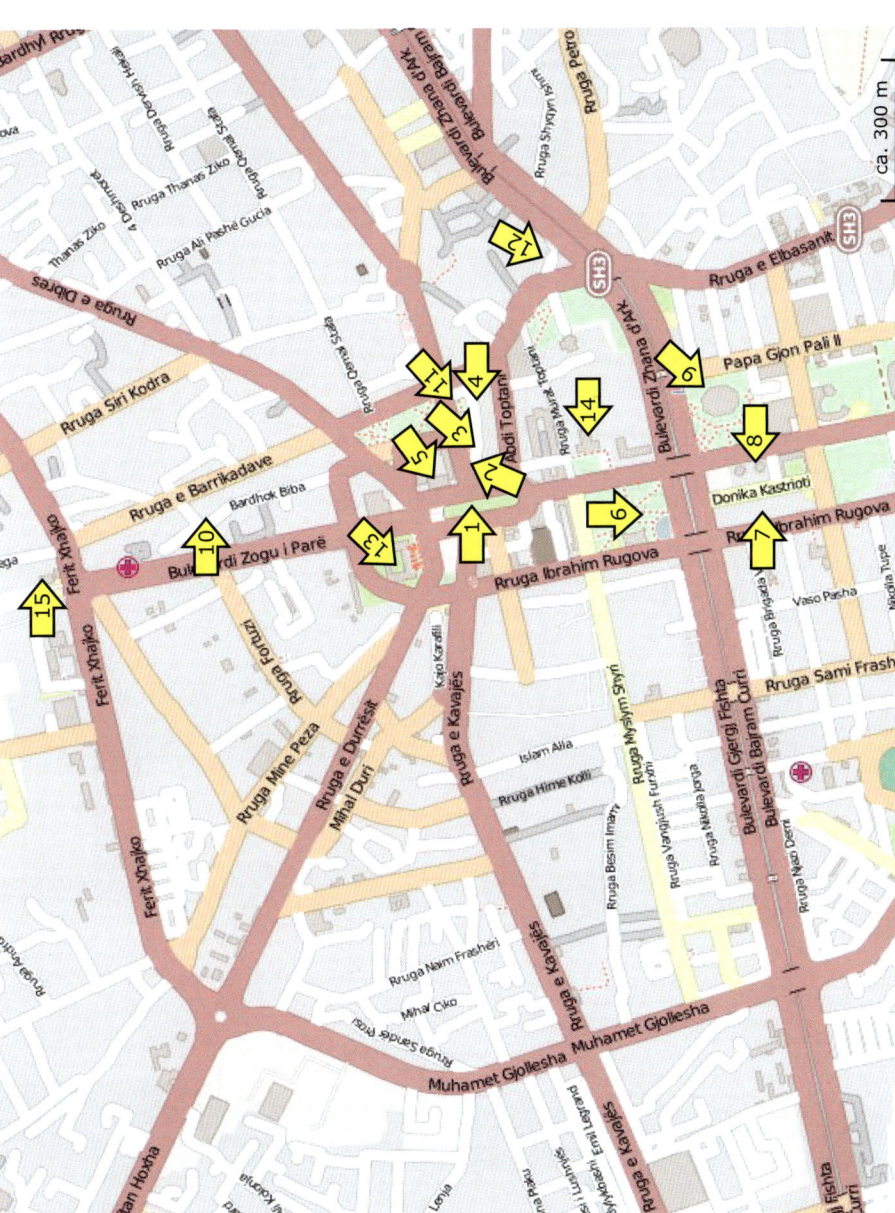

© OpenStreetMap contributors

Durrës

Seite 77

1 Amphiteater
2 Badehaus
3 Stadtmauer
4 Fatih-Moschee
5 Neue Moschee
6 Zogu Villa
7 Hafen
8 nach Tirana
9 nach Kavajë

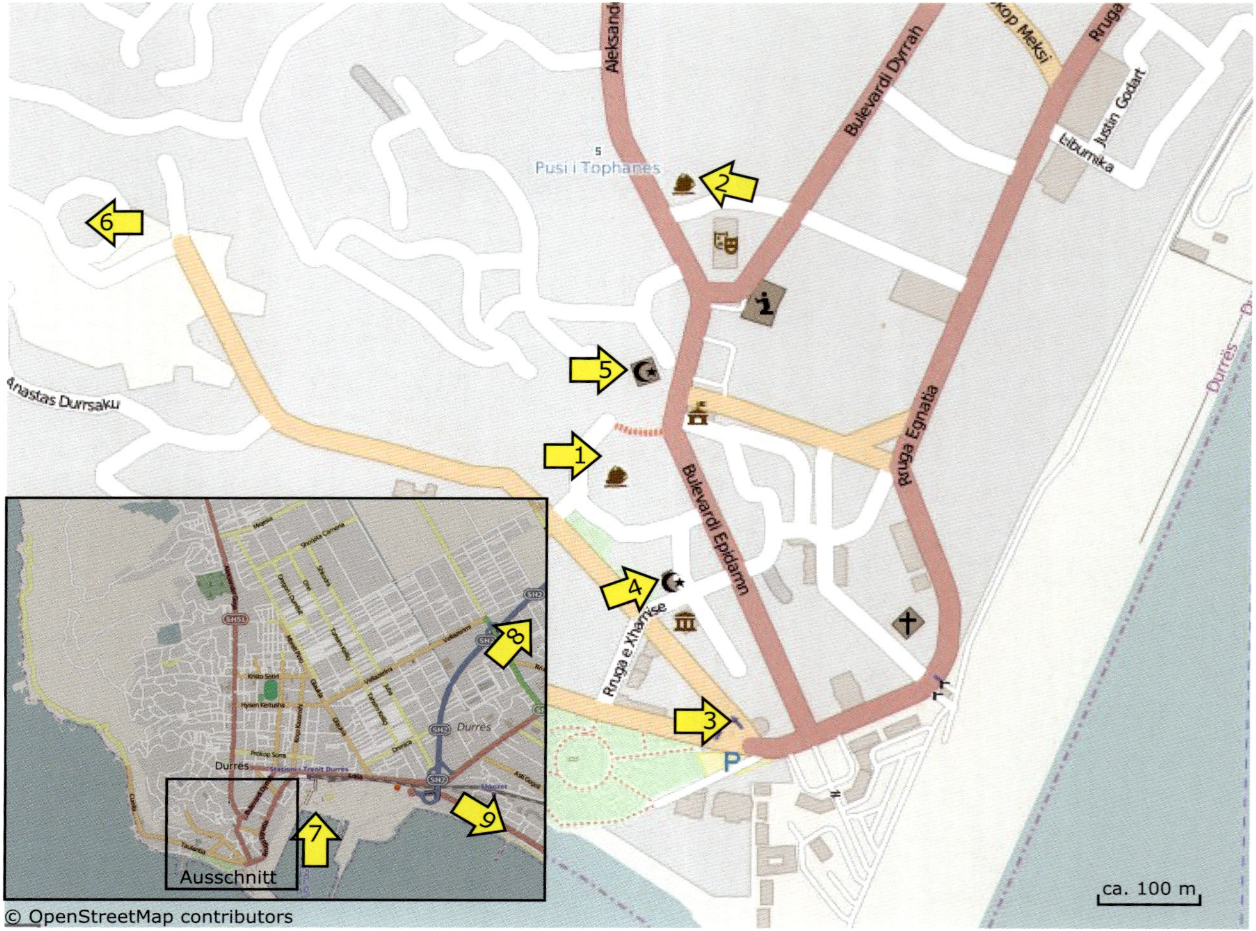

© OpenStreetMap contributors

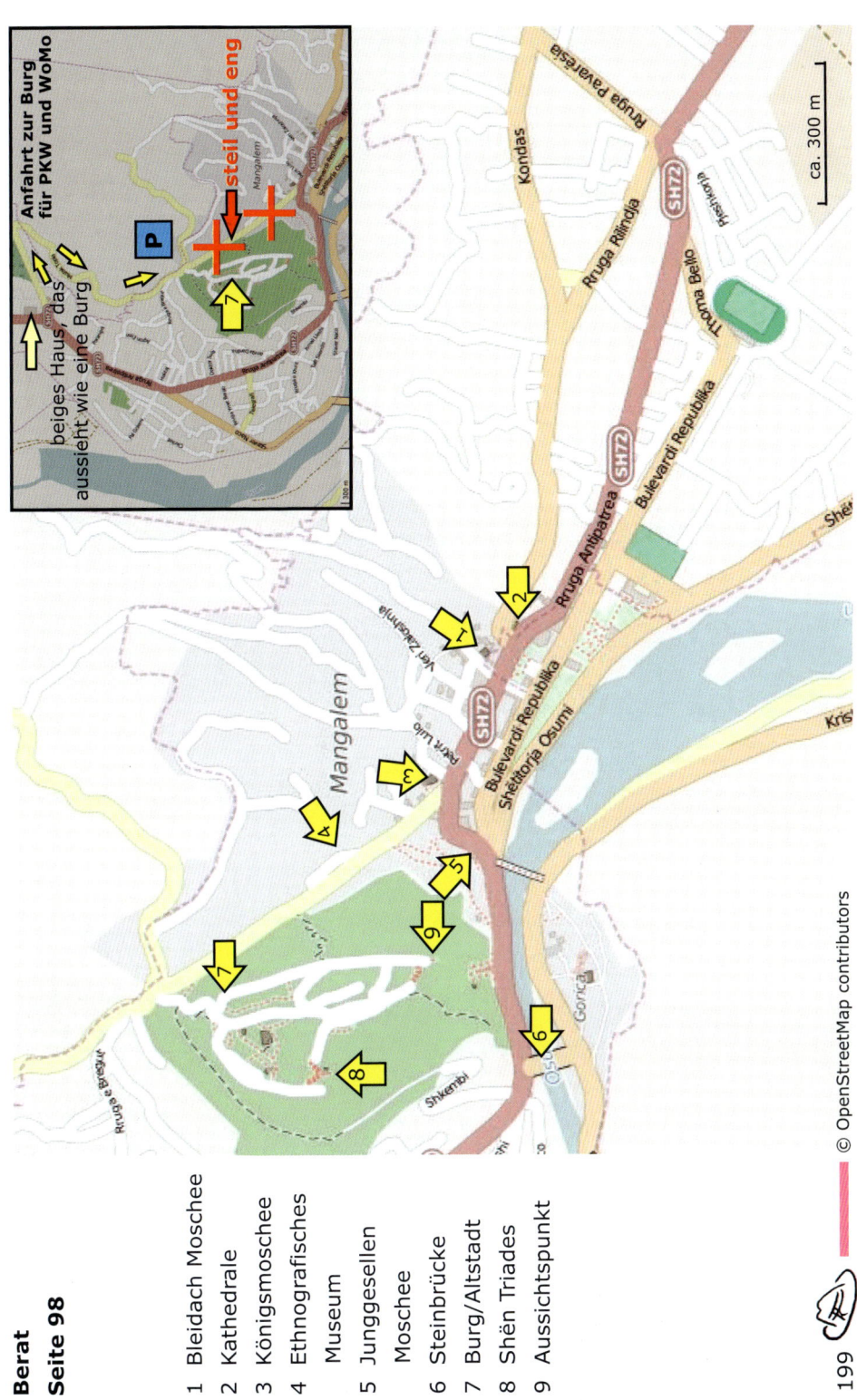

Vlorë

Seite 88

1 Muradie Moschee
2 Unabhängigkeits-Denkmal
3 Grab von Ismail Qemali
4 antikes Avlon
5 Historisches Museum
6 Unabhängigkeits-Museum
7 Klosterinsel Zvërnec
8 romantische Badebuchten
9 Festung Kanina

© OpenStreetMap contributors

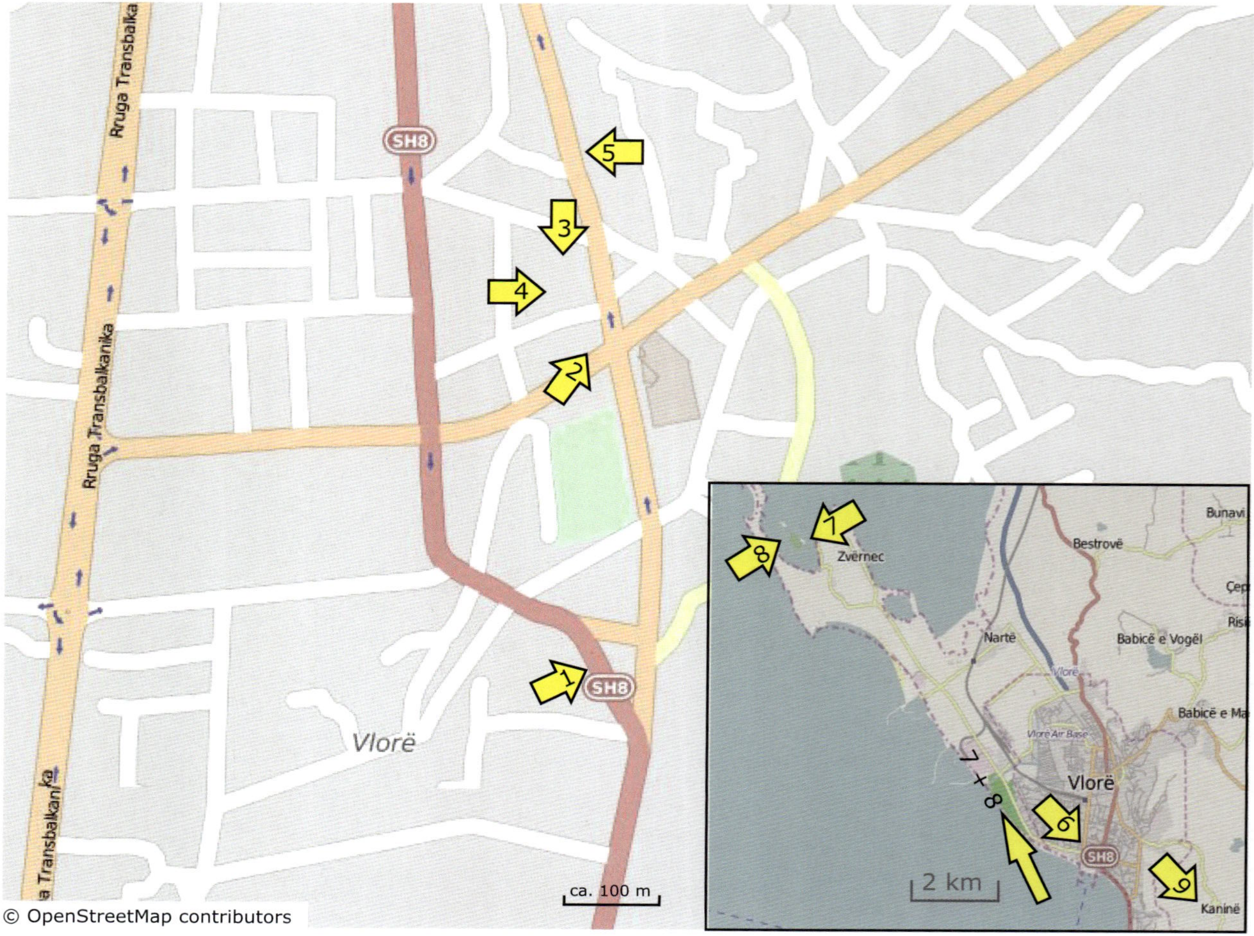

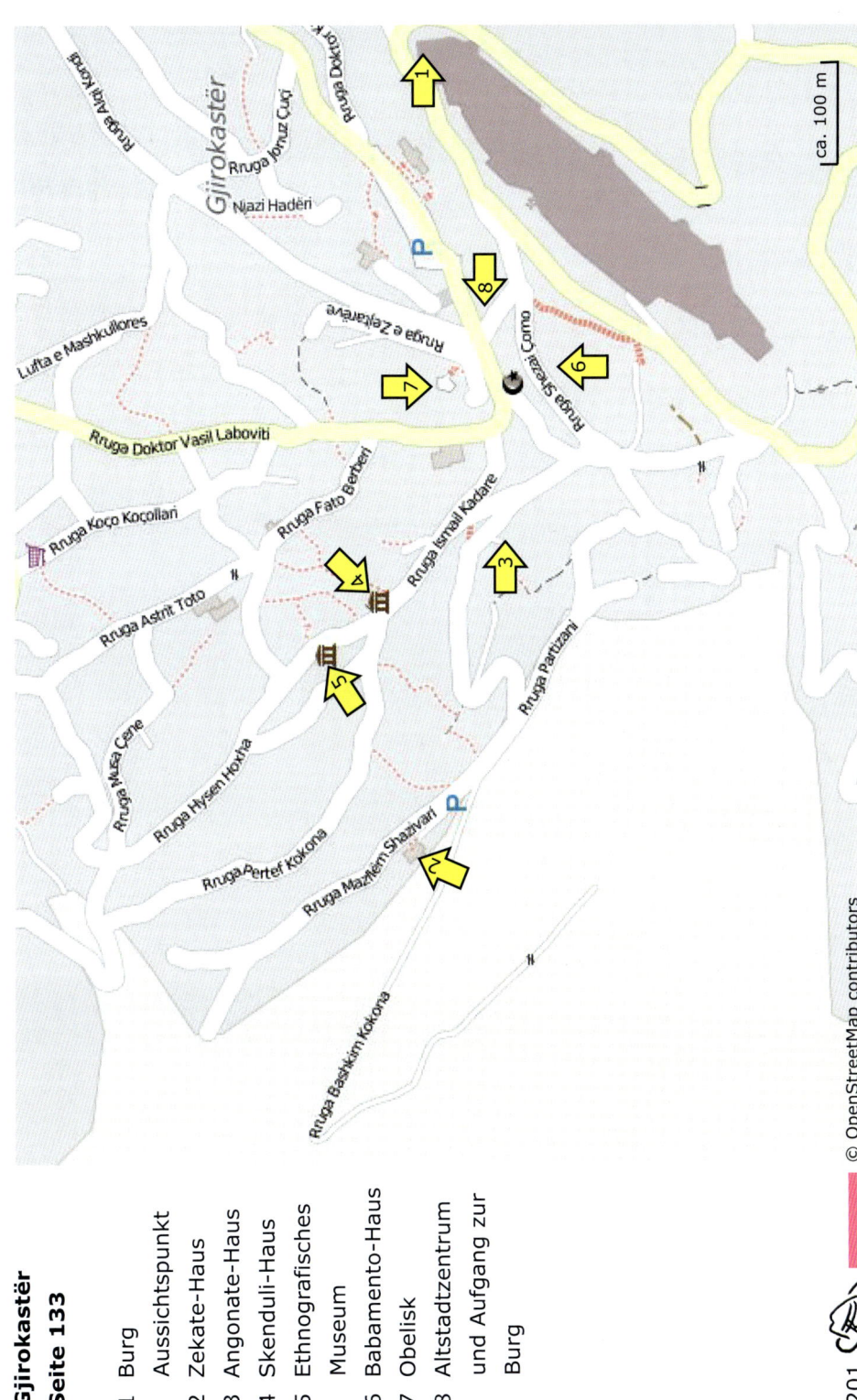

Gjirokastër
Seite 133

1 Burg Aussichtspunkt
2 Zekate-Haus
3 Angonate-Haus
4 Skenduli-Haus
5 Ethnografisches Museum
6 Babamento-Haus
7 Obelisk
8 Altstadtzentrum und Aufgang zur Burg

**Sarandë
Seite 120**

1 Strand-promenade
2 Touristeninfo
3 Stadtpark
4 antike Mauerreste
5 antike Basilika
6 Festung Lëkurzi
7 Aussichtspunkt
8 Orthodoxe Kirche
9 zum Hafen

Korça
Seite 153

1 Mirahor Moschee
2 Han i Elbasanit
3 Neue Kathedrale
4 Nationales Bildungsmuseum
5 Archäologisches Museum
6 Bratko Museum
7 Vangush Mio Museum
8 Museum für Mittelalterliche Kunst
9 zur Brauerei und
10 Aussichtspunkt
11 Aussichts-Kulla
12 Fussgängerzone

© OpenStreetMap contributors

203

in eigener Sache

balkan erlebnis touren

- Reisen mit den Autoren -
Die von uns geführten Rundreisen durch Albanien und auch Montenegro sind etwas absolut Besonderes. Wir bringen Euch zu den schönsten Plätzen und zeigen Euch auch die spannendsten Geheimtipps. Wir reisen im Einklang mit der Natur und respektieren den persönlichen Lebensraum der Bevölkerung. Kleinere Gruppen schaffen eine vertraute Atmosphäre. Somit können unsere Touren auch auf die individuellen Bedürfnisse unserer Reiseteilnehmer abgestimmt werden. Gerne gestalten wir Euern Urlaub und freuen uns sehr auf Eure Anfrage!

Unsere Touren werden geführt, deshalb fahren wir gerne in kleinen Gruppen.

- unser Tagestouren-Angebot -

Das südalbanische Hinterland eignet sich hervorragend für eine abwechslungsreiche Land-und-Leute-und-Sehenswürdigkeiten Ein- oder Zweitagestour, einmal ganz ohne Wohnmobil. Gut organisiert und flexibel durchführbar mit kleinen Fahrzeugen wird sie ein unvergessliches Erlebnis. Idealer Ausgangspunkt ist der in Albanien am südlichst gelegene Campingplatz **Ksamil Caravan Camping**. Wir organisieren für Euch die komplette Abwicklung, wie Lieferung und Abholung des Fahrzeuges zum/vom Camping, Planung der Tour mit sämtlichen Highlights und passendem Roadbook.

Details: www.hobo-team.de/Rundreisen-Tagestouren/Tagestouren